Die Grenzorganisation der spätantiken Kyrenaika

Studien zu den Militärreformen unter Anastasius I. (491–518 n. Chr.)

Christian Barthel

Muziris

Historische Papyrologie, Epigraphik und verwandte Gebiete der antiken Kulturen

Historical papyrology, epigraphy and neighbouring fields in ancient cultures

Band 3

Herausgegeben von

Kerstin Droß-Krüpe
Patrick Reinard
Sven Günther
Sebastian Fink
Stefan Baumann

Die Grenzorganisation der spätantiken Kyrenaika

Studien zu den Militärreformen unter Anastasius I. (491–518 n. Chr.)

Christian Barthel

Zaphon
Münster
2024

Muziris-Logo: Ägyptisches Seehandelsschiff (15. Jh. v. Chr.); Ort der Abbildung: Totentempel der Hatschepsut, Deir el-Bahari; Umzeichnung: Stefan Baumann, nach E. Naville, The Temple of Deir el Bahari, Part III: End of Northern Half and Southern Half of the Middle Platform, London 1898 (Egypt Exploration Fund 16), Tf. 74.

Cover-Illustration: Fragment C der libyschen Militärkonstitution des Anastasius aus Ptolemais. Mit freundlicher Genehmigung durch das Bildarchiv des Louvre, Paris.

Die Grenzorganisation der spätantiken Kyrenaika.
Studien zu den Militärreformen unter Anastasius I. (491–518 n. Chr.)

Christian Barthel

= Muziris 3

Printed in Germany. Printed on acid-free paper.

ISBN 978-3-96327-264-6 (Buch)
ISBN 978-3-96327-265-3 (E-Book)

ISSN 2941-6752

Für Franzi

Vorwort

Die vorliegende Studie ist die überarbeitete und erweiterte Fassung meiner Dissertation, die an der Berlin Graduate School of Ancient Studies (BerGSAS) im Promotionsprogramm Ancient Languages and Texts (ALT) entstanden ist und im Wintersemester 2015/2016 am Fachbereich Geschichts- und Kulturwissenschaften der Freien Universität Berlin angenommen wurde.

Ich freue mich, an dieser Stelle den längst überfälligen Dank an einige Personen und Institutionen aussprechen zu können, die mir meine Dissertation ermöglicht und mich während meiner Promotion begleitet haben:

Zuvorderst danke ich meinem Doktorvater Prof. Dr. Stefan Esders, der nicht nur mein Interesse an dokumentarischen Quellen und „fuzzy borders“ geweckt hat, sondern durch seinen Rat und unablässige Hilfsbereitschaft die Entstehung meiner Dissertation maßgeblich gefördert hat.

Mein herzlicher Dank gilt ebenso Herrn Prof. Dr. Bernhard Palme, der bereitwillig das Zweitgutachten übernahm, stets Zeit für noch so detaillierte Anfragen erübrigte und mich durch seine wertvollen Hinweise vor so manchem Irrtum bewahrt hat. An dritter Stelle möchte ich mich bei Herrn Prof. Dr. Rudolf Haensch bedanken, der mir zweimal den Aufenthalt an der Kommission für Alte Geschichte und Epigraphik (AEK) in München ermöglichte und zur rechten Zeit nicht mit konstruktiver Kritik sparte.

Der Exzellenzcluster TOPOI bot mir durch ein Promotionsstipendium den finanziellen Rahmen, um mein Projekt zu verfolgen, und die Berlin Graduate School of Ancient Studies die geeignete Atmosphäre, um es durchzuführen. Besonderen Dank schulde ich hierbei Regina Attula und Felix Mundt für so manche spontane Hilfestellung.

Für die Aufnahme in die Reihe Muziris danke ich den Herausgebern, insbesondere aber Prof. Dr. Sven Günther und JProf. Dr. Patrick Reinard, die sich intensiv mit dem Manuskript beschäftigt haben.

Meine Thesen und Ergebnisse konnte ich nicht nur im Forschungskolloquium am Lehrstuhl für die Geschichte der Spätantike und des frühen Mittelalters vorstellen, sondern auch auf Workshops und Tagungen in Tübingen, Manchester, Leeds, Hamburg, Wien und Trier diskutieren. Für wertvolle Hinweise, Kommentare und Anregungen danke ich hierbei insbesondere Kai Grundmann, Stephan Ridder, Matthias Sandberg und Michael Zerjadtke. Denis Feissel, Christoph Rummel, Roland Steinacher und Philipp von Rummel haben darüber hinaus Teile der Arbeit gelesen und mit vielen hilfreichen Kommentaren und Anmerkungen versehen. Jakob Krais hat mir zudem mit seiner Kenntnis der modernen Historiografie Libyens ganz neue

Perspektiven auf meine eigene Forschung eröffnet. Dafür danke ich ihnen allen ganz herzlich.

Die Dissertation wurde mit einem Wülfing-Reisestipendium 2016/17 des Deutschen Archäologischen Instituts ausgezeichnet. Hierfür bedanke ich mich bei den beiden Gutachtern.

Zu guter Letzt möchte ich meiner Familie und Freunden für die stets gelungene Mischung aus Vertrauen, Unterstützung und willkommener Ablenkung von ganzem Herzen danken. Gewidmet ist dieses Buch meiner Frau Franziska. Ihr beständiger Zuspruch und großes Verständnis für meine Passion sowie die (notgedrungene) Bereitschaft, mich des Öfteren mit dem kahlköpfigen Kaiser aus Dyrrhachium zu teilen, haben diese Arbeit erst möglich gemacht.

Inhaltsverzeichnis

1 Einleitung

Folgt man der Abraq Schnellstraße vom küstennahen Tokra in Richtung der libyschen Großstadt Al-Baida, vor den Toren des antiken Kyrene, durchkreuzt man ungefähr auf halbem Weg die kleine Ortschaft Qasr Libya. Das unscheinbare Dorf verrät dem Durchreisenden auf Anhieb nichts über seine bedeutendere Vergangenheit. Es ist daher nur folgerichtig, dass eine der aufsehenerregendsten archäologischen Entdeckungen Libyens hier rein zufällig geschah. Auf der Suche nach Steinen und anderen Baumaterialien entdeckten einige Arbeiter, die im Rahmen eines amerikanischen Hilfsprogramms im Frühjahr 1957 in der Region tätig waren, die Überreste einer antiken Siedlung. Eine lang in die Vergangenheit zurückreichende Vorgeschichte ihres Heimatortes war für die Bewohner zwar nichts Ungewöhnliches, hatten sie doch ihre Schule im ehemaligen italienischen Kastell errichtet, das wiederum auf den Mauern einer antiken christlichen Kirche stand. Aber die Ausmaße der zu Tage geförderten Siedlung überraschten dennoch. Bei den im selben Jahr durchgeführten Ausgrabungen des Libyan Department of Antiquities unter der Leitung des britischen Archäologen Richard Goodchild wurde sogar noch eine zweite Kirche entdeckt. Dort, so beschrieb es Goodchild den Lesern der Illustrated London News, kam „*the finest Christian Mosaic in Libya, in perfect condition and with a unique picture of the Pharos of Alexandria*"[1] zum Vorschein. Goodchild hatte nicht zu viel versprochen. Eine mit Erläuterungen versehene Abbildung der 50 Mosaiktafeln, die den Boden der Kirche verziert hatten, wurde dem Artikel beigegeben, sodass sich jeder Leser sein eigenes Bild machen konnte. Goodchilds unmittelbarer Verweis auf den Leuchtturm Alexandrias, eines der Sieben Weltwunder der Antike, ist geradezu symptomatisch für die alles überstrahlende Popularität des „großen Nachbarn" der Kyrenaika. Doch das wäre an dieser Stelle gar nicht notwendig gewesen, denn der Mosaikboden des Kirchenschiffs enthielt zwei Botschaften, die für sich allein genommen schon bedeutsam genug waren:

Da wäre zunächst die naheliegende christliche Leseart. Die zumeist mit tierischen Allegorien und Personifikationen paradiesischer Flüsse versehenen Paneele umrissen geschickt einen dem christlichen Glauben gewidmeten Lebenszyklus; beginnend bei der Taufe bis hin zu eschatologischen Motiven und der abschließenden Einkehr ins neue Jerusalem.[2] Entsprechend programmatisch wurde die Mauerkrone der himmlischen Stadt von drei, durch eine jeweilige Inschrift benannten, Personifikationen Ktisis (Gründung), Kosmesis (Verzierung) und Ananeosis (Erneuerung) eingerahmt. Zu beiden Seiten des von Türmen flankierenden Stadttores war ferner

1 The Illustrated London News, Supplement der Ausgabe vom 14. Dezember 1957.

2 Cowell 2014, 85–96; Ward-Perkins/Goodchild 2003, 266–286.

zu lesen: ΠΟΛΙCΝΕΑ ΘΕΟΔΩΡΙΑC (πολίς νέα Θεοδωρίας), die neue Stadt Theodorias. Das überrascht, denn eigentlich würde man an dieser Stelle die Bezeichnung der Polis als ein Geschenk Gottes (Theodosios) erwarten. Das führt uns direkt zur zweiten Botschaft.

Abbildung 1: Ktisis, Kosmesis, Ananeosis, Qasr Libya.

In der Forschung wird die Neugründung der Stadt gemeinhin in Verbindung mit der Kaiserin Theodora gebracht. Anhand von weiteren in der Kirche entdeckten Inschriften, die auf ein drittes Indiktionsjahr verweisen, gilt eine Weihung um 538/539 n. Chr. als wahrscheinlich.[3] Die Kaiserin selbst hatte einige Zeit in der Kyrenaika gelebt und war mit einem gewissen Hecebolus aus Tyrus, dem Praeses der Provinz Libya Superior, liiert gewesen.[4] Der genaue Anlass für die Umbenennung ist nicht bekannt, aber ein Wiederaufbau oder zumindest eine Verstärkung der Verteidigungsmaßnahmen nach einem barbarischen Einfall ist diesbezüglich diskutiert

3 Ward-Perkins/Goodchild 2003, 282–286; zur Praxis der kaiserlichen Namensverleihung unter Justinian siehe nun: Ritter 2022, 287–340, insb. 303 und 311–319 für städtische Neugründungen. Laut Ritter wurde Theodoras Name vornehmlich zum Zweck der Variation verwendet. Das muss aber nicht zwangsläufig bei jeder der Stadtgründungen bzw. Umbenennungen der Fall gewesen sein, da es beispielsweise laut der *Geheimgeschichte* Prokops zur Stadt Olbia (Theodorias) eine persönliche Beziehung gab.

4 Prok.HA.9.

worden.[5] Entscheidend war jedoch, dass diese entlegene Provinz in den Genuss imperialer Patronage kam. Nach dem Sieg über die Vandalen und der Rückeroberung ehemaliger Provinzen Westroms hatte Justinian im gesamten Nordafrika umfassende Baumaßnahmen durchführen lassen. Die Kyrenaika, die nunmehr als Scharnier zwischen dem östlichen und westlichen Afrika fungierte, profitierte davon. Die Infrastruktur wurde erneuert, Stadtmauern errichtet, zusätzliche militärische Einheiten an den Grenzabschnitten installiert, und aus anderen Teilen des Reiches wurden sogar kostbare Marmorplatten zur Verzierung von Sakralbauten importiert.[6] In dem direkten Eingriff der politischen Zentrale in die Belange der Provinz und deren Bewohner liegt nun das Besondere, das sich an den Mosaiken der Kirche von Qasr Libya ablesen lässt. Der von Goodchild gewählte Konnex zum Pharos von Alexandria hingegen nivellierte die Relevanz des Fundes und war streng genommen noch nicht einmal zwingend, denn die betreffende Tafel war lediglich mit der Inschrift ΦΑΡΟΣ versehen gewesen, die reflexartig mit dem berühmten ägyptischen Exemplar verbunden wurde.

Justinian indes war zwar nicht der erste (und letzte) Kaiser, der sich um die Belange der libyschen Provinzen bemühte, aber ein gesteigertes Interesse an der Region, das sich in der Stiftung neuer Bauten oder inschriftlich erlassener Anordnungen niederschlug, war selten. Gleiches gilt für die Aufmerksamkeit der antiken Historiografen, die der Kyrenaika oftmals, wenn überhaupt, nur einen Seitenblick würdigten. Das spiegelt sich auch im Urteil moderner Forscher wider. Fergus Millar bezeichnete die spätrömische Kyrenaika vielsagend als „*provincial backwater*“.[7] Es ist daher umso bedeutsamer, dass sich unter Anastasius I., knapp 30 Jahre vor der Regierungszeit Justinians, größere Reformmaßnahmen greifen lassen, die bisher kaum beachtet wurden.

1.1 Methodisches

Im Zentrum der Untersuchung steht die historische Auswertung eines 14 Bestimmungen umfassenden Gesetzestextes aus der Regierungszeit von Anastasius I. (491–518 n. Chr.). Jenes Gesetz, das in der Forschung unter dem Titel *de rebus Libycis* bzw. *de rebus Libyae Pentapolis denuo constituendis* bekannt ist, wurde auf Stein verewigt und in mehreren Städten der Kyrenaika, dem östlichen Teil des modernen Libyens, entdeckt.[8] Diese Region befand sich am südwestlichen Rand des (ost-)römischen

---

5 Feissel 2000, 81–104.

6 Reynolds 2000, 169–176; Wilson 2001, 28–43.

7 Millar 2006, 59.

8 Ptolemais: SEG 9, 356 = IRCyr P.116; Tokra: SEG 9, 414 = IRCyr T.219; Apollonia-Sozusa: SEG 27, 1139 = IRCyr A.30. Die IRCyr liefern darüber hinaus auf ihrer Webpräsenz, URL:

Reiches und wurde folglich als Grenzraum aufgefasst. Zu den wichtigsten Neuerungen der spätrömischen Zeit gehörte die Organisation eines solchen Grenzbereichs in einem Dukat, das einem als *dux limitis* bezeichneten Funktionsträger unterstellt wurde. In diesem Zusammenhang bieten die Bestimmungen des Anastasius einen hervorragenden Einblick in einen Akt der politischen Kommunikation zwischen der kaiserlichen Zentrale, dessen untergeordneten Verwaltungsorganen und der Peripherie des Herrschaftsraumes in der Form des dukalen Amtssprengels.[9] In der Folge soll daher durch die systematische Analyse des Gesetzes die von den militärischen Erfordernissen geprägten Organisationsstrukturen des libyschen Dukats untersucht werden. Dies geschieht unter der Verwendung eines zweiteiligen methodischen Ansatzes:

A. Bei der in der Kyrenaika überlieferten Inschrift handelt es sich um eine kaiserliche Konstitution und damit um eine römische Staatsurkunde.[10] In der epigrafischen Forschung hat in den letzten Jahrzehnten der fruchtbare Ansatz Fuß gefasst, solche Dokumente und Texte nicht mehr losgelöst von ihrem Aufstellungsort, der unmittelbar adressierten Öffentlichkeit sowie dem verwendeten Material des Inschriftträgers und im Einzelfall sogar des Monuments, welche die jeweilige Inschrift zierte, zu untersuchen.[11] Wie nachhaltig dieser Ansatz die gesamte Disziplin beeinflusst hat, lässt sich vielleicht am besten dadurch illustrieren, dass vor wenigen Jahren ein internationaler Epigrafikkongress unter dem Titel „PUBLICUM – MONUMENTUM – TEXTUS" stattfand und damit sinngemäß eine komplette Umkehr der gewohnten Hermeneutik dieser Wissenschaft anvisierte.[12] Im Hinblick auf die Entwicklungen in der spätantiken Kyrenaika bietet

---

https://ircyr2020.inslib.kcl.ac.uk/en/ (abgerufen am 17.5.2022) gute Abbildungen zu den einzelnen Inschriften. Weitere Fotografien und Zeichnungen können folgenden Publikationen entnommen werden: Oliverio 1936, Tav. LIII–LVI ; Tav. LII; Goodchild/Ward-Perkins 2003, 294, Illustration 235; Ruprechtsberger 2012, Abb. 125; Waddington 1869, 417–421; Pacho 1827, 178–179, Pl. LXXIII.

9 Zu den weitreichenden Implikationen für die römische Verwaltung und dem normativen „Korsett" dieser Kommunikationsakte und -rituale siehe nun: Ando 2015, 1–30. Zur sprachlichen Vermittlung und Rechtssetzung dieser Herrschaftsansprüche: Ando 2011, 19–37. Ferner mit weiterführender Literatur und Forschungsdebatte: Wiemer 2006, 1–39.

10 Im Gesetz selbst werden die Bestimmungen des Kaisers als θειοι τύποι (Kap. 4.4, Z. 4), also *formae* bzw. *sacrae litterae* bezeichnet. Dazu: Riedlberger 2020, 40–64; Liebs 1992, 11–27; van der Wal 1981, 277–313; Kussmaul 1981, 11–14 und 48–77.

11 Haensch 2009, 1–19; Bolle/Machado/Witschel 2017, 15–30.

12 Exemplarisch sei hier verwiesen auf die Beiträge von Witschel 2014, 105–129, bes. 114–124 mit einer Typologie der möglichen Betrachtungsformen von Inschriften. Ferner: Roueché 2014, 135–158.

es sich folglich an, neben der Untersuchung des Gesetzestextes, seiner Übersetzung, historischen Kommentierung und Kontextualisierung auch die städtische Umgebung des jeweiligen Fundorts der einzelnen Inschriften mit in Betracht zu ziehen.[13] Dafür wird es zusätzlich notwendig sein, im interdisziplinären Zugriff auf die archäologischen Forschungen zu den betreffenden Gebäuden, den übrigen städtischen Baustrukturen und Verteidigungsanlagen einzugehen. Die so gewonnenen Erkenntnisse sollen dann in einem weiteren Schritt in den breiteren historischen Kontext der Entwicklungen der Kyrenaika – und speziell in der Regierungszeit des Anastasius I. – eingebettet werden. Obwohl jede der 14 Bestimmungen zunächst nur konkrete Aussagen über das regionale Profil der kaiserlichen Reformen für den Geltungsbereich des *dux Pentapoleos* erlaubt, öffnen sie dennoch ein Fenster zu ganz unterschiedlichen Aspekten der römischen Verwaltungspraxis wie der Steuereintreibung oder auch der Strafgerichtsbarkeit. Dies ermöglicht es in Verbindung mit weiteren erhaltenen Inschriften aus anderen Teilen des östlichen Mittelmeerraums, einen detaillierten Einblick in die grundsätzlichen Reformbemühungen des Anastasius zu gewinnen und die Handlungsspielräume der lokalen Akteure gegenüber den Anweisungen der Reichszentrale aufzudecken und auszuloten.[14]

B. Die Konzentration auf eine römische Staatsurkunde gibt ferner die Perspektive in Bezug auf die Vorstellung und Einordnung eines Grenzraums vor, denn die spätantike Kyrenaika war der Amtsbereich eines *dux limitis*.[15] Für die römischen

13 Die hier vorgelegte deutsche Fassung des Erlasses fußt auf mehreren anderen Übersetzungen. Im Einzelnen sind dies: Oliverio 1936, 135–164; Johnson/Coleman-Norton/Bourne [3]2003, 253–255; Chastagnol 1976, 310–313.

14 Dies scheint umso mehr angebracht zu sein, da diesem Kaiser in den letzten Jahren zwei Biografien gewidmet wurden, die nur geringfügig auf seine Militärreformen eingegangen sind. Vgl. Haarer 2006, 213–216; Meier 2009, 194 m. Anm. 120.

15 Benjamin Isaac 1998, 345–387 hat in einer einflussreichen Studie die Entwicklung des Limesbegriffs von einer rein militärisch befestigten „Linie“ auf eben diese Vorstellung hingeführt. Das bietet einen geeigneten Anknüpfungspunkt für die vorliegende Studie. Ich bin mir allerdings der Komplexität des Limesbegriffs bewusst, der sich nicht ausschließlich auf das eng gefasste semantische Feld, das Isaac vorgeschlagen hat, reduzieren lässt. Jan Willem Drijvers 2013, 13–31 konnte etwa in einer Detailstudie zum Geschichtswerk des Ammianus Marcellinus herausarbeiten, dass unter einem *limes* je nach Kontext neben dem Amtsbereich des Dux oder einer Region auch eine demarkierende Linie und stark befestigte Grenzinstallation verstanden werden kann. Außerdem wurde der Limesbegriff und die damit verbundene Vorstellung einer wie auch immer gearteten Begrenzung des römischen Herrschaftsbereichs diskursiv geformt. Vgl. Graham 2006, 45–50, 65–75. Parallel zu den fortschreitenden Defensivbemühungen der Römer in der

Magistrate existierten verbindliche rechtliche Parameter unter denen sie einerseits zu handeln und ihren Dienstpflichten nachzukommen hatten und andererseits auch über das Ausmaß und die räumliche Ausdehnung ihres Zuständigkeitsbereiches. Für moderne Betrachter ist insbesondere letzteres oftmals nur unter großen Schwierigkeiten zu rekonstruieren. Hinzu kommt, dass sich die Vorstellung einer klar definierten politischen, militärischen oder wirtschaftlichen Grenze bzw. Grenzraums in den letzten Jahrzehnten fundamental gewandelt hat. Trotzdem oder gerade deshalb bietet es sich im Rahmen dieser Studie an, die Methodik der „Limesforschung" bzw. der „Frontier Studies" einzubeziehen. Dieser Forschungszweig nahm seinen Anfang in der Untersuchung der archäologisch fassbaren Überreste der römischen Militärarchitektur. Das führte zwangsläufig zu einer Engführung der römischen Grenzkonzeption mit einer militärisch befestigten Linie, wie man sie an allen Rändern des Römischen Reiches zu erkennen glaubte.[16] Diese Form der römischen Grenzorganisation, bestehend aus geschlossenen und militärisch gesicherten Limesabschnitten, korrelierte mit der Erkenntnis, dass nach einer expansiven Politik mit offenen, sich stetig verschiebenden Grenzen zu Zeiten der Republik ein weiteres Wachstum der direkt kontrollierten Gebiete nicht mehr förderlich waren. Sinnbild dieser Transformation war der Hadrianswall im Norden Britanniens. Mit dem Ende des Kalten Krieges und dem wachsenden Einfluss der *„cultural turns"* in den Geisteswissenschaften, allen voran des *„spatial turns"*, weichte diese alte Forschungsposition, die das Feld über 100 Jahre geprägt hatte, zusehends auf.[17] Einstmals fest gedachte Grenzlinien fransten aus. Die Vorstellung eines ausgedehnten Grenzraums, dessen Ränder verschwommen blieben und der als Kontaktzone und Begegnungsstätte verschiedener kultureller Gruppen diente, begann sich durchzusetzen. Verschiedene Modelle von ineinander verzahnten Zonen direkter und indirekter Herrschaft über die Klientelkönigreiche als erweiterter Sicherheitspuffer Roms und der für Wüstenregionen verbreiteten Ansicht eines „inneren"

Spätantike existierte weiterhin die ideologisch geprägte Vorstellung eines unbegrenzten Imperiums. Hierzu: Ruffing 2020, 201–210; Carlà-Uhink 2016, 215–251, bes. 229–232.

16 Hächler/Näf/Schwarz 2020, 21–65; Whittaker 2004, 1–28; 1994, 1–10, 60–98; Elton 1996, 1–11; Lee 1993, 49–81.

17 Vgl. Bachmann-Medick 2016, 1–39, 211–245. Das Konzept einer Grenze wurde somit abstrahiert und u. a. auf religiöse, geschlechtergeschichtliche und literarische Kontexte angewandt. Für die Auseinandersetzung der Altertumswissenschaften mit dem „spatial turn" siehe: Scott 2013, 1–44, 159–169 und die Beiträge in: Schmidt-Hofner/Ambos/Eich 2016.

und „äußeren“ Limes wurden daneben erprobt.[18] Im Zuge dessen wuchs auch das Verständnis dafür, dass der römische Limes nicht nur eine rein militärische Funktion gehabt haben konnte, sondern vielerorts für die Kontrolle von Mobilität und der Erhebung von Einfuhrzöllen genutzt wurde.[19] Einzelne Forscher, wie Charles Richard Whittaker, hinterfragten zusätzlich, inwiefern die Römer überhaupt eine über Generationen hinweg koordinierte Grenzpolitik betreiben konnten.[20] Fehlten ihnen hierfür nicht die notwendigen kartografischen Kenntnisse? Diese Fragen wurden in der Forschung heftig diskutiert, und auf die Entgrenzung, die nach dem Fall der Berliner Mauer in den Altertumswissenschaften eingesetzt hatte, folgte eine schrittweise Wiederentdeckung der Grenzen.[21] Mit der seit 2010 sprunghaft ansteigenden Zahl an Flüchtlingsgesuchen und Asylanträgen an die Europäische Union, die im Rahmen der sog. „Migrationskrise“ in den Jahren 2015 und 2016 über eine Million Menschen in das EU-Gebiet führte, gewannen dann gleichsam grenz- und verteidigungspolitischen Fragestellungen erneut eine tagespolitische Dimension.[22] Hinzu kam ein gesondertes Interesse der historischen Disziplinen an individueller und kollektiver Mobilität sowie den maßgeblichen politischen, ökonomischen und religiösen Antriebsfedern von Migration.[23]

Im Rahmen dieser Arbeit nehme ich, wie oben ausgeführt, die römische Perspektive ein. Das bedeutet indes nicht, dass ich mich kulturwissenschaftlichen Einflüssen verschließe. Gemäß diesem Ansatz arbeite ich daher zunächst die spezifischen Eigenheiten der Kyrenaika sowohl im Hinblick auf die naturräumlichen Gegebenheiten als auch die infrastrukturelle Durchdringung dieses Raumes, wie sie etwa durch die Verteidigungskonzeption und Verteilung der Militäranlagen sowie der Dislozierung der Truppenkörper zu erkennen ist, heraus.[24]

---

18 Elton 1996, 11–41; Hekster 2010, 45–57; Braund 1984; Liebeschuetz 2015, 288–322.

19 Kritzinger 2015, 11–57, bes. 32–35; Schleicher 2015, 70–80.

20 Whittaker 2004, 28–50.

21 Vgl. Greatrex 2007, 103–174, bes. 105–108.

22 Siehe hierzu die von der EU veröffentlichten Daten: https://www.europarl.europa.eu/infographic/asylum-migration/index_de.html#filter=2021, abgerufen am 17.5.2022.

23 Gebündelt beispielsweise in der DFG-Kolleg Forschungsgruppe 2496 „Migration und Mobilität in Spätantike und Frühmittelalter“ (https://uni-tuebingen.de/fakultaeten/philosophische-fakultaet/fachbereiche/geschichtswissenschaft/forschung/dfg-kolleg-forschungsgruppe-migration-und-mobilitaet-in-spaetantike-und-fruehmittelalter, abgerufen am 17.5.2022.

24 Vgl. Cordovana 2012, 458–494; Rushworth 1996, 297–316; Hilali 2011, 97–113.

Daran anknüpfend widme ich mich ebenso der Frage nach der Identität und Alterität der Bewohner in der Grenzregion. Vor welchen Gruppen in- und außerhalb der Kyrenaika, die von den römischen Autoren als zivilisatorische Antipoden aufgefasst und als Barbaren bezeichnet wurden, sollten die Grenzposten Schutz bieten? Welche Modalitäten der Integration existierten? Welche militärischen, wirtschaftlichen und religiösen Kontakte bestanden entlang der Großen Syrte?

Zur Beantwortung dieser Fragen greife ich auf die Erkenntnisse der Ethnogenese- und Identitätsforschung aus den Bereichen der spätantiken und frühmittelalterlichen Geschichte zurück. Diese wurde zwar vornehmlich anhand von Studien zu den europäischen *gentes* entwickelt, doch in den letzten Jahren wurden auch vermehrt hilfreiche Untersuchungen, allen voran die monumentale Synthese der römisch-maurischen Beziehungen von Yves Modéran, zu den nordafrikanischen Völkern vorgelegt.[25] Dabei strebe ich keine umfassende diachrone Besprechung der unterschiedlichen *gentes* am südlichen Rand des Imperiums an, sondern ich konzentriere mich stattdessen mit den Vandalen, Garamanten und maurischen Gruppen im Vorfeld der Kyrenaika auf die in den literarischen und archäologischen Quellen des fünften und sechsten Jahrhunderts n. Chr. fassbaren wichtigen Akteure außerhalb des römischen Limes. Hierdurch beabsichtige ich einerseits die im libyschen Militärerlass des Anastasius getroffenen Maßnahmen gebührend zu kontextualisieren und andererseits die notwendigen Grundlagen zu schaffen, um in einem zweiten Schritt den Blick der Untersuchung zu weiten und ein differenziertes Bild der Militärpolitik des Anastasius zeichnen zu können.

1.2 Von großen und kleinen Strategien

Bei der Analyse eines einzelnen Grenzabschnitts stellt sich abschließend noch die Frage, ob die gewonnenen Erkenntnisse Rückschlüsse über eine übergeordnete militär- und grenzpolitische Konzeption des Römischen Reiches erlauben.

Dieses Thema ist untrennbar verbunden mit dem von Edward Luttwak entworfenen Modell einer „Grand Strategy".[26] In seiner 1976 veröffentlichten Studie, die

25 Modéran 2003. Ferner: Steinacher 2016; Pohl/Gantner/Payne 2012; Pohl/Reimitz 1998; Wolfram 1990, 19–33.

26 Luttwak 1976. Der Begriff „Grand Strategy" wurde durch Sir Julien Corbett, John Fuller und Basil Lidell Hart zu Beginn des 20. Jahrhunderts etabliert, um strategische Überlegungen weit über das eigentliche Kriegsgeschehen auf dem Schlachtfeld nutzbar machen zu können. Lidell Hart 1929, 150–151 lieferte dabei die prägenden Definitionen von Strategie als „*the distribution and transmission of military means to fulfill the ends of policy*". Im Gegenzug war die „*Grand strategy [....] about the direction and coordination of all the resources of the nation to the attainment of the political object of war*". Zur Begriffs- und

nach wie vor großen Einfluss auf die althistorische Forschung ausübt, postulierte Luttwak, dass das Römische Reich in der Lage war, alle verfügbaren politischen Machtmittel zur Durchführung eines langfristigen strategischen Planes zu mobilisieren und über Generationen hinweg ohne Unterlass durchzuführen. Für Luttwak manifestierte sich diese „Grand Strategy", die dem Sicherheitsbedürfnis und der Verteidigung der materiellen Basis des Imperiums entsprang, in der Organisation und Ausstattung der Grenzen des Reiches.[27] Für die römische Kaiserzeit identifizierte er drei distinkte Verteidigungssysteme, deren grundlegende Eigenschaften er folgendermaßen charakterisierte:

> „*We may properly speak of systems, for they each integrated diplomacy, military forces, road networks, and fortifications to serve a singly objective. Moreover, the design of each element reflected the logic of the whole. Each system was intended to satisfy a distinct set of priorities, themselves the reflection of changing conceptions of empire: hegemonic expansionism for the first system; territorial security for the second; and finally, in diminished circumstances, sheer survival for the imperial power itself.*"[28]

Der hegemoniale Expansionismus des ersten Systems koinzidierte für Luttwak mit der Herrschaft der julisch-claudischen Dynastie von Augustus (27 v. Chr. - 14 n. Chr.) bis Nero (54–68 n. Chr.) und zeichnete sich durch die Verwendung der Klientelkönigreichen als erweiterter Verteidigungslinie des Imperiums aus.[29] Die Armee hingegen wurde dezidiert nicht an den Grenzen des Reiches positioniert und in kleinere Regimenter aufgeteilt. Sie fungierte stattdessen als mobile Eingreiftruppe, die bei etwaigen Krisenherden in großer numerischer Stärke zusammengezogen wurde.[30]

Mit dem Beginn der flavischen Dynastie (Vespasian, 69–79 n. Chr.) bis zum Ende der Herrschaft Mark Aurels (161–180 n. Chr.) wandelten sich die strategischen Prioritäten des Imperiums. Expansionsbestrebungen wurden zu Gunsten einer Verteidigungsstrategie aufgegeben. In diesem zweiten System existierte eine klare Vorstellung über die Ausdehnung des Imperiums und dessen Grenzen, die Luttwak als

---

Forschungsgeschichte ferner: Freedman 2021, 25–41; Milevski 2021, 73–88. Die antike Vorstellung von στρατηγία bezeichnet hingegen zunächst nur die Angelegenheiten des Feldherrn. Durch diese semantische Breite ist dadurch oftmals kaum eine Trennung zur Taktik zu erkennen, was sich vor allem in der häufigen Verschmelzung beider Themen in den spätantiken und byzantinischen Militärhandbüchern widerspiegelt. Vgl. Haldon 1999, 34–35; Näf/Hächler/Schwarz 2020, 39.

27 Luttwak 1976, 1.

28 Luttwak 1976, 4.

29 Luttwak 1976, 20–30.

30 Luttwak 1976, 40–49.

„*scientific frontiers*“ bezeichnete.[31] Externe Völker wurden anhand ihrer potenziellen Bedrohung für das Reich als „*high*“ *oder* „*low-intensity threats*“ klassifiziert; Grenzbezirke konnten entsprechend als „*open*“ oder „*closed frontiers*“ definiert werden. Unter Einbezug der naturräumlichen Gegebenheiten (Flüsse, Berge etc.) wurde gemäß dieser Priorisierung eine umfangreiche Militärarchitektur errichtet. Diese Transformation des Reiches in ein ausgedehntes Feldlager, wie Luttwak es nannte, sollte nicht nur psychologischen Druck auf auswärtige Feinde erzeugen, sondern war essenziell für die neue militärstrategische Ausrichtung einer vorwärtsgewandten Verteidigung („*forward*“ oder „*preclusive defense*“).[32] Die Armee wurde hierbei nicht mehr als mobiles Expeditionsheer im Hinterland stationiert, sondern über die gesamten Limesabschnitte verteilt. Bei Bedarf konnte sie so unmittelbar auf externe Bedrohungen reagieren und diese auch vor dem Limes abfangen und neutralisieren.

Die strategische Neuausrichtung besaß jedoch zwei gravierende Schwachpunkte: Zum einen konnte das Reich nur schwerlich neue größere Truppenkontingente ausheben und für Offensivaktionen nutzen. Zum anderen war das zweite System anfällig für mehrere gleichzeitige Angriffe an verschiedenen Fronten. Dieser externe Druck, der im dritten Jahrhundert durch die Germaneneinfälle an Rhein und Donau sowie die Auseinandersetzung mit den Parthern und später Sasaniden an der Ostgrenze des Reiches stetig zunahm, war dann, laut Luttwak, für die Genese eines neuen Systems verantwortlich.

Das dritte System war gekennzeichnet durch eine Strategie der „*defense-in-depth*“, einer rückwärtsgewandten, gestaffelten Verteidigung.[33] Die Grenzbefestigungen mitsamt den dort stationierten Einheiten dienten nicht mehr primär der Abwehr feindlicher Aggressoren, sondern sie waren vielmehr das erste Hindernis auf dem Weg ins Innere des Imperiums. Die in regelmäßigen Abständen angelegten kleineren Festungen, Burgi und Kontrollstationen entlang der Verkehrsadern verlangsamten zusätzlich die Angriffsgeschwindigkeit feindlicher Truppen. So konnten die nunmehr in einiger Entfernung von den Grenzen stationierten römischen Soldaten zusammengezogen und gegen die Angreifer mobilisiert werden. Dem höheren Bewegungsradius der Angreifer geschuldet, musste die römische Armee dementsprechend verstärkt auf berittene Einheiten setzen.

Die gestaffelte Verteidigung war, wie Luttwak betont, aus der Not geboren und stabilisierte das Reich in einer militärischen Extremsituation. Als durchgängige

31 Luttwak 1976, 60.

32 Luttwak 1976, 55–80 mit dem Zitat auf S. 57: „*The security policies of Vespasian and his successors, which reached a logical culmination under Hadrian and his successors, may be seen as an attempt to transform the empire into a marching camp writ large.*“

33 Luttwak 1976, 136–137.

Verteidigungsstrategie setzte sie sich nur langsam durch, denn bis zur Herrschaft Valentinians I. (364–375 n. Chr.) am Ende des vierten Jahrhunderts n. Chr. hätten einige römische Kaiser die Tendenz gehabt, nach der erfolgreichen Abwehr von Barbareneinfällen und der Bewältigung von internen Bürgerkriegen zu einer vorwärtsgewandten Verteidigung zurückzukehren.[34] Regionale Differenzen in der Verteidigungsstrategie konnten somit ebenfalls auftreten.

Die These Luttwaks beeindruckt auch fast 50 Jahre nach ihrer erstmaligen Veröffentlichung durch ihre stringente Argumentationsführung und der schematischen Reduktion der komplexen politisch-militärischen Interaktionsmechanismen und -formen an den Grenzen des Imperiums auf ein dreiteiliges Verteidigungssystem. Die wissenschaftliche Auseinandersetzung mit der „Grand Strategy" des Römischen Reiches war aber zunächst geprägt von einer überaus kritisch geführten Debatte. Insbesondere unter Althistorikern stieß das Modell anfangs auf wenig Gegenliebe. Namhafte Forscher, wie etwa Benjamin Isaac, Fergus Millar und Charles Richard Whittaker machten sich daran, die Schwachstellen in der These Luttwaks aufzudecken: Isaac wies darauf hin, dass die Armee nicht nur ein Instrument der Außen- und Grenzpolitik war, sondern auch im Bereich der inneren Sicherheit und Steuereintreibung eingesetzt wurde.[35] Whittaker rieb sich an der klar definierten „wissenschaftlichen" Grenze des zweiten Systems und entwickelte daraufhin die Vorstellung von ausgedehnten, durchlässigen und teils überlappenden Grenzräumen. Er attestierte den Römern darüber nur geringe kartografische Kenntnisse und ein gänzlich anderes System der Raumvorstellung.[36] Millar schließlich betonte, dass die Herrschaft der römischen Kaiser viel stärker von ad-hoc Entscheidungen geprägt war und eine langfristige generationenübergreifende (Gesamt-)Strategie somit nicht vorstellbar sei.[37]

Mit der Zeit schwang das Pendel der Debatte in die entgegengesetzte Richtung um, und das Modell Luttwaks wurde differenzierter und positiver wahrgenommen.[38] So machten sich mehrere Forscher daran den chronologischen Rahmen der

34 Ein von den Kritikern Luttwaks gern übersehenes Zugeständnis. Siehe: Luttwak 1976, 132.

35 Isaac 1990, 54–101.

36 Whittaker 2004, 28–50, 74–76; 1994, 222–242.

37 Millar 1982, 1–23.

38 Eine Aufarbeitung aller Detailpositionen ist hier nicht notwendig. Die Debatte ist vor allem anhand der Beiträge von Whately 2013b, 239–254; Kagan 2006, 333–362; Carrié/Janniard 2001, 321–341 und Wheeler 1993b, 215–240; 1993a, 7–41 nachvollziehbar. Der Einfluss Luttwaks auf das gesamte Feld lässt sich gut darin ablesen, dass strategische Überlegungen mittlerweile ganz selbstverständlich Teil der neuen Handbücher zur rö-

römischen „Grand Strategy“ auszuweiten oder eigene Adaptionen durchzuführen, um den Begriff für ihren jeweiligen Untersuchungsgegenstand nutzbar zu machen.[39] Dabei stellte sich heraus, dass die Schwierigkeit weniger in der Vorstellung und Anwendung einer wie auch immer gearteten Strategie lag als vielmehr im Zusatz des Adjektivs „*grand*“.[40] Yann Le Bohec legte beispielsweise eine Detailstudie zur Verteidigung des römischen Galliens unter Kaiser Julian (355–361 n. Chr.) vor, die er programmatisch als „*petite stratégie*“ betitelte. Le Bohec argumentierte, dass sich die römische Strategie auch immer an den jeweiligen Gegnern zu orientieren hatte und für diesen Limesabschnitt eine gestaffelte Verteidigung nicht vorteilhaft gewesen wäre.

Wenige Jahre zuvor näherte sich Geoffrey Greatrex dem Phänomen der römischen Strategie von der Spätantike aus an und führte das Konzept dann bis in die frühe Kaiserzeit zurück.[41] Anhand der Ostgrenze des Reiches arbeitete Greatrex heraus, dass die Römer für diese Limesabschnitte über sehr präzise Vorstellungen des Ausmaßes ihres Reiches verfügten, die sogar vertraglich festgelegt wurden.[42] Im Umgang mit den Parthern und Sasaniden seien zudem stets wiederkehrende Verhaltensmuster erkennbar, wenn man so will, eine römische Praxeologie, die auf grundlegende strategische Überlegungen, Absichten und Ziele schließen lässt.[43] Obwohl Greatrex eine langfristiges Verteidigungssystem an der Persergrenze aufzeigen konnte, vermied er es weitestgehend von einer römischen „Grand Strategy“ zu sprechen.[44]

Ein Faktor, der sowohl bei Le Bohec als auch bei Greatrex klar hervortritt, ist, dass jede Form der Strategie von der Interaktion mit Partnern und/oder Widersachern geprägt wird und sich dementsprechend ändern und anpassen kann. Diese Dimension der römischen Strategie wurde von Luttwak in seinem Modell zu wenig beachtet; sie soll aber, wo es das vorhandene Quellenmaterial erlaubt, in die Überlegungen der vorliegenden Arbeit miteinbezogen werden.

Im Rahmen dieser Untersuchung werde ich aber grundsätzlich auf die Theorien und Methoden Luttwaks zurückgreifen. Das geschieht aus drei Gründen: Erstens lie-

---

mischen Armee oder der byzantinischen Kriegskunst sind. Vgl. Strobel 2007, 267–286; Sullivan 2018, 259–308.

39 Eich 2009b, 561–611; Le Bohec 2012, 47–67. Vgl. etwa zu Sparta: Rahe 2017, 1–29.

40 So auch Freedman 2021, 38.

41 Greatrex 2007, 103–173.

42 Greatrex 2007, 108–110.

43 Greatrex 2007, 114–123.

44 Siehe aber Greatrex 2007, 114 m. Anm. 36.

fert das Modell der „Grand Strategy“ eine geeignete Fachterminologie, die die Analyse der römischen Grenz- und Militärpolitik erleichtert.

Zweitens handelt es sich bei der Kyrenaika laut Luttwak um eine *„open frontier“* mit geringem Gefahrenpotential und folglich nachrangiger Bedeutung.[45] Eine eingehende Betrachtung dieser Limesabschnitte, die Luttwak nicht leistete, verspricht somit neue Erkenntnisse.

Drittens hat Luttwak unlängst sein theoretisches Modell auf die spätrömischen bzw. byzantinischen Verhältnisse anzuwenden versucht.[46] Seine Argumentation musste in Anbetracht des von ihm gewählten zeitlichen Rahmens (4. Jh. - 15. Jh.) zwangsläufig auf der Makroebene verweilen. Dennoch fällt auf, dass die Verteidigungskonzeption des spätantiken Nordafrikas, außerhalb der Eroberungskriege Justinians, kaum eine einhergehende Behandlung erhielt.[47] Dies verwundert umso mehr, da in den letzten Jahrzehnten durch zahlreiche archäologische Funde und Forschungen viele neue Erkenntnisse über diese Region gewonnen werden konnten und inzwischen für das westliche Nordafrika eine maßgebliche Untersuchung zu den römisch-maurischen Beziehungen vorliegt.[48] Eine vergleichende Betrachtung des gesamten nordafrikanischen Limessystems stellt daher weiterhin ein Desiderat der Forschung dar.[49] Dies gilt ebenso für die Kyrenaika, die durch ihre exponierte Lage an der Schnittstelle zwischen dem ost- und weströmischen Reich bei einem solchen Vorhaben eine wichtige Rolle einnimmt. Zu gleichen Teilen trifft dies auch auf die ausführliche Besprechung der Militärkonstitution des Anastasius zu, dessen intensive Erforschung schon mehrfach angemahnt wurde.[50] Die folgende Untersuchung will daher durch die Konzentration auf diesen spezifischen Grenzabschnitt einen Beitrag zur Schließung dieser Forschungslücken leisten. Dabei soll der Frage nachgegangen werden, inwiefern die Einrichtung und Organisation des libyschen Dukates aus lokalen Besonderheiten heraus zu verstehen, und bis zu welchem Grad man von der Umsetzung reichsweiter Standards oder sogar einer „Grenzpolitik“ oder „-strategie“ des Anastasius sprechen kann.

Aufgrund dieses Zuschnitts tangiert diese Arbeit damit auch eine Gretchenfrage der althistorischen Forschung: Wie funktionierte die Herrschaft des römischen Kaisers?

---

45 Luttwak 1976, 60–80 mit Fig. 2.1.

46 Luttwak 2009, 1–94 und 421–423; 2011, 57–82.

47 Jeweils kurz angerissen bei: Luttwak 2009, 50–55, 75–86, 92. Vgl. die Besprechung von Rance 2011, 829–833.

48 Modéran 2003; Leone 2007; Mattingly 2003–2014; Barker 1996.

49 Die Basis für eine solches Unterfangen bildet weiterhin: Pringle ^{2}2001.

50 Zuletzt Schmitt 2007, 132 m. Anm. 21.

Die Studien zu diesem Themenfeld sind umfangreich, dennoch wurde die Forschung der letzten Jahrzehnte vornehmlich von zwei Modellen bestimmt, die anhand des Prinzipats entwickelt wurden.[51] Da wäre zum einen die Vorstellung eines reaktiven Kaisertums, die maßgeblich von Fergus Millar geprägt wurde.[52] Millar sah den römischen Kaiser nicht als aktiven (oder sogar proaktiven) Gestalter, sondern fest eingebunden in ein fein austariertes hierarchisches System. Zwar bekleidete er darin die oberste Instanz, doch letztlich konnte er nur die zuvor an ihn, vorwiegend schriftlich, herangetragenen Anliegen beantworten und somit die Reaktion des Verwaltungsapparates initiieren. Dieses reaktionäre System war bestimmt durch die Abfolge von „*petition and response*". Demgegenüber diagnostizierte Egon Flaig beim (stadt-)römischen Kaiser ein permanentes Legitimationsdefizit.[53] Der Kaiser war folglich gezwungen, sich aktiv und beständig um die Akzeptanz wichtiger soziopolitischer Gruppen (Senatsaristokratie, Heer bzw. Prätorianergarde, *plebs urbana*) zu bemühen. Beide Modelle wurden u. a. von Clifford Ando, Sebastian Schmidt-Hofner, Steffen Diefenbach und Rene Pfeilschifter geprüft und auf die spätantiken Verhältnisse übertragen.[54] In jüngster Zeit wurde der Blick zudem verstärkt auf die Rolle der Berater (Eunuchen, Bischöfe, Hofbeamte, Heermeister) des Kaisers gelenkt und nach deren Einfluss auf die Herrschaftsausübung gefragt.[55]

Da im Folgenden mit dem libyschen Militärerlass des Anastasius ein normativer Kommunikationsakt zwischen Zentrale und Peripherie eingehender untersucht wird, orientiere ich mich an dem Modell eines reaktiven Kaisertums. Aus verschiedenen Quellenzeugnissen aus der Zeit des Anastasius geht zudem hervor, dass der Kaiser bei der Auswahl seiner (Spitzen-)Funktionäre auf eine umfassende Bildung achtete. Einige leitende Hofbeamte, wie etwa Marinus von Apameia oder Johannes der Paphlagonier, werden dementsprechend ihren Einfluss auf die Reformtätigkeiten des Anastasius geltend gemacht haben.[56] Gleichwohl gehe ich davon aus, dass der Kaiser trotz dieser systembedingten Zwänge in der Lage war, gestalterisch tätig zu werden.[57] Das Akzeptanzmodell von Flaig und dessen Auslegung von Pfeilschifter wird hingegen in dieser Untersuchung vornehmlich im Hinblick auf die hauptstädtischen Konflikte und Kommunikationsakte beachtet.

51 Zur Forschungsdiskussion: Rebenich/Wienand 2017, 1–43; Wiemer 2006, 1–39, bes. 3–9.

52 Millar 1977.

53 Flaig ^{2}2019.

54 Ando 2015, 163–172; Schmidt-Hofner 2008; Diefenbach 1996, 35–66; Pfeilschifter 2013.

55 Siehe exemplarisch die Beiträge in: Choda/Sterk de Leeuw/Schulz 2020.

56 Haarer 2006, 184–229; Meier 2009, 118–137; Nicks 2000, 183–203.

57 So auch: Schmidt-Hofner 2008, 337–344.

1.3 Quellenlage

Obwohl die Kyrenaika nur selten ins Blickfeld antiker Schriftsteller geriet, liegen uns eine Reihe von Quellenzeugnissen vor, die im Rahmen dieser Arbeit herangezogen und ausgewertet werden. In erster Linie sind dies, wie oben bereits ausgeführt, die inschriftlichen Zeugnisse aus der Pentapolis. Ergänzt werden diese durch weitere auf uns gekommene Inschriften aus dem östlichen Mittelmeerraum. Von besonderer Bedeutung ist dabei ein großer Militärerlass aus Perge, der detailliert den Aufbau und die Besoldung einer Legion zur Zeit des Anastasius darlegt und nun dank Fatih Onur in einer kommentierten Edition vorliegt.[58] Ebenso wichtig sind eine Reihe von Inschriften, die in Jerusalem, Bostra, Hauran, Imtan, Salkhad, Qasr al-Hallabat und Umm al-Jimal entdeckt wurden und die Anordnungen des Anastasius für die Diözese Oriens enthalten.[59] Eine neue Edition dieser Anordnungen auf der Grundlage der Inschriftenfragmente aus Qasr al-Hallabat ist seit Längerem durch Denis Feissel angekündigt, aber zum Zeitpunkt der Abfassung dieser Untersuchung noch nicht erschienen.[60] Neben den epigrafisch verbuchten Konstitutionen des Anastasius spielen die im *Codex Iustinianus* unter seinem Namen überlieferten Gesetze eine gewichtige Rolle. Um Verschiebungen im administrativen und militärischen Aufbau des Reiches eingehender analysieren zu können, sind des Weiteren drei listenartige Zeugnisse instruktiv: Das ist zum einen die *Notitia Dignitatum*, ein Ämter- und Würdenverzeichnis aus dem frühen fünften Jahrhundert, das zwar nur wenige Informationen über die libyschen Provinzen enthält, aber von unschätzbarem Wert für das Verständnis der spätantiken (Militär-)Verwaltung ist.[61] Zum anderen bieten die geografischen Schriften des Hierokles und Georgs von Zypern aus dem sechsten und frühen siebten Jahrhundert wertvolle Hinweise über die Entwicklungen der Eparchien und Poleis des oströmischen Reiches im Allgemeinen und der Kyrenaika im Besonderen.[62] Unerlässlich für eine ausgewogene Betrachtung der Grenzorganisation und Verteidigung der libyschen Pentapolis ist die Auswertung des archäologischen Befundes. Viele Erkenntnisse zur Militärarchitektur und Urbanistik basieren zwar noch auf den älteren Forschungen Richard Goodchilds aus der Mitte des letzten Jahrhunderts, die durch neue Grabungen und vor allem moderne methodische Ansätze zu erweitern und im Einzelfall noch endgültig zu verifizieren sind, dennoch bieten sie eine wertvolle Grundlage zur Kontextualisierung der epi-

58 Onur 2017, 133–212; 2014; 2012, 21–38.

59 SEG 34, 1507; SEG 39, 1644; SEG 44, 1421; SEG 57, 1902; SEG 61, 1481.

60 Erste Einblicke sind Arce/Feissel/Weber-Karyotakis 2018 und Feissel 2014 zu entnehmen. Siehe auch: Sartre 1982.

61 Seeck 1876.

62 Honigmann 1939; Gelzer 1890.

grafischen Zeugnisse. Gleiches gilt für die literarischen Quellen, die, wie angedeutet, nur im geringen Umfang für die historische Entwicklung der spätantiken Kyrenaika verfügbar sind. Die Schriften des Synesius von Kyrene, der als Bischof von Ptolemais zu Beginn des fünften Jahrhunderts wirkte, verdienen daher eine gesonderte Erwähnung.[63] Synesius hinterließ das größte zusammenhängende literarische Corpus, bestehend aus Reden, Hymnen, philosophischen Traktaten und einer Briefsammlung, das im Rahmen dieser Untersuchung ausgewertet werden kann. Synesius entstammte der lokalen Oberschicht, studierte bei der berühmten Philosophin Hypatia in Alexandria, bemühte sich vergeblich um eine Karriere im Staatsdienst in Konstantinopel und kehrte widerwillig in seine Heimat zurück, um dort schlussendlich ein geistliches Amt zu übernehmen. Seine vielschichtige und thematisch abwechslungsreiche Korrespondenz mit vielen bedeutenden Persönlichkeiten seiner Zeit bietet eine hervorragende Möglichkeit, die politischen und militärischen Verhältnisse in der Pentapolis eingehender zu studieren. Darüber hinaus werden selbstverständlich alle verfügbaren Materialien aus der Herrschaftszeit des Anastasius konsultiert und zu gegebener Zeit in der Untersuchung besprochen. Im Hinblick auf die hier verfolgten Fragestellungen zeigten sich allerdings die Johannes von Antiochien zugeschriebenen Fragmente eines Geschichtswerks als besonders ergiebig.[64] Die Fragmente liegen in zwei neuen Editionen vor, die jedoch in vielen Belangen voneinander abweichen und dies nicht zuletzt auch in der Bewertung des Autors. Für unsere Zwecke ist dabei eine der Thesen Sergei Marievs von Bedeutung. Mariev behauptet, dass das Johannes zugeschriebene Geschichtswerk kurz nach der Herrschaft des Anastasius abgeschlossen worden sei.[65] Träfe dies zu, würde das den Quellenwert der Fragmente zusätzlich steigern. Die beiden zu Ehren von Anastasius verfassten Lobreden von Priscian von Caesarea und Prokop von Gaza gehören ebenfalls zu der Reihe von Zeugnissen, die weiterführende Beobachtungen über die Reformpolitik des Kaisers erlauben.[66] Von den späteren Schriftquellen sind in diesem Zusammenhang die Werke Prokops von Caesarea, insbesondere dessen *Bauten*, und das Protokoll der Thronbesteigung des Anastasius zu nennen. Letzteres entstammt wohl einer Schrift über das kaiserliche Hofzeremoniell von Petrus Patricius, der unter Justinian I. (527–565 n. Chr.) als *magister officiorum* diente, und in großen Auszügen im Zeremonienbuch Konstantins VII. (913–959 n. Chr.) erhalten geblieben ist.[67]

63 Lamoureux/Aujoulat 2004–2008; Schmitt 2001.

64 Roberto 2005; Mariev 2008. Siehe aber die fundamentale Kritik an beiden Editionen durch van Nuffelen 2012, 437–450 und die Diskussion von Treadgold 2007, 311–329.

65 Mariev 2008, 4–17; 2006, 535–550 und die Replik von Umberto 2010, 115–128.

66 Amato 2010; Coyne 1991; Chauvot 1986. Ferner: Leppin 2014, 93–110.

67 Dagron/Flusin 2020; Moffat/Tall 2012; Sode 2011, 161–176.

Diese grobe Skizze des Quellenbestands zur Erforschung der spätantiken Kyrenaika demonstriert, dass trotz der kargen Auswahl in einigen Bereichen insgesamt doch eine breite Basis an unterschiedlichen Zeugnissen und literarischen Gattungen zur Verfügung steht, die für eine differenzierte Analyse herangezogen werden können.

2 Die Kyrenaika im 4. und 5. Jahrhundert n. Chr.

2.1 Geografische Gegebenheiten

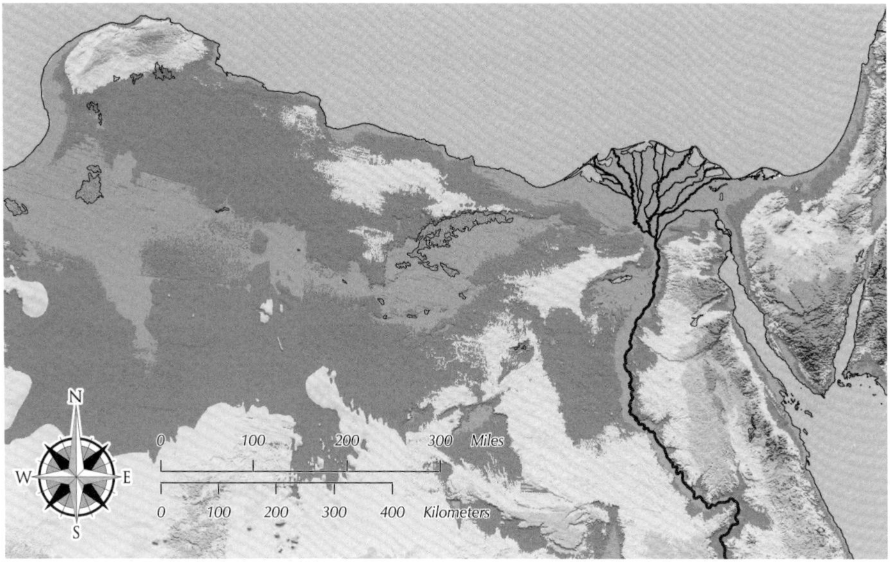

Abbildung 2: Höhenrelief der Kyrenaika und des Niltals.

Die Geschichte der Kyrenaika ist eng verbunden mit den günstigen geografischen und klimatischen Bedingungen, welche die ersten griechischen Kolonisten im siebten Jahrhundert v. Chr. vorfanden.[68] Die gesamte Region wird durch den Jebel Akhdar, den grünen Berg, geprägt. Durchbrochen von mehreren kilometerbreiten Plateaus und Terrassen erreicht der Jebel eine Maximalhöhe von 800 m über dem Meeresspiegel und ragt von der Küste aus rund 150 km ins Landesinnere.[69] Die gesamte Höhenregion erstreckt sich über 400 km – von den westlichen Ausläufern an der Küste der Großen Syrte bis in die sich östlich an die Kyrenaika anschließende Marmarika. Der grüne Berg ist damit das einzige Bergmassiv entlang der nordafrikanischen Küste zwischen Ägypten und dem Aures Gebirge.[70] Die Besonderheit dieser

68 Neue Erkenntnisse zu den klimatischen Bedingungen in der Antike sind auf dem Gebiet der Paleoklimatologie zu erwarten. Siehe: Izdebski 2021, 85–112, 136–154; 2011, 291–312; McCormick et al. 2012, 169–220; 2011, 251–273; Lionello 2012, 87–155. Zu den ersten griechischen Siedlern in der Kyrenaika und deren Konstruktion einer eigenen politischen und kulturellen Identität: Bernstein 2004, 171–207; Golinski 2017, 90–151; Jones 1971, 349–363; Chamoux 1953.

69 Für die Kyrenaika und umliegende Gebiete siehe auch: Barrington Atlas of the Ancient World (BATL), 35–38.

70 Jones/Little 1971, 64–79; Pedley 1976, 11–12; Roques 1987, 66–70; Horden/Purcell 2001,

Landschaft fiel bereits den antiken Geografen auf.[71] Plinius der Ältere teilte die landwirtschaftlich nutzbare Fläche der Kyrenaika bzw. von Kyrene in drei Zonen ein:

> „*Cyrenaicus ager XV p. latitudine a litore et arboribus fertilis habetur, intus eodem spatio frugibus tantum, mox XXX latitudine et CCL longitudine lasere modo.*"

> „*Das Gebiet von Kyrene gilt in einer Breite von 15 Meilen an der Küste auch für Bäume als fruchtbar, im Inneren im selben Umfang nur für Feldfrüchte, dann in einer Breite von 30 und in einer Länge von 250 Meilen nur für Laser.*"[72]

Die vom Mittelmeer kommenden Regenwolken lassen einen Großteil ihrer Wassermasse an den Berghängen des Jebel Akhdar abregnen, wodurch in der Kyrenaika mit durchschnittlichen Niederschlagsmengen von 150–450 mm pro Jahr ein mediterranes Klima herrscht.[73] Die Plateaus bieten dadurch je nach Höhenlage geeignete Flächen für den Anbau von Getreide, Wein, Oliven, Gewürzen und ebenso grünes Weideland zur Viehwirtschaft.[74] Die Bewohner der Kyrenaika indes rühmten sich gerne ihrer Pferdezucht,[75] doch hauptsächlich schätzte man in der übrigen Mittelmeerwelt nur ein lokales Produkt: Silphium (Σίλφιον/*laserpicium* bzw. *laser*)[76]. Diese

---

65–74; Adeleye 1993, 143–148.

71 Str.17,3,19–24, bes. 21: „ηὐζήθη δὲ διὰ τὴν ἀρετὴν τῆς χώρας καὶ γὰρ ἱπποτρόφος ἐστὶν ἀρίστη καὶ καλλίκαρπος, καὶ πολλοὺς ἄνδρας ἀξιολόγους ἔσχε καὶ δυναμένους ἐλευθερίας ἀζιολόγως προΐστασθαι καὶ πρὸς τοὺς ὑπερκειμένους βαρβάρους ἰσχυρῶς ἀντέχειν." „*Es [Kyrene] kam zur Blüte durch die Trefflichkeit des Landes; nährt es doch vorzügliche Pferde und trägt schönste Frucht. Auch hatte die Stadt viele bedeutende Männer, die imstande waren ihre Freiheit wirksam zu schützen und den oberhalb lebenden Barbaren kräftigen Widerstand zu leisten.*" Ganz anders hingegen Pomponius Mela (Mela1,37–39), der mehr am Orakel Ammons und Naturphänomenen wie der Klippe von Austur und einer Sonnenquelle interessiert war. In Bezug auf die Kyrenaika erwähnt er lediglich die Herleitung des Namens der Stadt Kyrene sowie einige andere Poleis entlang des Küstensaums. Mela1,40: „*in litore promuntoria sunt Zephyrion et Naustathmos, portus Par<a>etonius, urbes Hesperia, Apollonia, Ptolemais (Ptolomais), Arsinoe atque unde terris nomen est ipsa Cyrene ...*".

72 Plin.HN.5,33. Im Folgenden stammen, wenn nicht anders vermerkt, alle deutschen Übersetzungen vom Autor.

73 Ruprechtsberger 2012, 9–11; Kaegi 2010, 48–51. Die klimatischen Besonderheiten der Kyrenaika lassen sich sogar bis in die heutige Zeit weiterverfolgen. Siehe dazu die Weltklima-Datei des Deutschen Wetterdienstes, abrufbar unter www.dwd.de, abgerufen am 17.5.2022.

74 Vgl. Catani 2007, 125–157; Akab 2010; Bentaher/Buzaian 2010, 25–37.

75 Synes.epist.37; vgl. Blázquez Martínez 2010, 461–484; Schmitt 1998, 277–298.

76 Chamoux 1985, 165–173; Asciutti 2008, 171–176; Amigues 2004, 191–226; Schmitt 2001, 738–742.

wilde Pflanze, die in den höheren Regionen der Kyrenaika beheimatet war, ließ sich für medizinische und kulinarische Zwecke verwenden und war bereits in der frühen Kaiserzeit vom Aussterben bedroht und damit von sehr hohem Wert.[77] Die ertragreichen Berghänge und Ebenen des Jebel Akhdar stehen im starken Kontrast zu der ihn umgebenden Steppe und Wüste. Die Bewohner der Pentapolis, dem an der Mittelmeerküste gelegenen Städtebund der Kyrenaika, lebten fast wie auf einer Insel in Isolation. Vom fruchtbaren Nildelta waren sie rund 800 km entfernt, von den Städten Tripolitaniens ebenso. Diese Abgeschiedenheit aus administrativer und militärischer Sicht zu überwinden, war eine der größten Herausforderungen, derer sich die römische Verwaltung der Spätantike zu stellen hatte. Im Gegensatz zu den vorhergehenden Verwaltungsmaßnahmen der Ptolemäer sowie der frühen und mittleren Kaiserzeit, die jeweils den insularen Charakter der Kyrenaika betonten, indem die Region administrativ mit Zypern oder Kreta verschmolzen wurde, entstand im Zuge der diokletianischen Verwaltungsreformen eine eigenständige Provinz mit den Namen Libya Superior.[78] Die benachbarte Marmarika wurde als Libya Inferior bzw. Sicca der Kyrenaika angegliedert. Die beiden Libyen waren dadurch in ihrer politischen und kulturellen Orientierung stark auf das Niltal ausgerichtet. Die sich westlich an die Kyrenaika anschließende Provinz Tripolitanien stand hingegen mehr unter lateinischem Einfluss.

Für das Verständnis der Entwicklungen innerhalb der libyschen Provinzen der zweiten Hälfte des vierten und dem Beginn des fünften Jahrhunderts sind wir durch die literarische Aufarbeitung des großen Seebebens und Tsunamis von 365 n. Chr. und die Schriften des Synesius von Kyrene gut informiert. Zunächst werden deshalb die für die Grenzverteidigung notwendige Infrastruktur und die vermeintlichen Auswirkungen der Naturkatastrophe auf die Kyrenaika erforscht, bevor dann die Lebenszeit des Synesius eingehender betrachtet wird. Im Fokus stehen dabei die Rolle des Bischofs von Ptolemais bei der Verteidigung seiner Heimatprovinz sowie die damit verbundenen Implikationen für die kaiserliche Militärpolitik, weniger die philosophische oder religiöse Ausrichtung des Kyrenäers.[79]

77 Plin.HN.9,15.

78 Seeck 1962, 3, 6; Wright 2007, 769–803; Haensch 2008, 81–105; 1997, 201–207, 512–517; Cabanes 2001, 309–339.

79 Generell bei Schmitt 2001, 67–140; Tanaseanu-Döbler 2008, 165–181; Dimitrov 2008, 149–170.

2.2 Die Grenzverteidigung der Kyrenaika

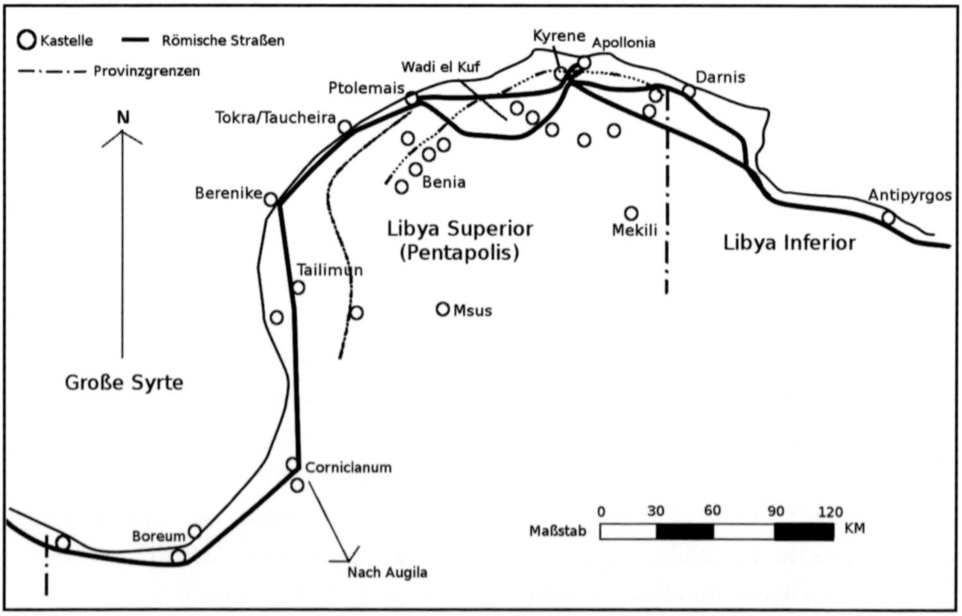

Abbildung 3: Limesstruktur der Kyrenaika nach R. G. Goodchild.

Das besondere geografische Profil der Kyrenaika, das anmutet „*as if a fragment of some Mediterranean archipelago had been uneasily wedged against the African continent* …",[80] wie Horden und Purcell treffend feststellten, hatte direkten Einfluss auf die Verteidigungsmöglichkeiten dieser Siedlungsinsel. Anhand der auf uns gekommenen antiken Itinerarien, insbesondere des Itinerarium Antonini und der Tabula Peutingeriana, wird deutlich, dass die libyschen Provinzen hauptsächlich durch eine Küstenstraße an das Verkehrsnetz des römischen Reiches angebunden waren.[81] Die exakte Reiseroute wie auch die einzelnen Entfernungsangaben variieren dabei zwischen den Itinerarien. Einige Reisestationen lassen sich dennoch mit Kastellen und Militärlagern in Verbindung bringen. Dies ist zunächst eine wenig überraschende Beobachtung. Allerdings ist es durch den Verlust des Kapitels über den libyschen Dukat aus der *Notitia Dignitatum* anderweitig nicht möglich, einen Abgleich der literarischen und archäologischen Zeugnisse durchzuführen.[82] Aus diesem

80 Horden/Purcell 2001, 67.

81 Miller 1964, 852–853 und 870–878. Einen Abgleich aller für die Kyrenaika verwertbaren Itinerarien bieten: Guédon 2012, 45–70; 2010; Purcaro Pagano 1976, 285–352; Goodchild 1968, 155–171. Siehe ferner zum römischen Straßennetz: Salama et al. 2010; Maas/Ruths 2012, 255–263, und für die Region um Leptis Magna nun: Zocchi 2018, 51–79.

82 Die neuere Forschung zur *Notitia Dignitatum* hat den historischen Quellenwert dieses

Grund sollen hier einige militärische Anlagen und deren Positionierung in den libyschen Provinzen angeführt werden, die in ihrer Gesamtheit einen Eindruck von der römischen Grenzverteidigung und dem „Limes“ der Kyrenaika im Besonderen geben können.

Die politische Lage im modernen Libyen hat die archäologische Forschung in den letzten Jahrzehnten oft vor große Probleme gestellt. Auch die Auswirkungen des sogenannten „arabischen Frühlings“, die sich in einem teilweise immer noch andauernden Bürgerkrieg entluden und zum Sturz Mummar al-Gaddafis führten, haben jegliche archäologische Unternehmung fast zum Stillstand gebracht.[83] Die folgenden Ausführungen müssen sich daher zwangsläufig auf die Erkenntnisse der älteren Forschung stützen und können nicht den Charakter einer umfassenden Synthese der Grenzverteidigung haben, wie das etwa von Denys Pringle für die afrikanischen Provinzen vorgelegt wurde.[84]

2.2.1 Libya Inferior

Folgt man der geografischen Route, die Prokop von Caesarea in seinen *Bauten* vorgibt, nähert man sich der Kyrenaika aus dem Osten über die von Alexandria kommende *via maritima*.[85] Für einen rüstigen Wanderer soll es möglich gewesen sein, die

---

administrativen Verzeichnisses nivelliert. Die *Notitia Dignitatum* wird seit der These von Brennan und der Replik von Kulikowski stärker als ideologisch durchdrungenes Abbild der Staatsverwaltung, gleichsam eines imperialen Propagandainstruments, gedeutet und weniger als tatsächliches Verzeichnis aller Truppenkörper und Officia des Kaiserreichs, das im täglichen Gebrauch praktische Anwendung fand. Im Rahmen dieser Untersuchung werde ich dennoch die wenigen Belege bezüglich des libyschen Limestraktes heranziehen. Dadurch ist es mir möglich, einige grobe Charakteristika der Organisation des Dukats und der verschiedenen Verwaltungsangestellten herauszuarbeiten. Dies geschieht im vollen Bewusstsein, dass sich die römischen Staatsorgane im fortwährenden Wandel befanden und die in der Not.Dign. dargestellten Zusammenhänge eine Momentaufnahme bilden. Für die Zuverlässigkeit des Pars Oriens hat sich zuletzt unter Einbezug der papyrologischen Evidenz Anna Maria Kaiser ausgesprochen: Kaiser 2015, 243–261. Siehe ferner zur Not.Dign.: Brennan 1996, 147–178; Kulikowski 2000, 358–377; Zuckerman 1998, 137–147; Scharf 2005.

83 Für die gegenwärtigen Probleme und Maßnahmen zum Schutz des kulturellen Erbes sei auf das Projekt Libyan Antiquities at Risk (LAaR), vorgestellt in: Mugnai/Nikolaus/Mattingly/Walker 2017, 1–11 und die Konferenzbeiträge in Ensoli 2012 verwiesen.

84 Pringle ²2001. Zur Kyrenaika ferner: Goodchild 1966, 225–250; 1953, 65–76; Jones 1968, 289–297; Laronde 2009, 13–20; Ruprechtsberger 1993, 18–28; Gaballa 2015, 67–81; Francisco Heredero 2014a, 369–383; 2014, 163–190; Sarantis 2013b, 297–316.

85 Prok.aed.6,1–2. Vgl. Reynolds 2000, 169–176; Goodchild 1953, 65–76; Kenrick 2013, 325–

Strecke vom Nildelta hinauf in das kyrenäische Hochplateau innerhalb von 20 Tagen zu bewältigen. Die Landschaft, die man dafür durchqueren musste, war in der Antike unter dem Namen Marmarika bekannt.[86] Ihr Klima war bestimmt von geringen Niederschlagsmengen, hohen Temperaturen und vereinzelten Sandstürmen.[87] Diese rauen Gegebenheiten erschwerten jegliche Form der militärischen Kontrolle. Die Sicherung der Hauptverkehrsader genoss daher die höchste Priorität.[88] Dementsprechend konzentrierten sich die Baumaßnahmen Justinians auf die küstennahen Städte Tap(h)osiris, Paraetonium und Antipyrgos.

Im ungefähr eine Tagesreise von Alexandria entfernten Taposiris Magna sollen unter Justinians Ägide die Magistratsgebäude und Bäder (τὰ τῶν ἀρχόντων καταλυτήρια καὶ λουτρῶνας ἐδείματο)[89] errichtet worden sein. Keines dieser Bauwerke konnte jedoch bislang archäologisch nachgewiesen werden. Stattdessen wurde im Areal des ehemaligen Osiristempels ein römisches Militärlager entdeckt.[90] Die Diskrepanz zwischen dem Bericht des Prokop und dem archäologischen Befund wurde daher als „Verwechslung" mit der benachbarten Wallfahrtsstätte des heiligen Menas interpretiert.[91] Laut der koptischen Märtyerlegende des Heiligen soll dort nämlich schon zur Zeit Zenos eine Garnison mit 1200 Soldaten zum Schutz vor barbarischen Räuberbanden installiert worden sein.[92] Ferner sei diese „Stadt" unter Anastasius dann durch den Prätorianerpräfekten Philoxenus mit mehreren öffent-

331.

86 Rieger 2009, 71–99; Vetter 2006, 127–143.

87 Zur Nutzung der knappen Wasserressourcen: Vetter/Rieger/Nicolay 2009, 9–25.

88 Neueste Ausgrabungen haben allerdings auch weiter landeinwärts gelegene Ansiedlungen zu Tage gefördert. Siehe hierzu: Rieger et al. 2012, 135–174.

89 Prok.aed.6,1,13.

90 Ausführlich bei: Grossmann 2005, 11–27; Gyözö 2001–2004.

91 Grossmann 2000, 165–168. Einführend zu Abu Mina: Grossmann 2007, 45–52.

92 Einher ging damit angeblich die Gründung einer Stadt, die Martyroupolis oder Zenoupolis genannt wurde. Siehe: Drescher 1946, 146–147: „*Then the Archbishop, Timotheus, told the king, Zeno, about the barbarians who came over Mariotes, afflicting the shrine and all the churches in Mariotes. Then the king ordered all those of senatorial rank in the kingdom to build each of them a palace there. He also wrote to the archons of Alexandria and those of Egypt, that each of them throughout the land should build himself a house they made it a city. And so it was built and given the name Martyroupolis. Multitudes gathered to it from every land and resided in it. And established also a garrison of 1200 soldiers to guard that place against the barbarian horde. And the God-loving king did this as an aid to Mariotes and the shrine likewise. And he provided their maintenance revenues of Mariotes. And he also gave to the shrine some eparchies remitting their taxes that the money might be used for the expenses and the hospices which he built at it.*" Ward-Perkins 1949, 33–34; Claude 1969, 211–212.

lichen Gebäuden, wie Hospitälern, Herbergen und einem Marktplatz, für die zahlreichen Pilger ausgestattet worden.[93]

Auf weitaus sicherem Boden ruhen dagegen die Bemerkungen zu den beiden übrigen Städten. Diese wurden nämlich von Justinian als Bollwerke gegen die im Inland lebenden Mauren (Μαυρουσίοί) konzipiert.[94] Paraetonium, das heutige Marsa Matruh, bildete die neue Verwaltungsgrenze zwischen den ägyptischen Provinzen

93 Dieser Prätorianerpräfekt ist ansonsten nicht belegt, und diese Textstelle wird ebenso wenig im PLRE verzeichnet. Für die Regierungszeit des Anastasius sind für die Jahre 492–494, 497, 499–501, 507–509, 513, 516 und 518 n. Chr. keine Prätorianerpräfekten namentlich bekannt, allerdings gibt es mit Apion, Armenius und Arcadius bereits drei verbuchte Amtsinhaber, deren genaue Amtszeit sich anhand des verfügbaren Quellenmaterials nicht exakt zuordnen lässt. Siehe: Haarer 2006, 283–284. Wenige Kapitel vor der Erwähnung des Philoxenus wird jedoch präzise von der Amtszeit des *praefectus augustalis* Tatian (PLRE II, Tatianus 5d) unter den Kaisern Valens und Valentinian berichtet. Prinzipiell halte ich es daher für möglich, Philoxenus diesem Trio hinzuzufügen. Laut des Enkomiums des Menas ließ Philoxenus allerdings diese Bauten, sowie einen benachbarten Hafen am Mareotis-See, nach sich benennen. Das eröffnet zudem die Möglichkeit, dass es sich hier um einen euergetischen Akt eines Mitgliedes der Reichsaristokratie handelt. Aus der Zeit des Anastasius ist ein Fl. Thedorus Philoxenus Soterichus (PLRE II, Philoxenus 8; Begass 2018, 210 Nr. 171) bekannt, der als *magister militum per Thracias* und *comes domesticorum* diente, vom Kaiser ins Exil verbannt wurde und unter dessen Nachfolger Justin I. reüssierte und sogar das Konsulat im Jahr 525 bekleiden durfte. Womöglich wurde er nach Ägypten verbannt und stiftete die besagten Gebäude nach seiner Rückkehr an den Kaiserhof. Siehe: Ioh.Mal.16,3; Chron.Pasch.ad519. Der nach diesem Philoxenus benannte Hafen wurde lange Zeit mit der umfangreichen Anlage in Marea gleichgesetzt. Jüngere Ausgrabungen in der Region haben allerdings Zweifel an dieser Identifikation aufkommen lassen, sodass nun ein weiter westlich gelegener Ort im modernen Dorf Bahig in Erwägung gezogen wird. Siehe hierzu die Diskussion in: Grossmann/Kosciuk 2007, 9–29; Wipszycka 2012, 418–432. Obgleich mir die Identifikation des im Enkomium erwähnten Philoxenus mit dem Fl. Thedorus Philoxenus Soterichus am schlüssigsten erscheint, sind noch mehrere andere Würdenträger mit diesem Namen aus dem ägyptischen Umfeld des sechsten und siebten Jahrhunderts bekannt (PLRE III, Philoxenus 3 und 6), was eine eindeutige Benennung erschwert.

94 Neben dem von Prokop verwendeten Oberbegriff „Mauren“ treten die Bewohner der Marmarika in den Quellen vereinzelt auch als Marmariden auf. Im dritten Jahrhundert führte der Präfekt von Ägypten, Tenagino Probus (269–270 n. Chr.), erfolgreich einen Feldzug gegen sie durch, wofür ihm die Bewohner Kyrenes eine Ehreninschrift widmeten. Siehe dazu: SEG 9, 9 = IRCyr C.86. Ferner: Desanges 2010, 4626; Jördens 2009, 528–531. Eusebius von Caesarea (Eus.HE.7,11) berichtet im Zuge der Verbannung des Dionysus von Alexandrien (248–264/265 n. Chr.) nach Kephro in der Marmarika und später Kolluthion (Mareotis) ebenfalls von Räubern in der Region.

und Libyen. Im Zuge dessen wurde die Stadt mit einer Garnison ausgestattet, die der Dux der Libya Inferior als Stützpunkt nutzte.[95] Bei Paraetonium befand sich zudem eine Abzweigung der Hauptstraße, die zu der landeinwärts gelegenen Oase von Siwa führte.[96] Der abschließende militärische Knotenpunkt vor dem langsamen Anstieg zum Jebel Akhdar war die Festung Antipyrgos, die über einen natürlichen Hafen verfügte. Heutzutage ist die Stadt unter dem Namen Tobruk bekannt.[97] Die dort entdeckten Überreste des römischen Kastells zeigen den in der Spätantike favorisierten Aufbau mit hervorstehenden Ecktürmen und breit dimensionierten Außenmauern.[98]

Alle drei bisher beschriebenen Orte existierten schon vor der Herrschaft Justinians. Die Baumaßnahmen des Kaisers verstärkten, erweiterten und sanierten demzufolge die bestehende Infrastruktur dieser Wüstenprovinz. Neben den großen städtischen Garnisonen, auf die sich Prokop konzentrierte, gab es sicherlich noch eine Vielzahl an kleineren militärischen Anlagen, Wachtürmen, Reise- und Wechselstationen (*mansiones et mutationes*) des *cursus publicus*, die über den rund 800 km langen Küstensaum verteilt waren.[99]

2.2.2 Libya Superior

Die Verteidigungsanlagen auf dem Jebel Akhdar lassen sich grob in zwei Kategorien einteilen, die mit ihrer Positionierung auf der Nord- oder Südflanke des grünen Bergs korrespondieren. Die vom Meer abgewandte Südseite, sozusagen das Landesinnere, zeigt einen etwas erhöhten Anteil befestigter Bauernhöfe (*gsur*), die wahrscheinlich nicht Teil des offiziellen Verteidigungsprogramms waren, sondern eher das gesteigerte Bedürfnis der Landbevölkerung nach einer geschützten Zuflucht vor Verbrechern, Viehdieben und den aus der Steppe einfallenden Nomaden verdeutlichen. Verschiedene Formen und Ausprägungen der *gsur* sind über den gesamten nordafrikanischen Raum anzutreffen. Ein besonderes Merkmal der Kyrenaika sind indes die ebenso verbreiteten befestigten und von Gräben umgebenen Kirchen.[100]

---

95 Ed.13,18. Zu den dort entdeckten Sakralbauten: Ward-Perkins/Goodchild 2003, 437–441.

96 Kuhlmann 1998, 159–180; Boozer 2020, 149–151, 157–158.

97 Ruprechtsberger 2005, 7–18.

98 Reddé 2004, 157–167; Elton 1996, 155–174. Ferner zur strategischen Bedeutung der Festungsbauten: Gregory 1992, 235–253.

99 Eine ähnliche Station im Landesinneren, die über eine eigene Wasserquelle verfügte, könnte sich bei Mekili befunden haben. Goodchild konnte dort die Überreste eines arabischen Kastells erkennen und vermutete, dass es einen römischen Vorläufer gab. Siehe: Goodchild 1953, 72.

100 Eine Typologie der *gsur* Nordafrikas bieten Mattingly/Sterry/Leitch 2013, 167–188. Aus-

Goodchild und Ward-Perkins gingen davon aus, dass die Dörfer und Siedlungen im Landesinneren keine Mauern zum Schutz vor Angreifern besaßen und die Kirchen und Bauernhöfe deshalb als Flucht- und Rückzugspunkte für die örtliche Bevölkerung dienten. Neben diesen beiden regionalen Phänomenen gab es auch eine Reihe von „offiziellen“ Militäranlagen. Dies waren zumeist kleine Kastelle und Türme, die in Sicht- und Signalweite voneinander errichtet und auf Anhöhen platziert wurden, um ein möglichst großes Gebiet überwachen zu können. Vermutlich waren diese Anlagen durch ein ausgedehntes Straßen- und Wegesystem miteinander verbunden.[101] Im Gegensatz zur nördlichen Küstenstraße konnten jedoch noch keine römischen Meilensteine geborgen werden, die dies klar belegen würden. Allerdings sind einige antike Wege, Pfade und Nord-Südpassagen auf dem Jebel gepflastert worden, was diesen Eindruck bestätigen würde.

Die Nordseite des grünen Bergs umfasste die dicht besiedelten Gebiete und urbanen Zentren der Kyrenaika. Die Städte waren bis auf Kyrene in unmittelbarer Nähe zum Meer erbaut worden.[102] Ptolemais und Apollonia dienten zunächst als Hä-

---

gehend von der Annahme, dass die römische Militärarchitektur oftmals als morphologische Vorlage diente, unterscheiden sie acht verschiedene Typen. Dies waren: „*Type 1: Blockhouse Qsur; Type 2: Compound Qsur; Type 3: Ditched Qsur; Type 4: Qsur with external towers; Type 5: Irregular Qsur with towers; Type 6: Irregular Qsur; Type 7: Fortified Churches; Type 8: Fortified Villages*“. In der Kyrenaika wurden neben den befestigten Kirchen und einigen Dörfern, vor allem turmartige Strukturen (Type 1) entdeckt. Daneben gab es aber auch vereinzelte Gebäude des vierten Typs, die sich im Wüstenvorland befanden und aufgrund einer fehlenden Agrar- und Siedlungskomponente als militärische Gebäude deklariert wurden. Die architektonische Ausgestaltung und Größe der *gsur* der Küstenregion und des Wüstenvorlandes unterscheidet sich zudem von den Anlagen im Landesinneren. Dies deckt sich teils mit den Ergebnissen der Untersuchung der *gsur* in der Region zwischen Kyrene und Darnis, das von einem Team der Universität Chieti durchgeführt wurde. Vgl. Fossataro 2009, 35–43. Dort allerdings die etwas gröbere Typologie in: „*1A. Befestigte Kontrollpunkte; 1B. Befestigte Bauernhöfe und Produktionsstätten; 1C Befestigungen in Dörfern und 1D Befestigte Basiliken*“. Auf der Grundlage dieser Aufteilung hat Carla Somma in Saad et al. 2016, 38 für die Region zwischen Kyrene und Darnis folgende Aufteilung der Verteidigungsbauwerke vorgeschlagen: 50% der Forts und Wachtürme dienten der Kontrolle und Signalübermittlung, 25% waren befestigte Bauernhöfe und Produktions- bzw. Werkstätten; die restlichen 25% waren Befestigungen innerhalb von Siedlungen und peripheren Dörfern. Zu den befestigten Kirchen siehe ferner: Ward-Perkins/Goodchild 2003, 15–17, 295–325; Widrig 1978, 94–125. Für die *gsur* im Wüstenvorland: Benett et al. 2008, 117–130.

101 Ausgangspunkt war nach Goodchilds Auffassung die an der Küste liegende Stadt Darnis. Vgl. Goodchild 1950, 91.

102 Die Kyrenaika ist aufgrund der wechselhaften Strömung entlang der Großen Syrte nur

fen, die im Laufe der Jahrhunderte an Bedeutung gewannen und zu eigenständigen Poleis heranwuchsen. Alle großen Ansiedlungen der Pentapolis umgab jeweils ein Mauerring, der zumeist aus der hellenistischen Zeit stammte, aber wie im Fall von Tokra/Taucheira in der Spätantike erneuert wurde.[103] Das Verkehrsnetz scheint bereits in der frühen Kaiserzeit seine volle Ausformung erreicht zu haben. Im Unterschied zum Streckenverlauf in der Marmarika und entlang des Syrtebogens gabelte sich die *via maritima* in der Libya Superior kurz hinter der Stadt Derna bzw. Darnis auf und verließ bis Ptolemais den direkten Küstenbereich. Die Meilensteine der drei größten Straßenabschnitte orientieren sich zudem durchweg an Kyrene als *caput viae*. Die letzten Ausbesserungen wurden unter Konstantin I. in der ersten Hälfte des vierten Jahrhunderts durchgeführt.[104] Der Hauptstadtwechsel von Kyrene nach Ptolemais brachte somit augenscheinlich keine gravierenden Änderungen des Streckennetzes hervor.

In Analogie zu den Verteidigungsmaßnahmen im Landesinneren wurden die zahlreichen Anhöhen mit Türmen und kleinen Kastellen und befestigten Gehöften versehen. Das Hauptaugenmerk lag aber auf der Kontrolle der fruchtbaren Hochebenen und Weideflächen wie dem Wadi el-Kuf oder dem Tal zwischen al-Abidar und Merg.[105] Zur Sicherung dieser wirtschaftlichen Lebensadern der Kyrenaika wurden die Zugänge zu den Tälern mit Wachposten ausgestattet, um bei Bedarf den Weg abzuriegeln. An neuralgischen Punkten, wie der auf einem Hügel situierten Festung Gasr el-Geballa, wurden zusätzlich größere Anlagen zur Überwachung der Ebenen errichtet.

Die beträchtliche Anzahl an Militärgebäuden in der Libya Superior – Goodchild ging von mehreren hundert Bauten aus – und deren häufig noch zu leistende Untersuchung erschweren es, fundierte Aussagen über die Entwicklung der Grenzverteidigung in dieser Provinz zu formulieren. Der Aufbau und die Positionierung vieler bei Landschaftsbegehungen entdeckter Gebäude lässt außerdem den Bestand an

schwer für Seefahrer vom westlichen Mittelmeerraum zu erreichen. Die Navigation aus östlicher Richtung, insbesondere über Alexandria war die bevorzugte maritime Route. Siehe: Beresford 2012, 53–105; Arnaud 2005, 14–29, 182–187, 191; Fulford 1989, 169–91.

103 Prok.aed.6,2,4; Goodchild 1966, 232–243; Somma 2013, 613–635.

104 Goodchild 1968, 155–171; 1950, 83–91. Im Verlauf der jüngsten Ausgrabungen in Ptolemais kam es zu einem Neufund eines weiteren Meilensteines, dessen epigrafische Auswertung allerdings noch bevorsteht. Siehe dazu: Berger/Werber in: Wulf-Rheidt/Weber, Ptolemais 2009, URL: https://docplayer.org/36992494-Die-porta-taucheira-und-die-westnekropole-von-ptolemais-in-der-kyrenaika.html, abgerufen am 17.5.2022.

105 Goodchild 1953, 70–72. Ahmed Emrage hat im Rahmen seines Surveys des Wadi el-Kuf 42 weitere befestigte Anlagen entdeckt, was den Eindruck verstärkt, dass diese fruchtbare Region besonders geschützt werden sollte. Siehe: Emrage 2015, 86–153, 171–192.

potenziellen Defensivstrukturen beständig anwachsen. Kaum eine Seite des jüngsten archäologischen Touristenführers der Kyrenaika kommt daher ohne den Verweis auf ein mögliches Kastell oder römisches Fort aus.[106] Die Feststellung von Richard Goodchild, dass die Libya Superior bis zur Regierungszeit Justinians zu einem Land voller Wachtürme und Kastelle angewachsen sei, im Grunde genommen zu einer durchgehenden Limeszone, hat also nach wie vor Bestand.[107]

2.2.3 Der Syrtebogen

Der westliche Aufgang zur Kyrenaika war, ebenso wie die aus Ägypten kommende Route, bestimmt durch die am Meer verlaufende Hauptstraße. Im Gegensatz zu den östlichen Ausläufern der Kyrenaika konnte Goodchild im Vorfeld des Jebel Akhdar einige Bauwerke ausmachen, die er als einen ersten Verteidigungsgürtel der Pentapolis identifizierte. Ausgehend von dem Ort Ghemines an der Küste reichten die Festungen in Zauia et-Tailimun, Esh-Sheleidima und Zauiet Msus bis weit ins Landesinnere hinein und erschwerten so potenziellen Angreifern und (Vieh-)Dieben den Zugang zu den fruchtbaren Hochebenen. Südlich dieser ersten Verteidigungslinie beschränkten sich die Römer abermals auf die Kontrolle der Verkehrswege und Versorgungsstationen wie etwa der Wasserquellen bei Cornicolanum.[108] Das entspricht auch dem Vorgehen entlang des weiter westlich gelegenen *limes Tripolitanus*, wo die römischen (Klein-)Kastelle der Sicherung und Überwachung der Oasenpisten dienten. [109] Ob es darüber hinaus noch befestigte Getreidespeicher für die in dieser Region stationierten Truppen gab, ist derzeit nicht bekannt. Massimiliano Munzi, Giancarlo Schurri und Ignacio Tantillo haben allerdings für die benachbarte Tripolitania behauptet, dass die als *centenaria* bezeichneten Militärgebäude aus Gasr Duib, Breviglieri und Shemech als solche zu verstehen sind.[110] Anstatt den Begriff „*centenarium*“ von einer „Hundertschaft“ an Grenzsoldaten herzuleiten, folgen sie den Überlegungen des Linguisten James Noel Adams, der das unter anderem durch das

106 Alle potenziellen Verteidigungsanlagen werden aufgeführt in: Kenrick 2013, 30–36, 110–114, 123–130, 136–137, 144–146, 287–289, 311–318 und 330; 2013a, 58–72; Saad et al. 2016, 35–43; Emrage 2015, 194–347; Gaballa 2015, 70–72. Viele dieser befestigten Ansiedlungen und Militäranlagen wurden auch nach der arabischen Eroberung weiter genutzt, was sich zwangsläufig in Toponymen wie *qaṣr*, *sīra* oder *qarya* niederschlug. Dazu: Jimenez 2016, 167–180.

107 Goodchild 1953, 75.

108 Goodchild 1953, 66–69.

109 Mackensen 2016, 83–103.

110 Munzi/Schurri/Tantillo 2014, 49–64. Zur Diskussion um die große Bandbreite an Festungsbauten am nordafrikanischen Limes ferner: Rushworth 2015, 123–139.

Höchstpreisedikt Diokletians belegte Ausgangswort „*centenum*“ für Getreide vorgeschlagen hat.[111] Ungeachtet dessen hatten aber die in dieser Region entdeckten *gsur*, die räumliche Kapazität zur Aufbewahrung der notwendigen Lebensmittel.[112]

Des Weiteren berichtet Prokop, dass sich Justinian verstärkt um die Südgrenze der Provinz Libya Superior bemühte. Die Berge und Hügel am Ende der Großen Syrte formten ein natürliches Nadelöhr, an dessen Ende sich die Ortschaft Boreum befand.[113] Dort ließ der Kaiser eine Stadtmauer errichten, um die Region vor den benachbarten Mauren zu schützen. Außerdem soll er die in der Gegend wohnenden Juden zum Christentum bekehrt haben. Sinnbild dieser Transformation war der Umbau des städtischen Tempels in eine Kirche. An den äußersten Rändern der Pentapolis (ταῖς Πενταπόλεως ἐσχατιαῖς) habe er ferner eine weitere Verteidigungslinie errichtet, indem er die beiden Klöster Agriolode und Dinarthesium mit Festungen ausstattete. Justinian beabsichtigte, den römischen Einfluss weiter ins Landesinnere auszubreiten, um die dort lebenden Völker enger an das Reich zu binden.[114] In diese Richtung lässt sich zumindest das Bekehrungsnarrativ in den Bauten Prokops interpretieren. Hinzu kommt, dass die Nachfolger Justinians diese Christianisierungspolitik mit Erfolg fortsetzten. So traten beispielsweise die im Fezzan lebenden Garamanten zum Christentum über.[115] Ein weiterer Faktor dürfte die Kontrolle über die im Süden der Kyrenaika befindlichen Oasen gewesen sein. In den Bauten wird die Schilderung der Maßnahmen in Boreum zu den beiden vier Tagesreisen entfernten Orten mit dem Namen Augila klar in Beziehung gesetzt. Eine davon wird sicherlich mit der gleichnamigen Oase zu identifizieren sein. Neben der Absicherung der rö-

111 Ed.Dioc.1,3: „*centenu<m> sive sicale k(astrensem) mo(dium) unum ж (denarii) sexa[ginta]*“.

112 Mattingly et al. 2013, 180–184; Mattingly 1995, 202–209. In den Türmen der *gsur* gab es sicherlich die Möglichkeit, kleine Mengen Getreide zu speichern. Das legt zumindest ein Vergleich mit den im gesamten östlichen Mittelmeerraum verbreiteten mehrstöckigen Festungstürmen (πύργοι) nahe. Dazu: Decker 2006, 499–520. Broekart/Vanacker 2016, 97–99 betonen im Hinblick auf die garamantische Übernahme und Verwendung dieser Gebäude, wie sie das Libyen Valleys Survey deutlich gemacht hat, neben der Verteidigungsfunktion auch stärker deren Nutzung als dauerhafte Residenzen der lokalen Landbevölkerung.

113 Prok.aed.6,2. Goodchild 1951b, 11–16.

114 Vgl. Esders 2008, 3–28, bes. 13–18; Lewin 2011, 233–265.

115 Ioh.Biclaro, Chron.ad569: „*Garamantes per legatos paci Romanae rei publicae et fidei Christianae sociari desiderantes poscunt qui statim utrumque impetrant.*“ Engl. Übersetzung: „*The Garamantes desiring to be associated with the peace of the Roman state (res publica) and the Christian faith, requested as much through their envoys. Both requests were granted immediately.*“ Entnommen aus: Wolf 2011, 53. Contra Mattingly 2003, 89–90, der den Quellenwert dieses Zeugnisses bestreitet.

mischen Gebiete sollten ebenso neue Einkommens- und Steuerquellen erschlossen werden. Symptomatisch für dieses Vorgehen ist die, leicht polemische, Bemerkung Prokops, dass bis zu den Zeiten Justinians kein Steuerbeauftragter bis nach Boreum vorgedrungen sei.[116]

Die bisherigen Ausführungen haben gezeigt, dass die spätantike Kyrenaika über ein ausgedehntes Netz an Verteidigungsanlagen verfügte. Die Existenz dieser Bauwerke allein machte jedoch keine effektive Grenzverteidigung aus. Die militärische Infrastruktur musste genutzt und mit Truppen versorgt werden, um die bewohnten Gebiete der Pentapolis zu beschützen. Die Quellenlage bezüglich der Dislozierung der römischen Armee in den libyschen Provinzen ist überaus karg, da das entsprechende Kapitel der *Notitia Dignitatum* nicht überliefert wurde. Die in der Forschung postulierte Größenordnung der Truppenstärke der Kyrenaika hat dadurch rein spekulativen Charakter. So vermutete Arnold Hugh Martin Jones, dass ca. 16.000 Mann, aufgeteilt in 2 Legionen und 20 Einheiten der Grenzarmee (*limitanei*), in die libyschen Provinzen abkommandiert wurden. Warren Treadgold korrigierte diese Zahl nach unten auf rund 13.000 Mann.[117] Einen der wenigen Anhaltspunkte für solcherlei Hochrechnungen bieten die Schriften des Synesius von Kyrene, die in der Folge genauer betrachtet werden. Doch zunächst gilt es zu überprüfen, in welchem Zustand die militärische Infrastruktur der Kyrenaika zu Beginn des fünften Jahrhunderts war.

116 Prok.aed.6,2,21. „Βόρειον δὲ ἡ πόλις Μαυρουσίοις γειτνιῶσα βαρβάροις φόρου ὑποτελὴς οὐ γεγένηται ἐς τόδε τοῦ χρόνου οὐδέ τινες πώποτε δασμολόγοι ἢ φορολόγοι ἐς αὐτὴν ἵκοντο, ἐξ οὗ γεγόνασιν ἄνθρωποι.“ Dt. Übersetzung: „*Die Stadt Boreion, den barbarischen Maurusiern benachbart, ist bis zu diesem Augenblick niemand tributpflichtig gewesen, und seit Menschengedenken kamen auch niemals Steuer- oder Zollbeamte dorthin.*“ Entnommen aus: Veh, Prokop, Bd. 5, 1977, 287.

117 Jones 1964, 682–683; 1968, 292; Treadgold 1995, 49–51; Treadgold übernahm die Herangehensweise von Jones und bildete für den libyschen Dukat einen Mittelwert aus der Truppenstärke der übrigen 14 Grenzarmeen. Im Gegensatz zu Jones bezifferte er allerdings die reguläre Sollstärke einer Legion mit 1000 Mann und setzte alle übrigen Einheiten auf 500 Mann fest. Für die Zeit des Anastasius belegt nun die große Militärinschrift aus Perge, dass die Sollstärke einer Legion bei mindestens 1200 Soldaten lag, sodass die Hochrechnung von Treadgold für eine Legion etwas nach oben korrigiert werden muss. Siehe: Onur 2017, 186–188.

2.3 Naturkatastrophen

Am 21. Juli des Jahres 365 n. Chr. kam es vor der Küste Kretas zu einem heftigen Seebeben, das einen verheerenden Tsunami nach sich zog.[118] Über dieses oftmals als „kosmische" Katastrophe gedeutete Ereignis berichten mehrere antike Autoren, am eindrücklichsten Ammianus Marcellinus zum Abschluss des 26. Buches seiner *Historien.*[119] Seismologen schätzen, dass ein Seebeben der Stärke 8 auf der Richterskala der Auslöser für die weitreichenden Verwüstungen im Mittelmeerraum war.[120] Das Ausmaß der Katastrophe, dessen man sich in Ägypten als „Tag des Schreckens" bis zum Ende des sechsten Jahrhunderts erinnerte, hat aufgrund der günstigen Quellenlage in den letzten Jahrzehnten zu einer verstärkten interdisziplinären Untersuchung dieses Ereignisses geführt.[121] Die naturwissenschaftlichen Disziplinen konnten dabei durch die Radiokarbonanalyse der verschiedenen Sedimentablagerungen feststellen, dass der Zeitraum zwischen dem vierten und sechsten Jahrhundert eine Phase der höchsten plattentektonischen Aktivität im östlichen Mittelmeerraum war.[122] Ein Verdienst der historisch-philologischen Forschung hingegen ist es, herausgearbeitet zu haben, dass die antiken Autoren oftmals Naturkatastrophen als Vorboten einer umfassenden gesellschaftlichen Veränderung auffassten. Dies wurde mitunter wertneutral dargestellt, aber zumeist für politische Motive instrumentalisiert oder in ein teleologisches Erklärungsmodell integriert.[123] In der vielzitierten Passage aus dem Geschichtswerk des Ammianus ist beispielsweise die chronologische Abfolge der Ereignisse vertauscht worden, um den größtmöglichen literarischen Effekt zu erzielen. Die Schilderung der Katastrophe schließt sich so an den Bericht über die Usurpation des Prokop und dessen Unterstützer an und stilisiert die Naturkatastrophe zum „kosmischen Kommentar" der gescheiterten Machtergreifung.[124]

118 Zur seismischen Aktivität Kretas siehe: Papadopoulos 2011, 52–61 und 80–106.

119 Amm.26,10,15–19.

120 Stiros 2001, 545–562, bes. 545–546.

121 G. Kelly 2004, 141–167; Jaques/Bousquet 1984, 423–461; Meier 2003, 45–64; Lenski 2003, 385–393; Kelletat 1998, 156–161; Waldherr 1997, 169–201; Guidoboni/Commastri/Traina 1994, 259–274; Roques 1987, 46–52.

122 Diese Phase wird auch als Early Byzantine Tectonic Paroxysm (EBTP) bezeichnet. Siehe dazu: Pirazzoli/Laborel/Stiros 1996, 6083–6097.

123 Grundlegend hierzu ist der Beitrag von Meier 2007a, 44–56. Siehe auch: Sonnabend 2013, 7–41; Graf 2010, 95–113.

124 Den Boeft/Drijvers/den Hangst/Teitler 2006, 291–305; Bleckmann 2011, 79–92; 2007, 7–33.

Im Rahmen dieser Untersuchung ist es aufgrund der zahlreichen Vorarbeiten nicht notwendig, die Auswirkungen dieser Katastrophe im gesamten Mittelmeerraum ausführlich nachzuzeichnen. Stattdessen sollen die für die Kyrenaika überlieferten literarischen Zeugnisse, Inschriften und archäologischen Materialien herangezogen werden, um der Frage nachzugehen, ob und in welchem Umfang die militärische Infrastruktur und die Bevölkerung von diesem Ereignis und ähnlichen Katastrophen betroffen war und inwiefern dies Konsequenzen für die weitere Entwicklung und strategische Ausrichtung der libyschen Provinzen hatte.

Eine Inschrift, die im nördlichen Sektor der Nekropole von Kyrene entdeckt wurde, gibt zusammen mit zwei Münzhorten aus Balagrae und Kyrene den schlüssigsten Anhaltspunkt für die verheerende Wirkung eines Erdbebens auf die Kyrenaika. Am Grab der Demetria steht geschrieben:

> „Δημητρία Θυγατηρ / Γαίου τοῦ ὠνησαμένου / τὸ μνιμίν τῦτο ἐνθάδε κῖτε / μετὰ τοῦ υἱοῦ αὐτῆς Θεω/δούλου. οὗτοι ἐτελεύτησαν / ἐπὶ [ἀ]γροῦ Μυροπ̣ῶ-λα σισμοῦ / γενομένου [...]“
>
> *„Demetria, die Tochter des Landbesitzers Gaius. Sie liegt hier in diesem Grab, gemeinsam (begraben) mit ihrem Sohn Theodulos. Sie starben bei einem Erdbeben in den Feldern von Myropola [...]*“[125]

Der Tod der Demetria und ihres Sohnes wurde in der Forschung bereits mehrfach mit dem großen Seebeben von 365 n. Chr. in Verbindung gebracht.[126] Eine sichere Datierung ist aus Mangel an schlüssigen Hinweisen jedoch nicht möglich, und so wurde die Inschrift anhand ihrer paläographischen Merkmale lose der zweiten Hälfte des vierten bis hin zur ersten Hälfte des fünften Jahrhunderts zugewiesen. Die beiden Münzhorte, die von Sinesio Catani und Richard Goodchild entdeckt wurden, lassen sich weitaus exakter mit dem Seebeben von 365 n. Chr. verbinden. Viele der über 500 Münzen wurden während der Regierung Constantius II. (337–360/361 n. Chr.) geprägt. Unter ihnen befindet sich auch ein Exemplar im *Securitas Republicae*-Typus aus der Frühphase Valentinians I., das sich in das Jahr 364 n. Chr., datieren lässt und damit als *terminus post quem* für die Katastrophe in der Kyrenaika dient.[127]

Drei Briefe des Synesius von Kyrene berichten des Weiteren von Erdbebenschäden in der Kyrenaika und im östlichen Mittelmeerraum. Bei der Absetzung und Exkommunikation des *praeses* Andronicus von Berenike, einem Widersacher des Syne-

125 Guidoboni/Commastri/Traina 1994, 281. SEG 38, 1902 und 42, 1675 = IRCyr C.568.

126 Biacchelli 1995, 977–982, bes. 979; Roques 1987, 48. Zur mentalitätsgeschichtlichen Relevanz dieser Inschrift und weiterer epigrafischer Befunde für den Umgang mit Erdbebenopfern im griechischen Osten siehe: Ehmig 2012, 291–299.

127 Biacchelli 1995, 978; Goodchild 1966/1967, 203–211.

sius, bezeichnete er dessen Amtszeit als das größte Übel, das der Pentapolis je widerfahren sei.[128] Zur Untermalung seiner Worte zählte Synesius dann einige Plagen auf, die seine Heimat in der jüngeren Vergangenheit heimgesucht hätten: ein Erdbeben, eine Invasion von Heuschrecken, eine Seuche und der landesweite Krieg. In einem weiteren Brief, der an Pylaimenes adressiert ist und an das Ende der Gesandtschaftsreise in Konstantinopel datiert wird, erwähnt Synesius fast beiläufig ein Rütteln des Erdreichs.[129] Die Bedrohung durch dieses Ereignis war demnach zu vernachlässigen. Für Roques deuteten die Berichte des Synesius daraufhin, dass es sich um ein einziges Erdbeben am Ende des vierten Jahrhunderts handeln müsste.[130]

Für unsere Fragestellung ist hingegen der dritte Brief am aufschlussreichsten. Er ist an den Patriarchen Theophilus von Alexandria adressiert und behandelt einen innerkirchlichen Disput. Synesius musste in seiner Funktion als Metropolit von Ptolemais zwischen den Bischöfen von Palaebiska und Darnis vermitteln, die sich unter anderem um den Besitz des Dorfes Hydrax stritten:

> „Ἐν Ὕδρακι τῇ κώμῃ χορίων ἐστι τῆς κώμης αὐτὸ τὸ μετεωρότατον, ὃ πάλαι μὲν ἦν φρούριον ἐρυμνότατον, κατασείσαντος δὲ τοῦ Θεοῦ γέγονεν ἐκλελειμμένον ἐρείπιον. Τέως μὲω οὕω ὀλίγοις τισὶ τῶν ἑαθτοῦ μεπῶν εἰς ἑκατέρας χρείας διεσχημάτιστο. οἱ δὲ παρόωτες οὗτοι τῶν πολέμων καιροί, διότι δύωαιτ᾽ἂν ἐκτειχισθῆναι καὶ εἰς τὴν ἀρχαίαν χρείαν ἐπανελθεῖν, τοῦ παντὸς ἄξιον αὐτὸ τοῖς κεκτημένοις παρέχονται.“

> *„Es gibt in dem Dorf Hydrax einen Ort, selbst schon der höchstgelegene Punkt des Dorfes, der einst ein stark befestigtes Kastell war. Gott aber erschütterte diesen Ort mit einem Erdbeben, und er wurde zu einer verlassenen Ruine. Bis zum heutigen Tag haben sie einige Teile (des Gebäudes) zu verschiedenen Zwecken genutzt, aber in diesen gegenwärtigen Zeiten des Krieges ist es überaus wertvoll für diejenigen, die es besitzen, weil es erneut befestigt werden und zu seiner alten Funktion zurückkehren könnte.“*[131]

---

128 Synes.epist.42. Mit der heftigen Dämonisierung des Andronicus wollte Synesius seinen Kontrahenten augenscheinlich ins soziale Abseits stellen. Zu deren konfliktreichen Beziehung siehe: Slootjes 2006, 167–173; Allen/Bronwen 2013, 158–163.

129 Synes.epist.61. Dieses Erdbeben war wohl eine literarische Erfindung des Synesius. Stathakopoulos 2004, 177–387 verzichtete bezeichnenderweise in seinem Katastrophenkatalog auf die Aufnahme dieses Ereignisses. Siehe ferner: Schmitt 2001, 243–246, 393–405; Cameron 1987, 343–360; Allen/Bronwen 2013, 73–76, 91f.

130 Roques 1987, 47–49.

131 Synes.epist.66,140–147. Zur religiösen Entwicklung in der Kyrenaika: Laronde 2010, 255–278; Roques 1987, 322–340 und 351–365.

Dieser Brief wird von der Forschung in die Jahre 411/412 n. Chr. datiert.[132] Zu dieser Zeit war der Konflikt mit denen im Vorland der Pentapolis lebenden Mauren im vollen Gange, und die Festung von Hydrax weckte trotz ihres heruntergekommenen Zustandes erhebliche Begehrlichkeiten.[133] Es waren bezeichnenderweise zwei Mitglieder des Klerus, die in dieser bedrohlichen Situation Besitzansprüche auf die militärische Anlage erhoben. Das Kastell hatte offensichtlich seinen ursprünglichen Verwendungszweck eingebüßt, spielte in den Planungen der römischen Militärs keine Rolle mehr und diente als Steinbruch für andere Bauten. Es wäre demnach vorstellbar, dass es neben Hydrax noch weitere Militärgebäude gab, die aufgrund von Erdbebenschäden oder einer veränderten strategischen Ausrichtung nicht mehr genutzt wurden und deren Besatzung zu anderen Dienstorten abgezogen worden war.[134] Synesius erwähnt beispielsweise eine große Festung bei Bomba, in der er während der Unruhen in der Pentapolis Unterschlupf finden konnte.[135] Diese Festung war zwar intakt, wurde aber dennoch nicht genutzt und war unbemannt.

Ward-Perkins und Goodchild entdeckten darüber hinaus bei ihren Landschaftsbegehungen eine Reihe von (befestigten) Kirchen, deren Mauerwerk eingefallen war und durch diverse Ausbesserungen und Verstärkungen aufrecht gehalten wurde.[136] Die Ostkirche von Lamluda (ca. 28 km östlich von Kyrene) demonstriert solche Reparaturmaßnahmen am anschaulichsten.[137]

---

132 Garyza/Roques ²2003, 309–319.

133 Zur Identifikation von Hydrax mit Ain Mara in der östlichen Kyrenaika siehe: Goodchild 1953, 69–70. Goodchild beschrieb den Zustand der dort entdeckten Festung folgendermaßen: „*Not only does Ain Mara conform to the geographical position of Hydrax, as given by Ptolemy, but the fort itself is in extremely ruined condition and its outer walls are twisted and bulged in a manner which can only have been caused by a severe earth-tremor.*“ Dazu mit weiterführender Literatur: Ward-Perkins/Goodchild 2003, 425–426. Die Position Goodchilds ist nicht unumstritten. So hielt Stucchi eine spätere Erbauung des Kastells im sechsten Jahrhundert n. Chr. für wahrscheinlicher. Dazu: Stucchi 1975, 529. Die Analyse des Briefes ist hier zwangsläufig auf die Bedeutung der Militärarchitektur begrenzt, aber der Disput hat ebenso kirchengeschichtliche Relevanz, denn durch diesen Brief wird eindeutig kirchlicher Landbesitz des alexandrinischen Patriarchats in der Pentapolis bezeugt, was in der Forschung bislang kaum gewürdigt worden ist. Vgl. Wipszycka 2011, 611–620.

134 An der südwestlichen Grenze der Kyrenaika wurde so etwa das Lager von Bu Njem im dritten Jahrhundert aufgegeben, das zur Überwachung und Kontrolle der Verbindungsstraßen am Limes Tripolitanus zu den Oasen und dem benachbarten Gebiet der Garamanten installiert worden war: Marichal 1979, 436–452; Speidel 1988, 99–102.

135 Synes.epist.104.

136 Eindrücklich sind ebenfalls die Überreste von Messa, Mgarnes und Mgautat. Siehe: Ward-Perkins/Goodchild 2003, 7–17, 294–326.

137 Perkins/Goodchild 2003, 294–303.

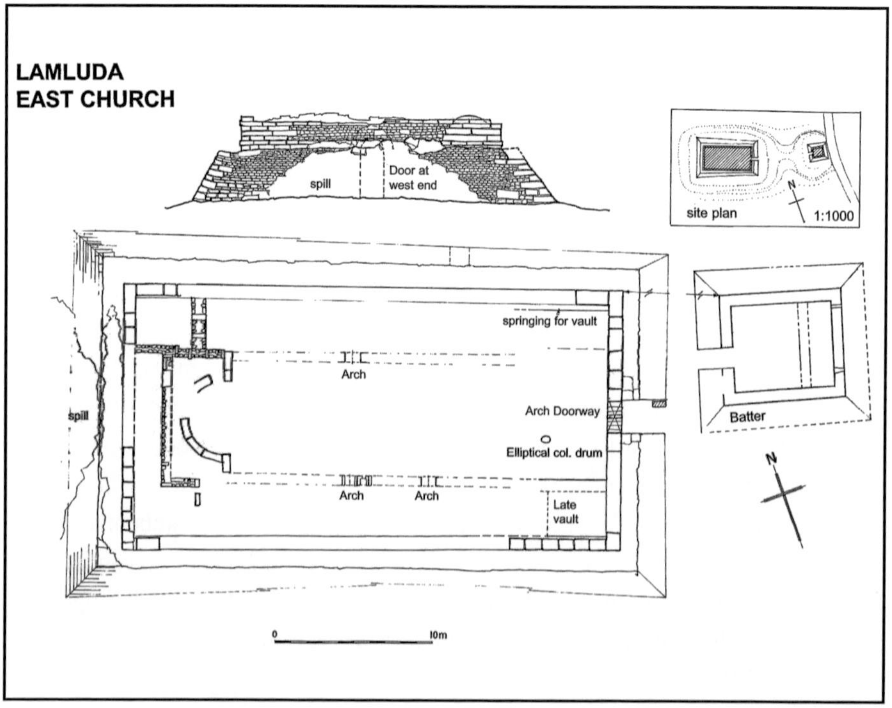

Abbildung 4: Die östliche Kirche von Lamluda.

Ausgehend von den Eckpfeilern des ursprünglichen Kirchengebäudes wurden die Mauern durch große Sandsteinquader erweitert und gestützt. Diese Quader waren entsprechend der Anhöhe, auf der sich die Kirche befand, in einem Winkel von 45–60 Grad angebracht. Vor die ursprünglichen Kirchenmauern wurde dann in aufwendiger Kleinarbeit eine zweite, aus kleineren Steinen bestehende Mauer gesetzt. Sowohl das Hauptgebäude als auch die Ausbesserungen offenbaren dennoch erhebliche Verwerfungen, die wahrscheinlich von der mehrfachen Erosion des Bodens herrührten. Der archäologische Befund zeigt außerdem nicht nur deutliche Hinweise für die Erdbebenaktivität in den Dörfern und kleinen Ansiedlungen am Rande des Jebel Akhdar, sondern vor allem auch in den Küstenstädten. In Ptolemais kollabierte der Palast der Kolonnaden und begrub viele Menschen unter sich, deren Skelette bei den italienischen Ausgrabungen im letzten Jahrhundert entdeckt wurden.[138] Kyrene blieb ebenso wenig von den Auswirkungen der Katastrophe verschont.[139] Sowohl das Stadtzentrum mit dem „Haus der Hesychiden" als auch der auf eine Terrasse liegende Tempelbezirk mit dem Apollonheiligtum und den Trajansbädern wurden stark beschädigt. Für Ammianus Marcellinus hatte die so ge-

138 Pesce 1950, 106–109; Kraeling 1962, 74–83.

139 Goodchild 1971; Schmitt 2001, 146–178.

zeichnete Polis ihren alten Glanz verloren und war buchstäblich verlassen.[140] Tatsächlich deuten einige Inschriftenfunde jedoch daraufhin, dass es koordinierte und womöglich auf kaiserlicher Initiative beruhende Wiederaufbaumaßnahmen gab. Das Ausmaß und die genaue Gewichtung lassen sich nur vermuten. Ptolemais, als *caput provinciae*, wurde wohl entsprechend gefördert, wie eine Bauinschrift aus der Regierungszeit Valentinians I. und Valens verdeutlicht. Dies deckt sich mit dem großangelegten Bauprogramm der Kaiser in den übrigen Reichsteilen.[141] Im frühen fünften Jahrhundert war die Stadt unter Arcadius und Honorius erneut das Ziel einiger Baumaßnahmen.[142]

Diese staatlichen Initiativen widerlegen zwar das Bild einer verwahrlosten Provinz, aber das Beispiel der Festung Hydrax zeigt, dass der Verteidigungsgürtel der Pentapolis trotz der enormen Anzahl an Militäranlagen Löcher besaß, die von ortskundigen Angreifern ausgenutzt werden konnten. Zu dem Gefahrenpotential der Aus(t)urianer, Maziken und anderer Bedrohungen für die Kyrenaika sind wir am besten durch die Schriften des Synesius informiert, die es nun zu analysieren gilt.

2.4 Synesius von Kyrene: Zwischen lokaler Autonomie und imperialer Militärpolitik

In einem Brief an die Philosophin Hypatia schilderte Synesius das Leid, welches die Pentapolis und seine Stadt Kyrene im Besonderen befallen hatte:

> „Εἰ δὲ θανόντων περ καταλήθοντ' εἰν ἀίδαο, αὐτὰρ ἐγὼ κἀκεῖ τῆς φίλης 'Υπατίας μεμνήσομαν. ἔγωγέ τοι τοῖς πάθεσι τῆς πατρίδος περιεχόμενος καὶ

140 Amm.22,16,4–5. Ähnlich Synes.De regno 2. Für eine positivere Bewertung der Situation in der Kyrenaika: Roques 1987, 25–32.

141 SEG 9, 364 = IRCyr P.148. In Tokra und Apollonia wurden ebenfalls Inschriften aus der gemeinsamen Regierungszeit der beiden Kaiser entdeckt. Beide Inschriftenträger sind als Spolien für andere Bauten genutzt worden. Dazu SEG 9, 549 = IRCyr T.17; SEG 9, 550 = IRCyr T.249; T. 115; SEG 27, 1136 und 1137 = IRCyr A.4 und A.10. Joyce Reynolds hat weitere Fragmente entdeckt (IRCyr P.119; P.122; P.137; C.157), die Rückschlüsse auf die Beteiligung der zivilen Statthalter und hochrangigen Militärs an diesem Bauprogramm liefern. Anhand von SEG 27, 1137 = IRCyr A.10 lässt sich womöglich mit dem aus einem Kaisergesetz (Cod.Theod.8,1,16) bekannten Dux Vitalian ein konkreter Fall identifizieren. Diese Fragmente sind vor kurzem im Rahmen der Online-Edition der Inscriptions of Roman Cyrenaica publiziert worden. URL: https://ircyr2020.inslib.kcl.ac.uk/en/, abgerufen am 17.5.2022. Zur vergleichbaren Inschriftenpraxis in den westlichen Provinzen Nordafrikas nun: Tantillo 2017, 213–270 und zum Bauprogramm von Valens und Valentinian I.: Lenski 2003, 375–381, 393–403.

142 SEG 9, 365 = IRCyr P.136.

δυσχεραίνων αὐτήν, ἐφ' οἷς ὁρῶ καθ' ἡμέραν ὅπλα πολέμια καὶ ἀποσφαττομένους ἀνθρώπους ὥσπερ ἱερεῖα, καὶ τὸν ἀέρα διεφθορότα ἕλκων ἀπό τῆς σήψεως τῶν σωμάτων, καὶ αὐτὸς ἕτερα τοιαῦτα παθεῖν προσδοκῶν (τίς γὰρ εὔελπις, ἐν ᾧ καὶ τὸ περιέχον ἐστί κατηφέστατον, κατειλημμένον τῇ σκιᾷ τῶν σαρκοφάγων ὀρνέων;), ἀλλὰ καὶ ἐπὶ τούτοις φιλοχωρῶν. τί γὰρ καὶ πάθω, Λίβυς ὢν καὶ ενταῦθα γενόμενος καὶ τῶν πάππων τοὺς τάφους οὐκ ἀτίμους ὁρῶν; διὰ σέ μοι δοκῶ μόνην ὑπερόψεσθαι τῆς πατρίδος, κἂν λάβωμαι σχολῆς μεταναστεύσειν."

„Wenn die Toten im Hades auch dem Vergessen anheimfallen, werde ich sogar dort an die mir in Freundschaft verbundene Hypatia denken. Ich stecke mitten in den Leiden der Heimat und trage mit ihr schwer daran, sehe ich doch täglich feindliche Waffen und wie Opfertiere hingeschlachtete Menschen und atme verdorbene Luft, die von den Leichen angesteckt ist. Persönlich scheine ich das alles noch einmal durchzumachen. (Wer könnte denn guten Mutes sein, wenn alles um ihn herum völlig darniederliegt, wenn alles umdunkelt ist vom Schatten leichenfleddernder Vögel?) Sogar unter diesen Umständen liebe ich mein Heimatland. Was ich auch leide, ich bin Libyer, hier gezeugt worden und blicke auf die Ehrengräber meiner Vorfahren. Deinetwegen allein könnte ich über meine Heimat hinwegsehen, meinen Wohnsitz ändern, wenn ich dazu die Möglichkeit hätte."[143]

In diesem eher kürzeren Brief tritt das literarische Talent des Synesius besonders hervor. Geschickt beschwört er beklemmende Bilder des Todes, der Verwesung, von Blut und Krieg, die ein grundsätzliches Gefühl der Verzweiflung und Hoffnungslosigkeit vermitteln und den Leser in ihren Bann ziehen.[144] Diese Wortgewalt, gepaart mit seiner sicheren Beherrschung des attischen Dialekts, bescherte Synesius weit über seine Lebenszeit hinaus eine beständige Leserschaft.[145] In seinem Können und der Vielfalt an Interessen und Themen, die man seinem Werk entnehmen kann, liegt ein großer Teil der Faszination an diesem Autor. Gleichzeitig stellen sie den Historiker vor einige methodische Schwierigkeiten, da Synesius seine Talente, freundschaftlichen Beziehungen und politischen Netzwerke gezielt zum Wohl seiner Familie und seiner Heimat einsetzte. Dabei neigte er dazu, seine Ansichten auf den von ihm intendierten Adressatenkreis zuzuschneiden und je nach Bedarf zu model-

143 Synes.epist.124. Übersetzung entnommen aus: Schmitt 2001, 575.

144 Schmitt 2001, 575–576 datierte den Brief überzeugend in den Zeitraum zwischen 405–411 n. Chr. Ich präferiere eine Spätdatierung in die Jahre 410/411 n. Chr., da mir das geschilderte Szenario auf die Hochphase des Konfliktes mit den Aus(t)urianern hinzudeuten scheint.

145 Roques 2012, 276–387.

lieren, wodurch die Einschätzung der Persönlichkeit des Synesius und die Belastbarkeit seiner Aussagen nicht gerade vereinfacht werden.[146] Diese Verstrickungen und Unzulänglichkeiten treffen insbesondere auf die militärische Situation in der Pentapolis zu. Wie Tassilo Schmitt in aufwendiger Detailanalyse herausarbeiten konnte, sind viele der polemischen Ätzereien des Synesius erst durch deren Einbettung in den lokalen Kontext der Kyrenaika und die Konkurrenz der führenden aristokratischen Familien untereinander wie auch deren Missgunst gegenüber sozialen Aufsteigern, zu verstehen.[147] Im Hinblick auf die Entwicklungen am Ende des fünften Jahrhunderts n. Chr. ist es von besonderer Bedeutung, dass die Einrichtung eines Dukats als regionaler Substruktur der römischen Militärverwaltung in die Lebenszeit des Synesius fiel.[148] Seine Ansichten und Erfahrungen bieten somit die Möglichkeit, die Grundlagen des libyschen Dukats herauszuarbeiten, auf denen die späteren Maßnahmen aufbauen sollten.

Anhand der Korrespondenz des Synesius wissen wir, dass er ein entschiedener Gegner der Einführung des Dukats und einigen der ersten Amtsträger wie etwa des dux Kerealius war.[149] Diese von der Reichszentrale initiierte Militärreform beschnitt die Kompetenzen der lokalen Potentaten, die sich zuvor bei der Verteidigung ihrer Heimat durch die Übernahme städtischer „Selbstverteidigungskommandos" ausgezeichnet hatten.[150] Synesius bevorzugte stattdessen den größeren Freiraum, den die

---

146 Luchner 2005, 33–62; Hose 2003, 125–141 für die literarische Konzeption der Briefsammlung. Einen Abriss der politischen Situation im Reich und den einzelnen Lebensabschnitten des Synesius bieten: Schuol 2012, 125–157; Hoffmann 2012, 35–65; Luchner 2010, 3–35; Roques 2009, 515–552.

147 Einige Briefe des Synesius sind inhaltlich gegen seine politischen Widersacher Johannes, Julios und den *praeses* Andronicus gerichtet. Vgl. Schmitt 2001, 695–710; Slootjes 2006, 167–173; Allen/Bronwen 2013, 158–163.

148 Roques plädierte für eine Datierung dieser Reform um das Jahr 398 n. Chr. Dazu: Roques 1987, 221–226. Dagegen setzte Schmitt die Reform in das Jahr 405 n. Chr. Dies stützt seine These, dass die militärische Situation ein wesentlicher Faktor für die „Bekehrung" des Synesius war und somit auch in den zeitlichen Horizont des Dion gehören muss. Siehe: Schmitt 2001, 67–140, 467–497, 583–592 und 686–692.

149 Synes.epist.130; 132. In der Vakanz nach der Amtszeit (oder des Todes?) des Kerealius setzte sich Synesius auf dem Provinziallandtag für die Abschaffung des Dukats ein. Vgl. epist.95. Schmitt 2001, 621–633, zu Kerealius 686–692; hat vorgeschlagen, dass diese Initiative zumindest zu einer Präzisierung der Militärreform führte und die Provinz Libya Superior einen eigenen Dux erhielt, den wir evtl. in einem Gesetz (Cod.Theod.8,1,16 = Cod.Iust.1,51,6) aus dem Jahr 417 fassen können.

150 Zur Integration der städtischen Milizen in die Verteidigungsstrukturen des Reiches: Schmitt 2001, 590–607; 2002, 56–79; Bleckmann 2010, 207–229.

ältere Militärorganisation den Bewohnern der Pentapolis gewährte. Als Teil der neu gegründeten ägyptischen Diözese (ca. 381 n. Chr.) wurden die militärischen Belange der Libya Superior (und Inferior) zuvor von Alexandria und dem dort stationierten *dux Aegypti*, ab ca. 391 n. Chr. *comes limitis Aegypti*, kontrolliert.[151] Im Rahmen der Verteidigung der Pentapolis konnte es so durchaus vorkommen, dass Synesius an der Spitze eines zusammengewürfelten Verbandes aus „Jünglingen", Privatpersonen und womöglich sogar regulären Mitgliedern der Grenzarmee agierte.[152] Die Präsenz eines *dux Libyarum* in der Kyrenaika veränderte nun die dortigen Machtverhältnisse. Laut Synesius stationierte der *dux* Kerealius die Soldaten in den Städten, was eine erhebliche finanzielle Belastung für die Stadtbewohner darstellte. Darüber hinaus zog er einen Großteil des „Besitzes" der Soldaten für sich selbst ein, womit wohl Rationen der Annona oder der monetäre Sold in der Form von Sonderabgaben gemeint sind. Im Gegenzug gewährte er ihnen gewisse Privilegien, z. B. die Freistellung vom Dienst. Kerealius schreckte sogar nicht davor zurück, die Pferde der in Balagrae lebenden Bogenschützen zu requirieren. Alle diese drei Maßnahmen sind nun grundsätzlich keine strafbaren Vergehen, sondern vielmehr Eckpfeiler der antiken Militärorganisation. Die Einquartierung von Soldaten in den Städten erleichterte deren Versorgung erheblich.[153] Offizieren war es zudem auf legalem Weg möglich, einen Teil des Soldes oder der Nahrungsmittelrationen ihrer Untergebenen unter bestimmten Bedingungen einzubehalten.[154] Die Abgabe von Pferden an das Mili-

---

151 Palme 2007, 244–271, bes. 245.

152 Synes.epist.132; 125. Ich teile die Skepsis von Bleckmann, ob es sich bei den hier erwähnten Balagriten tatsächlich um eine Einheit der *limitanei* handelt und nicht etwa um eine paramilitärische Truppe, die sich aus der Dorfbevölkerung rekrutierte und für Polizeidienste in Kyrene und deren Umgebung eingesetzt wurde. Vgl. Bleckmann 2010, 207–229, bes. 223 m. Anm. 67. Ebenso Gaballa 2015, 69–70. Roques hielt sie dagegen für Föderaten: Roques 1987, 250–253. Die ebenfalls in diesem Brief erwähnten Jünglinge bzw. Epheben wurden gelegentlich als Indiz für einen Fortbestand dieser griechischen Institution bis weit in die späte römische Kaiserzeit hineingedeutet. So etwa Roques 1987, 143–144. Für Synesius lässt sich zwar eine gewisse Fertigkeit im Umgang mit Pfeil und Bogen nachweisen, aber die militärische Erziehung, wie sie die Epheben der hellenistischen Poleis durchliefen, sollte man m. E. für die Pentapolis daraus nicht ableiten. Vgl. Schmitt 2001, 753–757. Zum Fortleben der Ephebie in der Kaiserzeit: Wiemer 2011, 487–537. Für eine Zusammenstellung der epigrafischen Zeugnisse der Ephebie in Kyrene und Ptolemais siehe: Chevrollier 2015, 57–60; Kennell 2006, 42–44 und 105–106.

153 MacMullen 2006, 123–131.

154 Im Hinblick auf die Anweisungen des Anastasius ist hier beispielsweise an die als εὐμενία bezeichnete Abgabe zu denken. Siehe dazu den Kommentar des §4 der Konstitution *de rebus Libycis.*

tär bzw. staatliche Organe konnte als Teil der als *collatio equorum* betitelten Steuer geschehen, wie es Synesius übrigens in demselben Brief an seinen Bruder Euoptius klar formuliert.[155] Dies bedeutet allerdings wiederum nicht, dass der Dux Kerealius seine Befugnisse in dem hier geschilderten Fall nicht überschritten haben kann und seine Vorrechte zu exzessiv in Anspruch genommen hatte. Ein flüchtiger Blick in die Militärstatuten des Codex Theodosianus genügt, um zu erkennen, dass Dienstvergehen und Korruptionsfälle der staatlichen Beamten in den verschiedenen Provinzen ein fortwährendes Problem darstellten und häufig der kaiserlichen Intervention und administrativen Feinjustierung bedurften.[156]

In der bereits mehrfach herangezogenen Epistel 130 befindet sich diesbezüglich noch ein weiterer Kritikpunkt an dem besagten Kerealius. Synesius störte sich nämlich an der von ihm durchgesetzten Passivität im Umgang mit den räuberischen Nomaden des Steppenvorlands. Anstatt sie gezielt anzugreifen, zog der Dux seine Truppen und die Bewohner der Pentapolis in die Verteidigungsstellungen hinter den Stadtmauern zurück und verstärkte lediglich die Rotation der Nachtwache. Noch unerträglicher war für ihn der Umstand, dass der Dux nicht persönlich anwesend war, sondern stattdessen seine Anordnungen aus sicherer Entfernung per Botenschiff in die Pentapolis schickte. Als Folge dieser defensiven Strategie des Dux waren die ländlichen Regionen der Kyrenaika den Angriffen der Nomaden schutzlos ausgeliefert.[157] Dies traf insbesondere vermögende Landbesitzer wie Synesius, deren Ernteerträge und Viehbestände entweder vernichtet oder geraubt wurden. Verständlicherweise gingen Synesius und andere Personen (wieder) dazu über, ihre Ländereien durch die Bildung lokaler Milizen zu beschützen. Dies geschah im vollen Bewusstsein, dass das Gewaltmonopol eigentlich in den Händen des römischen Militärs als Vertreter des Kaiserhofs lag. Dennoch trat Synesius als Waffenfabrikant- und Händler auf, um seine „Truppen" auszurüsten.[158] Zum Schutz seines Besitzes rekrutierte er zusätzlich Matrosen aus dem Hafen Phykus und Feldarbeiter bzw. Tagelöhner. Beide Gruppen waren anscheinend gewaltbereit und ließen sich mühelos

---

155 Synes.epist.132; Brandt 2006, 221–230.

156 Vgl. etwa zur unbefugten Vergabe von Dienstbefreiungen: Cod.Theod.7,12,1. Oder den Schwierigkeiten bei der Einquartierung von Soldaten: Cod.Theod.7,8,1–16. Ferner: Noethlichs 1981, 79–85, 128–129.

157 Dasselbe Argument bekräftigt Synesius auch um das Jahr 411 n. Chr. in einem Brief an Theophilus, den Patriarchen von Alexandria. Dazu Synes.epist.69. Schmitt 2001, 633–634.

158 Synes.epist.107 und 108. Die Bildung von Milizen bedurfte einer kaiserlichen Erlaubnis, wie wir sie in den Novellen Maj.8 und Val.8 überliefert haben. Grundsätzlich war die eigenmächtige Bewaffnung der Bevölkerung jedoch verboten. Siehe hierzu: Cod.Theod. 15,5,1.

anwerben.[159] Mit den so zusammengestellten Einheiten begab sich Synesius auf Erkundungs- und Patrouillemissionen. Außerdem beteiligte er sich an den Wachdiensten in den im Landesinneren verteilten Türmen und Kastellen.[160]

All diese Anstrengungen unternahm Synesius im Dienst für seine Heimatprovinz und zur Bewahrung seines Eigentums vor den Raubzügen der Mauren. Über die Zusammensetzung dieser Wüstenbewohner lässt sich ebenfalls aus der Epistel 130 eine wichtige Information gewinnen: Synesius beschreibt dort, wie die veränderte strategische Ausrichtung des Militärs von den Maketen wahrgenommen und ausgenutzt wurde. Dieser Stamm wird von Synesius als μιζοβαρβάρος charakterisiert.[161] Diese Mischform passt nicht ganz in die gewohnte Dichotomie von Barbaren und Römern. Dies deutet daraufhin, dass die Bewohner der Pentapolis bereits längerfristige Kontakte zu jenen Mauren aufgebaut hatten. Tassilo Schmitt hat in Analogie zu den ökonomischen Entwicklungen in Tripolitanien vorgeschlagen, dass die Maketen Halbnomaden waren, die neben der Transhumanz auch in der an den Rändern der Kyrenaika betriebenen Oleokultur eingesetzt wurden.[162] Die sozialen Bindungen der Maketen und deren Integration in die provinzialrömische Gesellschaft der Kyrenaika waren allerdings nicht stark genug, um zumindest einen Teil davon abzuhalten, Informationen über die Anfälligkeit der Pentapolis an weiter landeinwärts lebende Maurenstämme weiterzuleiten. Die Aussicht auf persönlichen Gewinn und Beute brach somit die soziale Ordnung in dieser Grenzregion auf und ermöglichte es, dass sich die Maketen mit anderen Stämmen bzw. Kriegergruppen, wie etwa den Maziken und Aus(t)urianern, zusammenschlossen und die Pentapolis angriffen.[163]

159 Für den nordafrikanischen Kontext ist das Gewaltpotential solcher Gruppierungen am besten im Fall der sogenannten *circumcelliones* erforscht. Dazu ausführlich: Shaw 2011, 828–839; 2006, 179–197; Dossey 2010, 173–195; Francisco Heredero 2015, 1279–1291. Ferner mit einem griffigen Vergleich dieser Gruppen mit dem modernen Phänomen der Hooligans: Lenski 2013, 233–250.

160 Synes.epist.130; 108; Catast.2,5,1–4.

161 Synes.epist.132; 113. Zum Nomadendiskurs in den Schriften des Synesius siehe Schmitt 2007, 121–135. Zum politisch-literarischen Diskurs über den Begriff Semibarbarus ferner: Chauvot 1995, 255–271; Modéran 2003, 251–279; Fanning 2011, 43–55.

162 Schmitt 2001, 660–671; Gilbertson/Hunt 1996, 191–227; van der Veen/Grant/Barker 1996, 227–265.

163 Hinter den „Maziken" versteckt sich zunächst nicht viel mehr als ein Metonym für „Mauren". In den spätantiken Quellen wird diese Stammesgruppe grob zwischen den afrikanischen Provinzen und Kyrene verortet. Siehe: Amm.26,4,5; 28,6,2; Philost.11,8 entnommen aus: Bleckmann/Stein 2015, 421. Exp. totius mundi et gentium 42. Vgl. Christides 2000, 5–6; Wipszycka 2009, 6–8. Auf die literarische Umformung dieser beiden Ethnien als eine paarweise auftretende Bedrohung der griechischen Bewohner Libyens hat be-

Im Kern führte Synesius also die negativen Entwicklungen in seiner Provinz auf die Einführung des Dukats und insbesondere der strategischen (Fehl-)Entscheidungen des *dux* Kerealius zurück. Zum besseren Verständnis der Situation in der Pentapolis und den Ansprüchen des Synesius an einen hervorragenden *dux* bietet es sich an, die Beschreibung des Kerealius mit der des Anysius, den wir aus einigen Briefen aber vor allem aus den Katastaseis kennen, zu kontrastieren.

Die beiden Katastaseis, die Synesius auf dem Provinziallandtag (κοινόν) der Pentapolis hielt, sind im höchsten Maße literarisch durchkomponiert und haben jeweils den Charakter einer Mahnrede (Paränese). Synesius wollte dadurch die Missstände in der Libya Superior offenlegen und den Kaiser(rat), τὸ βασιλέως συνέδριον, zum Eingriff bewegen.[164] Im Gegensatz zu früheren Auseinandersetzungen auf dem κοινόν, wie etwa bei seinem Versuch, sich gegen die von Julios vertretene Fraktion für die Abschaffung des Dukats durchzusetzen, achtete er bewusst auf die Verwendung bestimmter rechtlicher Schlüsselbegriffe, um seinen Forderungen Nachdruck zu verleihen.[165]

In der Wahrnehmung des Synesius war der beständig im Hintergrund schwelende Grenzkonflikt mit den „Nomaden" des Vorlandes seit der Einführung des Dukats, spätestens aber seit dem Jahr 405 n. Chr., zu einem regelrechten Krieg (πόλεμος) ausgeartet. Dementsprechend forderte er die Verlängerung der Amtszeit des Dux Anysius. Im Gegensatz zu Keralios hatte sich dieser nicht nur als fähiger Kommandant bewiesen, der zum einen mit 40 Männern einen Großangriff der „Barbaren" abwehren konnte, zum anderen aber auch gewillt war, die Bevölkerung, oder zumindest führende Adlige wie Synesius, in seine Planungen und Verteidigungsmaßnahmen miteinzubeziehen.[166] In Friedenszeiten wurden ihm ferner von Synesius herausragende Charakterzüge wie Unbestechlichkeit und Sparsamkeit angedichtet. So soll er freiwillig auf ihm zustehende Abgaben der Bevölkerung, womög-

reits Bleckmann hingewiesen. Dazu: Bleckmann 2010, 207–229, bes. 219 m. Anm. 50. Zum Beutegewinn als Kriegsmotivation für Stammes- und Kriegergruppen ferner: Schmitt 2005, 417–455, bes. 433–437; Berndt 2011, 121–148. Zur Herkunft und Identifikation der Aus(t)uriani siehe die Diskussion in 3.2.3.

164 Synes.Catast.2,1,1.

165 Dazu Schmitt, der für Julius eine Karriere im Staatsdienst und damit zusammenhängend eine, im Vergleich zu Synesius, bessere juristische Ausbildung annimmt. Schmitt 2001, 621–633, 695–710. Ich halte dagegen die Verwendung juristischer Terminologie für eine grundlegende bischöfliche Strategie zur Erzeugung von Autorität. Das von Synesius bekleidete Amt und die damit zusammenhängenden Diskursmöglichkeiten spielten meines Erachtens somit eine stärkere Rolle bei seinem Auftritt auf dem Landtag als dies bei der Auseinandersetzung mit Julius zuvor der Fall war.

166 Synes.Catast.1,2,1–4; 2,2,1–3.

lich seine Anteile an der Annona, verzichtet haben.[167] Außerdem demonstrierten die als Unnigardai bezeichneten Krieger unter seiner Führung eine solche Kampfkraft, dass der *dux* kaum auf die übrigen in der Kyrenaika stationierten Reiter und Fußsoldaten zurückgreifen musste. Bei den Unnigardai handelte es sich um *foederati*.[168] Das waren ursprünglich barbarische Kontingente mit eigenen Anführern, die von den Römern nach der verlustreichen Schlacht von Adrianopel (378 n. Chr.) verstärkt angeworben wurden.[169] Bald darauf gab es von römischer Seite die Bestrebung, diese Einheiten dauerhaft in die reguläre Armee zu integrieren. Die Unnigardai sollten beispielsweise in die Matrikel der *limitanei* aufgenommen werden, was Synesius zu verhindern suchte.[170]

Grundsätzlich entsprechen die von Synesius verwendeten Begriffe zur Beschreibung der in seiner Heimat stationierten Truppenkörper nicht der gebräuchlichen Terminologie der spätrömischen Armee. Stattdessen teilte er die Soldaten in drei Kategorien ein:

1. Als εγχώριοι bezeichnete er die *limitanei*.
2. κατά συμμαχίαν ἄφικόμενοι waren für ihn diejenigen, die als Verbündete in die Pentapolis kamen und später in den Städten stationiert wurden. Das waren die bereits erwähnten *foederati*.
3. Als ξένοι fasste er die „Fremden" auf, die auf dem Provinzgebiet angesiedelt und zum Kriegsdienst herangezogen wurden.[171]

---

167 Synes.Catast.1,3,1–3.

168 Schmitt 2001, 732–733. Ferner: Koehn 2018, 65–86; Laniado 2015, 35–58; Scharf 2001, 8–28.

169 Ausführlich bei: Scharf 2001, 28–69, 81–91; Schulz 1993, 17–39; zu den Ansiedlungsmodalitäten, 57–76.

170 Synes.epist.78. In seinem Werk *de regno* vertrat Synesius eine diametral entgegengesetzte Position und sprach sich entschieden gegen eine „Barbarisierung" des Heeres aus. Vgl. Synes.De regno 1088–1093.

171 Schmitt 2001, 641–671, bes. 645–658. Laut Schmitt wären diese „Fremden" als Laeten anzusprechen. Die Bezeichnung *laeti* wird hingegen fast ausschließlich für in Gallien und Belgien eingesetzte Soldaten bzw. Truppenkörper verwendet. Vgl.: Simpson 1988, 80–85; Szidat 1995, 151–159. Die Beobachtung von Schmitt, dass unter bestimmten Voraussetzungen gentile Verbände in die römische Grenzverteidigung eingebunden und sogar mit Ländereien ausgestattet werden konnten halte ich dagegen für korrekt. Für den nordafrikanischen Limes lässt sich dies anhand eines Gesetzes der Kaiser Honorius und Theodosius belegen. Cod.Theod.7,15,1 (29.4.409). Ausführlich zu diesem Gesetz: Kap. 4.5.6.

Nicht erwähnt werden hingegen comitatensische Einheiten.[172] Ihre Rolle im Verteidigungskonzept der Pentapolis wurde von kampferprobten Föderaten wie den Unnigardai übernommen. Nicht von ungefähr versuchte Synesius, ihre Anzahl auf 200 Männer erhöhen zu lassen.[173] Zu diesem Zweck engagierte er sich nicht nur auf dem Provinziallandtag, sondern er bemühte sich auch anhand von *suggestiones* an führende Mitglieder der Reichsverwaltung, Veränderungen der Truppenkonstellation in der Pentapolis herbeizuführen.[174] Mit dem verstärkten Föderatenkontingent, so hoffte Synesius, werde es dann möglich sein, offensiver zu agieren und den Krieg in das Territorium der Mauren zu tragen. Diese „Barbaren" hätten sich nämlich des Menschenraubes und der Versklavung freier Bürger schuldig gemacht und müssten dafür zur Rechenschaft gezogen werden.[175]

Der Vorwurf des Menschenraubs (bzw. Frauen- oder Kinderraubs), *raptus* oder *plagium*, ist ein verbindendes Element der *Katastaseis*.[176] In der Zeitspanne zwischen den beiden Reden hatte sich die ohnehin schon angespannte politische Situation in der Pentapolis noch verschärft. Die Bemühungen des Synesius um eine Aufstockung der Unnigardai und eine Verlängerung der Amtszeit des Anysius waren nicht von Erfolg gekrönt. Die Nomaden, die Synesius nun explizit Ausurianer nennt, hätten erfolgreich die Dörfer und Landstriche der Kyrenaika eingenommen und würden sich daran machen, die Städte zu belagern.[177] Dabei verhielten sie sich wie eine Räuberbande, indem sie plötzlich auftauchten und ebenso schnell wieder verschwänden.[178] Die strategische Ausrichtung der römischen Soldaten hätte sich dagegen seit der Amtszeit des Kerealius, mit Ausnahme des Jahres unter der Führung des Dux Anysius, nicht geändert und der erhöhten Bedrohung angepasst. Die Sicherung der Städte genösse weiterhin die oberste Priorität und selbst bei einem erfolgreichen Gefecht würde die Verfolgung der Feinde unterlassen.[179] Die Ausurianer könnten so fast ungestört die Kyrenaika verwüsten, Kirchen, Gräber und Fes-

172 Schmitt 2001, 658–661. Contra Roques 1987, 235–241.

173 Synes.Catast.1,2,2; epist.78.

174 Synes.epist.78; Millar 2006, 59–62, 207–235. Neben den *suggestiones* und Petitionen konnte der Kaiser auch in Form einer *adnotatio* spezielle Privilegien gewähren. Dazu: Mathisen 2004, 25–34.

175 Synes.Catast.1,2,3–4.

176 Vgl. Krause 2004, 157–176; Evans-Grubbs 1989, 59–83; Kroppenberg 2008, 131–157.

177 Synes.Catast.2,2,3–4.

178 Synes.Catast.2,2,1. „Τοιγαροῦν ἀναβολή τις ἐγένετο τοῦ κακοῦ οὐ γὰρ ἐξεχύθησαν ὅλῳ πλήθει κατὰ τῆς χώρας, εἰς ληστήρια μετετάξαντο, ἀφήλλοντο καὶ προσήλλοντο." Zu dem in Bergregionen häufig anzutreffenden Phänomen der Räuberbanden und Banditen siehe: Shaw 1984, 3–52; 1990, 199–233 (Part I), 237–270 (Part II).

179 Synes.Catast.2,2,1.4–6.

tungen entweihen und zerstören, sowie die Landbevölkerung, vor allem Frauen und Kinder, rauben und versklaven.[180] Zur Untermalung dieses Bedrohungsszenarios führte Synesius an, dass die geraubten Kinder in der Obhut und unter dem Einfluss der Ausurianer aufwachsen würden, wodurch die Zahl der Feinde in absehbarer Zeit enorm ansteigen könnte. Dadurch könnte dem Kaiser alsbald nicht nur der Besitz der Pentapolis abhandenkommen, sondern auch die ägyptischen Provinzen mit ihrem beträchtlichen Steueraufkommen seien in Gefahr.[181]

Wie diese kurze Paraphrase der wichtigsten Elemente der beiden Reden des Synesius zeigt, hatte die Reichsverwaltung an der Organisation der libyschen Provinzen in der Form eines Dukats festgehalten. Auf die Initiative des Synesius oder einflussreicher Persönlichkeiten wie dem Patriarchen Theophilus scheinen allerdings Truppen aus Ägypten in die Pentapolis verlegt worden zu sein.[182] Bezieht man jedoch die von Synesius geforderten Verstärkungen von 160 Mann in der ersten Katastasis und 200 weiteren Kämpfern in der zweiten Rede hinzu, wird deutlich, dass die Dimension der ausurianischen Bedrohung nicht über die eines gewöhnlichen Grenzkonfliktes hinausging.[183] Umso bemerkenswerter sind daher, wie bereits angedeutet, die rechtlichen Argumente, die Synesius hervorbrachte. Neben der Bezeichnung des Konflikts als Krieg sticht dabei besonders das Argument des Menschenraubs als Rechtfertigung für weitergehende Maßnahmen hervor.

Aus einem fast zeitgleich verfassten Brief des Augustinus erfahren wir, dass das Phänomen des *raptus* in den ländlichen Regionen Nordafrikas im frühen fünften Jahrhundert weit verbreitet war.[184] Einher ging damit ein florierender Sklavenhandel, an dem mitunter auch indigene Stämme beteiligt sein konnten.[185] Diese Kriterien dürften nun ebenfalls auf die von Synesius geschilderte Situation zutreffen. Ein weiterer Faktor, der den adeligen Großgrundbesitzer Synesius getroffen haben dürfte, war der damit zusammenhängende Verlust an fähigen Arbeitskräften. Wie sich dem Brief des Augustinus entnehmen lässt, waren es gerade die auf dem Land verbreiteten Kolonen, die geraubt wurden. Ob es sich bei den vermeintlich fortgeschleppten Menschen der Kyrenaika auch um Kolonen und Sklaven handelte, ist nicht zu belegen. Synesius' Beschreibung der halbbarbarischen Maketen deutet nach meiner Ansicht zumindest daraufhin, dass sich die ländliche Bevölkerung der Kyrenaika aus heterogenen Gruppen mit unterschiedlichem Bezug zur griechisch-

180 Synes.Catast.2,3,1–6.

181 Synes.Catast.2,4,1–2.

182 Synes.Catast.2,3,4.

183 Synes.Catast.1,2,3; 2,2,6.

184 Aug.epist.10; Schipp 2008, 157–183; Szidat 1985, 360–371.

185 Fentress 2011, 65–71. Siehe zudem die Diskussion der Garamanten in Kap. 3.2.2.

römischen Kultur und vielfältigen rechtlichem Status zusammensetzte.[186] Der klare Wechsel der Bezeichnung dieser Gruppen oder auch Individuen als „Ausurianer" in der zweiten *Katastasis* belegt, dass Synesius sie nun nicht einmal mehr in der Peripherie der römischen Gesellschaft verorten konnte und wollte, sondern stattdessen deklarierte er sie als Außenseiter, die man mit dem gefälligen Barbarenbild in Einklang bringen konnte.[187] Die Vehemenz, mit der Synesius zuletzt seine Argumente auf dem Provinziallandtag vorbrachte, würde dadurch noch eine weitere Konnotation erhalten. Zu dem besorgten römischen Bürger und „Patrioten" würde sich der Großgrundbesitzer mit klaren wirtschaftlichen Interessen gesellen.[188]

Nach den Ausführungen zum Aufbau des Dukats und der militärischen Situation in der Kyrenaika zu Beginn des fünften Jahrhunderts gilt es nun abschließend, die Dislozierung der Armee und die Anzahl der Truppenkörper zu bestimmen. Aus den Schriften des Synesius lassen sich diesbezüglich einige Informationen gewinnen. Synesius erwähnte in Abgrenzung zu den siegreichen Unnigardai mehrere Einheiten, die sich nicht gegen die Nomaden durchsetzen konnten. Zu diesen gehörten die Markomannen und Thraker. Außerdem hören wir vereinzelt von den Dalmatern und des Öfteren von den Balagriten. Bei den ersten drei Einheiten handelt es sich sehr wahrscheinlich um Verbände des Grenzheeres (*ala limitanei*). Bei den Balagriten wäre es möglich, dass dies eine berittene, paramilitärische Truppe war, die später in die Reichsmatrikel als *equites sagitarii indigenae* aufgenommen wurde. Geht man von einer durchschnittlichen Sollstärke von 300–400 Mann pro Einheit aus, hätten wir damit mindestens 1.200–1.600 Mann zur Absicherung der Grenzen der Libya Superior.[189] Hinzu kommen noch die Föderaten, bei denen wir bis auf die 40 Unnigardai keine genaueren Angaben besitzen. Kontingente der Feldarmee waren zur Zeit des Synesius nicht dauerhaft in der Pentapolis stationiert. Die Hochrechnung von Roques, der von einer Legion und insgesamt 2.540 Soldaten in der Pentapolis ausging, muss daher etwas nach unten auf höchstens 2.000 Mann korrigiert werden.[190] Eine

186 Ähnliche Strukturen lassen sich in Tripolitanien und Tunesien nachweisen. Dazu: Dossey 2010, 101–125, bes. 119–121; Mattingly in Barker 1996, 319–343; 1995, 11–17, 19–38, 128–134, 138–160 und 162–166.

187 Vgl. hierzu: Rieß 2011, 693–714.

188 Der Bedarf nach und Wettkampf um eine Vielzahl von Arbeitskräften innerhalb der römischen Elite konnte umgekehrt natürlich ebenso zur (Zwangs-)Ansiedlung und gesteuerten Einwanderung auf römisches Territorium führen. Hierzu: Schmidt-Hofner 2017, 372–404.

189 Ein Blick auf die ägyptischen Verhältnisse legt insgesamt eine geringere Anzahl an Truppen nahe. Dazu: Palme 2011, 11–27, bes. 12–14; 2004, 101–115, bes. 113–114.

190 Roques 1987, 243–252. Die Araber, die Roques als Grenzer identifizierte, gehören laut der *Notitia Dignitatum* zum Kontingent des *Comes limitis Aegypti*. Not.dign.or.28.

Größenordnung zwischen 13.000–16.000 Mann, wie sie Jones und Treadgold für beide libyschen Provinzen annahmen, scheint zumindest für das frühe fünfte Jahrhundert n. Chr. unwahrscheinlich.[191]

Glaubt man den Ausführungen des Synesius, dann war die Einrichtung des Dukats und die Entsendung der Duces ein fundamentaler Einschnitt, ganz besonders für die Verbreitung der Soldaten auf dem Gebiet der Provinzen. Anstatt auf die zahlreichen Festungen verteilt zu sein, wurden sie vornehmlich in den Städten einquartiert. Größere Anlagen wie die heruntergekommene Festung Hydrax wurden nicht benutzt und auch intakte Festungen wie Bomba (evtl. Qasr Migdim bzw. Gasr Beni Gdem) wurden aufgegeben.[192] Die Sicherung der Agrar- und Weideflächen und die Kontrolle des Zugangs zur Kyrenaika spielte somit anscheinend in den strategischen Planungen des Dux keine große Rolle.

Fassen wir zusammen: Das Œuvre des Synesius bietet viele wichtige Informationen zur Einrichtung des libyschen Dukats. Die Städte der Pentapolis dienten vermehrt als Versorgungsstationen und Quartiere der Soldaten. Im Gegenzug wurde die Besatzung im Hinterland ausgedünnt. Der Zugriff der Reichszentrale auf die Randbereiche der ägyptischen Diözese wurde insgesamt durch die Entsendung eines Dux gestärkt. Diesem Beamten stand es frei, mit den Mitgliedern der lokalen Führungsschicht zu kooperieren, wie das der Dux Anysius getan zu haben scheint. Gleichzeitig wurden dem Dux zur Bestreitung seines Lebensunterhalts gewisse Abgaben von der Bevölkerung und seinen untergebenen Soldaten zugestanden. Außerdem scheint er in die Eintreibung bestimmter Steuern, wie etwa die *collatio equorum* eingebunden worden zu sein. Die militärische Sicherung der Grenzposten war wohl mit einer geringen Anzahl von Einheiten des Grenzheeres und einigen föderatischen Kontingenten zu bewältigen. Die steten Einfälle räuberischer Mauren konnten für gewöhnlich abgewehrt werden. Ab dem Jahr 405 n. Chr. entwickelte dieser Grenzkonflikt jedoch eine neue Qualität, was in den Augen des Synesius eine veränderte strategische Ausrichtung und die Entsendung weiterer Soldaten notwendig machte.

2.5 Zwischenergebnis

Die bisherige Untersuchung des verfügbaren Quellenmaterials diente der Ausarbeitung der historischen Konturen der spätantiken Kyrenaika. Das geografische Profil der Grenzregion hatte dabei direkte Auswirkungen auf die administrative Durchdringung dieser Landschaft. Im Kern war die Kyrenaika eine hochgelegene Sied-

191 Jones 1968, 292; 1964, 682–683; Treadgold 1995, 49–51.

192 Synes.epist.104.

lungsinsel, die durch eine Küstenstraße an das römische Verkehrsnetz angebunden war. Die Hochebenen und fruchtbaren Plateaus dieser Bergregion wurden durch zahlreiche kleine Festungen und Wachtürme geschützt. Befestigte Bauernhöfe und vereinzelt auch mit Gräben umrandete Kirchengebäude ergänzten jene effiziente Verteidigungsstruktur, die mit wenigen tausend Soldaten zu betreiben war. Nicht auszuschließen ist, dass die Grenzbefestigungen durch die erhöhte seismische Aktivität im östlichen Mittelmeerraum ab dem vierten Jahrhundert n. Chr. in Mitleidenschaft gezogen wurden und der Verteidigungsgürtel um die ertragreichen Berghänge der Kyrenaika in der Spätantike an diversen Stellen leichter zu durchdringen war.

Einen fundamentalen Einschnitt in die Verwaltungsstruktur der libyschen Provinzen stellte die militärische Organisation der gesamten Region in einem Dukat am Ende des vierten oder zu Beginn des fünften Jahrhunderts n. Chr. dar. Hatten die Bewohner der Kyrenaika zuvor einen erheblichen Anteil an den Verteidigungsbemühungen ihrer Städte und Dörfer, wurde fortan durch den Dux als obersten militärischen Beamten ein stärkerer Einfluss der Reichszentrale in dieser peripheren Provinz spürbar. Die Schwierigkeiten, die durch die Verschiebung der regionalen Machtstrukturen entstanden, treten deutlich aus den Schriften des Synesius von Kyrene hervor. Entgegen den Bemühungen des Metropoliten von Ptolemais blieb jene militärische Organisationsform vor Ort erhalten und wurde nach dessen Tod sogar ausgebaut.[193] Ein Erlass aus der Regierungszeit des Kaisers Leo I. (457–474 n. Chr.) belegt, dass das Dukat als Substruktur der Militärverwaltung weiterhin große Popularität genoss und die Anzahl dieser Grenzbezirke auf 18 angewachsen war.[194] Die Amtsbezeichnung für den libyschen Grenzabschnitt lautete nun *dux Libyae Pentapoleos*.[195] Die benachbarte Provinz Libya Inferior war zudem ebenfalls als

---

193 Cod.Theod.8,1,16 = Cod.Iust.1,51,6.

194 Cod.Iust.12,59,10. Der an den Prätorianerpräfekten Erythrius adressierte Erlass beschäftigt sich mit der unzulässigen Vervielfältigung von Dienst- und Rekrutierungszertifikaten (*probatoria*) und gibt in einer beigefügten Liste an welche Ämter und Personengruppen rechtmäßig über Kopien verfügen dürfen. Unter anderem werden dabei die officiales folgender Duces aufgeführt: „*... officii virorum spectabilium ducum Palaestinae, Mesopotamiae, novi limitis Phoenices, Osrhoenae, Syriae et Augustae Euphratensis, Arabiae et Thebaidis, Libyae, Pentapoleos, utriusque Armeniae, utriusque Ponti, Scythiae, Mysiae primae, secundae, Daciae, Pannoniae, officii virorum spectabilium comitum Aegypti, Pamphyliae, Isauriae, Lycaoniae et Pisidiae.*“

195 Jordanes verzeichnet in seiner *Gotengeschichte* mit dem Sarmaten Bliwila einen der ersten Amtsinhaber. Jord.Get.265: „*Sauromatæ vero, quos Sarmatas dicimus, et Cemandri et quidam ex Hunnis partem Illyrici ad Castramartenam urbem sedes sibi datas coluerunt. Ex quo*

eigenständiges Dukat organisiert worden. Hieraus lässt sich bereits der Trend ablesen, dass die Zahl der Dukate zwar stetig anstieg – zu Zeiten Justinians in der Mitte des sechsten Jahrhunderts n. Chr. waren es bereits 25 – sich aber der Zuständigkeitsbereich des einzelnen Dux entsprechend im Laufe der Zeit verkleinerte.[196] Indes können wir den nächsten tiefgreifenden Einschnitt in der administrativen Entwicklung der Kyrenaika erst anhand einer Reihe von Inschriften aus der Regierungszeit Anastasius I. festmachen.

---

genere fuit Bliwila, dux Pentapolitanus, ejusque germanus Froila, et nostri temporis Bessa patricius."

„*Die Sauromatae aber, die wir Sarmaten nennen, und die Cemandri und einige der Hunnen bewohnen einen Teil des Illyricums bei der Stadt Castra Martis, der ihnen zugeteilt wurde. Aus diesem Geschlecht stammte Bliwila, Dux der Pentapolis, und sein Bruder Froila und auch der Patrizier Bessa unserer heutigen Zeit.*"

196 Kyriakides 2018, 230–236.

3 Römer und Barbaren entlang der Großen Syrte

In der älteren Forschung wird der libysche Militärerlass von Anastasius I. im Wesentlichen als verspätete kaiserliche Reaktion auf die von Synesius von Kyrene geschilderten Ereignisse gedeutet.[197] Demzufolge blieb die Kyrenaika über das gesamte fünfte Jahrhundert n. Chr. weiterhin Ziel maurischer Raubzüge, die dann schlussendlich eine Neuordnung der militärischen Verhältnisse nach sich zog. Bereits anhand der Schriften des Synesius haben wir gesehen, dass dieser monokausale Erklärungsversuch, gerade in Anbetracht der komplexen politischen Verwerfungen Nordafrikas und mithin der gesamten Mittelmeerwelt dieser Zeit, nicht beibehalten werden kann. In diesem Kapitel soll daher ein Blick auf die Gebiete jenseits der römischen Kyrenaika geworfen werden. Auf diese Weise lässt sich das im Laufe des Jahrhunderts heraufziehende Bedrohungsklima für das (ost-)römische Reich sowie die politische Verflechtung unterschiedlicher, oftmals ethnisch konnotierter, Gruppen entlang der Großen Syrte skizzieren. Die Grenzpolitik Anastasius I. und die Reformen der libyschen Provinzen können so vor einem differenzierteren Hintergrund betrachtet werden, als dies bislang der Fall war.

3.1 Das Königreich der Vandalen

Afrika hatte eine besondere Anziehungskraft. Der dritte Teil der bekannten Welt war nicht nur reich an natürlichen Ressourcen wie Getreide, Wein, Öl, Edelsteinen und wilden Tieren, sondern obendrein durch seinen insularen Charakter strategisch günstig gelegen. Der heutige Maghreb, der sich von den beiden nominalen Machtzentren des römischen Reiches, Rom und Konstantinopel, nur komfortabel per Schiff erreichen ließ, war im vierten und fünften Jahrhundert n. Chr. Schauplatz mehrerer Rebellionen römischer Amtsträger. Zu einer Zeit, in der die Geschicke der westlichen Reichshälfte in den Händen des Heermeisters Flavius Stilicho (ca. 395–408 n. Chr.) lagen, und der Kindkaiser Honorius (395–423 n. Chr.) um Anerkennung und Akzeptanz ringen musste[198], entschieden sich in kurzer Abfolge Gildo[199] (ca. 396–398 n. Chr.), *comes Africae et magister utriusque militiae per Africam*, der *comes*

197 Goodchild 1953, 65–66; Romanelli 1971, 139–141. Roques 1987, 220–227 ging beispielsweise von einer gen Orient gerichteten Wanderungswelle der Maziken und Aus(t)urianer im vierten und fünften Jahrhundert n. Chr. aus. Die These einer ausgedehnten maurischen Migration wurde mit guten Gründen von Modéran 2003, 131–209 widerlegt. Siehe hierzu auch die Diskussion der maurischen Stammesgruppen in Kapitel 3.2.2.

198 McEvoy 2013, 135–186; Börm 2013, 39–78.

199 PLRE I, Gildo; Wijnendaele 2016a, 1–18.

Africae Heraclianus[200] (413 n. Chr.) und sein späterer Amtsnachfolger Bonifatius[201] (425–427 n. Chr.) unter Kaiser Valentinian III. (425–455 n. Chr.) dazu, den Aufstand zu proben. In jüngeren Studien ist dabei insbesondere von Jeroen Wijnendaele hervorgehoben worden, dass diese Rebellionen nicht zwangsläufig auf eine Usurpation des Kaiserthrons hinauslaufen mussten.[202] Vielmehr bot die Kontrolle über die afrikanische Diözese[203] eine geeignete ökonomische und militärische Machtbasis, um erfolgreich eigenständige Politik betreiben zu können.[204] Den beträchtlichen Handlungsspielraum, den die Vorherrschaft über die afrikanischen Provinzen bot, demonstrierte bereits Gildo, der unverhohlen vorgab, Arcadius, dem Kaiser in Konstantinopel, Treue schwören zu wollen.[205] Durch diesen Seitenwechsel wären dem Kaiserhof in Ravenna auf einen Streich die Steuereinnahmen, vor allem das zur Versorgung Roms notwendige Getreide, abhandengekommen.[206] Solch selbstbewusstes Verhalten eines römischen Militärs machte in der Folge des Öfteren Schule – in Geiserich sollten die drei afrikanischen Rebellen den bedeutendsten Nachahmer finden. Doch trotz der beträchtlichen Gefahr, die von den drei Aufständen ausging, blieben sie allesamt Episode. Jeder von ihnen konnte von weströmischen Truppen niedergeschlagen werden. Erst 429 n. Chr. mit der Ankunft der Vandalen in Nordafrika unter der Führung Geiserichs – Prokop und Victor von Vita sprechen in diesem Zusammenhang von 80.000 Menschen – veränderte sich die politische Situation im Mittelmeerraum grundlegend, und nach knapp zehn Jahren schrittweiser Eroberung brach in Karthago im wahrsten Sinne des Wortes eine neue Zeitrechnung an.[207]

---

200 PLRE II, Heraclianus 3.

201 PLRE II, Bonifatius 3; Wijnendaele 2015; Steinacher 2016, 87–91.

202 Wijnendaele 2017, 138–156 argumentiert etwa gegen einen Usurpationsversuch des Heraclianus. Dieser hätte mit seiner Überfahrt nach Italien nicht wie traditionell angenommen nach dem Kaiserthron getrachtet, sondern wollte durch diese Demonstration an Stärke seine einflussreiche Position bei Honorius gegenüber seinem Kontrahenten Constantius bewahren.

203 Not.dig.occ.20. Bestehend aus den sieben Provinzen: Africa Proconsularis/Zeugitana, Byzacena, Mauretania Caesariensis, Mauretania Sitifensis/Tubusuctitana, Numidia Cirtensis, Numidia Militiana und Tripolitanien.

204 Wijnendaele 2016, 186–205 definiert diese Militärbefehlshaber bzw. Warlords im Anschluss an Anthony Vinci treffend als: „... *the leader of an armed group that uses military power and economic exploitation to maintain fiefdoms which are autonomous and independent from state and society*" (Zitat auf S. 189). Zu den Gestaltungsmöglichkeiten solcher Militärs im frühen fünften Jahrhundert n. Chr. ferner: Meier 2015, 23–74; Stickler 2002, 15–84.

205 Oros.7,36,2–3.

206 Zu dieser „nuclear option" siehe auch: Wijnendaele 2019, 298–328.

207 Prok.BV.1,6; HA.18,6 und ebenso Victor von Vita 1,2. Zu den einzelnen Etappen der Er-

Im Hinblick auf die Entwicklungen in der Kyrenaika ist eine kleine Notiz aus dem Vorfeld der vandalischen Landung an der Küste Afrikas von Bedeutung. Fast einhellig berichten die späteren oströmischen Quellen, dass die Vandalen vom *comes* Bonifatius nach Afrika eingeladen worden wären.[208] Nach der erfolgreichen Abwehr zweier vom Kaiserhof in Ravenna initiierten Absetzungsversuche hätte sich Bonifatius (oder von ihm beauftragte Unterhändler) nämlich nach Spanien begeben und dort mit Gontharis und Geiserich, den Söhnen des verstorbenen Königs Godigisklos, ein Bündnis geschlossen, das als Gegenleistung für die militärische Unterstützung eine Dreiteilung seines afrikanischen Amtsbereiches vorsah. Wer genau welchen Teil erhalten sollte, ist nicht überliefert. In der Chronik des Theophanes Confessor wird an dieser Stelle aber explizit erwähnt, dass sich der neue Siedlungsbereich „*vom Ozean bis nach Tripolis bei Kyrene*" ausdehnte.[209] Glaubt man diesen Ausführun-

oberung siehe nun: Meier 2019, 649–671; Le Bohec 2018, 126–135. Die Vandalen bezogen sich bei Ihrer Zeitrechnung, des *anno Cartaginis*, auf die Eroberung Karthagos; vgl. Steinacher 2016, 122–125. Für die Diskussion der Herkunft und Migrationsbewegungen der Vandalen in- und außerhalb des römischen Reiches siehe: Berndt 2007, 52–120; Modéran 2014, 43–93; Merrills/Miles 2010, 27–56; Steinacher 2016, 21–78; Vössing 2014, 11–34.

208 Etwa: Jord.Rom.330: „*Africana provincia per Bonifatium comitem Wandalis tradita et a Romano jure subtracta est, quia Bonifatius, dum in offensam Valentiniani venisset, malo publico se defendere voluit; invitatoque ab Hispaniis Gaisarico, Wandalorum rege, dolum quod conceperat peperit.*"
„*Die Provinz Africa wurde von dem comes Bonifatius an die Vandalen übergeben und aus dem römischen Rechtsbereich entfernt, weil Bonifatius sich verteidigen wollte, während er bei Valentinian in Ungnade gefallen war, indem er Schlechtes für das Reich tat. Er lud Geiserich aus den spanischen Provinzen ein und erreichte so den Verrat, den er (zuvor) geplant hatte.*"
Für Jordanes sind hier die afrikanischen Provinzen nicht gänzlich verlorengegangen, sondern lediglich aus dem römischen Rechtsbereich ausgegliedert worden. In der Forschung wird aufgrund solcher Formulierungen vermutet, dass es in Konstantinopel nach der erfolgreichen Rückeroberung Nordafrikas um die Mitte des sechsten Jahrhunderts n. Chr. das Bestreben gab die Ereignisse des vorhergehenden Jahrhunderts rückwirkend in ein positiveres Licht zu stellen. Vgl.: Merrills/Miles 2010, 1–10; Conant 2012, 22–24, 306–316; Vössing 2014, 34–50, 140–144; Esders 2019, 195–225; Rodolfi 2008, 233–243.

209 Theoph.AM5931: „Βονιφάτιος δὲ φοβηθεὶς τοὺς τῶν Ῥωμαίων βασιλεῖς, περάσας ἀπὸ Λιβύης εἰς Ἱσπανίαν πρὸς τοὺς Οὐανδήλους ἦλθεν. καὶ εὑρὼν τὸν μὲν Γοδιγίσκλου τελευτέσαντα, τοὺς δὲ ἐκείνου παῖδας Γόνθαρίν τε καὶ Γιξέριχον τὴν ἀρχὴν διέποντας, τούτους προτρεψάμενος τὴν ἑσπέριον Λιβύην εἰς τρία μέρη διελεῖν ὑπέσχετο, ἐφ' ᾧ ἕκαστον τοῦ τρίτου μέρους ἄρχειν σύν αὐτῷ, κοινῇ δὲ ἀμύνεσθαι τὸν οἷον δήποτε πολέμιον. ἐπὶ ταύταις ταῖς ὁμολογίαις οἱ Οὐανδῆλοι τὸν πορθμὸν διαβάντες τὴν Λιβύην κατῴκησαν ἀπὸ τοῦ Ὠκεανοῦ μέχρι Τριπόλεως τῆς κατὰ Κυρήνην."

gen, wären die Vandalen zu Herrschern über den gesamten weströmischen Teil Nordafrikas aufgestiegen und dadurch eine unmittelbare Bedrohung für die Bewohner der Kyrenaika.

Die mögliche „Einladung" und die damit zusammenhängende Legitimität des späteren nordafrikanischen Vandalenreiches ist freilich in der Forschung intensiv diskutiert worden.[210] Die Rolle des Bonifatius ist dabei umstritten, mitunter wird von einer kompletten Erfindung des Berichts ausgegangen. Durchaus denkbar wäre es jedoch, dass er zeitweilig ein Bündnis mit den Vandalen einging und ihnen die Überfahrt nach Afrika ermöglichte. Im Gegensatz zu anderen in der *Notitia Dignitatum* verbuchten Amtsbereichen des westlichen Imperiums besaß der *comes Africae* zwar keine eigenen Marineeinheiten; er konnte aber sicherlich die vor Karthago ankernden Handelsschiffe hierfür anheuern.[211] Was die Größenordnung des vandalischen Trosses anbelangt, haben Roland Steinacher und Jeroen Wijnendaele unlängst vorgeschlagen, von rund 15.000 Kriegern auszugehen. Dies wäre vergleichbar mit einer römischen Armee. In Kombination mit den in *Africa* stationierten regulären Einheiten des römischen Heeres, das eine nominelle Stärke von ca. 20.000–25.000 Mann

---

„*Boniface, in fear of the Roman emperors, crossed from Libya to Spain and came to the Vandals. Discovering that Godigisklos had died and that the rule had passed to his sons Gontharis and Gizerich, he roused them by promising that he would divide western Libya into three parts on condition that each (including himself) would rule a third part and that they would combine in defence against any enemy whatever. Under these terms, the Vandals crossed the strait and settled in Libya from the Ocean as far as Tripolis beside Cyrene.*" Entnommen aus: Mango/Scott 1997, 146–147.

210 Berndt 2008, 143–145 hält das Abkommen für ahistorisch. Vössing 2014, 34–38 spricht sich gegen eine Überbewertung der Person des Bonifatius aus und plädiert für eine günstige historische Konstellation, die den Vandalen den Einmarsch in Nordafrika ermöglichte. Merrills/Miles 2010, 52–54 sehen ganz ähnlich den Streit zwischen Bonifatius und dem weströmischen Kaiserhof, speziell dem Heermeister Felix, als gute Gelegenheit für die Überfahrt an. Steinacher und Wijnendaele halten dagegen ein potenzielles Bündnis für möglich und erwägen, dass Bonifatius bereits Jahre zuvor ein kleineres Vandalenkontingent zur Verstärkung seiner Truppen angeheuert hatte. Vgl. Steinacher 2016, 87–91; Wijnendaele 2015, 74–78.

211 In der *Notitia Dignitatum* sind die Marineeinheiten als *classes* und *barcarii* verzeichnet. Eine auffällige Verdichtung mariner Truppenkörper mit acht Praefecti lässt sich dabei in Pannonien beobachten. Aufgeteilt in fünf im Aufgebot des Dux Pannoniae (Not. dign.occ.32) und drei weitere dem Dux Pannoniae primae unterstellte (Not.dign.occ.34). Siehe aber: McAndrew 2015, 13–45, der potenziell zwei Marinedetachments unter der Obhut des Dux Tripolitaniae ins Spiel bringt. Ferner: Rankov 2017, 687–690, und zu den römischen Flottenstützpunkten sowie dem Hafen von Leptis Magna: Blackman et al. 2013, 30–55; Avner 2009, 153–187, bes. 171–173.

erreichen konnte, hätte Bonifatius über eine beachtliche militärische Schlagkraft verfügt.[212] Zu einer gemeinsamen militärischen Operation des neu aufgestellten afrikanischen *exercitus* kam es allerdings nicht, denn Bonifatius näherte sich wieder Galla Placidia, der Mutter Valentinians' III., und deren Fraktion am Kaiserhof in Ravenna an[213]. Das führte zum Zerwürfnis mit Geiserich. Die Vandalen gingen ihrerseits zur Eroberung der Provinzen über, was von Anfang an ihr Plan gewesen sein kann.

Schwierig zu beantworten ist nun die Frage, wie groß der Herrschaftsbereich der Vandalen tatsächlich war. Geiserich und sein Gefolge setzten sich zunächst in der wirtschaftlich bedeutendsten Region der afrikanischen Diözese (Africa Proconsularis bzw. Zeugitana) fest, die in etwa dem heutigen Tunesien entspricht. Darüber hinaus gelang es ihnen, in den Jahren nach der handstreichartigen Eroberung Karthagos (439 n. Chr.) eine großangelegte römische Invasion (440–441 n. Chr.) abzuwenden. Auf Seiten des Westreiches war man nun gezwungen, auf diplomatischem Weg die Fronten zu klären. Victor von Vita berichtet im Zuge des Friedensvertrags von 442 n. Chr. davon, dass die Vandalen folgende Gebiete kontrollierten:

> „*Disponens (Gaisericus) quoque singulas quasque provincias, sibi Byzacenam, Abaritanam atque Getuliam et partem reservavit, exercitui vero Zeugitanam vel Proconsularem funiculo hereditats divisit, Valentiniano adhuc imperatore reliquas licet iam exterminatas provincias defendente. Post cuius totius Africae ambitum obtinuit, nec non et insulas maximas Sardiniam, Siciliam, Corsicam, Ebusum, Maioricam, Minoricam vel alias multas superbia sibi consueta defendit*“[214].

> „*Ferner verfügte er (Geiserich) über die einzelnen Landesteile in der Weise, dass der die Byzacena, die Abaritana, Gätulien und einen Teil von Numidien für sich behielt, die Zeugitana aber und die [restliche] Proconsularis unter seinen Soldaten als erblichen Besitz aufteilte, während Valentinian die übrigen (obwohl schon zerstörten) Landesteile, solange er Kaiser war, noch halten konnte, nach seinem Tod übernahm Geiserich dann in seinem ganzen Umfang, und er beanspruchte auch mit der ihm ei-*

---

212 Not.dign.occ.25. Aufgrund der wiederholten Aufstände und Unruhen in der Diözese ist davon auszugehen, dass die Truppen dezimiert waren und nicht die volle Truppenstärke erreichten. Siehe: Steinacher 2016, 83–85; Wijnendaele 2015, 87–96.

213 Im Zuge der innerrömischen Machtkämpfe wurde Bonifatius später nach Italien zurückbeordert, wo er im Kampf gegen Aetius den Tod fand. Ausführlich: Wijnendaele 2015, 96–105. Für die diplomatischen Bemühungen des Westreichs am Vorabend der vandalischen Invasion: Mathisen 1999, 173–196.

214 Victor von Vita 1,13. Entnommen aus: Vössing 2011, 40–41.

genen Anmaßung die großen Inseln Sardinien, Sizilien, Korsika, Ibiza, Mallorca, Minorca, und noch viele andere.“

Wie der Passage zu entnehmen ist, konzentrierte sich der Herrschaftsbereich der Vandalen weiterhin auf die Kerngebiete (Africa Proconsularis und Byzacena) der ehemaligen afrikanischen Diözese.[215] Hinzu kamen Ansprüche auf eine Reihe von Inseln im westlichen Mittelmeer. Als direktes Sprungbrett nach Italien war hierbei Sizilien von größter Bedeutung. Eine dauerhafte Kontrolle der Insel konnten die Vandalen allerdings nicht bewerkstelligen.[216] Dies gilt ebenso für einen Teil Numidiens, auf den Geiserich zu Lebzeiten Valentinians verzichtet haben soll, sowie den beiden hier nicht aufgelisteten Mauretanien. Nach dessen Tod habe sich Geiserich dann aber auch diese Gebiete einverleibt. Laut Yves Modéran deutet dabei die mit Nachdruck betriebene (Zwangs-)Konversion katholischer Bischöfe zum Arianismus, deren territoriale Ausdehnung anhand der *Notitia provinciarum et civitatum Africae* gut nachvollzogen werden könne, auf eine primär von Karthago aus nach Westen gerichtete Expansion des vandalischen Königreichs hin.[217] Darüber hinaus wurden aber auch die Grenzen des Regnum gen Osten verschoben. Victor von Vita erwähnt die Verbannung zweier tripolitanischer Bischöfe, Vicis von Sabratha und Cresconius von Oea, die im Zuge der großangelegten Verfolgung katholischer Geistlicher, durch den das arianische Christentum favorisierenden Geiserich verbannt wurden.[218] Die dritte bedeutende Stadt der Provinz, Leptis Magna, fehlt allerdings. Dass dort spätestens ab der Mitte des dritten Jahrhunderts n. Chr. ebenfalls ein Bischof residierte, wissen wir anhand einer Schrift über das Osterfest aus der Feder eines gewissen Achaeus, der dieses Amt bezeugt.[219] Für das fünfte Jahrhundert n. Chr. ist mit Callipedes, der 484 n. Chr. am Konzil von Karthago teilnahm, ebenfalls ein Bischof bekannt. Kann man nun daraus ableiten, dass die Vandalen im Laufe des Jahrhunderts ganz Tripolitanien besetzten, wie es die Notiz in der Chronik des Theophanes Confessor suggerieren würde?

---

215 Die territoriale Aneignung und Neuverteilung der ehemals römischen Ländereien oder alternativ der daraus erwachsenden Steuererträge Nordafrikas wird in der Forschung unter dem Oberbegriff „*sortes Vandalorum*“ nach wie vor intensiv diskutiert. Dazu grundlegend: Modéran 2003, 87–123. Ferner: von Rummel 2011, 23–37; Steinacher 2019, 203–223; 2016, 151–166; Tedesco 2012, 157–224.

216 Kislinger 2014, 237–260; Clover 1999, 235–244.

217 Modéran 2003, 541–561.

218 Victor von Vita 1,23. Zur Bedeutung des vandalischen Arianismus und der Situation der afrikanischen Katholiken: Whelan 2017, 29–55; 2014, 239–257; Brennecke 2014, 117–131.

219 Kreikenbom 2007, 36–37; Mahler 2010, 317–322; Carra Bonasca/Morfino 2003/2004, 12–14.

Yves Modéran hält dies zumindest um das Jahr 484 n. Chr. herum für wahrscheinlich.[220] Grundsätzlich würde dafür sprechen, dass diese Provinz im Gegensatz zu Numidien und den beiden Mauretanien (Caesariensis und Stifensis) in der kaiserlichen Gesetzgebung seit den frühen 440er Jahren nicht mehr erwähnt wird.[221] Demzufolge wurde sie aus juristischer Sicht nicht mehr als Reichsterritorium angesehen und könnte in vandalische Hände übergegangen sein. Der archäologische Befund scheint dies zu bestätigen. Keramikanalysen aus dem Kleinkastell Vezeros, das am westlichen Abschnitt des Limes Tripolitanus gelegen war, zeigen im selben Zeitraum einen deutlichen Rückgang regionaler Sigillatawaren, was auf eine Aufgabe des römischen Grenzpostens hindeutet.[222] Die Städte Tripolitaniens hatten sich ferner als Emporia des Transsaharahandels etabliert; mehrere Karawanenrouten aus dem Inneren der Sahara endeten an der Großen Syrte. Über das Gesamtvolumen und die damit zusammenhängende wirtschaftliche Bedeutung lässt sich nach dem derzeitigen Stand der Forschung nur spekulieren, aber als zusätzliche Option zu den mediterranen Handelsnetzwerken der Vandalen kann dies durchaus eine Rolle bei der Expansionspolitik der Hasdingen gespielt haben.[223] Eine weitere beachtenswerte Möglichkeit hat meiner Meinung nach eine neue These Duncan McAndrews eröffnet.[224] Bei seiner Durchsicht der spätantiken Marine auf der Grundlage der *Notitia Dignitatum* hat er die starke Diskrepanz der Verteilung der Seestreitkräfte (*classes* und *bacarii*) zwischen West- und Ostreich notiert. Bei insgesamt 25 Einheiten beläuft sie sich auf ein Verhältnis von 80:20 zu Gunsten des Westreiches. Das dies der Realität entsprach, ist höchst unwahrscheinlich, selbst wenn man die *Notitia* lediglich als Momentaufnahme der Dislokation der römischen Armee auffasst. McAndrew hat deshalb vorgeschlagen, dass alle als *milites* bezeichneten Einheiten in den verschiedenen Heeresgruppen ebenfalls der Marine zuzurechnen wären. Die Terminologie der Dienstgrade unterschied sich nicht, wodurch der *miles* als einfacher Soldat die unterste Charge beider Armeeteile darstellte. Dies korrespondiert einerseits auffallend genau mit den fluvialen und maritimen Grenzregionen (Rhein, Donau, Atlantik- und Schwarzmeerküste) beider Reichshälften und verschiebt andererseits das Verteilungsverhältnis bei nun 85 Marineverbänden auf ein annehmbares Gefälle von 69:31 zu Gunsten des Westreiches. Für Nordafrika wären dadurch zwei Marineeinheiten in der Tripolitania (*Leptitana castra* und *Madensia castra*) und eine in der

---

220 Modéran 2014, 146–147.

221 Vgl. Nov.Val.12, 13 und 34.

222 Mackensen 2015, 259–270.

223 Wilson 2012a, 432–435; Mattingly 2017, 1–53.

224 McAndrew 2015, 13–45.

Thebais (Syene) bezeugt.[225] Dementsprechend könnte ein Ausgreifen der Vandalen gen Osten zusätzlich durch das Interesse an den beiden potenziellen Flottenstützpunkten bei Tripolis motiviert gewesen sein.

Das Gros der Forschung verneint jedoch diese Frage. Dies geschieht aus mehreren Gründen: Generell wird zwar der Aussage des Victor von Vita Glauben geschenkt und der direkte Herrschaftsbereich Geiserichs auf das westliche Tripolitanien ausgeweitet. Die Region um Leptis Magna und das Landesinnere der Tripolitania sowie Mauretanien und Teile Numidiens werden dagegen den indigenen Bevölkerungsgruppen zugerechnet. Christian Courtois zählte in seiner klassischen Studie zum vandalischen Nordafrika allein in der Tripolitania ganze acht eigenständige „Berberreiche".[226] Das vandalische Regnum grenzte somit nicht direkt an die Gebiete der Kyrenaika an. In Analogie zu den römischen Vorgängern in Karthago gelang es den Vandalen wohl aber, durch vertragliche Bindungen mit regionalen Potentaten und Kleinkönigen zumindest ihren Einfluss in den Grenzgebieten geltend zu machen. Ein wichtiger Faktor für die politische Stabilität und Langlebigkeit des vandalischen Nordafrikas war hierbei sicherlich, dass Geiserich die römischen Afrikaner und maurischen Völker sowohl militärisch als auch ökonomisch in sein Reich einband. Maurische Truppen begleiteten die Vandalen auf ihren Seefahrten und Raubzügen, allen voran der Plünderung Roms (455 n. Chr.), wofür sie mit einem Teil der Beute belohnt wurden.[227] Ein Maurenfürst mit Namen Kapsur, der die Gegend um „Capripicta" regierte, verwahrte für Geiserich die verbannten Katholiken. Hunerich konnte ebenso auf maurische Unterstützung zählen.[228]

In den Quellen setzt um das Jahr 484 n. Chr. eine Zäsur der maurisch-vandalischen Beziehungen ein. In seiner *historia persecutionis Africanae provinciae* widmet Victor von Vita ganze sechs Kapitel einer großen Hungersnot, die weite Teile Afrikas heimsuchte.[229] Victor will dieses Ereignis als „*vero et iusto iudicio Dei*", also als wirkliches und gerechtes Strafgericht Gottes für die Missetaten der Vandalen verstanden wissen. Im Anschluss an seine literarischen Vorbilder, die von Cicero über

225 Diese waren dem Dux Tripolitanae unterstellt. Siehe Not.dign.occ. 31. Die beiden klar einem Kastell zugeordneten Einheiten können freilich ebenso die Ausnahme von der Regel darstellen. Für Syene sind wir dagegen dank der papyrologischen Evidenz, speziell des Patermuthis-Archivs, sehr gut über das tägliche Leben und die Aufgaben eines spätrömischen Militärs informiert. Dazu zählten auch Patrouillenfahrten entlang des Flusses, was die These McAndrews stützen würde. Siehe: Keenan 1990, 139–150; Palme 2011, 11–26.

226 Courtois 1955, 334–340. Ferner: Conant 2012, 273–305; Steinacher 2016, 259–268.

227 Victor von Vita 1,25. Vgl. Wiemer 2014, 126–129 m. Anm. 29.

228 Victor von Vita 1,35.

229 Victor von Vita 3,55–61.

Eusebius von Cäsarea bis hin zu Augustinus reichen, dient ihm die Schilderung dieses Ereignisses nicht nur als Hinwendung zum grausamen Tod des Königs Hunerich, dessen Leib einem Verfolger gebührend von Würmern zerfressen wurde, sondern gleichsam als finales Exempel für dessen moralische Verdorbenheit und königliche Untauglichkeit.[230] Denn anstatt wie ein fürsorglicher Herrscher zu handeln und sich um die Belange seiner Untertanen zu sorgen, verbannte Hunerich die im Zuge der Hungersnot nach Karthago strömende (Land-)Bevölkerung aus der Hauptstadt.[231] Im Bericht Prokops wird die Herrschaft Hunerichs ebenfalls nachhaltig erschüttert. Im Gegensatz zur der von Victor beschworenen Naturkatastrophe ist es hier ein Aufstand der im Aurès-Gebirge ansässigen Mauren, der das Vandalenreich bedrohte.[232] Eine Verbindung beider Ereignisse ist vorstellbar. Womöglich sicherten sich die Vandalenkönige in Friedenszeiten die Gefolgschaft der Maurenstämme durch die Lieferung von Getreide und anderen Waren, ganz so wie es die römische Militärverwaltung mit der Annona tat. Aufgrund von Fehlernten und der daraus erwachsenden Hungersnot kam es dann zum Ausfall von Nahrungslieferungen. Die Mauren versorgten sich zum Leidwesen der ländlichen Bevölkerung daraufhin selbst, ohne auf Nachricht aus Karthago zu warten. Durch die vielzitierte Masties-Inschrift kennen wir einige selbstbewusste maurische Anführer, die sogar den Imperatorentitel verwendeten, um ihre Unabhängigkeit sowohl gegenüber dem König von Karthago als auch dem Kaiser von Konstantinopel zu demonstrieren.[233] Ganz ähnlich wie in der römischen Kyrenaika musste also der König der Vandalen eine umsichtige Grenzpolitik betreiben.

Abschließend gilt es noch den militärischen Aspekt der vandalischen Herrschaft anzusprechen. Die Fähigkeit, nautische Operationen durchzuführen und blitzartig an den Küsten des Mittelmeers aufzutauchen, versetzte die gesamte Mittelmeerwelt in Aufruhr und machte die Vandalen auch über die Grenzen ihres eigentlichen Herrschaftsbereichs zu einer unkalkulierbaren Gefahr. Das Mittel der Piraterie wurde insbesondere von Geiserich geschickt im politischen Diskurs mit Ravenna und Konstantinopel eingesetzt.[234] Prokop erwähnt in diesem Zusammenhang alljährlich im

230 Zur negativen Darstellung der Vandalenkönige im Werk Victors siehe: Howe 2007, 229–283.

231 Victor von Vita 3,60.

232 Prok.BV.1,8,1–2.

233 AE 1945, 0057; AE 1988, 1126; AE 1955, 0239; AE 1946, p. 31 s. n. 112. Online verfügbar in der Heidelberger Epigrafischen Datenbank, URL: https://edh-www.adw.uni-heidelberg.de/edh/inschrift/HD019959, abgerufen am 17.5.2022. Vgl. Steinacher 2016, 263–266; Modéran 2003, 273–275 mit weiterführender Literatur.

234 Klär 2021, 141–146; Grieb 2012, 77–85.

Frühling stattfindende Raubzüge entlang der Küsten von Sizilien, Italien, der Peloponnes sowie Illyriens und Griechenlands.[235] Auf Dauer war dies für beide Kaiserhöfe nicht tragbar, und so wurde, während der Regierungszeit der Kaiser Anthemius (467–472 n. Chr.) und Leo I. (457–474 n. Chr.), unter dem Deckmantel einer Vergeltungsaktion für die beständigen Plünderungsfahrten Geiserichs, eine großangelegte Rückeroberung der verlorengegangenen Provinzen unternommen.

3.1.1 Die Schlacht am Kap Bon

Die besondere Tragweite der Militäroperation von 468 n. Chr. wird bereits aus den uns überlieferten Zahlen des Aufgebots beider Reichshälften deutlich.[236] So sollen 1.100 Schiffe mit einer Besatzung von 7.000 Seeleuten und 100.000 Soldaten an dem Feldzug teilgenommen haben.[237] Die finanzielle Belastung wurde dabei hauptsächlich von Seiten des oströmischen Kaiserhofs getragen. Ein in der Suda überliefertes Fragment des Geschichtswerks des Candidus beziffert die Kosten wie folgt:

> „Κάνδιδος ἱστοριογράφος φησὶν ὅτι ὁ Λέων ὁ Μακέλλης, ὁ μετὰ Μαρκιανὸν βασιλεύσας, περὶ τὴν ἐκστρατείαν τὴν κατὰ Βανδήλων ἄπειρα χρήματα δεδαπάνηκεν. ἦσαν γάρ, ὡς οἱ ταῦτα ἐφανέρωσαν κεχειρικότες, διὰ μὲν τῶν ὑπάρχων χρυσίου λίτραι τετρακισμύριαι πρὸς ἑπτακισχιλίαις: διὰ δὲ τοῦ κόμητος τῶν θησαυρῶν ἑπτακισχίλιαι πρὸς μυρίαις καὶ ἀργυρίου λίτραι ἑπτακόσιαι χιλιάδες, ἄτερ τῶν ἀνηλωμένων ἐκ τῶν δημευσίμων ἀρχόντων καὶ ἐκ τοῦ βασιλέως Ἀνθεμίου."
>
> *„Der Historiker Candidus sagt, dass Leo der Schlächter, der nach Marcian Kaiser war, unzählige Geldsummen für den Feldzug gegen die Vandalen ausgegeben hat. Jene aber, die diese (Summen) verwaltet haben machten bekannt, dass es 47.000 Pfund Gold von den (Prätorianer-) Präfekten und 17.000 Pfund Gold und 700.000 Pfund Silber vom comes sacrarum largitionum (comes thesauron) waren, ganz zu schweigen von den Geldern, die von den Magistraten eingezogen wurden und von Kaiser Anthemius."*[238]

235 Prok.BV.1,5,22–24.

236 Für eine ausführliche Autopsie der historiographischen Traditionen, speziell des auf Priscus basierenden Strangs, siehe: Brodka 2014, 103–121. Zur Ereignisgeschichte: Merrills/Miles 2010, 109–121; Steinacher 2016, 214–230; 2015, 75–98, bes. 84–91; Castritius 2007, 103–122.

237 Brodka 2014, 103–105.

238 Candidus Frg.2 = 10,245. Siehe: Suda On Line. Tr. Abram Ring on 30 May 2005, URL: http://www.stoa.org/sol-bin/search.pl, abgerufen am 17.5.2022. Johannes Lydus überliefert fast identische Zahlen, allerdings fehlt die Aufteilung in Privatvermögen des Kaisers und der Kasse(n) der Prätorianerpräfekten. Vgl. Lyd.mag.3,43.

Das Ziel war es, in einer dreigeteilten Zangenbewegung die Vandalen durch Angriffe auf Sizilien, die Hauptstadt Karthago und Tripolitanien in die Knie zu zwingen. Wie Dariusz Brodka herausgearbeitet hat, scheint es in Bezug auf die chronologische Abfolge unwahrscheinlich, dass alle drei Invasionsarmeen zur gleichen Zeit aufbrachen. Vielmehr müssten sowohl der Angriff auf Sizilien, der durch den General Marcellinus erfolgte, als auch die Landung in Tripolitanien vor dem entscheidenden Schlag auf Karthago durchgeführt worden sein.[239] Für die Attacke auf Tripolitanien dienten die ägyptische Diözese und mithin die Kyrenaika als Aufmarschgebiet für die Armee der beiden *comites* Heraclius und Marsus.[240] Nach der geglückten Eroberung der ehemaligen Provinz rückten sie auf dem Landweg nach Karthago vor. Zuletzt segelte die römische Armada unter dem Oberbefehl des Basiliscus, des Bruders der Kaiserin Verina, nach Karthago.

Die Ausgangssituation vor der eigentlichen Schlacht am Kap schien überaus günstig. Tripolis war nunmehr in römischer Hand, und mit Sizilien sowie dem einige Jahre zuvor von Marcellinus eroberten Sardinien entfielen gleich zwei mögliche Rückzugsoptionen für die Vandalen, sollte Karthago eingenommen werden. Geiserich zeigte sich laut Prokop daher beeindruckt von der Stärke Leos.[241] Dennoch missglückte das gesamte Unterfangen aus verschiedenen Gründen. In den Quellen wird der General und spätere Usurpator Basiliscus fast einhellig als der Hauptschuldige ausgemacht.[242] Je nach Autor werden ihm wahlweise Verrat, Bestechlichkeit oder schlichtweg Versagen vorgeworfen. Entscheidend war sicherlich das ihm angelastete Herauszögern des Angriffs, was den Vandalen genügend Zeit verschaffte, um die vor dem Kap Bon liegende Armada in einem nächtlichen Überfall in Brand zu stecken. Wir können nur spekulieren, ob Basiliscus eventuell auf die Ankunft des Heeres des Heraclius und Marsus wartete, um so die Truppen der Vandalen an zwei Fronten zu binden? Möglich wäre auch, dass er sich im Angesicht seiner militärischen Überlegenheit in einer guten Verhandlungsposition wähnte. Hierfür gab es mit der (gescheiterten) Expedition von 440 n. Chr. zumindest einen Präzedenzfall.

239 PLRE II, Marcellinus 6.

240 Theoph.AM5963: „Τούτῳ τῷ ἔτει ἀπέστειλε Λέων ὁ βασιλεὺς κατὰ Γιζερίχου ‘Ηρπάκλειον τὸν Ἐδεσηνόν, υἱὸν Φλώρου τοῦ ἀπὸ ὑπάτον, καὶ Μάρσου Ἴσαυρον, ἄνδρας δραστηρίους, καὶ στρατὸν ἐξ Αἰγύπτου καὶ Θηβαΐδος καὶ τῆς ἐρήμου.“
„In diesem Jahr sandte der Kaiser Leo gegen Geiserich Herakleios von Edessa, den Sohn des ehemaligen Konsuls Floros und den Isaurier Marsos, beides tatkräftige Männer, mit einer Armee aus Ägypten und der Thebais und der Wüste aus.“

241 Prok.BV.3,6,11.

242 Ausführlich zur Usurpation und Regierung des Basiliscus: Pfeilschifter 2013, 563–584; Redies 1997, 211–221.

Geiserich zeigte sich damals kompromissbereit und profitierte letztlich von den unvermittelt aufkommenden Schwierigkeiten an der Donau- und Perserfront des Reiches, die zu einem Abzug der Truppen führte.[243] Wie dem auch sei, die schlagartig dezimierten Römer waren durch die Niederlage gezwungen, in Friedensverhandlungen mit den Vandalen zu treten. Im Zuge dessen mussten sie 474 n. Chr. nicht nur die während der Invasion eroberten Gebiete Siziliens und Tripolitaniens aufgeben, sondern auch die Herrschaft Geiserichs über die afrikanischen Provinzen anerkennen. Letzteres war für die zuvor nach Konstantinopel geflohenen Senatoren ein herber Schlag.[244] Auf einen erneuten Angriff auf Karthago hatte man von Seiten Ostroms verzichtet, obwohl sich die Verbände des Heraclius und Marsus laut Theophanes noch zwei weitere Jahre bei Tripolis aufhielten.[245]

Der gescheiterte Feldzug stellte für das römische Reich einen fundamentalen Einschnitt dar, der auch noch bis in das sechste Jahrhundert n. Chr. nachwirkte. Für Johannes Lydus begann der Niedergang des gesamten Reiches mit der Niederlage vor dem Kap Bon.[246] Die Ressourcen Ostroms waren empfindlich getroffen worden. Modernen Hochrechnungen zufolge überstiegen die Kosten des Feldzugs deutlich das Staatseinkommen eines gesamten Jahres.[247] Das machte einen finanziellen Konsolidierungskurs unausweichlich. Die Entscheidung Kaiser Zenos (474; 476–491 n. Chr.), die afrikanischen Provinzen den Vandalen zu überlassen und sich auf diplomatischem Wege zu verständigen, erscheint vor diesem Hintergrund als logische Konsequenz. Die Nachfolger Geiserichs, insbesondere Gunthamund (484–496 n. Chr.) und Thrasamund (496–523 n. Chr.), rückten merklich von der aggressiven Politik Geiserichs ab und bestätigten somit indirekt diesen römischen Politikwechsel. Laut Prokop zählte Thrasamund sogar zu den engsten Freunden des Anastasius. Die persönliche Freundschaft und vertraglichen Bindungen gegenüber Ostrom hinderten den Vandalenkönig freilich nicht daran, seine Interessen im westlichen Mittelmeer, wenn nötig mit Waffengewalt durchzusetzen. So machte sich vor dem Jahr 491 n. Chr. eine kleine Armee nach Sizilien auf und auch an der Südgrenze des Vandalen-

---

243 Steinacher 2016, 141–142.

244 Eben jene „Afrikaner" sollen den späteren Kaiser Justinian zur Rückeroberung der verlorenen Provinzen bewegt haben. Vgl. Ps.-Zach.Rhet.4,17,b. entnommen aus: Greatrex 2011, 361–362. Ferner: Conant 2012, 67–129, bes. 76–83; Modéran 2003, 581–584.

245 Theoph.AM5963. Steinacher 2015, 85–86.

246 Lyd.mag.3,43–44. Siehe aber Wiemer 2014, 136–137, der auf der Grundlage der Fragmente des Malchus konstatiert, dass der Versöhnungskurs des oströmischen Reiches mit den Vandalen unter Zeno keineswegs auf ungeteilte Zustimmung in der senatorischen Oberschicht stieß.

247 Hendy 1985, 410; Schulz 2012, 416–418.

reiches kam es zu Kämpfen mit den Mauren.[248] Die Vandalen blieben somit ein politischer Akteur, den das oströmische Reich bei seiner Außenpolitik einzukalkulieren hatte.

3.2 Die Mauren

Die Garamanten und ihre Beziehungen zu den an den Küsten Nordafrikas beheimateten Mauren spielten bei der Analyse der römischen Grenzverteidigung bislang bestenfalls eine untergeordnete Rolle. Deren Siedlungsgebiet in der Phazania, dem modernen Fezzan, befand sich mitten in der Sahara. Die Städte Tripolitaniens waren knapp eine Monatsreise (ca. 800 km) entfernt. Folgerichtig ging man in älteren Studien davon aus, dass die Bewohner des Fezzans kaum eine ernsthafte Bedrohung für die römischen Provinzen darstellten und lediglich als Händler in Erscheinung traten. Stellvertretend für die deutschsprachige Forschung lässt sich das gut an den Arbeiten Erwin Maria Ruprechtsbergers illustrieren. Durch eine Studie zur Limeszone Tripolitaniens und der Kyrenaika sowie der ersten deutschen Monografie zu den Garamanten wies er sich als Kenner des archäologischen und historischen Materials dieser Region aus.[249] Eine Querverbindung dieser Themenfelder sucht man in beiden Werken allerdings noch vergeblich. Dies hängt hauptsächlich damit zusammen, dass fast zeitgleich mit der Veröffentlichung von Ruprechtsbergers Darstellungen ein regelrechter Boom der Saharaarchäologie einsetzte.[250] Angetrieben durch eine Vielzahl an Feldbegehungen, Grabungen und Einzelstudien, insbesondere durch den britischen Archäologen David Mattingly und seinen Teams (UNESCO Libyan Valleys Survey – gemeinsam mit Graeme Barker; Fazzan-Project 1997–2002; Desert Migrations Project 2007–2011, Peopling the Desert Project und das vom European Research Council geförderte Trans-Sahara-Project, 2011–2017), aber auch von italienischen Forschern wie Maria Carmelia Gatto, Savino di Lernia, Mauro Cremaschi und Mario Liverani (Grabungen in Ghat und im Wadi Tanzufft), hat sich un-

248 Drac.satisf.211–214; Cassiod.Chron.1327 (s. annus 491).

249 Ruprechtsberger 1989, sowie die erweiterte Fassung von 1997; 1993, 10–12, 18–19 erwähnt die Garamanten als Teil des historischen Überblicks der frühen Kaiserzeit. Handel und Bedeutung für die Spätantike sind dort noch außen vor. Siehe aber 1997, 77–81 mit ersten Überlegungen wie die Festungsarchitektur des Fezzan historisch einzuordnen wäre, die dann 2006, 623–638 schließlich in einer Untersuchung der Militärarchitektur von Zuwila mündeten. Zu dieser auch für den mittelalterliche Transsaharahandel bedeutenden Oase am östlichen Ende des garamantischen Herrschaftsgebietes siehe: Mattingly et al. 2015, 35–56.

250 Ruprechtsberger 2021, 143–218.

sere Kenntnis dieser Ethnie beachtlich erweitert.[251] Essenziell war dabei die von Liverani geforderte kritische Distanz zu den griechisch-römischen Schriftquellen.[252] Die so vollzogene Emanzipation von einer eurozentristischen Perspektive bei gleichzeitiger Betonung des archäologischen Materials hat zu einer neuen Wertschätzung der Garamanten geführt. Bruce Hitchner hat es kürzlich im Rahmen einer Rezension folgendermaßen zusammengefasst:

> „*Modern maps of northern Africa in antiquity used to stop at the border with the Sahara, which apart from the occasional citing of the Garamantes and other tribes mentioned in the ancient sources was largely left blank. Thanks to the work of David Mattingly and the many scholars who have contributed to this volume, we now know that the ancient Sahara was home to a rich and complex set of cultures in regular contact with the Roman African provinces and, no less importantly, with Saharan and sub-Saharan communities across the entire expanse of the desert. I suggest that readers turn the new maps in this volume upside down, that is with south at the top, to see how our knowledge and understanding of that world has changed.*“[253]

Im Fahrwasser dieses Perspektivwechsels wurden die Garamanten bzw. der Niedergang ihres Handelsimperiums in der Spätantike als Keimzelle für die fundamentalen Veränderungen der maurischen Gesellschaft und den vermehrt auftretenden Konflikten mit dem römischen Reich und den Vandalen ausgemacht.[254] Dies allein rechtfertigt schon eine eingehendere Beschäftigung mit den Bewohnern der Sahara, um deren Gefahrenpotential für die römischen Grenzabschnitte der Kyrenaika und Tripolitaniens zu eruieren.

3.2.1 Die Garamanten des Fezzan

Die politisch-ökonomischen Verflechtungen des Fezzan zur nördlich gelegenen Syrte und den Ausläufern der Kyrenaika, die wir anhand der Schriftquellen verfolgen können, reichen weit in vorchristliche Zeit zurück. Schon Herodot widmete sich im fünften Jahrhundert v. Chr. in einem Exkurs seines Geschichtswerkes den libyschen Völkern der Sahara. Die Wahl und Abfolge der von ihm beschriebenen Ethnien erfolgte dabei nicht wahllos, sondern entspricht, wie Liverani mit guten Gründen argumentiert hat, vielmehr dem Itinerarium einer Karawanenroute.[255] Da diese

---

251 Mattingly/Merlo/Mori/Sterry 2020, 53–111; Castelli/Gatto/Cremaschi/Liverani/Mori 2005, 69–102.

252 Liverani 2000, 17–21.

253 Hitchner 2019, 200.

254 Fentress/Wilson 2016, 41–63.

255 Liverani 2000, 496–520; Ruffing 2017, 109–115; Ruprechtsberger 1997, 12–15.

Reisestrecke aufgrund der naturräumlichen Gegebenheiten bis in die Spätantike hinein Bestand hatte, lohnt sich eine genauere Lektüre:

> „μετὰ δὲ Ἀμμωνίους διὰ τῆς ὀφρύης τῆς ψάμμου δι’ ἀλλέων δέκα ἡμερέων ὁδοῦ κολωνός τε ἁλός ἐστι ὅμοιος τῷ Ἀμμωνίῳ καὶ ὕδωρ, καὶ ἄνθρωποι περὶ αὐτὸν οἰκέουσι· τῷ δὲ χώρῳ τούτῳ οὔνομα Αὔγιλα ἐστί. ἐς τοῦτον τὸν χῶρον οἱ Νασαμῶνες ὀπωριεῦντες τοὺς φοίνικας φοιτῶσι. ἀπὸ δὲ Αὐγίλων διὰ δέκα ἡμερέων ἀλλέων ὁδοῦ ἕτερος ἁλὸς κολωνὸς καὶ ὕδωρ καὶ φοίνικες καρποφόροι πολλοί, κατά περ καὶ ἐν τοῖσι ἑτέροισι· καὶ ἄνθρωποι οἰκέουσι ἐν αὐτῷ τοῖσι οὔνομα Γαράμαντες ἐστί, ἔθνος μέγα ἰσχυρῶς, οἳ ἐπὶ τὸν ἅλα γῆν ἐπιφορέοντες οὕτω σπείρουσι. ἐπιφορέοντες οὕτω σπείρουσι. συντομώτατον δ’ ἐστὶ ἐς τοὺς Λωτοφάγους, ἐκ τῶν τριήκοντα ἡμερέων ἐς αὐτοὺς ὁδός ἐστι· ἐν τοῖσι καὶ οἱ ὀπισθονόμοι βόες γίνονται· ὀπισθονόμοι δὲ διὰ τόδε εἰσι. τὰ κέρεα ἔχουσι κεκυφότα ἐς τὸ ἔμπροσθε· διὰ τοῦτο ὀπίσω ἀναχωρέοντες νέμονται· ἐς γὰρ τὸ ἔμπροσθε οὐκ οἷοι τε εἰσὶ προεμβαλλόντων ἐς τὴν γῆν τῶν κερέων. ἄλλο δὲ οὐδὲν διαφέρουσι τῶν ἄλλων βοῶν ὅτι μὴ τοῦτο καὶ τὸ δέρμα ἐς παχύτητά τε καὶ τρῖψιν. οἱ Γαράμαντες δὴ οὗτοι τοὺς τρωγλοδύτας Αἰθίοπας θηρεύουσι τοῖσι τεθρίπποισι· οἱ γὰρ τρωγλοδύται Αἰθίοπες πόδας τάχιστοι ἀνθρώπων πάντων εἰσὶ τῶν ἡμεῖς πέρι λόγους ἀποφερομένους ἀκούομεν. σιτέονται δὲ οἱ τρωγλοδύται ὄφις καὶ σαύρους καὶ τὰ τοιαῦτα τῶν ἑρπετῶν· γλῶσσαν δὲ οὐδεμιῇ ἄλλῃ παρομοίην νενομίκασι, ἀλλὰ τετρίγασι κατά περ αἱ νυκτερίδες.“
>
> *„Geht man zehn Tagesreisen durch die Sandwüste weiter, so kommt man wieder an einen Salzhügel und eine Quelle, ähnlich wie die in Ammon. Auch um diesen Hügel herum wohnt ein Volksstamm. Die Gegend heißt Augila. Hierhin pflegen auch die Nasamonen zur Dattelernte zu ziehen. Wieder zehn Tagesreisen weiter ist ein neuer Salzhügel mit Quelle und vielen fruchttragenden Dattelpalmen, ähnlich wie in den eben erwähnten Oasen. Dort wohnt ein Volk mit Namen Garamanten, riesenhafte Menschen, die das Salz mit Erde bedecken und darauf Korn bauen. Von ihnen aus ist es am nächsten zu den Lotophagen, nämlich dreißig Tagesreisen weit. Bei den Garamanten gibt es auch die Rinder, die beim Weiden rückwärts gehen. Sie tun es deshalb, weil ihre Hörner nach vorne gebogen sind, so dass sie beim Vorwärtsgehen in die Erde stoßen; darum können die Rinder beim Weiden nicht vorwärts gehen. Sonst unterscheiden sie sich nicht von anderen Rindern, nur haben sie eine dickere und geschmeidigere Haut. Diese Garamanten machen Jagd auf vierspännigen Rennwagen auf die höhlenbewohnenden Aithiopier. Diese höhlenbewohnenden Aithiopier sind nämlich das schnellfüßigste Volk, von dem uns je etwas zu Ohren gekommen ist. Sie leben von Schlangen, Eidechsen und ähnlichen Kriechtieren. Eine Sprache haben*

sie, die ganz anders ist als alle anderen; sie klingt wie das Schwirren der Fledermäuse.“[256]

Herodot gliedert die Gebiete der libyschen Wüste anhand von geografischen Fixpunkten, den Oasen, Wasserstellen und Salzhügeln und der zwischen ihnen liegenden Reisedistanz, die jeweils mit 10 Tagen veranschlagt wird. Bei einer Geschwindigkeit zu Pferd oder Kamel von 40–50 km pro Tag korreliert dieses Verfahren der Raumwahrnehmung gut mit modernen Entfernungsangaben.[257] Den Anfangspunkt der Route bilden dabei die Ammonier, wobei Siwa mit dem Heiligtum des Zeus-Ammon gemeint ist.[258] Von dort ging es weiter zur Oase von Augila, die sich an den südlichen Ausläufern der Kyrenaika befand und dann schließlich zu den Garamanten. Im Gegensatz zu Plinius, der im ersten Jahrhundert n. Chr. schrieb, spricht Herodot nicht von Germa/Garama als Etappenziel.[259] Die Hauptstadt der Garamanten lag in südwestlicher Richtung ca. 860 km von Augila entfernt. Die Route Herodots würde hingegen nur bis zur Oase von Giofra oder Zella führen. Denkbar wäre daher, dass er mit seiner Distanzangabe auf den Eintritt in das Herrschaftsgebiet der Garamanten anspielte.[260] Mit ihnen, „dieser riesenhaften Nation“, endet dann zwar nicht die Reise, die weiter bis in den Niger führte, aber gemäß der herodoteischen Erzählweise zumindest der zivilisierte Teil der Welt.[261] Mit dem rückwärts weidenden Vieh sowie den Lotophagen und höhlenbewohnenden Äthiopiern, die 30 Tagesreisen von den Garamanten entfernt leben, und deren Nahrung aus Reptilien und Sprache aus Kreisch- und Schwirrlauten besteht, verdichten sich dann unmittelbar die kuriosen Elemente des Exkurses. Über die Garamanten weiß Herodot allerdings ebenso Bemerkenswertes zu berichten. So würden sie zusätzlich zur Viehwirtschaft mitten in der Sahara Ackerbau betreiben, indem sie fruchtbare Erde über dem salzigen Boden bzw. den Salzablagerungen der Wüste ausstreuten. Außerdem machten sie in ihren

256 Hdt.4,182–183.

257 Die Einführung des Kamels bzw. Dromedars, das für den Aufbau von Handelsbeziehungen durch die Weiten der Sahara unverzichtbar war, wird für den Beginn des ersten Millenniums v. Chr. angenommen. Vgl. Shaw 1995, 663–721; Liverani 2000, 18–20.

258 Vaelske 2017, 31–47 für die frühe griechische Votivpraxis in der Siwa-Oase. Zu Ammon siehe: Camps 1986, 596–599; Riedlberger 2010, 263f.

259 Vgl. Plin.HN.5,35–38. Zu Garama/Germa: Mattingly/Daniels 1989, 45–61; 1977, 5–7; Ayoub 1962.

260 Vgl. Mattingly 1995, 33–36; 2003, 76–90.

261 Zur ethnografischen Methodik und Raumerfassung Herodots, speziell dem Umgang mit den Bewohnern Libyens siehe: Lloyd 1990, 236–244; Bichler 2007, 67–81, bes. 72–74; 2004, 91–113.

pferdebespannten Streitwagen Jagd auf die Äthiopier.[262] An anderer Stelle hatte Herodot die Garamanten noch als friedliebend und waffenunkundig beschrieben, sodass es hier vermeintlich zu einem Widerspruch im Bericht kam.[263]

Interessanterweise konnten die archäologischen Forschungen viele der von Herodot aufgeführten Eigenheiten der Garamanten bestätigen. Deren Siedlungsgebiet erstreckte sich über drei langgezogene Oasenbänder im Fezzan (ca. 160 km mit einer Breite von 3–5 km), die umgeben waren von der unwirtlichen Wüste Dahan Urbari und einem schroffen Steinplateau, dem Massak Sattafat. Den nördlichen Rand bildete das Wadi ash-Shatti, im Süden lagen das Wadi el-Agial mit der Hauptstadt Germa/Garama und das Wadi Berguig. Anhand von Radiokarbonmessungen der erhaltenen botanischen Überreste geht man davon aus, dass in diesem Gebiet ab der Mitte des ersten Jahrtausends v. Chr. Ackerbau betrieben wurde. In Anbetracht des hyperariden Klimas der Sahara war hierfür die Nutzung des Grundwassers von elementarer Bedeutung. Dies gelang den Garamanten durch den Aufbau eines ausge-

---

262 In Hdt.4,189 wird sogar die Behauptung aufgestellt, dass die Libyer den Streitwagen nach Griechenland eingeführt hätten. Wie Lloyd 1990, 242 glaubhaft macht, dürfte die Einfuhr dieser Technologie eher über die griechischen Siedler der Kyrenaika in den Fezzan erfolgt sein. Das Interesse Herodots an diesem Detail spiegelt die Haltung der Griechen von Kyrene wider, die stolz auf die von ihnen errungenen Siege bei Quadrigarennen waren. Ferner Mattingly 2003, 86–90, der auf die, in der Sahara weit verbreiteten, Steingraffiti mit Streitwagen- und Kavalleriedarstellungen hinweist.

263 So Ruprechtsberger 1997, 13. Die Skelettfunde aus den garamantischen Gräbern belegen allerdings eine überaus heterogene Gruppe, die aus indigenen afrikanischen und mediterranen bzw. „Berber"-Elementen bestand. Vgl. Power/Nikita/Mattingly/Lahr/O'Connell 2018, 134–162; Mattingly/Reynolds/Dore 2003, 342–346; Liverani 2000, 22–27. In der Forschung wird daher auch eine aus den nördlichen Küstengebieten kommende Migrationswelle zum Ende der pastoralen Phase der Garamanten in der Mitte des ersten Jahrtausends v. Chr. postuliert. Laut den italienischen Ausgräbern zeigt das archäologische Profil der Bewohner des Wadi Tanzufft zudem deutliche Unterschiede zum Wadi-el Agial, was diese These bestätigen würde. Siehe: Gatto/Mori/Zerboni 2018, 108–134. Herodot (2,32–33) berichtet diesbezüglich von einer Gruppe junger Nasamonen, die von Augila aus durch die Wüste bis in den Niger reisten. Die Darstellung der Garamanten könnte also dem Umstand Rechnung tragen, dass pastorale und agrarwirtschaftliche Praktiken parallel zueinander betrieben wurden. Dementsprechend kann die Arbeits- und Aufgabenverteilung innerhalb der sich ausdifferenzierenden garamantischen Gesellschaft ebenso abgestuft gestaltet worden sein. Pastorale Gruppen hätten beispielsweise den Transport der Handels- und Agrarprodukte übernehmen können. Es wäre also vorstellbar, dass es garamantische Bevölkerungsteile gab, die friedlich und unbewaffnet waren.

dehnten Bewässerungssystems, der so genannten Foggara-Irrigation.[264] Ausgehend von einem Berg oder Hügel wurde ein unterirdischer Kanal (Qanat) mit Gefälle angelegt, der das dort befindliche Quellwasserreservoir (Aquifer) zu einer Siedlung, einem Feld oder einer Zisterne leitete. In regelmäßigen Abständen (ca. 5–25 m) grub man vertikale Zugangsschächte zum mitunter 40 m tief liegenden Hauptkanal, die für Belüftung während der Bauphase sorgten und danach zur Kontrolle, Wartung und Reinigung des Kanals genutzt wurden. Allein im Wadi-el Agial konnten ca. 550 solcher Kanäle entdeckt werden. Diese Technologie wurde wohl im achämenidischen Persien entwickelt und verbreitete sich von dort nach China, Ägypten und später ins römische Reich. Die massive Anhäufung der Foggara in der Zentralsahara ist einmalig in Nordafrika. Zwar sind weitere Anlagen in Tunesien, Algerien und Marokko bekannt, aber an die Dichte und Ausbreitung der von den Garamanten eingesetzten Kanäle, deren Gesamtlänge auf mehrere tausend Kilometer geschätzt wird, reichen sie nicht heran.[265]

Mit der Einführung der Foggara ging ein beträchtlicher Anstieg der landwirtschaftlichen Produktion sowie ein Bevölkerungswachstum mit weitreichenden sozialen und gesellschaftlichen Veränderungen einher.[266] Die Schätzungen der Bevölkerungszahlen sind dabei von ca. 10.000, die Charles Daniels der Pionier der Garamantenforschung anstellte, auf ca. 50.000–100.000 zur Hochphase des Wüstenstaates angewachsen.[267] Des Weiteren ist sicherlich der Aufbau von urbanen Strukturen hervorzuheben, zunächst durch die Verwendung von Lehmziegeln (ca. 5. Jh. v. Chr.) und später Steinquadern (ca. 1. Jh. n. Chr.). Neben den ausgegrabenen Festungen sowie Funktions- und Wohnbauten, die über eigene Brunnen und Feuerstellen verfügten, gab es auch größer dimensionierte öffentliche Anlagen, die sich wahrscheinlich mit religiösen Kultstätten und sogar einem Bad in Verbindung bringen lassen.[268] Die Vielzahl an Steinzeichnungen, Ritzungen und Graffiti belegen ferner die Verwendung einer eigenen Schriftsprache, dem Proto-Amazigh bzw. Tifinagh.[269] Beson-

264 Wilson/Mattingly 2003, 235–278; Wilson 2009, 19–39; 2005, 223–234.

265 Mattingly 2003, 351.

266 In der (britischen) Forschung wird die garamantische Kultur aufgrund von Radiokarbonmessungen organischen Materials, sowie der Analyse der Bauten und Kleinfunden, wie etwa Keramikscherben, chronologisch in folgendes Phasensystem gegliedert: 1000–500 v. Chr. „Early Garamantian phase"; 500–1 v. Chr. „Garamantian proto-urban phase"; 1–400 n. Chr. „Classic Garamantian phase" und 400–700 n. Chr. „Late Garamantian phase". Siehe: Mattingly 2003, 346–351. Ferner: Mattingly et al. 2020, 53–111; insbesondere 59–70 für die Auflistung der Radiokarbondaten; Sterry/Mattingly 2013, 127–140.

267 Mattingly 2003, 351; Daniels 1989, 45–61.

268 Mori 2018, 193–211; 2013, 195–217; Mattingly 2017, 11–27, bes. 16–18.

269 Biagetti/Kaci/Mori/di Lernia 2012, 153–174.

ders imposant sind darüber hinaus die zahlreichen über die drei Wadis verstreuten Grabbauten, deren Zahl mittlerweile auf über 120.000 angewachsen ist.[270] Zumeist bestehen sie aus kreisrund angelegten trommelförmigen Tumuli, es sind aber auch kleine Pyramiden, die an meroitische Bauten erinnern, Mastaba-Gräber und monumentale Grabanlagen entdeckt worden. Letztere wurden als Königsgräber identifiziert, was Auskunft über die angenommene politische Organisation des Garamantenverbandes gibt.[271] Einige der bei den Ausgrabungen entdeckten Skelette zeigen Spuren einer erfolgreich verlaufenen Trepanation. Die Garamanten müssen demnach über fortgeschrittene naturwissenschaftliche und medizinische Kenntnisse verfügt haben.[272] All diese Indizien sprechen dafür, die Garamanten als wohlhabende und hochentwickelte Zivilisation zu begreifen. Deren Reichtum basierte allerdings nicht ausschließlich auf der Fähigkeit, Landwirtschaft in einer überaus kargen Wüstenregion zu betreiben. David Mattingly hat vermehrt ihre Bedeutung als wirtschaftliche Protagonisten einer mobilen und stark vernetzten „Transsaharazone" hervorgehoben. Ausgehend von den zentralafrikanischen Regionen um den Tschadsee (Tschad und Niger) breitet sich für Mattingly diese Zone über die gesamte Nordhälfte des Kontinents aus, vom Cap Verde und der Atlantikküste Mauretaniens über die am Mittelmeer gelegenen Gebiete bis hin zu den Anrainern des Roten Meeres.[273] Die Garamanten agierten dabei nicht nur als Zwischenhändler für Waren des Mittelmeerraums, sondern sie hielten gezielt einige Güter für den Eigengebrauch zurück und produzierten womöglich selbst Glasperlen, die als Zahlungsmittel dienten.[274] Ansonsten wurden über dieses weit verzweigte Netzwerk Nahrungsmittel, Rohstoffe, Textilien und Luxusgüter von ihnen verhandelt. Dazu zählten unter anderem Salz, Getreide, Baumwolle, Elfenbein, Edelsteine, Gold und nicht zuletzt Sklaven. Die Bemerkung Herodots, dass die Garamanten Jagd auf Äthiopier machen würden, gilt gemeinhin als frühes Indiz für deren Beteiligung am Sklavenhandel.[275] Dieser wurde bis in die Spätantike hinein betrieben. Aus dem vandalischen König-

270 Daniels 1989, 49; Ruprechtsberger 1997, 51, 65; Mattingly/Edwards 2003, 187–234; Mattingly/Sterry/Ray 2018, 53–108.

271 Die Ausrichtung der Gräber gen Osten, ganz wie in Ägypten, deutet auf eine religiöse Konnotation bzw. ein Begräbnisritual hin. Dazu: Belmonte/Esteban/Betancourt/Marrero 2002, 1–21.

272 Nikita/Lahr/Mattingly 2011, 1–8.

273 Mattingly 2017, 2–4.

274 Mattingly 2017, 24–29. Broekart/Vanacker 2016, 100–122 betonen dagegen die Rolle der Garamanten als Mittelsmänner für den Warenaustausch zu den militärischen und zivilen Märkten der Küstenregionen.

275 Fentress 2011, 65–71; Wilson 2012b, 189–208.

reich hören wir diesbezüglich aus einer in der Anthologia Latina überlieferten Invektive, dass der:

> *„Abschaum der Garamanten drang schon in unser Gebiet vor, und im pechschwarzen Leib freut sich der Haussklave ‚Schwarz', wenn die Lippen entflohene Stimme nicht menschlich ertönte, machte das Schreckgespenst jedem Lebendigen Angst. Schrecklicher Tartarus soll sich das Tintenfass halten als Scheusal, diesen Wächter soll nur Pluto sich halten im Haus."*[276]

Dieses Gedicht sagt mehr über die römische Wahrnehmung fremder Ethnien und deren Farbsymbolik aus als über den eigentlichen Sklavenhandel. Dennoch lässt sich ein wahrer Kern der topischen und oftmals sexualisierten Verbindung von Sklaven und Garamanten nicht gänzlich von der Hand weisen.

Wie dieser kurze Abriss der Perspektiven auf die Garamanten und der tatsächlichen archäologischen Evidenz andeutet, entstand im Laufe des ersten Jahrtausends v. Chr. mitten in der Sahara ein vielschichtiger Verband aus Händlern und Ackerbauern. Das unterschiedliche archäologische Profil der einzelnen Wadis lässt dabei Rückschlüsse auf dessen Binnendifferenzierung zu. Das Zentrum des Gesamtverbandes lag im Wadi el-Agial, von dort aus muss die politische und wirtschaftliche Kohäsionskraft und gemeinsame Identität der Garamanten erzeugt worden sein.[277] Die zahlreichen Felsbilder mit der Darstellung von bewaffneten Kämpfern, Pferden und Streitwagen, die in diesem Wadi entdeckt wurden, ergänzen das bisher gezeichnete Bild einer friedvollen Gesellschaft um eine kriegerische Komponente.[278] Denkbar ist,

---

276 Anth.Lat.173 (183R): *„Faex Garamantarum processit ad axem et pico gaudet corpore verna niger, quem nisi vox hominem labris emissa sonaret, terrerent visos horrida labra viros. Dira, Adrumeta, tuum rapiant sibi Tartara monstrum; custodem hunc debet habere domus"*. Entnommen aus: Fels 2014, 157. In der *Anthologia Latina* sind mehrere Gedichte enthalten (Nr. 172–173, 179, 288), die sich mit dem Aussehen und der Hautfarbe einer Person befassen. Susan Stevens hat deshalb vorgeschlagen, dass sich diese vier stilistisch ähnlichen Gedichte allesamt auf einen einzigen dunkelhäutigen Wagenlenker beziehen würden. Die Hautfarbe und afrikanische Herkunft wäre somit als Distinktionsmerkmal zu verstehen, das sich leicht als Spitzname und *signum* im Hippodrom ausrufen ließ. Vgl. Stevens 1988, 154–161.

277 Dies deckt sich mit den Erkenntnissen der Ethnogenese- und historischen Identitätsforschung der spätrömischen und frühmittelalterlichen Mittelmeerwelt. Funktionierende heterogene Gruppen vergegenwärtigen sich beständig ihrer selbst und erzeugten so einen institutionalisierten Fundus an Normen, Verhaltensweisen und Ritualen, der allmählich eine eigene Identität ausformte. Diese war jedoch nicht statisch, sondern musste fortwährend erprobt und verhandelt werden. Siehe: Pohl 2018, 3–39; 2004, 23–37.

278 Barnett/Mattingly 2003, 279–327 und Mattingly/Reynolds/Dore 2003, 346–347.

dass sich die dort ansässige Elite gleichsam über martialische Werte und Besitztümer definierte. Angeführt wurden die Garamanten wahrscheinlich von einem König, wobei dies aufgrund des derzeitigen Forschungsstandes nur vermutet werden kann.[279] Ob dieses Königtum eine Dynastie herausbildete, lässt sich daher ebenso wenig präzisieren, wie die Frage nach dessen gradueller religiöser, militärischer oder ökonomischer Legitimation.

3.2.2 Überlegungen zur „Berber-Diaspora"

Wie konnte nun dieser knapp 1.000 km vom Limes der Kyrenaika entfernte Wüstenstaat als Verursacher der spätrömischen Grenzkonflikte ausgemacht werden? Die griechisch-römischen Schriftquellen liefern hierfür nur wenige Anhaltspunkte. Eine nordwärtsgewandte Expansion der Garamanten mit dem Ziel der Oasen in der Nähe des Mittelmeers lässt sich zumindest um die Zeitenwende herum erahnen. Zwangsläufig kam es so zu ersten Kontakten und militärischen Auseinandersetzungen mit dem römischen Reich. Plinius erwähnt etwa den erfolgreichen Feldzug des Cornelius Balbus, der bis nach Garama vorgedrungen und die Hauptstadt der Garamanten erobert haben soll.[280] Bei Ptolemaius hören wir von der dreimonatigen Expedition des Septimius Flaccus in das innere Afrika, der mit seiner Armee durch das Gebiet der Garmanten und Äthiopier marschiert sein soll.[281] Tacitus behauptet, dass die Garamanten den Aufstand des Tacfarinas in der Tripolitania unterstützt hätten. Ebenso griffen sie in die Streitereien der beiden Städte Leptis Magna und Oea ein.[282]

279 Tac.ann.4,23 erwähnt im Zuge des Tacfarinas-Aufstandes einen garamantischen *rex*. Der Händler Julius Maternus soll bei seiner viermonatigen Reise ins innere Afrika ebenfalls auf einen König der Garamanten getroffen sein, der behauptete, dass die Agisymbianer seine Untertanen wären. Agisymba ist wohl um den Tschadsee zu lokalisieren. Siehe: Ptol.1,8–11; 4,6–8.

280 Plin.HN.5,35–38. Der Bericht des Plinius subsumiert im Zuge einer „Triumphalgeographie" mehrere teils hunderte Kilometer voneinander entferne Orte Afrikas, die von Balbus erobert worden sein sollen. Wie Merrills 2017, 121–131 überzeugend argumentiert, sind diese Diskrepanzen durch die bewusste Umformung zweier verschiedener Feldzugsberichte durch Plinius zu erklären. Für die römische Bevölkerung sei die exakte Abfolge und Lokalisierung der eroberten Gebiete gegenüber der grundlegenden Aussage der militärischen Stärke Roms vernachlässigbar gewesen. Sog. „Headliner" wie Garama und Cydamum, die womöglich noch als bekannt vorausgesetzt werden konnten, wurden dann durch eine Vielzahl weiterer Orte, Gebiete und Völker ergänzt, die einerseits das Ausmaß des militärischen Erfolgs ausdrückten und andererseits das stadtrömische Volk beeindrucken sollten.

281 Ptol.1,8.

282 Tac.hist.4,50.

Die Ostraka des Wüstenforts bei Bu Njem in der Provinz Tripolitania zeichnen dagegen für die erste Hälfte des dritten Jahrhunderts abermals ein friedliches Bild von einträglichen Handelsbeziehungen.[283] Spätantike Autoren wie Claudian, Orosius oder Ammianus Marcellinus verweisen nur noch spärlich auf die Garamanten, die sie im inneren Afrika und damit an den weit entfernten äußeren Rändern des römischen Erdkreises verorteten.[284]

Konträr zu der schwindenden Bedeutung der Garamanten in den spätantiken Schriftquellen haben sich Elizabeth Fentress und Andrew Wilson vor kurzem für einen Migrationsschub aus der Sahara nach Norden, speziell in die Region des Aurès-Gebirges, aber auch an die Oasen in der Nähe Tripolitaniens und der Kyrenaika stark gemacht. Laut ihrer Argumentation reflektieren die Verschiebungen der Siedlungsstrukturen und Konflikte an den römischen Grenzen des vierten bis sechsten Jahrhunderts n. Chr. diese Einwanderungswelle aus der Sahara. Den Hintergrund dafür bildete der allmähliche Zusammenbruch des garamantischen Verbandes. Durch den intensiven Ackerbau und den damit zusammenhängenden Anstieg der Bevölkerung in dem fruchtbaren Oasengürtel während der sog. klassischen garamantischen Phase (1.–4. Jh. n. Chr.) hätte sich der Grundwasserspiegel soweit herabgesetzt, dass im vierten Jahrhundert, trotz intensiver Bemühungen, die ausreichende Versorgung der Bevölkerung nicht mehr gesichert werden konnte.[285] Dies schwächte den inneren Zusammenhalt der Garamanten, was archäologisch durch den vermehrt einsetzenden Bau von befestigten Siedlungen und Bauernhöfen im Wadi el-Agial und den benachbarten Wadis nachweisbar sei. Der Zusammenbruch des Siedlungssystems in der Zentralsahara löste folglich eine Kettenreaktion aus, die auch die Oasen und Küstengebiete des Mittelmeers erreichte. Unvermittelt in den spätrömischen Quellen auftauchende Stämme wie die Aus(t)uriani und Laguatan, die bisher als (temporäre) Konföderationen gedeutet wurden, wären stattdessen maßgeblich durch die „Diasporaberber“ aus dem Fezzan angetrieben worden[286]. Für die Aus(t)uriani käme dabei die Oasengruppe von Giofra (Hun, Sokra und Waddan) als fester Stützpunkt in Frage, von dem aus sowohl Angriffe auf die römischen Grenzabschnitte Tripolitaniens und der Kyrenaika unternommen werden konnten[287]. Ein behändes Zeugnis für die sich schlagartig verändernde Grenzsituation würde laut Fentress und Wilson ferner ein an den *comes* Bonifatius adressierter Brief des Au-

283 Marichal 1992, Nr. 28, 71, 72, 147.

284 Claud.elog.Stilicho 1,248.255; 1,355; Oros.1.2,88 und 90; Amm.22,15,2.

285 Vgl. bereits Wilson 2012a, 437–441.

286 Für die Vorstellung der Aus(t)uriani und Laguatan als große Stammeskonföderation grundlegend: Mattingly 1983, 96–108. Siehe ferner die Diskussion in Kapitel 3.2.2.

287 Fentress/Wilson 2016, 58–59.

gustinus aus dem Jahr 427 n. Chr. liefern:

> „*Quid autem dicam de vastatione Africae, quam faciunt Afri barbari resistente nullo, dum tu talis tuis necessitatibus occuparis nec aliquid ordinas unde ista calamitas avertatur? Quis autem crederet, quis autem timeret, Bonifatio domesticorum et Africae comite in Africa constituto cum tam magno exercitu et potestate, qui tribunus cum paucis foederatis omnes ipsas gentes expugnando et terrendo pacaverat, nunc tantum fuisse barbarous ausuros, tantum progressuros, tanta vastaturos, tanta rapturos, tanta loca quae plena populis fuerant, deserta facturos? Qui non dicebant, quandocumque tu comitivam sumeres potestatem, Afros barbaros non solum domitos sed etiam tributarios futuros Romanae rei publicae? Et nunc quam in contrarium versa sit spes hominum, vides. Nec duitius hinc tecum loquendum est, quia plus eat u potes cogitare quam nos dicere.*“[288]

Darüber hinaus seien die Neuankömmlinge auch im archäologischen Befund Nordafrikas sichtbar. Direkte Zerstörungshorizonte einer kriegerischen Invasion seien dabei zwar nur schwer auszumachen. Den Rückgang von römischer Keramik vom Typus *opus africanum* an einigen Orten der südlichen Grenzregionen sowie die eilig errichteten Festungsbauten bei Lepiminus und Sullecthum in Küstennähe könne man allerdings in diese Richtung deuten.[289] Einen zweifelsfreien Beleg für die Migration stelle aber die Ausbreitung der Foggara-Bewässerung im Aurès-Gebirge und den Oasen im Vorfeld Tripolitaniens dar. Des Weiteren hätten die Bewohner der Sahara auch ihre Grabkultur mit eingeführt. Die kreisrunden Tumuli-Gräber und mauretanischen Djeddars ähnelten den architektonischen Bauformen des Wadi el-Agial und seien ansonsten beispiellos für das römische Nordafrika. Als weiteres und „neuartiges“ Quellenmaterial bezogen Fentress und Wilson außerdem die lin-

288 Aug.epist.220,7: „*But what shall I say of the devastation of Africa at this hour by hordes of African barbarians, to whom no resistance is offered, while you are engrossed with such embarrassments in your own circumstances, and are taking no measures for averting this calamity? Who would ever have believed, who would have feared, after Boniface had become a Count of the Empire and of Africa, and had been placed in command in Africa with so large an army and so great authority, that the same man who formerly, as Tribune, kept all these barbarous tribes in peace, by storming their strongholds, and menacing them with his small band of brave confederates, should now have suffered the barbarians to be so bold, to encroach so far, to destroy and plunder so much, and to turn into deserts such vast regions once densely peopled? Where were any found that did not predict that, as soon as you obtained the authority of Count, the African hordes would be not only checked, but made tributaries to the Roman Empire? And now, how completely the event has disappointed men's hopes you yourself perceive; in fact, I need say nothing more on this subject, because your own reflection must suggest much more than I can put in words.*“

289 Fentress/Wilson 2016, 42–43.

guistischen Erkenntnisse von Christopher Ehret und Andrew Kitchen in ihre Argumentation ein.[290] Deren statistische Forschungen zur afroasiatischen Sprachfamilie konnte anhand der Ausbreitung und Veränderung von 90 grundlegenden Wörtern eine historische Entwicklung des Proto-Amazigh bzw. der „Zenatic"-Sprache nachzeichnen.[291] Für die These von Fentress und Wilson besonders relevant ist dabei die Beobachtung, dass die heutigen Sprachen der Regionen von Mauretanien und Numidien erst am Ende der römischen Besiedlung Nordafrikas, also ca. 400 n. Chr., entstanden sind. Der dauerhafte Erfolg dieser Sprachen sei nur dann erklärbar, wenn diese ursprünglich im wirtschaftlichen und administrativen Kontext verwendet wurde. Diese neuen politischen Gebilde, die auch die monumentalen Djeddars errichteten, seien folglich bedeutender gewesen sein, als bisher angenommen wurde. Für das Vorfeld der Kyrenaika und speziell Ghirza in Tripolitanien lassen sich durch einige in Tifinagh verfasste Inschriften ebenso linguistische Einflüsse aus der Sahara nachweisen, was abermals für eine Migration aus dem Fezzan sprechen würde.

Der Verdienst der These von Fentress und Wilson liegt in der konsequenten Verknüpfung der neuesten archäologischen Erkenntnisse der Saharaforschung mit den Entwicklungen in den nordafrikanischen Küstengebieten. Ihre Argumente erlauben ein differenzierteres Verständnis der komplexen Prozesse innerhalb der maurischen Gruppen, die ansonsten nur sporadisch in das Blickfeld der griechisch-römischen Autoren gerieten. Hinsichtlich der Kyrenaika zu Beginn des fünften Jahrhunderts kommt dabei eine weitere Facette zum Vorschein. Sollte es sich bei den Aus(t)uriani tatsächlich um Neuankömmlinge aus dem Fezzan handeln, die Ackerbau mit Hilfe der arbeitsintensiven Foggara-Bewässerung betrieben, wären die Berichte des Synesius von Kyrene über den vermehrten Menschenraub nicht nur unter dem Gesichtspunkt von Beutepraktiken zu sehen, sondern ebenso als Indiz für den ausgedehnten Wettkampf um Arbeitskräfte.

Dass ihre Interpretation nicht auf universellen Zuspruch treffen würde, war Fentress und Wilson bewusst. Sie selbst räumen ein, dass sie im Prinzip die Ost-West (und temporäre West-Ost) Migrationsthese der älteren französischen Forschung durch eine Süd-Nord Wanderung ersetzen. Darüber hinaus ignorieren sie absicht-

---

290 Sprachwissenschaftliche Studien zu Personen- und Flurnamen mitsamt Stammbäumen und Abhängigkeiten gehören für die spätantike und frühmittelalterliche Forschung Europas seit Jahrzehnten zum methodischen Repertoire. Vgl. Patzold/Ubl 2014; Geuenich et al. 1997. Ob die Verwendung Bayessanischer Statistik durch Christopher Ehret und Andrew Kitchen, Kitchen/Ehret/Assefa/Mulligan 2009, 2703–2710, für die Linguistik Afrikas eine Neuerung bedeutet, sei dahingestellt.

291 Fentress/Wilson 2016, 50–53; Ehret 2018, 464–495; Fentress 2018, 495–525.

lich die etwaigen systemischen Schwächen des römischen Reiches, um so ihre Argumentation pointierter zu formulieren.[292] Meiner Meinung nach offenbart ihre These aber noch weitere Kritikpunkte, die diskussionswürdig sind:

Die chronologische Streuung der Migration(en)

Der grundlegenden Annahme ihres Beitrags, dass es eine nordwärts gewandte Migration aus der Sahara gab, halte ich ebenso wie den Transfer der Bewässerungstechnologie in Anbetracht der von ihnen vorgebrachten archäologischen Evidenz für überzeugend. Ob diese Wanderungsbewegung(en) als immer wieder auftretende Massenmigration zu verstehen ist oder nicht doch unter dem Gesichtspunkt individueller Mobilität kleiner, ehemals garamantischer, Gruppen bleibt dagegen offen. Ebenso fragwürdig erscheint es mir, ob dieser Prozess stets als befriedigendes Erklärungsmodell für über 100 Jahre auseinanderliegenden Ereignissen dienen kann. Eine Aufarbeitung des jeweiligen Konflikts bieten Fentress/Wilson nicht, ebenso wenig gehen sie an diesem Punkt ihrer Argumentation auf etwaige klimatische Veränderungen ein. Wie wir bereits im Fall der Hungersnot von 484 n. Chr. gesehen haben, kann dies den kausalen Hergang einzelner Ereignisse verständlicher machen.

Ein weiterer Punkt betrifft die Validität des chronologischen Phasenmodells der Garamanten. Die Bemühungen von Fentress/Wilson, ihre These mit dem angenommen „Verfall" der Garamanten im vierten Jahrhundert n. Chr. in Einklang zu bringen, leuchten selbstverständlich ein. Wie jede andere Epochengrenze sollte diese Zäsur aber als grobe Orientierung verstanden werden, die fortlaufend im wissenschaftlichen Diskurs aktualisiert werden muss. Dies trifft umso mehr auf eine Epocheneinteilung basierend auf Radiokarbondaten zu. In diesem Sinne haben sowohl Mario Liverani als auch David Mattingly neue Datierungsmodelle präsentiert.[293] Nach der Durchsicht der jüngsten Keramikfunde aus dem Wadi el-Agial hat Mattingly unlängst sogar die Überlegung in den Raum gestellt, ob der allmähliche Abklang der klassischen garamantischen Phase nicht schon in das dritte Jahrhundert vorverlegt werden müsste.[294] Darin würde sich sein Periodenmodell mit dem von

292 Fentress/Wilson 2016, 42.

293 Liverani 2007, 633–662, der in Anbetracht seiner eigenen Forschungen im Wadi Tanzufft sowie den aus der Festung Aghram Nadharif gewonnen Radiokarbondaten ein feiner austariertes Periodensystem vorschlägt: „*fase finale Pastorale: 1500–850 a. C.*"; „*il periodo Garamantico Formativo: 850–400 a. C.*"; „*il periodo Garamantico Maturo: 400–50 a. C.*"; „*il periodo Garamantico Classico: 50 a. C.–200 d. C.*"; „*il periodo Garamantico Tardo: ca. 200–500 d. C.*". Siehe ferner: Mori/Gatto/Ricci/Zerboni (2013), 375–376.

294 Mattingly et al. 2018, 53–54, mit der folgenden Phaseneinteilung: „*Early Garamantian:*

Liverani überschneiden. In meinen Augen hätte dies ebenso weitreichende Folgen für die Migrationsthese. So wissen wir etwa anhand der Surveys von Sbeitla und Kasserine, dass es von Seiten des römischen Reiches in dieser Zeit verstärkte Bemühungen gab, die semiariden Marginalzonen der Byzacena und Tripolitaniens agrarwirtschaftlich nutzbar zu machen.[295] Einher ging damit ein massiver Ausbau der Oleo- und Önokultur – Mattingly geht von 10 Millionen Olivenbäumen in der Byzacena aus –, der bis in das fünfte und sechste Jahrhundert n. Chr. hinein anhielt.[296] Der wirtschaftliche Aufschwung schuf Möglichkeiten, sowohl für die Verwalter der kaiserlichen Krongüter und senatorische Großgrundbesitzer als auch für kleinere Pächter und Bauernfamilien, die auf der Grundlage der *lex Manciana* Agrarland bewirtschaften konnten.[297] Solch immense Anstrengungen konnten nur von einem expandierenden Pool an Arbeitskräften bewältigt werden. Die verstärkte Nachfrage wird nicht zuletzt durch den Einsatz von Sklaven gestillt worden sein. Das wiederum könnte einerseits für die Garamanten eine lukrative Verdienstmöglichkeit gewesen sein. Darüber hinaus stellte dies andererseits aber auch die Kohäsionskraft des garamantischen Verbandes auf die Probe. Nicht auszuschließen ist, dass insbesondere Familien- oder Stammesgruppen, die lose mit den Garamanten assoziiert oder an deren Peripherie angeschlossen waren, die Chance auf die Verbesserung ihrer Lebensumstände im römischen Reich suchten und nutzten. Die Römer besaßen eine Vielzahl rechtlicher Instrumentarien, die eine dauerhafte Integration möglich machten, was in einem späteren Kapitel noch auszuführen sein wird. Die Gruppen und Individuen, die durch derart motivierte Abwanderungsbewegungen in das Reich gelangten, müssen sich zudem nicht unmittelbar in der Grabkultur niederschlagen.[298]

1000–500 BC"; „*Proto-Urban Garamantian: 500–1 BC*"; „*Classic Garamantian: AD 1-300*"; „*Late Garmantian: AD 300–700*"; „*Post-Garamantian: AD 700–1100*".

295 Wilson hat selbst vorgeschlagen, dass der in dieser Region produzierte Wein nicht nur für den Handel mit den Wüstenforts entlang des Limes konzipiert, sondern primär für den weitaus größeren Absatzmarkt der Garamanten bestimmt war. Siehe: Wilson 2012a, 428–431.

296 Mattingly 1988, 21–41; 1985, 27–46; Hitchner et al. 1990, 231–260; Hitchner 1988, 7–41; 1989, 387–402; Witschel 1999, 285–307.

297 Lenski 2017, 113–155, bes. 122–136; Kehoe 1984, 241–263.

298 Die ethnische Zuordnung von Gräbern und Grabbeigaben eröffnet, abgesehen von der Identität des Individuums, eine Vielzahl von methodischen Problemen und Interpretationsschwierigkeiten, die im Rahmen dieser Arbeit nicht verfolgt werden können. Siehe aber die Diskussionsbeiträge in: Pohl 2010.

Die Größenordnung der an der Wanderung beteiligten Gruppe(n)

Eng verbunden mit dieser Beobachtung ist die Frage nach dem quantitativen Umfang dieser Wanderung(en). Mir ist bewusst, dass das zur Verfügung stehende archäologische Material nur grobe Vermutungen über die numerische Größe des Garamantenverbandes erlaubt. Dies spiegelt sich schon in der Varianz der letzten Schätzung von 50.000–100.000 Menschen wider. Des Weiteren ging die garamantische Kultur nicht schlagartig unter, sondern bestand mindestens bis in das siebte Jahrhundert n. Chr. hinein fort, sodass eine überproportionale Abwanderung, die den Binnenzusammenhalt des Verbandes nachhaltig gestört hätte, unwahrscheinlich ist. Fentress/Wilson tun also gut daran, sich nicht auf waghalsige Hochrechnungen einzulassen. Dennoch suggeriert ihre These eine beträchtliche Reduktion der garamantischen Bevölkerung. Gehen wir hypothetisch von 15 % aus, würde es sich um eine Spannbreite von 7.500–15.000 Menschen handeln. Dies erscheint auf den ersten Blick eine beträchtliche Anzahl zu sein, aber zum Vergleich sei hier nochmal an die nominelle Sollstärke von 20.000–25.000 Soldaten, aufgeteilt in 16 Limitaneinheiten, des *comes Africae* erinnert. Selbst wenn man weiterhin annimmt, dass die neuen Stammesgebilde – wohlgemerkt an mehreren verschiedenen Orten der Peripherie des römischen Reiches – dank der mitgeführten Bewässerungstechnologie über Generationen hinweg ebenfalls einen Populationszuwachs vermelden konnten, bleibt es unwahrscheinlich, dass dies nachhaltig die römische Grenzverteidigung erschüttert hätte. In Analogie zu der Dimension des Grenzkonflikts in der Kyrenaika zur Zeit des Synesius waren die römischen Truppen der afrikanischen Diözese im Regelfall auch einem zahlenmäßig angeschwollenen maurischen Kontingent gewachsen. Die Annahme von Fentress/Wilson, dass die vandalische Eroberung die Veränderungen innerhalb der maurischen Gebiete überlagerte, halte ich dagegen für beachtenswerter. Dennoch offenbart sich auch hier ein weiterer Schwachpunkt.

Die fehlende Kontextualisierung der Schriftquellen

Durch die weitestgehende Ausblendung der innerrömischen Verhältnisse geht der These einiges an Überzeugungskraft verloren. Dies wird besonders an der oben zitierten Passage aus einem Brief Augustins deutlich. Ihres Kontextes beraubt, verkommt die Aussage des berühmten Kirchenvaters zu einer simplen Vignette. Die Jahre zurückreichende *amicitia* zwischen Augustinus und Bonifatius wird ebenso wenig erwähnt wie die Verstrickungen des obersten afrikanischen Militärs in die zeitgenössischen Wirren am weströmischen Kaiserhof.[299] Dort war es nach der Usur-

299 Das pastorale Interesse des Bischofs an dem mit einer arianischen Gotin verheirateten Bonifatius wird ebenso unterschlagen. Hierzu: Diesner 1963, 100–127; Wijnendaele 2015,

pation des Johannes (423–425 n. Chr.), gegen den sich Bonifatius nicht nur klar positioniert, sondern auch maßgeblich mit beseitigt hatte, zu einem Zerwürfnis mit dem einflussreichen Heermeister Flavius Felix gekommen. In dessen Verlauf kam es um 427 n. Chr. zu zwei Versuchen, Bonifatius auszuschalten. Zunächst landete ein Invasionsheer unter der Führung der Generäle Mavortius, Gallio und Sanoeces bei Karthago und kurz darauf traf der gotische Kommandant Sigisvult mit seinen Truppen in Afrika ein, um wohl den Posten des *comes Africae* zu übernehmen. Beide Unternehmungen konnte Bonifatius erfolgreich abwehren.[300] Das kann nur durch den Einsatz aller ihm zur Verfügung stehenden Truppen möglich gewesen sein. Folglich musste Bonifatius aus strategischen Gründen die Sicherung der Grenzgebiete aufgeben und seine Truppen näher zu den Konfliktherden am Mittelmeer beordern. Das sich dadurch im Umkehrschluss für die maurischen Stämme eine günstige Gelegenheit zu ausgedehnten Raubzügen ergab, wird Bonifatius ebenso billigend in Kauf genommen haben, wie die Verstimmung und Ungemach des Bischofs von Hippo Regius. Dessen ungeachtet, besteht obendrein die Option, dass Augustinus seinem Anliegen mehr Nachdruck verlieh, indem er die Anzahl und Gefahr der indigenen Räuber übertrieb. Eine ähnliche narrative Strategie hatte auch Synesius angewandt, um die römischen Amtsträger zur Handlung zu zwingen.

Abschließend gilt es noch, das Ausmaß und die Anfälligkeit des garamantischen Netzwerks anzusprechen: Fentress/Wilson vernachlässigen meiner Meinung nach zu Gunsten der mediterranen Verbindung die übrigen Ausläufer der ausgedehnten Handelsbeziehungen.[301] Dies lässt sich anschaulich an der von ihnen beigefügten Karte illustrieren.[302] Dort wird zwar das im heutigen Sudan gelegene Meroe erwähnt, aber nicht in das Handels- und Wegenetz integriert. Neuere ägyptologische Forschungen, speziell der sich derzeit etablierende Zweig der „Desert Road Archaeology", legen jedoch nahe, dass es bereits in pharaonischen Zeiten (ab 2200 v. Chr.) mehrere ins Landesinnere führenden Handelsrouten durch die libysche Wüste gab. Diese waren, wie im Fall des mittlerweile erforschten Abu-Ballas-Weges sogar für die Nutzung von Eseln ausgelegt, indem in regelmäßigen Abständen „Tankstellen" zur Verpflegung der Tiere und Reisenden angelegt wurden. Bei diesen „Tankstellen" handelte es sich um Stationen mit einer beträchtlichen Anzahl

---

78–81 und grundsätzlich zum Briefverkehr Augustins mit römischen Amtsträgern: Shaw 2015, 32–61.

300 Steinacher 2016, 88–89.

301 Siehe aber: Wilson 2012a, 409–449, wo auch die Verbindungen in die Sub-Sahara und Westafrika angeschnitten werden.

302 Fentress/Wilson 2016, 57 mit Fig. 3.11.

von Tonkrügen, die im Sand eingegraben und mit Wasser gefüllt wurden.[303] Die Nutzung von Kamelen erlaubte im ersten Jahrtausend vor und nach Christus eine ganz andere Mobilität, aber vereinzelte römische Keramikfunde belegen zumindest, dass die späteren Handelswege durchaus die ältere Infrastruktur kreuzen konnten.[304] Darüber hinaus vermehren sich von Seiten der Sudanarchäologie die Forschungen in den Randgebieten des meroitischen Königreiches. In der libyschen Wüste wurden etwa größere Festungsanlagen entdeckt, die ein Verteidigungsbedürfnis und eigene Grenzorganisation deutlich machen.[305] Möglich wäre also, dass Meroe über nord- und südwärts verlaufene Karawanenrouten hin zur Dahkla-Oase und dem Tschadsee auch an den Transsaharahandel angebunden war. Diese Option wurde bereits von Liverani und Mattingly in Erwägung gezogen.[306] Neuere Funde aus Berenike, der Hafenstadt am Roten Meer, beweisen zudem, dass die Meroiten in den internationalen Fernhandel, zumindest in Richtung Indien, integriert waren.[307] Wie wir anhand der Schriftquellen erfahren, setzte in diesem Königreich im dritten und frühen vierten Jahrhundert ein Prozess der Fragmentierung ein, an dessen Ende mit Nobadia, Makuria und Alodia drei neue eigenständige Königreiche entstanden. In der Forschung wird vermutet, dass der Untergang Meroes mit den expansiven Bemühungen des äthiopischen bzw. aksumitischen Königs Ezana verbunden war.[308] Jene Aksumiten, die sich im vierten Jahrhundert n. Chr. zum Christentum bekehrten, engagierten sich besonders im Indienhandel. In dieser Funktion sind sie auch noch während der Regierungen des Anastasius und Justinians von Bedeutung.[309] Der

303 Förster 2015, 85–91, 129–151, 341–352; Riemer/Förster 2013, 19–61.

304 Förster 2015, 143–146, 502–506; Köpp-Junk/Riemer/Förster 2017, 277–300; Boozer 2020, 147–186, insb. 151–156.

305 Lohwasser 2014, 125–134; Jesse 2019, 1069–1093; Karberg/Lohwasser 2018, 3–121.

306 Liverani 2000, 20–22; Mattingly 2003, 354–355. So auch: Morkot 2016, 27–39. Skeptischer bezüglich einer garamantischen Handelsverbindung zu Lande zwischen den großen Oasen Ägyptens und dem Fezzan urteilen dagegen Bagnall 2012, 39–44 und Guédon 2012, 57–59; 2010, 147–148.

307 Sidebotham et al. 2019, 7–19, bes. 17. Vgl. auch Thomas 2012, 169–199, der anhand der Verteilung des archäologischen Fundmaterials, vor allem Gebrauchsgegenständen und Nahrungsresten, von spezifischen ethnisch konnotierten Handels- und Wohnbezirken in Berenike und Myos Hormos ausgeht. Die intensiven Handelsbeziehungen nach Meroe lassen sich zudem anhand von Glasperlen aus Sri Lanka und Südindien nachweisen, die in nubischen Gräbern entdeckt wurden. Dazu: Then-Obłuska/Wagner 2019, 175–189. Zum Aspekt des Technologie- und Kulturtransfers zwischen Meroe, dem Roten Meer und Indien ferner: Haaland 2014, 649–673.

308 Obluski 2014, 17–39; Török 2009, 427–543; Edwards 2004, 141–256.

309 Nappo 2009, 71–78; Haas 2008, 101–126; Power 2012, 61–75.

politische Aufschwung Aksums könnte indirekt eine (zeitweilige) Reduktion des innerafrikanischen Handelsvolumens bewirkt haben. Wenn wir in Analogie zu Mattingly von einer vernetzten Transsaharazone ausgehen, werden die Auswirkungen eines solchen politischen Umwälzungsprozesses auch Folgen für die Garamanten im Fezzan gehabt haben. In Kombination mit dem Ausbau der Oleokultur in den afrikanischen Provinzen kann zudem eine verminderte Nachfrage aus den östlichen Gebieten Afrikas, quasi als „Push-Faktor", durchaus Abwanderungen innerhalb des garamantischen Verbandes ausgelöst haben.

Für die Region um den Tschadsee und die westlichen Ausläufer der „Transsaharazone" sind wir dagegen schlechter informiert. Die bei Ausgrabungen in Burkina Faso und Mali (Timbuktu) entdeckten Glasperlen, Textilien, Keramik- und Kupferobjekte sprechen zumindest für eine frühe Integration der Sahelzone in den Transsaharahandel.[310] Durch die arabischen Autoren des Mittelalters wissen wir außerdem von einem florierenden (Edel-)Metallhandel, der die westafrikanischen Goldfelder mit der islamischen Welt verband. Die Vermutung liegt nahe, dass die Gold- und Kupfervorkommen des heutigen Mali und Ghanas schon in der Antike abgebaut wurden. Die Debatte hierüber hält in der Forschung allerdings seit mehreren Jahrzehnten an. Eine endgültige Entscheidung wird sich wohl erst durch eine umfassende geochemische Analyse der wenigen ausgegrabenen Goldobjekte treffen lassen.[311] Das stärkste Argument für einen antiken Goldhandel wurde von Timothy Garrard geliefert. Seiner Meinung nach orientierte sich das westafrikanische Münz- und Gewichtssystem nicht am Dinar, sondern am römischen Solidus.[312] Der Solidus wurde 309 n. Chr. von Kaiser Konstantin eingeführt, um den Wertverfall des Aureus, dem seit Augustus gebräuchlichen Goldnominal, Einhalt zu gebieten. Sollte die wortwörtliche Stabilität der neuen Goldmünze zum Teil von den von Rom neu erschlossenen Goldvorkommen Westafrikas abhängen, wäre das abermals ein Faktor, der am Ende der sog. klassischen garamantischen Phase zu Migrationsbewegungen innerhalb des Verbandes geführt haben kann. Ab dem siebten Jahrhundert n. Chr. bildete sich auf dem Boden des heutigen Mali und (südlichen) Mauretaniens mit Hilfe des Goldhandels das sog. Wagadou-Reich aus, was das inhärente ökonomische

---

310 Fenn et al. 2009, 119–146; Magnavita 2009, 79–104; Park 2010, 5–11. Verhaltener dagegen MacDonald 2020, 498–520, der erst ab dem vierten Jahrhundert n. Chr. von dem tatsächlichen Aufbau eines Handelsnetzwerks mit den Bewohnern der nördlichen Sahara sprechen will. Davor sei aber bereits ein weitverzweigtes Kommunikationsnetzwerk entstanden und zum Austausch von Ideen gekommen.

311 So zuletzt der Vorstoß von Sam Nixon in Nixon 2017, 156–189. Ebenso: Wilson 2012a, 436.

312 Garrard 1982, 443–461. Siehe aber die Kritik von: Kaegi 1984, 95–100 und Wilson 2012a, 435–437.

Potential und die Anziehungskraft dieser Region zeigt.

Die beiden soeben skizzierten Entwicklungen, wie auch die schon zuvor geäußerten Kritikpunkte, haben die These von Fentress/Wilson im gesamtafrikanischen Kontext, bzw. im Bereich der Transsaharazone, zu verankern versucht. Dadurch wurde einerseits deutlich, dass es für abwanderungswillige garamantische Gruppen mehrere Optionen gab, von denen der nordafrikanische Küstensaum nur eine war, die zudem nicht unbedingt die attraktivste gewesen sein muss, wie es Fentress/Wilson annehmen. Das bedeutet nicht, dass es keine Migrationsbewegung(en) aus der Sahara in Richtung der römischen Grenzregionen gegeben hat. Diese stellen meiner Auffassung nach einen weiteren wichtigen Mosaikstein zum Verständnis der historischen Prozesse entlang der nordafrikanischen Grenzregionen dar. Als primäres Erklärungsmodell taugen die Wanderungsbewegungen dagegen nicht.

Kommen wir zum Abschluss: Die Betrachtung der Garamanten hat gezeigt, wie hochmobil und vernetzt das afrikanische „Hinterland" in der Antike war. Abseits des mediterranen Küstensaums war es den Garamanten gelungen, die Sahara fruchtbringend zu bewirtschaften. Dem nicht genug operierten sie von ihren Oasen aus Handelsbeziehungen zu allen Teilen des Kontinents. Der unwirtliche und vermeintlich abgeschiedene Fezzan wurde so über Jahrhunderte hinweg zum neuralgischen Knotenpunkt des Transsaharahandels. Als Folge dieser exponierten Stellung machten sich wirtschaftliche Schwankungen innerhalb dieses Netzwerkes mitunter durch die Zu- und Abwanderung der garamantischen Bevölkerung hin zu anderen Regionen Afrikas bemerkbar. Dies führte unweigerlich auch dazu, dass die Bewohner der Sahara mit den maurischen Gruppen an der Peripherie des römischen Reiches interagierten und sich teils in deren Gebieten ansiedelten.

3.2.3 Laguatan/Leuethai/Lawata

Mit den Vandalen und Garamanten haben wir in den vorangegangenen Kapiteln den jeweils bedeutendsten politisch-ökonomischen Akteur der westlichen und südlichen Peripherie des oströmischen Reiches in Nordafrika thematisiert. Ausgespart wurde dabei ein Korridor, der von der Stadt Oea in Tripolitanien über die Oasen im Vorfeld der Kyrenaika durch die Marmarika bis hin zum Niltal reicht. Für die griechisch-römischen Autoren wurde diese ausgedehnte Zone von einer Vielzahl maurischer Stämme bewohnt, deren Alterität gerne durch eine nomadische Lebensweise charakterisiert wurde. Sammelt und vergleicht man jedoch die einzelnen ethnografischen Notizen, angefangen von Herodot bis zu Ammianus Marcellinus, wie das unter anderem Johan Desanges und David Mattingly getan haben, ist man überrascht über das Ausmaß an Kontinuität der maurischen Siedlungsstrukturen. Wie an einer Kette aufgereiht lebten die Stammesgruppen der Gaetuli, Maces, Nasamonen und Marmariden über Jahrhunderte hinweg in Reichweite der Grenzabschnitte Tripolitaniens und der Kyrenaika (Libya Superior und Inferior).[313] Diese größeren Verbände zerfielen zwar wiederum in kleinere Stämme, die mitunter durchaus Pastoralismus betreiben konnten, aber wie René Rebuffat in einer detaillierten onomastischen Studie am Beispiel der Maces herausgearbeitet hat, sind sie dennoch letztlich alle als kleinere Fraktionen der übergeordneten Stammesverbände zu verstehen.[314] Das hat zur Folge, dass die oftmals listenartige Aufzählung fremder, barbarischer Ethnien an den Rändern des Reiches einen kumulativen Effekt hatte: Die schiere Anzahl dieser „Barbaren" erzeugte einerseits den Eindruck einer permanenten Bedrohung, derer sich das römische Reich andererseits aber stets erfolgreich erwehren konnte. Dieses speziell von den späteren römischen Autoren angewandte Verfahren erzeugte also einen stabilen Vorstellungs- und Denkrahmen.[315] Das plötzliche Auftauchen der Aus(t)uriani und Laguatan und der damit verbundene Verlust der Stabilität an der Südflanke des Reiches ist daher umso bedeutender. An unterschiedlichen Erklärungsmodellen für diese Entwicklung mangelte es freilich nicht. Von der älteren französischen Forschung, die noch kolonialen Denkstrukturen verhaftet war, wurde lange Zeit eine Migrationsthese von kriegerischen Reiternomaden, den sogenannten „néo-berbères", favorisiert. Stellvertretend für diese Forschungsposition etwa Gabriel Camps:

> „*Tout se passe comme si, aus cours des siècles, ces grandes tribus nomades avaient lentement progressé de la Cyrénaique vers le Maghreb central. Il s'agit en fait d'une de ces pulsations qui, depuis la Prèhistoire, conduit toujours au Maghreb des populations venues de l'Est.*"[316]

Einen wichtigen Impuls zur Differenzierung der Migrationsthese setzte David Mattingly mit einem vielbeachteten Artikel. Mattingly behauptete nämlich, dass es sich bei den Aus(t)uriani und Laguatan nicht um zwei unterschiedliche Gruppierungen von Reiternomaden handelte, sondern um eine einzige Konföderation maurischer Stämme, die sich temporär miteinander verbanden, um gemeinsam eine Bedrohung abzuwehren, einen Krieg zu führen oder sich aufgrund eines Bevölke-

---

313 Desanges 1962, 264–268; Mattingly 1995, 26–87. Vgl. Modéran 2003, 213–221; Rebuffat 2006, 418–433.

314 Rebuffat 2006, 404–433, bes. 403–406 und 425 konsultierte neben den klassischen Autoren ebenso die in Gholaia und Ghirza entdeckten Tifinagh-Inschriften. Für ihn basierten all die unterschiedlichen Stammesnamen wie etwa Makai, Maketai, Vacathi, Mamucii und Muducivvi auf der gemeinsamen sprachlichen Wurzel MK. Siehe ferner: Mattingly 1995, 22–50, 160–170.

315 Mathisen 2011, 17–32.

316 Camps 1980, 125. Siehe ferner: Desanges 1962, 17, 82; Pringle ^{2}2001, 15–16.

rungsüberschusses oder Fehlernten für einen Raubzug auf die fruchtbaren Gebiete des römischen Reiches vorzubereiten.[317] Nach der Erfüllung des Zweckbündnisses löste sich diese Stammeskoalition wieder auf. Die verschiedenen auf uns gekommenen Bezeichnungen (Aus(t)uriani, Lagua(n)tan, Leuathai und Lawata) symbolisierten somit die jeweils führende Fraktion innerhalb dieses Bündnisses und nicht eine gänzlich neue Ethnie.[318] Mattingly betonte zudem, dass diese zeitweilige Stammesfusion zwar von den aus dem Osten bzw. Ägypten kommenden „néo-berbères" initiiert, aber maßgeblich von den sesshaften, Ackerbau betreibenden Oasenbewohnern getragen wurde. Die Oasen an den südlichen Ausläufern der Kyrenaika (Augila) und Tripolitaniens (Giofra, Zella) dienten als Stützpunkte für die jeweilige Konföderation, weil sie in der Lage waren, größere Berberkontingente zu ernähren. Mattinglys Modell schlug einen Mittelweg zwischen Massenmigration und dem Aufbegehren lokaler maurischer Gruppen vor. Doch wie ließ sich dadurch das stete Ausgreifen der Laguatan nach Westen in die ehemalige Byzacena und das vandalische Königreich verstehen? Dieser Umstand versetzte Mattingly sichtlich in Erklärungsnot und demonstrierte, dass die Bedeutung der maurischen Wanderungsbewegungen in Nordafrika noch grundsätzlich zu überdenken war.[319]

Diese Alternative zur großangelegten maurischen Migration wurde in einer Reihe von Publikationen von Yves Modéran entwickelt, die ihren Ausgang mit einer Untersuchung der Schriften des Flavius Cresconius Corippus bzw. Gorippus[320] nahmen und in einer monumentalen Synthese zu den maurisch-römischen Beziehungen in der Antike gipfelten.[321] Modéran betonte im Gegensatz zu den Verfechtern des Einfalls der „neo-berbéres" die Siedlungskontinuität der maurischen Stämme. Stattdessen schlug er als analytische Kategorie die Unterscheidung der Mauren in

317 Mattingly 1983, 95–108.

318 Mattingly 1983, 100: „*The Austuriani, therefore, is the name by which the Laguatan were known up to at least the early fifth century AD, probably on account of the military dominance of the Austur sub-tribe at that time.*"

319 Mattingly 1983, 106: „*I can offer no certain explanation of why the Laguatan started to migrate west. The motivation which I have suggested for their raids implies that they were a surplus population, either without lands or with lands affected by drought, shifting sands or increased salinity.*" (sic).

320 In der Forschung wird der Name des Autors traditionell als Corippus bezeichnet. Peter Riedlberger hat allerdings im Rahmen seiner Dissertation mit guten Gründen argumentiert, dass dies auf einer falschen Lesung eines in Buda aufbewahrten Manuskripts beruht und der eigentliche Name Gorippus lauten muss. Siehe: Riedlberger 2010, 28–33; 2015, 243–271. Im Folgenden wird diese Schreibung verwendet.

321 Modéran 1990; 2003. Eine Bibliografie Modérans ist abgedruckt in *Antiquités africaines* 45, 2009, 18–21.

interne und externe Gruppen vor. Unter den internen Mauren verstand er solche Stämme, Gruppen und Individuen, die in das römische Reich integriert waren. Das musste nicht zwangsläufig die Ansiedlung auf römischen Boden bedeuten, sondern konnte ebenso durch vertragliche Bindungen oder ökonomische Beziehungen bewerkstelligt werden. Der entscheidende Faktor war dabei die Bereitschaft der Mauren, sich an die römischen Regularien anzupassen, einzuordnen und in gewissem Maß auch unterzuordnen. Insbesondere letzteres markierte den Unterschied zu den externen Mauren, die naturgemäß eine selbstbestimmte Existenz fernab römischer Vorschriften, Steuern, Heeresfolge und dem Siedlungsvorrecht auf die fruchtbaren Küstengebiete präferierten. Der große Vorteil des Erklärungsmodells von Modéran liegt nun darin, dass es die individuellen Handlungsspielräume der Mauren offenlegt und nicht zum Zweck einer richtungsgebundenen Massenmigration negiert. Ganz im Gegenteil, kleinere Wanderungen oder temporäre Koalitionen unterfüttern sogar die These Modérans.

Im Hinblick auf die maurischen Stämme entlang der Großen Syrte und das plötzliche Auftauchen der Aus(t)uriani und Laguatan sprach sich Modéran entschieden gegen die Überlegungen Mattinglys aus. Diese beruhten in seinen Augen auf einer zu positivistischen Interpretation der Quellen.[322] Gerade die selektive Verwendung des Begriffs Laguatan innerhalb der *Johannis*, des Epos des Goripps zu Ehren des römischen Feldherren Johannes Troglita, symbolisiere oftmals eben nicht die klare Bestimmung einer großen durch einen Anführer geeinten Konföderation, sondern war vielmehr als Metonym für feindliche „Berber" oder „Mauren" zu verstehen.[323] Stattdessen deutete Modéran die Aus(t)uriani und Laguatan als externe Gruppe, die er mit den kriegerischen Oasenbewohnern der südlichen Ausläufer der Kyrenaika und insbesondere den schon seit Herodot bekannten Nasamonen gleichsetzte.[324] Die beiden in den spätantiken Quellen neu auftauchenden Ethnonyme waren in seine Augen lediglich Ausdruck eines onomastischen Wandels, der aber längst nicht alle verfügbaren Quellenzeugnisse ergriff. Eine andere in der Spätantike greifbare Tradition, die auf der Chronik des Hippolytus beruhte und auch die *Cosmographia* des Julius Honorius umfasste, beschrieb die Ethnien der Großen Syrte weiterhin folgendermaßen: „*Die Syrte hat drei Völker: Maces, Nasamonen, Tautameni.*"[325] Unter den ansonsten unbekannten Tautameni verbergen sich laut Modéran die Garamanten. Die

322 Modéran 2003, 302–310.

323 So auch: Riedlberger 2010, 46–47.

324 Modéran 2003, 209–249, 266–276.

325 Hipp.Chron.78: Modéran 2003, 227–229 mit den auf Hippolytus beruhenden Chroniken. Für eine Analyse der Cosmographia des Julius Honorius siehe: Modéran 2003, 83–104; 2003a, 257–285.

hier ersichtliche ethnische Neuschöpfung war wohl das Ergebnis einer falschen Lesung mitsamt Verwechslung der griechischen Buchstaben Gamma und Tau. Ein weiterer Beleg aus einer alexandrinischen Chronik, wo die Ethnie als Taramantii wiedergegeben wird, macht diesen Vorschlag glaubhaft[326]. Gemäß dieser Interpretation können die Aus(t)uriani und Laguatan folglich nur Subgruppen der Nasamonen gewesen sein. Der von Modéran beschworene onomastische Wandel wäre darüber hinaus kein Einzelfall bei der Fragmentation einer ehemals größeren Ethnie.[327] Den gleichen Prozess könne man im Babors-Bergmassiv der algerischen Kabylei beobachten. Die dort im dritten Jahrhundert n. Chr. ansässigen Bavares zerfielen in den folgenden Jahrhunderten in die Koidamousoi, Ucutamani und Kotama.

Die These Modérans liefert mit der Dichotomie von internen und externen Mauren, wie bereits angeklungen, ein vielfältig anwendbares Modell zur Erläuterung der Beziehungen zwischen Römern und „Barbaren" an der Peripherie des Reiches. Ebenso einleuchtend ist die Lokalisierung der Aus(t)uriani und Laguatan in den Oasen, insbesondere Augila, südlich der Kyrenaika. Dass sich hinter diesen beiden Gruppen lediglich die Nasamonen in neuem onomastischem Gewand verbergen, halte ich dagegen für weniger überzeugend. Meines Erachtens unterschätzt Modéran bei seiner Interpretation die Möglichkeit der Formierung einer neuen, übergeordneten ethnischen Identität der syrtischen Mauren.[328] Wie wir in den vorangegangenen Kapiteln gesehen haben, schrumpfte der politisch-militärische Einfluss der Römer und Vandalen in dieser Region ab der zweiten Hälfte des vierten Jahrhunderts n. Chr. beständig. Die fortschreitende politische Isolation bei gleichzeitiger Interaktionsmöglichkeit mit den Römern, Vandalen und Garamanten schuf Optionen. Diese dynamische Gemengelage, zu der auch Migrationen zählen konnten, wie das Fentress/Wilson vorgeschlagen haben, bildet meiner Meinung nach einen idealen Hintergrund für den Prozess einer Ethnogenese. In diesem Zusammenhang kommt der *Johannis* des Goripp eine besondere Bedeutung zu, da sie den vorläufigen Endpunkt dieser Entwicklung im sechsten Jahrhundert n. Chr. wiedergibt.

In dem Epos schildert Goripp den Kampf seines Helden, dem römischen General Johannes Troglita, gegen zwei unterschiedliche maurische Koalitionen. Vor dem eigentlichen Kampfgeschehen widmet er sich jeweils durch eine Aufzählung der Stämme und Truppenkörper dabei ausführlicher den Widersachern des Johannes. Im sogenannten Berberkatalog des zweiten Buches war dies zunächst die von dem Stammesfürsten der Frexen, Antalas, angeführte Allianz.[329] Für uns bedeutender ist

326 Modéran 2003, 228.

327 Modéran 2003, 245–249.

328 Ähnlich: Waldherr 2006, 158–166.

329 Goripp.Ioh.2. 28–161. Zarini 1997, 34–46, 143–182, bes. 171; Merrills 2019, 153–163. Zu den

jedoch die zweite maurische Koalition, die im sechsten Buch thematisiert wurde. Laut Goripp schlossen sich dort Carcasan, dem Anführer der tripolitanischen Ifuraces, vor allem die Ilaguas (Pluralform der Laguatan bzw. Lawata) und damit die syrtischen Völker an.[330] Ihre Differenz zu den Mauren des Antalas wird auf mehreren Ebenen deutlich gemacht. Die Ilaguas kleideten sich in Federn, besaßen eine auffällige Bewaffnung mit hölzernen Schilden und Speeren und zogen kamelberitten in den Kampf. Zwar gehörten mit den Nasamonen, Garamanten und Marmariden noch weitere Stämme diesem Bündnis an, aber im Gegensatz zu den präzisen Angaben des ersten Berberkatalogs, suggeriert deren grobe Verortung in der libyschen Wüste eher das sie als Synonym für Syrtenbewohner aufgefasst werden sollten. Deren Stammesoberhäupter konnten ferner, wie im Fall des Ierna, ebenso Priester paganer Gottheiten sein. Goripp erwähnt in diesem Zusammenhang explizit Gurzil, den gehörnten Sohn Ammons.[331] Dessen Abbild wurde von den Mauren mit in die Schlacht geführt.[332] Ammon hingegen tritt in der *Johannis* vor allem in seiner Funktion als Orakel in Erscheinung. Mehrere archäologisch belegte Heiligtümer dieser Gottheit in der libyschen Wüste belegen die Popularität seines Kultes, die wahrscheinlich tribale Grenzen durchbrach.[333]

Bereits durch ihre äußere Erscheinung und ihre religiöse Ausrichtung werden die Ilaguas als fremde, barbarische Ethnie markiert. Im Kontext des Epos baut Goripp sie so erfolgreich als Gegenpol zu den römischen Truppen, deren loyalen Verbündeten, den internen Mauren, und dem Christentum auf.[334] Teilhabe am und Identifikation mit dem römischen Reich waren dadurch im Umkehrschluss eng mit dem christlichen Glauben verknüpft.[335] Trotz dieser augenscheinlichen Instrumen-

---

Frexen des Antalas siehe: von Rummel 2010, 571–604.

330 Goripp.Ioh.6,187–219.

331 Goripp.Ioh.2,109–112. Daneben erwähnt Goripp auch die Gottheiten Sinifer und Mastiman. Vgl. Riedlberger 2010, 302–306; Moreschini 2002, 269–292.

332 Goripp.Ioh.2,404–408.

333 Brogan/Smith 1984; Mattingly 1995, 212–214. Mattingly/Edwards 2003, 177–178 sind einer Identifizierung des in Germa entdeckten Tempels mit einem Ammon-Heiligtum nicht abgeneigt. Gegen die vorschnelle Verbindung von Ghirza als Ort der Verehrung Gurzils, basierend auf der Herleitung der sprachlichen Wurzel GRZ/KRZ, spricht sich Riedlberger 2010, 299–302 aus.

334 Die Ambivalenz dieser Zuordnung tritt besonders bei dem in der *Johannis* stets mit dem Attribut „loyal“ versehenen Anführer der internen Mauren, Cusina, hervor. Dieser hatte zuvor ebenso die Römer bekämpft und wechselte wohl erst die Seiten als Antalas von ihnen abfiel. Wie Riedlberger glaubhaft macht, verband beide Stammesfürsten eine lebenslange Rivalität. Siehe Riedlberger 2010, 52–53; Modéran 2003, 347–350.

335 Vgl. Greatrex 2000, 267–292; Wood 2011, 424–447.

talisierung der syrtischen *gentes* in der *Johannis* halte ich die grundlegende Aussage, dass die Mauren abseits des römischen Reiches in der Mitte des sechsten Jahrhunderts eine eigene ethnische Identität ausgebildet hatten keineswegs für abwegig. Zieht man die vielzitierte Passage des Vandalenkriegs Prokops hinzu, in der die besiegten maurischen Archonten von dem römischen General Belisarius die Rückgabe ihrer Herrschaftsinsignien verlangen, scheint darüber hinaus eine politische Organisation der Mauren, womöglich sogar eine transtribale Institutionalisierung, in Abwesenheit der Römer möglich gewesen zu sein.[336]

Hinsichtlich der Kyrenaika zur Regierungszeit des Anastasius bedeutet dies zusammenfassend, dass der Transformationsprozess der Mauren entlang der Grenzabschnitte des Reiches im vollen Gang war. Aus der relativen Heterogenität der maurischen Stämme entstand, teils durch die Zuwanderung neuer Gruppen aus der Sahara, teils durch Fusions- und Akkulturationsprozesse vor Ort, allmählich unter dem Begriff der Ilaguas (bzw. Laguatan) eine neue homogene Identität, die die einzelnen *gentes* miteinander verband. Die Mauren konnten demnach weiterhin eine militärische Bedrohung für die Bewohner der Pentapolis darstellen. Sie waren aber, wie die vergangenen Kapitel demonstriert haben, beileibe nicht die einzige politische Fraktion, die die (ost-)römische Politik einzukalkulieren hatte. Welche Maßnahmen zum Schutz und zur Verwaltung der libyschen Provinzen ergriffen wurden, können wir nun anhand der Militärkonstitution Anastasius' I. verfolgen.

336 Prok.BV.3,25,3–6. Nechaeva 2014, 225–231 betont dementsprechend auch das Lokalkolorit der maurischen Herrschaftsinsignien, insbesondere der silbernen Kopfbedeckung, die um traditionelle römische Elemente (u. a. *chlamys*, *fibula* und Szepter) ergänzt wurden.

4 Anastasius' I. Erlass *de rebus Libycis*

4.1 Fundhistorie und Forschungsgeschichte

> „*Quant aux monuments de Ptolémaïs, les seuls qui aient résisté aux outrages du temps se trouvent à quelque distance des bords de la mer, et sur les dernières ondulations de la montagne. Un des plus importants est une caserne romaine entourée d'un large fossé, et d'une double enceinte. Dans l'intérieur, on trouve encore dans un état parfait de conservation les fourneaux qui servaient aux usages domestiques des soldats. Sur la façade de l'édifice on voit trois immenses blocs de grès intercalés dans ses assises, sur lesquels est une inscription grecque très longue, mais tellement fruste, qu'un de nos plus célèbres philologues, M. Letronne, affirme que sa restitution complète est, sinon impossible, du moins très-difficile. Le peu qu'il nous en apprend augmente encore nos regrets, puisqu'elle contient un rescrit d'Anastase premier, relatif à divers sujets d'administration publique, et notamment au service militaire.*“[337]

Die Kyrenaika war im 18. und 19. Jahrhundert das Ziel einer Reihe europäischer Forschungsexpeditionen.[338] Neben den Grabbauten Kyrenes erregte die Stadt Ptolemais mit ihren zahlreichen, gut erhaltenen Überresten antiker Stätten große Aufmerksamkeit. Ein Gebäude, das aufgrund seiner imposanten und teils intakten Mauern bereits früh erwähnt wurde, war der heute als „Hauptquartier des Dux“ bekannte Komplex im nordöstlichen Quadranten der Stadt. An der Nordfassade dieses Gebäudes wurde erstmals im Jahr 1766 von James Bruce eine große Inschrift entdeckt. Er versäumte es aber sie abzuzeichnen. Die Inschrift wurde dadurch erst knapp 60 Jahre später einem breiteren wissenschaftlichen Publikum zugänglich gemacht, als eine französische Expedition unter der Leitung von Jean-Raymond Pacho und Fréderic Müller die „römische Kaserne“, wie sie den Amtssitz des Dux bezeichneten, genauer untersuchten und dabei auf drei große Sandsteinblöcke stießen, die mit einer Inschrift versehen waren.[339] Pacho, der sich in Paris mit der Malerei beschäftigt hatte, übernahm die Abzeichnung und Jean-Antoine Letronne, der von den Expeditionsteilnehmern als bester „Philologe“ ausgemacht wurde, die Erstellung einer

337 Pacho 1827, 178–179, Pl. LXXIII.

338 Zur Forschungsgeschichte: Schwarzmeier/Czerny 2012, 26–28, 110–123; Copeland Thorn 2010, 235–247; Rekowska 2016, 11–50; Rekowska-Ruszkowska 2009, 1–34; 2008, 213–238; Laronde 1990, 185–199; Goodchild 1976c, 269–341; Cummings 1969, 12–18; Goddard 1884, 31–53. Für einen Abriss der epigrafischen Forschung in der Kyrenaika siehe Antolini/Paci 2008, 2403–2472.

339 Bruce 1790, 40–41.

Edition. Auf der Grundlage der Zeichnung von Pacho widmete sich dann Johannes Franz im Rahmen des *Corpus Inscriptionum Graecarum* ausführlich den Inschriftenfragmenten aus Ptolemais und bemühte sich um eine Restitution. Hierauf griff dann kurze Zeit später Gustav Haenel zurück.[340] Die drei Sandsteinblöcke wurden unterdessen von einem französischen Konsulatsmitarbeiter in Benghazi, Joseph Vattier de Bourville, aus Ptolemais entfernt und nach Paris verschifft (1852), wo sie seitdem im Louvre aufbewahrt werden.[341]

In Paris bestand erstmals die Möglichkeit, die Lesung der stark verwitterten Inschrift durch die Herstellung von Abklatschen zu verbessern, was durch Wilhelm Fröhner und Theodor Mommsen veranlasst wurde. Die beiden ersten Exemplare wurden daraufhin fast gleichzeitig von Johann Wilhelm Adolf Kirchhoff. Paul Krüger und William Henry Waddington bearbeitet, was zu einer erheblichen Verbesserung der Textgestalt führte.[342] Ein weiterer Abklatsch, der von Joseph Orsier in Auftrag gegeben wurde, ermöglichte Karl Eduard Zachariae von Lingenthal ein Jahrzehnt später abermals eine Optimierung der Lesung.[343]

Die heute gebräuchliche Edition, die in das *Supplementum Epigraphicum Graecum* (SEG) aufgenommen wurde, beruht trotz all der genannten Vorarbeiten zum größten Teil auf den Arbeiten Gaspare Oliverios. Im Zuge der italienischen Ausgrabungen in der Kyrenaika konnte er ein weiteres Fragment des Erlasses mit Teilen des elften Paragrafen auf einem Tuffsteinblock in der Stadt Taucheira/Tokra zu Tage fördern und mit der Inschrift aus Ptolemais abgleichen.[344]

Die „jüngsten" Fragmente des Gesetzes wurden bei Ausgrabungen der Mission Archéologique Francaise und der University of Michigan in der Hafenstadt Apollonia entdeckt (1954–1967).[345] Im Gegensatz zu den Überresten aus Ptolemais und Tokra wurde diese Inschrift auf einem Marmorblock eingemeißelt. Die einzelnen Paragrafen, durchgängig mit dem Wort *Ὥστε* eingeleitet, wurden jeweils an den Beginn einer neuen Zeile gesetzt und durch ein Einrücken von 1–2 Positionen hervorgehoben, was zum einen die Lesbarkeit der Grundstruktur des Gesetzes erhöhte und zum anderen von den Bearbeitern dieser Inschrift, Joyce Reynolds und François Chamoux, als Indiz dafür gewertet wurde, dass die Ausführung des Militäredikts in Apollonia die „*master copy*" der Pentapolis wäre, von der die übrigen Abschriften

340 CIG III, Nr. 5187; 1977, 531–534; Haenel, Bd. II, 1965, 281.

341 Serres-Jacquart 2001, 393–429; SEG 51, 2276.

342 Krüger 1867, 186–202; Waddington 1868, 417–430.

343 Zachariae von Lingenthal 1879, 134–158.

344 Oliverio 1936, 135–164; SEG 9, 414 = SEG 39, 1724 = IRCyr T.219. Zu den italienischen Ausgrabungen in Libyen ferner: Balice 2010, 26–29, 34–36, 62–78; Amico 2010, 101–122.

345 Chamoux 1968, 45–47; 1955, 333–334; Laronde 1985, 93–116.

abhängen. Neben dem verwendeten Material und der hoch anzusiedelnden handwerklichen Ausführung spräche auch der Fundort vor einem großen, öffentlichen Gebäude, das von Richard Goodchild als „Palast des Dux" bezeichnet wurde, für eine solche Interpretation.[346] Der Bedeutung der einzelnen Fundstellen und ihre Einbettung in den urbanen Kontext ist zu einem späteren Zeitpunkt zu erörtern. Zunächst sollen die einzelnen Fragmente eingehend betrachtet werden.

4.2 Inschriftträger und Schriftbild

Ptolemais

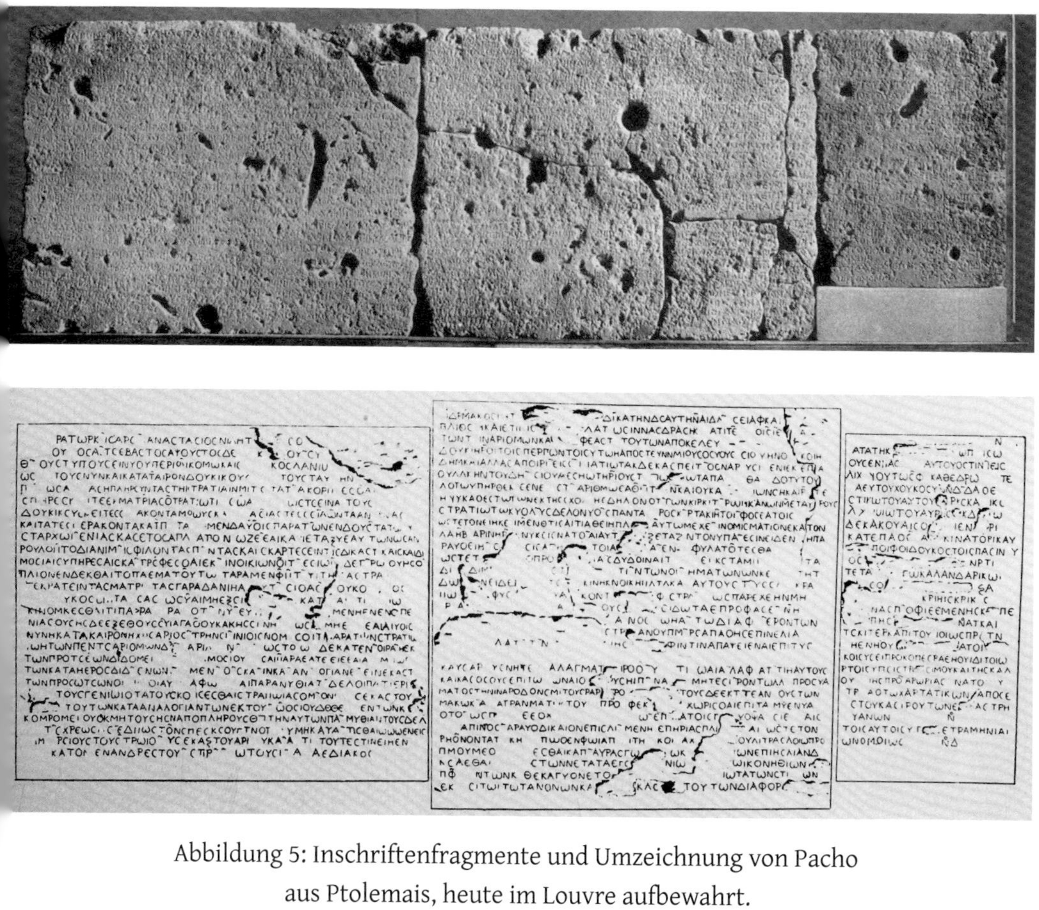

Abbildung 5: Inschriftenfragmente und Umzeichnung von Pacho aus Ptolemais, heute im Louvre aufbewahrt.

346 Reynolds 1976, 309–312 (= SEG 27, 1139; IRCyr A.30); Ward-Perkins/Goodchild 2003, 95–104.

Material: Sandstein

Alle drei Steine sind von Rissen und teils kugelförmigen Löchern durchzogen. Die Ränder sind ungleichmäßig behauen und im Fall des Fragments A am linken Ende fast wellenförmig. Die Buchstaben, die durchweg eine Größe von 0,02–0,04 m haben, sind dagegen sehr präzise und gleichförmig auf den Steinen eingemeißelt worden.[347] Der handwerklichen Genauigkeit stehen einige orthographische Nachlässigkeiten gegenüber. Die Silbe ει und der Buchstabe ι, die Buchstaben ω und ο oder ι und η werden aufgrund des fortschreitenden Iotazismus des Öfteren vertauscht, so dass die Schreibweise einiger Wörter variiert. Μητάτον wird so beispielsweise zu μιτάτον. Zachariae von Lingenthal bemerkte des Weiteren, dass die Schreibung eines Doppeltaus (ττ) stets durch einen Apostroph zwischen den einzelnen Buchstaben gekennzeichnet wird.[348]

Abbildung 6a: Fragment A: 1,21 m Höhe, 1,56 m Breite, 0,11 m Tiefe.

347 Oliverio 1936, 136.

348 Zachariae von Lingenthal 1879, 136.

Abbildung 6b: Fragment B: 1,21 m Höhe, 1,56 m Länge, 0,11 m Tiefe.

Abbildung 6c: Fragment C: 0,96 m Höhe, 0,75 m Länge, 0,11 m Tiefe.

Taucheira/Tokra

Abbildung 7: Fragment aus Taucheira/Tokra.

Material: Tuffstein

Maße: 0,36 m Höhe, 1,10 m Länge, 0,44 m Tiefe

Die Buchstaben sind bis auf ein Γ (0,04 m) in der zweiten erhaltenen Zeile konstant 0.02 m groß. Unter Verwendung der Inschriftenfragmente aus Ptolemais konnte Oliverio einige Teile der letzten Bestimmungen, sowie der abschließenden Gebührenliste rekonstruieren.[349] Die Abfolge der Zeilen unterscheidet sich allerdings deutlich von der Kopie aus Ptolemais.

349 Oliverio 1936, 135 (Nr. 139) = SEG 9, 414 = IRCyr T.219. Dies entspricht im Rahmen dieser Untersuchung den §11–14.

Apollonia

Abbildung 8: Fragmente aus Apollonia.

Material: weißer, feinkörniger Marmor

Die insgesamt dreizehn Fragmente unterschiedlichen Ausmaßes geben Teile der Paragrafen 1–10 wieder. Die Buchstaben haben eine Höhe zwischen 0,015–0,02 m und sind mit einem roten Farbton unterlegt.

4.3 Urbaner Kontext

Die Bestimmungen der Militärkonstitution Anastasius' I. waren für die gesamte Kyrenaika konzipiert. In der Forschung geht man gemeinhin davon aus, dass solche Kaisergesetze stets mit einer Publikationsordnung versehen waren. Die zuständigen Beamten in der Libya Superior mussten demzufolge dafür Sorge tragen, dass die Bewohner über die rechtlichen Veränderungen in ihrer Provinz in Kenntnis gesetzt wurden.[350] Dies geschah womöglich durch das Verlesen des Gesetzes auf öffentlichen Plätzen und die Aufstellung von Kopien in den einzelnen Städten und größeren An-

350 Siehe hierzu Cod.Theod.1,1,2. Ebenso die unter dem Titel: *De legibus et constitutionibus principum et edictis* versammelten Gesetze im *Codex Iustinianus*: Cod.Iust.1,14. Ferner: Feissel 1995, 67–98; Corcoran 2014, 172–209.

siedlungen. Für diese erste Veröffentlichung wurde zunächst entweder auf Bronze oder auf vergängliches Material zurückgegriffen. Denkbar wären Holz- und Wachstafeln, ebenso wie auf Papyrus angefertigte Abschriften.[351] Peter Riedlberger hat allerdings darauf aufmerksam gemacht, dass dieses eben geschilderte Verfahren aus sehr wenigen Quellenbelegen extrapoliert wurde. Zieht man die außerjuristische Literatur heran, etwa Augustinus und Libanius, würde deutlich werden, dass eine Publikationsordnung eher die Ausnahme als die Regel darstellte.[352] Diese Überlegung deckt sich gut mit dem Befund in der Kyrenaika, denn die Aufstellung einer Inschrift war ein gesonderter Akt, der beileibe nicht selbstverständlich war.[353] Die Tatsache, dass bisher drei Kopien des Erlasses des Anastasius in den Städten Ptolemais, Taucheira/Tokra und Apollonia entdeckt wurden, demonstriert zum einen dessen Bedeutung, zum anderen illustriert sie ebenso das gesteigerte Interesse einiger Bevölkerungsgruppen, die geänderte Rechtssituation dauerhaft publik zu machen und dadurch in Erinnerung behalten zu können. Neben den drei bekannten Exemplaren der Inschrift ist daher nicht auszuschließen, dass es noch weitere Kopien in den übrigen Städten der Pentapolis, Berenike und Kyrene gab.[354] Aufgrund des Inhalts dürften auch die in der Kyrenaika stationierten Soldaten ein gesteigertes Interesse an der dauerhaften Präsentation des Gesetzes gehabt haben.

Die bisher geborgenen Inschriftenfragmente ermöglichen es somit, einige Überlegungen über ihren ursprünglichen Aufstellungsort innerhalb des urbanen Kontextes der Kyrenaika anzustellen.

---

351 Vgl. Eck 2009, 75–97, bes. 78–80.

352 Riedlberger 2020, 82–89.

353 Haensch 2009, 1–19, bes. 9.

354 Ein an der Universität Birmingham angesiedeltes Forscherteam hat beispielsweise durch die Verwendung satellitengesteuerter Fernerkundung neue große öffentliche Bauten in Kyrene entdeckt, die noch zu ergraben sind, aber nach ersten Sondagen auf eine spätantike Nutzung schließen lassen. Siehe: Sears et al. 2012, 177–205.

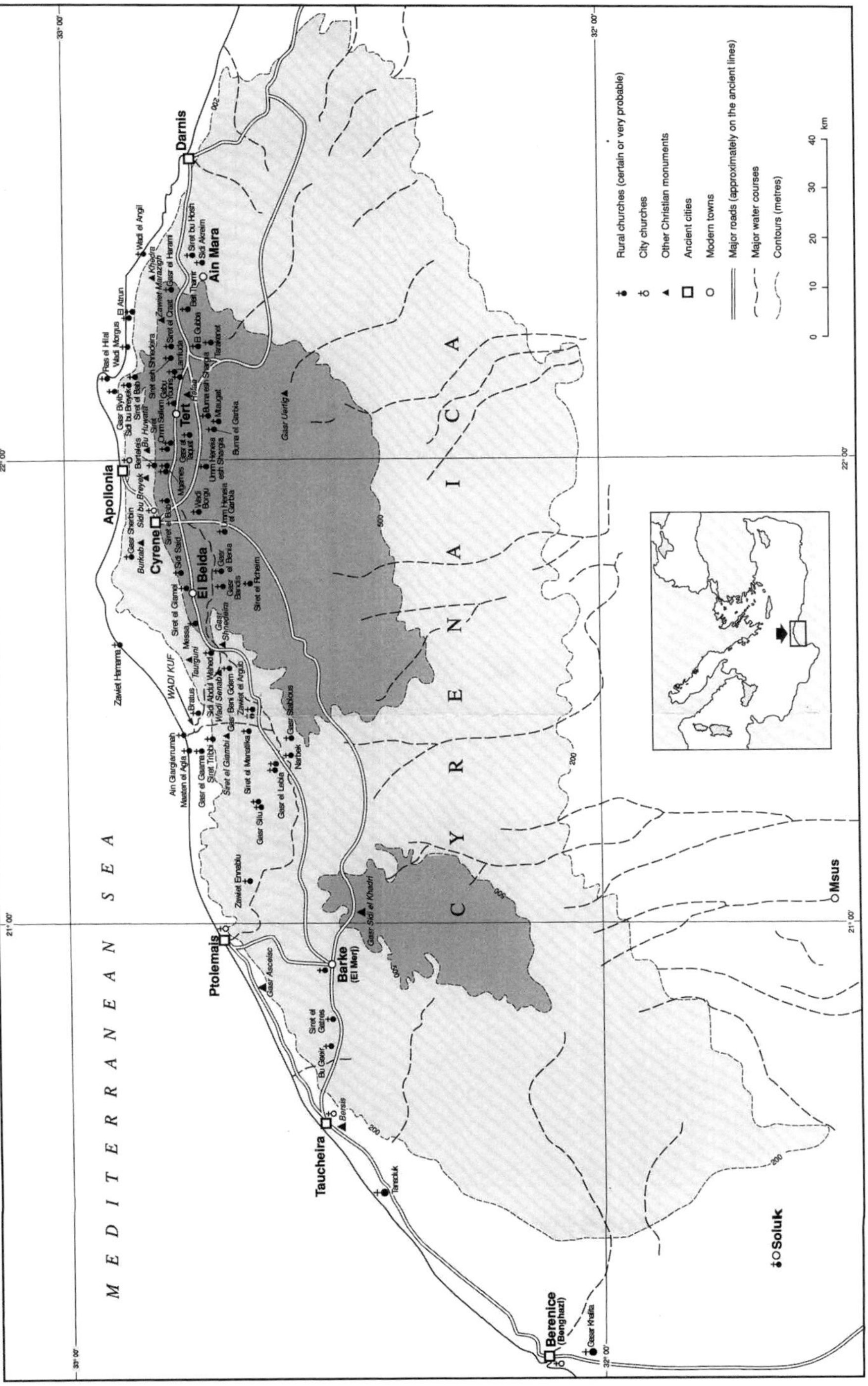

Abbildung 9: Übersichtskarte der Kyrenaika mit christlichen Denkmälern und Bistümern.

Ptolemais

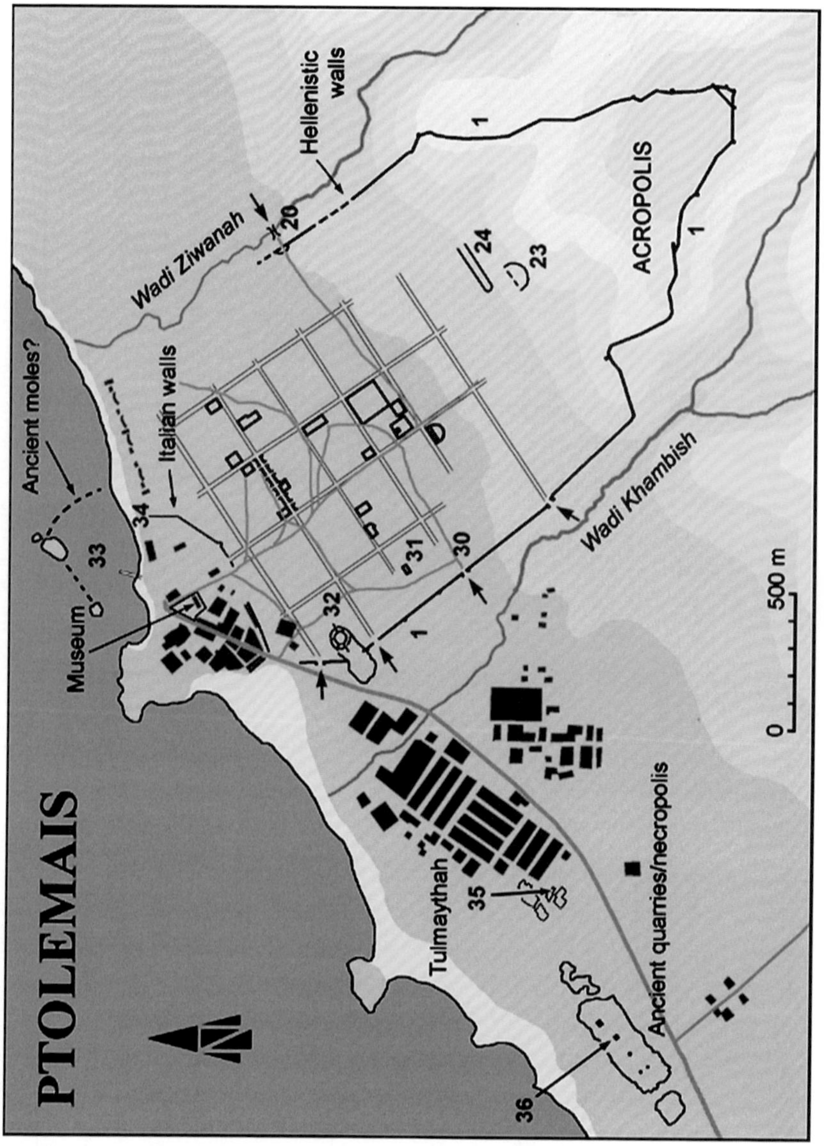

Abbildung 10: Stadtplan von Ptolemais.

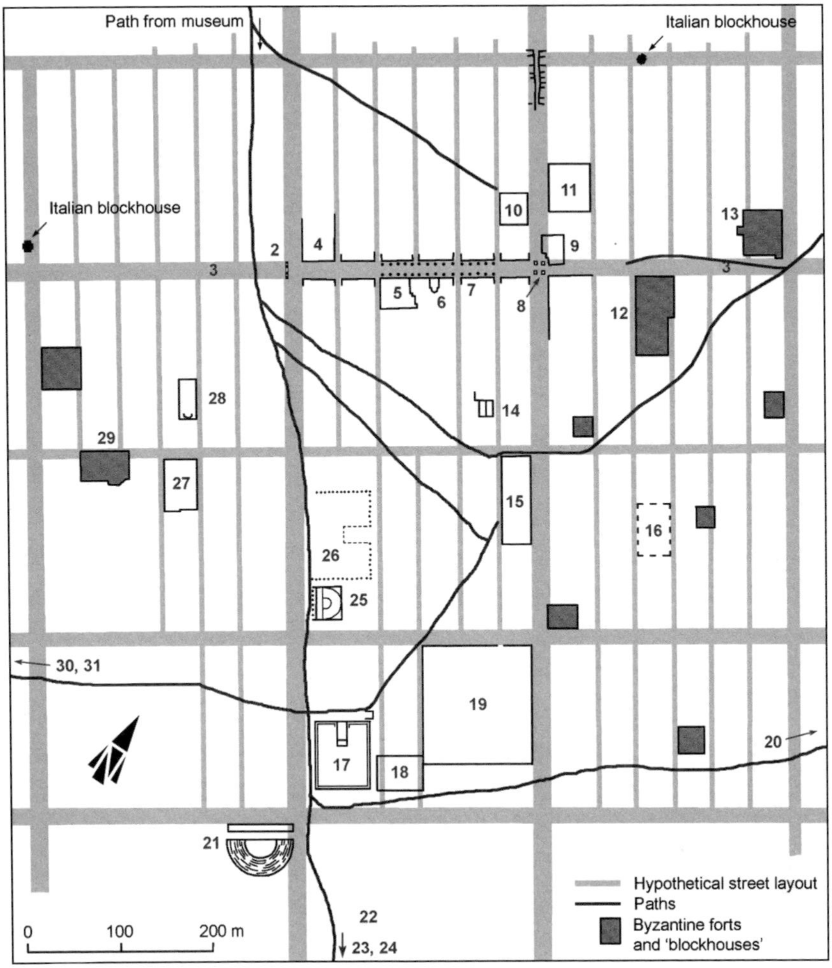

1	Stadtmauer	**13**	Östliches Kastell	**25**	„Odeon"
2	Konstantinsbogen	**14**	Haus der Zwillings-zisternen	**26**	Agora/Forum
3	Via Monumentale	**15**	Palast mit Kolonaden	**27**	Villa Vier Jahres-zeiten
4	Haus des Paulos	**16**	Villa mit Ausblick	**28**	Westl. Zentralkirche
5	Bad	**17**	Platz der Zisternen	**29**	Westl. Kastell
6	Dorische Aula	**18**	Reservoir	**30**	Porta Taucheira
7	Mänadenfontäne	**19**	Reservoir	**31**	Westkirche
8	Tetrastylon	**20**	Aquädukt und Brücke	**32**	Amphitheater
9	Nordöstl Quadrant	**21**	Byzantinisches Theater	**33**	Hafen
10	„Haus G"	**22**	Dorischer Tempel	**34**	Villa des Orpheus
11	Haus mit triapsidaler Halle	**23**	Oberes Theater	**35**	Grab der Cartilii
12	„Hauptquartier des Dux"	**24**	Stadion	**36**	Königsgrab

Abbildung 11: Stadtplan von Ptolemais, Details.

Ptolemais wurde im Zuge der diokletianischen Reformen zum Verwaltungszentrum der neu gegründeten Provinz Libya Superior. Wie in den übrigen Großstädten des Imperiums ging damit auch die öffentliche Verlautbarung reichsweiter administrativer Maßnahmen, wie etwa des Höchstpreisediktes des Kaisers, einher.[355] Im Gegensatz zur frühen Kaiserzeit wählten die Beamten und Bewohner der Stadt einen Platz auf dem Decumanus, um Inschriften der kaiserlichen Dekrete aufzustellen.[356] Diese Prachtstraße, von den italienischen Ausgräbern „*Via Monumentale*" getauft, wurde zusätzlich durch einen Triumphbogen Konstantins sowie ein Vier-Säulenmonument der Tetrarchen eingerahmt und dadurch architektonisch aufgewertet.[357] Die Wahl dieses Ortes für die Präsentation kaiserlicher Gesetze veranschaulicht, wie sehr sich die Nutzung des öffentlichen Raumes in Ptolemais seit dem Beginn des Prinzipats gewandelt hatte.[358] Die Agora war rund zwei Häuserblocks bzw. Insulae weiter südöstlich angesiedelt. In der Kaiserzeit befand sie sich in unmittelbarer Nähe zum Platz der Zisternen, an dem das aus der Bergregion kommende römische Aquädukt seinen Endpunkt hatte, und das von ihm geführte Wasser in die unterirdischen Speicher floss. In der Spätantike wurde dieses Areal zwar weiter genutzt, wie wir aus einer Beschreibung des Bischofs Synesius von Kyrene wissen, aber die Funktion als Zentrum des öffentlichen Lebens hatte es bereits eingebüßt.[359]

Die Konstitution des Kaisers Anastasius mit den Bestimmungen für die libyschen Provinzen wurde an der nordöstlichen Verlängerung der „*Via Monumentale*" entdeckt. Die drei Sandsteinblöcke mit der eingemeißelten Inschrift waren an der Nordfassade eines mehrstöckigen Gebäudes angebracht worden, dass seitdem als „Hauptquartier des Dux" bezeichnet wurde. Da die Inschrift im 19. Jahrhundert durch Vattier de Bourville nach Paris verschifft wurde, ist ihre genaue Anbringung und Präsentation nicht ohne weiteres rekonstruierbar.[360] Die starke Verwitterung und der allgemein schlechte Zustand der Sandsteinblöcke sprechen zumindest dafür, dass die mit der Inschrift versehene Front nach außen gerichtet und somit für

355 Caputo/Goodchild 1955, 106–115; Goodchild 1961, 83–95.

356 Dieses Phänomen lässt sich auch in anderen Städten nachweisen. Vgl. etwa zu Ephesus: Feissel 1999, 121–132.

357 Zelazowski/Bogacki 2011, 5–12; Misiewicz/Malkowski/Muszynska 2010, 197–205; Thiel 2006, 249–318, bes. 293–304; Nasgowitz 1980, 2–15; Kraeling 1962, 74–83.

358 Zum Wandel der antiken Stadt grundsätzlich die Beiträge in: Krause/Witschel 2006. Siehe ferner: Laronde 2011, 351–362; Sears 2007, 17–29, 70–78, 117–127; Liebeschuetz 2001, 29–104, 169–203, 284–318; Brandes/Haldon 2000, 141–173; Ward-Perkins 1999, 225–245; 1996, 4–18.

359 Synes.epist.41; Kreikenbom 2012, 1–35; Roques 1987, 86–98; Little 1985, 43–49; Goodchild 1976a, 210–216.

360 Zur Bedeutung des Fundkontextes siehe: von Hesberg 2009, 19–56.

den antiken Betrachter sichtbar war. Da das „Hauptquartier des Dux" über mehrere Stockwerke verfügte, besteht außerdem die Möglichkeit, dass die Inschrift nicht auf Augenhöhe eines Menschen angebracht wurde, sondern etwas erhöht, wodurch die Sichtbarkeit für eine größere Zahl an Beobachtern verbessert wurde.[361] Im Vergleich mit den übrigen erhaltenen Steinen der Außenmauer, die im Durschnitt eine Breite um 1,80 m haben, sind die drei Inschriftenträger, vor allem Fragment C, deutlich kleiner dimensioniert. Die Inschrift ist daher wohl erst nachträglich an dem Gebäude angebracht worden. Dies kann im Rahmen von Sanierungs- oder Umbauarbeiten geschehen sein.[362]

Der gesamte Bau besaß aufgrund seiner Außenmauer und den schieren Ausmaßen von ca. 75 m Länge und 45 m Breite ein überaus wehrhaftes Aussehen.[363] Dies wurde noch dadurch unterstrichen, dass das Gebäude im Inneren durch eine Mauer in einen Südflügel und Nordflügel unterteilt wurde. In der nordwestlichen Ecke befand sich darüber hinaus ein (Wach-)Turm. Eine gezielte Ausgrabung dieses Gebäudekomplexes, wie auch der übrigen Festungsbauten in und um Ptolemais, ist weiterhin ein Desiderat der Forschung. Dadurch fußt dieser Befund, wie auch die Einordnung des Verteidigungskonzepts der Stadt, wesentlich auf den älteren Beobachtungen von Kraeling, Goodchild und Ward-Perkins.

Abbildung 12: „Hauptquartier des Dux", Ptolemais.

361 Stucchi 1975, 456.

362 Zum umfangreichen Bauprogramm des Anastasius siehe: Haarer 2006, 230–246; Meier 2009, 141–148; Capizzi 1969, 188–232; Jones 2009, 455–467; Croke 1982, 59–78; Crow 2007, 397–410; Hohlfelder 2000, 41–62.

363 Kraeling 1962, 100–107; Nasgowitz 1980, 19–20.

Neben dem „Hauptquartier“ gab es in Ptolemais noch zwei weitere, stark befestigte Gebäude, die als West- und Ostkaserne bezeichnet wurden. Die Ostkaserne verfügte ebenfalls über einen Wachturm.[364] Diese drei städtischen Festungen wurden zusammen mit anderen befestigten Bauwerken von Kraeling und Goodchild als Rückzugspunkte für das Militär und die lokale Bevölkerung im Fall eines Angriffs durch die im Vorland der Kyrenaika lebenden Mauren angesehen. Im Gegensatz zu Apollonia und Tokra, deren Verteidigung maßgeblich von einer massiven Stadtmauer bestimmt wurde, scheint dies die Angreifer im Fall von Ptolemais nicht abgeschreckt zu haben. Der Zustand der antiken, d. h. hellenistischen, Stadtmauer wurde dementsprechend als desolat eingestuft. Lediglich um das Hafenareal ging man in der älteren Forschung von einem halbwegs intakten Mauerring aus.[365] Neuere Untersuchungen des Deutschen Archäologischen Instituts und der Universitäten Mainz und Warschau haben dagegen mehrere Bau- und Sanierungsphasen an dem Westtor der Stadt, der Porta Taucheira, und der Stadtmauer ausgemacht, die bis weit in die Spätantike hinein reichen könnten.[366] Ein unlängst an der Küste von Ptolemais entdecktes Kastell scheint ebenfalls im Zuge von Bau- und Restrukturierungsmaßnahmen im späten fünften oder frühen sechsten Jahrhundert n. Chr. entstanden zu sein.[367] An der bisherigen Interpretation des archäologischen Materials kommen daher berechtige Zweifel auf. Zieht man die literarischen Zeugnisse über die Stadtentwicklung hinzu, fällt auf, dass in den *Bauten* Prokops, eine für die spätantike Baugeschichte ungemein wichtige Quelle, über Ptolemais nur wenige Bemerkungen enthalten sind:

> „Ἔστι δέ τις ἐνταῦθα πόλις, Πτολεμαΐς ὄνομα, τὸ μὲν παλαιὸν εὐδαίμων τε γεγενημένη καὶ πολυάνθρωπος, προϊόντος δὲ τοῦ χρόνου ὕδατος ἀπορίᾳ πολλῇ ἐς ὀλιγανθρωπίαν ἀποκριθεῖσα. τῶν γὰρ οἰκητόρων ὁ πολὺς ὅμιλος δίψει ἐχόμενοι πολλῷ ἔμπροσθεν ἐνθένδε ἐξαναστάντες ἀπεχώρησαν ὅπῃ ἑκάστῳ δυνατὰ γέγονεν. ἀλλὰ νῦν ὁ βασιλεὺς οὗτος ἀνανεωσάμενος τὴν ὀχεταγωγίαν τῇ πόλει τὸ πρότερον αὐτῇ τῆς εὐδαιμονίας ἀπέδωκε σχῆμα.“

---

364 Kraeling 1962, 102–104; Abb. 28–29.

365 Kraeling 1962, 48–62. Etwas verhaltener: Goodchild 1966, 225–250, bes. 235–236 und 1953, 65–76. Bedenken gegen diese Forschungsposition äußern: Somma 2013, 613–635; Kenrick 2013, 67–82. Zu den Mauern Apollonias siehe: White 1998, 579–612; 1976, 85–157.

366 Wulf-Rheidt/Weber, Ptolemais 2009, URL: https://docplayer.org/36992494-Die-porta-taucheira-und-die-westnekropole-von-ptolemais-in-der-kyrenaika.html, abgerufen am 17.5.2022.

367 Bentaher/Buzaian 2010, 229–235.

> *„Dort liegt eine Stadt Ptolemais mit Namen. Sie war früher wohlhabend und reich an Bewohnern gewesen, großer Wassermangel ließ sie jedoch im Laufe der Zeit veröden. Infolge des argen Durstes war nämlich vor langer Zeit schon die Mehrzahl der Bürger abgewandert, und jeder hatte sich einen geeigneten Wohnsitz gesucht. Doch jetzt ließ unser Kaiser die Wasserleitung wieder herstellen und gab so der Stadt ihr früheres wohlhabendes Äußere zurück."*[368]

Kaiser Justinian habe also laut Prokop den Wohlstand der Stadt durch die Erneuerung der Wasserversorgung wieder herbeigeführt.[369] Tokra und Berenike hingegen wurden von ihm durch einen Festungswall verstärkt.[370] Die kursorische Behandlung von Ptolemais, mitsamt der kompletten Aussparung jeglicher Informationen zu den städtischen Verteidigungsmaßnahmen wird zumeist als Indiz dafür gewertet, dass die Stadt im sechsten Jahrhundert n. Chr. nicht mehr als Verwaltungszentrum fungierte und ihre Bedeutung weitestgehend eingebüßt hatte.[371] Entgegen dieser traditionellen Sichtweise erlauben die neueren archäologischen Erkenntnisse die Vermutung, dass die Stadt bereits vor Justinian Ziel intensiver Baumaßnahmen war. Prokop ignorierte an dieser Stelle womöglich gezielt die baulichen Leistungen früherer Kaiser, wie das im Fall des Anastasius für die Befestigungsbauten an der Ost- und Nordflanke des Reiches nachgewiesen werden konnte.[372] Ob dies auch an anderer Stelle in der Kyrenaika der Fall war, kann erst eine Analyse des Fundkontextes aller drei Inschriften in der Pentapolis zeigen.

Taucheira/Tokra

Die Stadt Tokra besetzte eine zentrale Rolle im Verteidigungskonzept der Kyrenaika. Sie war überaus günstig an der Schnittstelle zwischen der Küstenstraße und den in die Hochplateaus des Jebels führenden Pfaden positioniert. Tokra diente daher zunächst als vorgelagertes Verteidigungsbollwerk für die ehemalige *metropolis* Ptolemais und entwickelte sich dann im Laufe des sechsten und siebten Jahrhunderts n. Chr. zum wichtigsten Stützpunkt für die römischen Truppen.

---

368 Prok.aed.6,2,9–11. Übersetzung entnommen aus: Veh 1977, 285.

369 Arthur 1974–75, 243–249; 1973–74, 24–29; Kraeling 1962, 68–74. Vgl. zum Zusammenhang zwischen Aquädukt und der Demographie von Ptolemais: Lloyd/Lewis 1976–77, 35–40; Duncan-Jones 1978, 51.

370 Prok.aed.6,2,4–5.

371 So zuletzt Roques 2011, 416 m. Anm. 24 und 25.

372 Vgl. Leppin 2011, 192–202; Sarantis 2013b, 759–808, bes. 777–787.

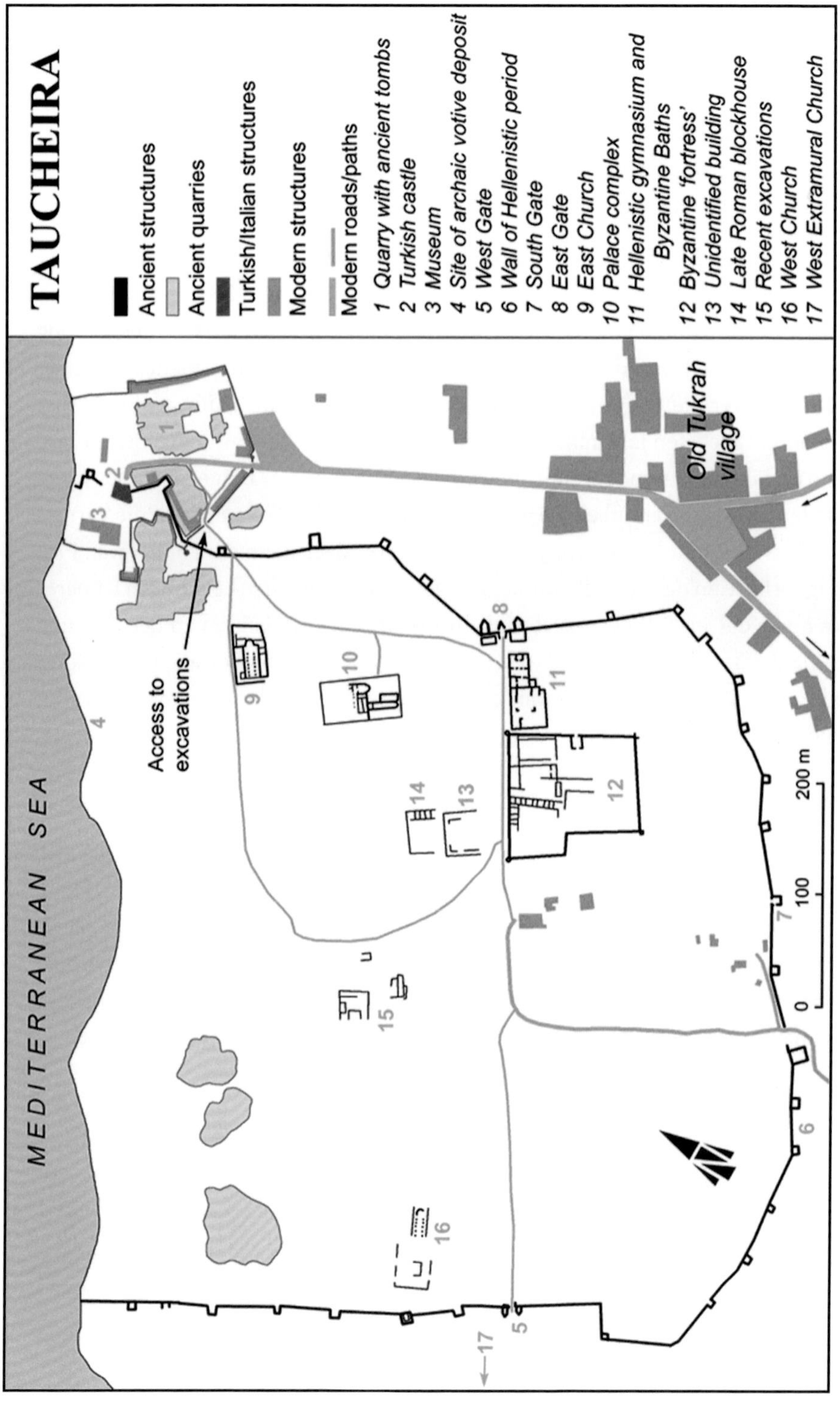

Abbildung 13: Stadtplan von Taucheira/Tokra.

Das Fragment der Inschrift wurde nach den Aufzeichnungen von Gaspare Oliverio unweit des italienischen Kastells Perrone gefunden.[373] Die italienische Festung, wie auch zuvor die türkische, befand sich im Nordosten der antiken Stadt.[374] Spätere Grabungen haben gezeigt, dass dieses Areal in der Spätantike außerhalb der Stadtmauern lag und nicht mehr zum eigentlichen Stadtgebiet gehörte[375]. Zur Abwehr der arabischen Angreifer ging Goodchild sogar von einer hastig errichteten Verteidigungsstellung südlich des Decumanus aus, was bedeuten würde, dass für das siebte Jahrhundert n. Chr. rund ein Drittel des ursprünglichen bebauten Bereichs, im Süden der Verbindungsstraße von Ost- zu Westtor, als Stadt anzusprechen ist.[376] Auf der Grundlage der neueren archäologischen Untersuchungen ist die von Oliverio vorgenommene Verortung der Anastasius-Inschrift in den antiken „Militärbezirk" zwar sinnvoll, aber keineswegs gesichert.

Der Überlieferungszustand der Inschrift erlaubt jedoch den Rückschluss, dass sie zu irgendeinem Zeitpunkt in der Antike oder danach spoliert und als Baumaterial verwendet wurde. Ein ähnliches Schicksal ereilte auch ein Gesetz der Kaiser Valentinian und Valens, das bei der Ausgrabung des spätantiken Kastells im Mauerwerk entdeckt wurde.[377] Über den ursprünglich intendierten Aufstellungsort lässt sich damit keine eindeutige Aussage treffen. Da die Inschrift auf einem Tuffsteinblock eingemeißelt wurde und sich die Abfolge der Zeilen und die handwerkliche Qualität von denen der beiden anderen erhaltenen Exemplare aus Ptolemais und Apollonia unterscheidet, ist es naheliegend davon auszugehen, dass es sich um eine „Bauinschrift" handelte, die nachträglich an einem bereits bestehenden Gebäude angebracht wurde.

Apollonia

Im *Synekdemos* des Hierokles und der *Descriptio orbis Romani* von Georg von Zypern nimmt Apollonia jeweils unter dem Namen Sozusa, die „Erlöserin bzw. Erretterin", den ersten Rang unter den Städten der libyschen Pentapolis ein – noch vor Kyrene und Ptolemais.[378] In der Forschung wird deshalb angenommen, dass die Provinzialverwaltung im Laufe des fünften oder spätestens im sechsten Jahrhunderts n. Chr. von Ptolemais nach Apollonia wechselte.[379] Die bei den Ausgrabungen der Mission

373 Oliverio 1936, 135.

374 Bennett/Wilson/Buzaian 2004, 113–122.

375 Smith/Crow 1998, 35–82; Buzaian 2000, 59–102.

376 Goodchild 1976b, 255–269, bes. 262–264; 1966, 225–250, bes. 235.

377 Goodchild 1976b, 261–264; Jones 1998, 35–82, bes. 71–73.

378 Honigmann 1939, 61.

379 Ausführlich: Honigmann 1939, 5–10.

Archéologique Francaise und University of Michigan entdeckte Anastasiusinschrift spielt für die Bestimmung des Zeitpunkts dieses Wechsels eine wichtige Rolle. Nach der Auffassung von Goodchild, Reynolds, Chamoux und Stucchi deutet der Fundort der einzelnen Marmorfragmente in unmittelbarer Nähe eines großen, zentral gelegenen Gebäudes darauf hin, dass es sich hierbei um den neuen Amtssitz des Dux der Pentapolis handeln müsste.[380] Apollonia wäre somit bereits vor der Regierungszeit des Anastasius zur neuen Provinzhauptstadt aufgestiegen. Diese Position wurde zuletzt von Roques erneut bekräftigt.[381] Goodchild bezeichnete das Gebäude daher vielsagend als „Palast des Dux“.

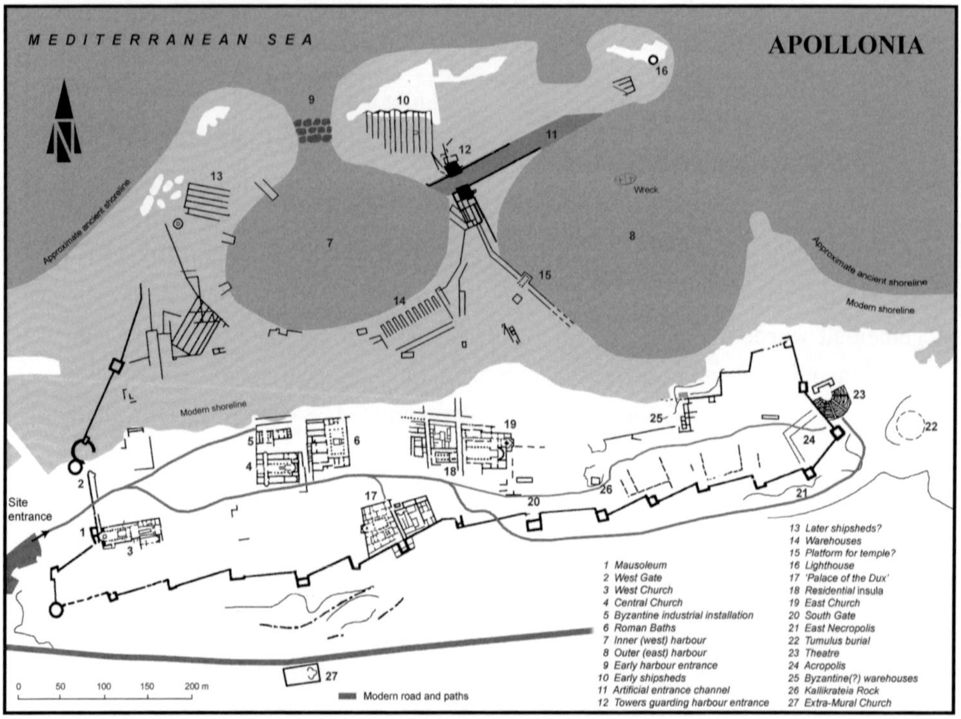

Abbildung 14: Stadtplan von Apollonia-Sozusa.

380 Ward-Perkins/Goodchild 2003, 95–105; Stucchi 1975, 452–453, 455–457; Goodchild 1971, 80; 1960, 246–259; Reynolds 1976, 309–312.

381 Roques 2011, 416 mit Anm. 24; 2004, 297–309, bes. 303.

a	Warteraum	h	Kapelle	p	Büro?
b	Audienzsaal	j	Korridor	q	Fundament der Apsis
c	Lagerraum mit Ofen	k	Eingang zum Ostflügel (Phase 1)	r	Vestibül des östl. Gebäudes
d	Lobby	m	Postern Tor	s	Innenhof/Brunnen
e	Innenhof	n	Ofen	t	Audienzzimmer
f	Treppe	o	Lager?	u	Innenhof
g	Bankethalle				

Abbildung 15: „Palast des Dux" in Apollonia-Sozusa.

Der Bau ist um einen zentralen Innenhof (e) angeordnet und verfügt über eine Vielzahl von Räumen sowie eine große Halle, die sich als Audienzsaal (b) eignen würde, und sogar eine eigene Kapelle (h). Aus der Inschrift erfahren wir unter anderem, dass der Dux über einen Mitarbeiterstab von 40 Personen verfügte, die vielfältige administrative Aufgaben übernahmen, und es sogar zu Gerichtsverhandlungen kam, bei denen über Streitfälle von bis zu 100 Solidi beraten wurde.[382] Das setzt zwangsläufig mehrere Büroräume und mindestens eine größere Halle voraus, zu denen auch die Bewohner der Pentapolis Zugang haben mussten, um sich etwaige Amtsschreiben anfertigen und aushändigen lassen zu können.[383] Die Schwierigkeit

382 De reb. Lib., §2; 9.

383 Färber 2014, 209–212 und 235–283.

der Identifikation des Gebäudes als „Palast des Dux“ besteht nun darin, dass die geschilderten Charakteristika des Palastes ebenso auf das Anwesen eines wohlhabenden Bewohners der Kyrenaika zutreffen würden, wie zuletzt Duval, Ellis und Lavan angemahnt haben.[384] Außerdem sind wir grundsätzlich nur unzureichend über die Eigenschaften und baulichen Strukturen eines (spät-)antiken Gouverneurspalastes (*praetorium*) informiert.[385] Aus der beträchtlichen Anzahl vermuteter *praetoria* – Haensch kam bei der Berachtung der frühkaiserzeitlichen Evidenz auf über 60 potentielle Gebäude, und Lavan zählte bereits 1999 mindestens 23 für die Spätantike – ließ sich bisher nur ein einziger Gebäudekomplex mit Sicherheit als Amtssitz eines Gouverneurs und seiner Mitarbeiter identifizieren.[386] Es handelt sich dabei um den Gouverneurspalast der spätantiken Provinz Palästina Prima, der in der Stadt Caesarea Maritima entdeckt wurde.[387] Bei den Ausgrabungen stieß man dort auf eine Inschrift, die (mindestens) ein Edikt des Prätorianerpräfekten des Orients Flavius Pusaeus (465–467; evtl. 473 n. Chr.) umfasste. Die Inschrift war wohl ursprünglich an einer Wand in der Nähe des Audienzsaales befestigt worden und enthielt eine Gebührenauflistung (*sportulae*), die die Büromitarbeiter des Gouverneurs für die Anfertigung administrativer Schriftstücke verlangen konnten. In Apollonia-Sozusa wurde hingegen nur *ein* einziges Fragment der Anastasiusinschrift im Gebäudekomplex selbst entdeckt.[388] Der Großteil der Inschrift war über das gesamte Ausgrabungsgelände verteilt, und einige Stücke waren sogar in die Wände der Badeanlage eingelassen worden.[389]

384 Lavan 2001, 39–56; 1999, 135–164; Ellis 2007, 283–305; 1985, 15–27; Duval 1989, 2743–2796; Martin 1989, 229–240; Gasparini 2021, 205–221.

385 Vgl. für eine Auflistung der möglichen Amtsgebäude der Kyrenaika: Stucchi 1975, 448–463.

386 Haensch 1997, 37–65.

387 Ameling/Eck et al. 2011, Nr. 1282–1344; 253–303; De Segni/Patrich/Holum 2003, 273–300. So auch: Haensch 2013, 333–349.

388 „*Most of the fragments found to date were re-used in late walls adjoining the Roman Baths, close to the sea: one fragment, however, has come from the Palace itself, and it is not impossible that this was its original site.*“ Entnommen aus: Goodchild 1976d, 253–254.

389 „*Ces fragments, au nombre d'une douzaine, ont été trouvés à divers endroits du site.*“ Entnommen aus: Chamoux 1968, 45.

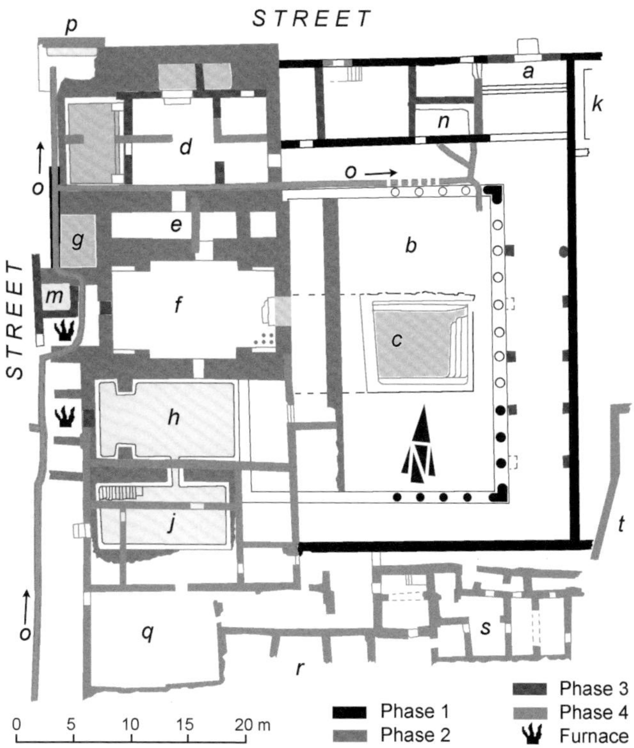

a	Eingang	**h**	Caldarium (*später Zisterne*)	**o**	Aquädukt
b	Peristyl			**p**	Byzantinischer Springbrunnen
c	Basin / Natatio	**j**	? (*spätere Zisterne*)		
d	Frigidarium	**k**	Latrine der Bäder	**q, r, s, t**	Byzantinische Häuser
e	Tepdarium	**m**	Kaltwasserzufuhr des (späteren) Bades		
f	Sudatorium				
g	Wassertank	**n**	Latrine		

Abbildung 16: Plan des römischen Bades von Apollonia-Sozousa.

Wie bereits Goodchild feststellte, wurde die Anastasiusinschrift, nachdem sie ihre ursprüngliche Bedeutung verloren hatte, zerstört und als Baumaterial für die Reparaturarbeiten am benachbarten Badekomplex benutzt. Diese Anlage durchlief wie der „Palast des Dux" mehrere Nutzungsabschnitte. In der letzten Phase, die sich ungefähr in das sechste bis frühe siebte Jahrhundert n. Chr. datieren lässt, wurden die Fragmente der Anastasiusinschrift zum Bau der Mauer benutzt, die das Frigidarium fast in zwei Räume aufteilt. Bedenkt man des Weiteren, dass das Bad näher am Meer lag und generell einem niedrigeren Level der Topographie Apollonias entsprang, scheint eine natürliche Bewegung der Fragmente hin zu diesem Gebäude möglich. Außerdem waren beide Bauten nur rund 50 Meter voneinander entfernt, sodass Goodchilds Vermutung, der „Palast“ sei der ursprüngliche Aufstellungsort der Inschrift, zumindest plausibel bleibt. Die Verbindung von Inschrift und Amtsgebäude ist allerdings im Vergleich zum *praetorium* in Caesarea viel unsicherer, als das von der Forschung suggeriert wird. Meiner Ansicht nach hätte die Marmortafel mit den Anordnungen des Kaisers ebenso an der Außenwand des Baus angebracht oder im Umfeld des „Palastes“ aufgestellt sein können. Auf die Art wären die Bürger und die über den Hafen ankommenden Soldaten über die Maßnahmen des Kaisers informiert worden.[390]

Des Weiteren stellt sich für die Kyrenaika die Frage, inwiefern die Trennung zwischen aristokratischer Domus und dem Amtssitz eines römischen Spitzenfunktionärs sinnvoll und tragfähig ist?

Dies lässt sich beispielsweise an einem weiteren Bauwerk aus Ptolemais illustrieren, das sich ebenfalls an der „*Via Monumentale*“ befindet. Im Gegensatz zu dem „Hauptquartier des Dux“ wurde dieses Gebäude zumindest partiell ausgegraben und von Kraeling in drei Bauphasen (römisch, Übergangs- bzw. Zwischenphase und spätantik/byzantinisch) eingeteilt.[391] In der letzten spätrömischen Phase war der Eingang zur Straßenfront hin ausgerichtet und führte geradewegs in einen Wartesaal, der mit mehreren, an den Wänden verteilten, Bänken bestückt war. Von diesem Saal aus gelangte man zu einem Innenhof, der womöglich mit einer Holzkonstruktion überdacht war und als Audienzhalle hätte genutzt werden können. Auf dem Boden dieses Raumes konnte eine Inschrift geborgen werden, die einen gewissen Paulos als Bauherren ausweist.[392] Jener Paulos legte gesonderten Wert darauf, seinen hohen sozialen Rang zu demonstrieren, da er nicht nur *vir consularis*, sondern auch *vir illustris* (μεγαλοπρεπέστατος) war. Anhand der *Notitia Dignitatum* wissen wir, dass den Gouverneuren beider Libyen der Rang eines *praeses* und nicht der eines *consularis* verliehen wurde.[393] Dieser Umstand eröffnet nun zwei Möglichkeiten: Paulos könnte diesen Titel in einer anderen Provinz erworben haben und im Anschluss an seinen Dienst in die Kyrenaika zurückgekehrt sein. Damit würde es sich im Kern um einen Ehrentitel (*ex-consularis*, ἀπὸ ὑπατικῶν) handeln. Geht man von einer späteren Datierung aus, könnte es sich tatsächlich um das Amtsgebäude des zivilen Statthalters gehandelt haben, da Justinian den Titel eines *vir consularis* häufiger vergeben hat.[394] Demenstprechend wäre die Stadt Ptolemais im sechsten

390 Zu einer ähnlichen Schlussfolgerung kommt: Kenrick 2013, 285.

391 Kenrick 2013, 72–73; Kraeling 1962, 141–157.

392 Kraeling 1962, 211–212.

393 Not.dign.or.1: Index.

394 Vgl. Kraeling 1962, 211–212; Lavan 1999, 158–159.

Jahrhundert n. Chr. erneut attraktiv genug gewesen, um dort die Residenz eines Statthalters einzurichten.

Ein weiterer Aspekt, der für gewöhnlich bei der Zuordnung der Paläste übergangen wird, ist die Mobilität des Amtsinhabers und seiner Mitarbeiter. Die Anordnungen des Anastasius für die Pentapolis beziehen sich eindeutig auf die Mitglieder des Limitanverbandes sowie der mobilen Feldtruppen. Die kurzen Distanzen zwischen den einzelnen Städten, den militärischen Anlagen wie Wachtürmen und Kastellen sowie die generelle geografische Kompaktheit der Kyrenaika erlaubten es dem Dux, in regelmäßigen Abständen bei den jeweiligen Einheiten anwesend zu sein.[395] Im siebten Paragrafen des Edikts ist von einer Inspektion der Truppenverbände die Rede, die im Rahmen eines solchen Aufenthalts abgehalten werden konnte. Gleichzeitig geht aus der abschließenden Gebührenauflistung hervor, dass die Mitarbeiter des Dux für die Anfertigung von Empfehlungs- und Beförderungsschreiben von den Soldaten bezahlt wurden. Für die Grenzposten (*limitanei*) sind sogar spezielle Kanzleischreiben bzw. eine Materialgebühr für solche Dokumente (Chartaticum, *logos chartatikos*) aufgeführt. Das deutet meiner Meinung nach darauf hin, dass die Bürochargen des Dux im Rahmen der Truppenvisite den Soldaten für administrative Dienstleistungen zur Verfügung standen. Alternativ hätten sowohl die Limitanverbände, als auch die Soldaten der Feldarmee für die Anfertigung solcher Dokumente in die Provinzhauptstadt reisen müssen. Darüber hinaus halte ich es für unwahrscheinlich, dass der Dux im Falle eines Angriffs in der *metropolis* der Kyrenaika verweilte und nicht in der Nähe des jeweiligen Krisenherdes über ein Kastell oder Amtsgebäude verfügte, von dem aus er seine Dienstgeschäfte in Reichweite seiner Truppen verrichten konnte.[396] Das bedeutet jedoch nicht, dass es keinen Hauptsitz der Verwaltung in der Pentapolis gegeben hätte, sondern lediglich dass jede größere Stadt und jedes große Militärlager der Kyrenaika über die räumlichen Mittel verfügte, um als temporäres Amtsgebäude des Dux und seiner Mitarbeiter genutzt werden zu können.

Auf der Grundlage des bisher betrachteten archäologischen Materials lässt sich in einem Zwischenresümee festhalten, dass die Verbindung der Anastasiusinschrift mit dem Amtssitz des Dux viel tendenziöser ist, als oftmals angenommen wurde. Der Vergleich des „Palastes" aus Apollonia mit der Residenz des Paulos in Ptolemais offenbarte zudem eine ähnliche architektonische Ausgestaltung. Die duale Konzeption oder Multifunktionalität jener Gebäude erschwert ohne klare Beweislage, wie sie etwa durch die Inschriften innerhalb des Gouverneurspalastes in Caesarea gegeben ist, eine präzise Identifikation. Ferner kennzeichnete das Nebeneinander

395 Siehe für den ägyptischen Kontext: Zuckerman 1998, 137–147.

396 Mackensen 2013, 111–121; 2006, 161–195.

von Räumen „offiziellen“ Charakters und Privatgemächern seit der ausgehenden Republik nicht nur aristokratische Anwesen, sondern fand als Ordnungsprinzip auch beim Bau der spätantiken Kaiserpaläste Anwendung.[397]

Welche Bedeutung kann man in diesem Zusammenhang nun der Anastasiusinschrift beimessen? Wie eingangs erwähnt, war schon die Aufstellung einer Inschrift ein besonderer Akt. Für die Kyrenaika sind seit der zweiten Hälfte des vierten Jahrhunderts n. Chr. keine weiteren kaiserlichen Inschriften bezeugt.[398] Für den gesamten Mittelmeerraum ist die Anzahl an Zeugnissen ebenfalls gering. Denis Feissel hat in einem Inventar der spätantiken Staatsurkunden für den Zeitraum vom 4.–7. Jh. n. Chr. bisher 107 Exemplare zusammengetragen.[399] Die Veröffentlichung von Gesetzestexten auf Steintafeln verlor offensichtlich an Bedeutung.[400] Dass dieser Brauch während der Regierung des Anastasius erneut aufblühte, ist überaus bemerkenswert. Neben den Inschriften in der Pentapolis wurden auch weitere Exemplare mit ähnlichen Bestimmungen in der gesamten Diözese des Orients entdeckt.[401] Eine solche Publikationsfülle kaiserlicher Verordnungen hatte es seit dem Höchstpreisedikt Diokletians nicht mehr gegeben. Wie die inhaltliche Auseinandersetzung mit den einzelnen Paragrafen der verschiedenen Gesetze zeigen wird, hatten die *formae* des Anastasius im Gegensatz zum Edikt Diokletians darüber hinaus klare regionale Schwerpunkte. Für die jeweils betroffenen Bevölkerungsgruppen war es demnach sehr wichtig, die Änderungen ihres Gewohnheitsrechts zu verewigen. Die Präsentation der Inschriften in den Städten und Militäranlagen des Orients sollte folglich von einer breiten Öffentlichkeit zur Kenntnis genommen werden.

Vergleicht man des Weiteren die drei in der Pentapolis entdeckten Inschriften, so fällt auf, dass die Kopie in Apollonia aufgrund ihrer handwerklichen Ausführung und des verwendeten Materials am aufwendigsten gestaltet wurde. Der mit der Aufstellung einer solchen Inschrift verbundene Aufwand sowie die Kosten für die Marmortafel waren in der Tat beträchtlich.[402] Vor diesem Hintergrund wird die Vermutung von Reynolds, dass es sich hierbei um die maßgebliche Version, die „master

397 Ausführlich bei: Noethlichs 1998, 13–51; Rilinger 1997, 73–90.

398 Vgl. Liebeschuetz 2001, 11.

399 Für das 5. Jh. n. Chr. sind es ca. 10 kaiserliche Konstitutionen, von denen 8 mit hoher Wahrscheinlichkeit aus der Regierungszeit des Anastasius stammen. Siehe: Feissel 2009, 97–131.

400 Zur regionalen Ausprägung des „epigraphic habit“ in der Spätantike nun grundsätzlich die Beiträge in: Bolle/Machado/Witschel 2017. Ferner: Witschel 2006, 359–411; Cherry 1995, 143–156; MacMullen 1982, 233–246.

401 Bader 2009, 97–99; Sartre, IGLS 1982, Nr. 9045–9046 (= SEG 61, 1481).

402 Zum Transport und Aufwand der Beschaffung von Marmortafeln in der Pentapolis: Attanasio/Brilli/Rocchi 2008, 1040–1048.

copy", des Anastasiusediktes in der Pentapolis handeln würde, verständlich. Der oder die Auftraggeber lässt/lassen sich dabei allerdings nicht klar bestimmen, denn theoretisch würde sowohl der im Edikt erwähnte Comes und Dux Daniel, als auch ein städtisches Organ, wie der Stadtrat, oder ein einzelner Bürger Apollonias in Frage kommen.[403] Dementsprechend lässt sich die These von Reynolds nicht verifizieren und bleibt so spekulativ. Für die beiden übrigen Kopien tritt der Kostenfaktor dagegen in den Hintergrund, da jene Inschriften an den Außenwänden bereits bestehender Gebäude eingemeißelt wurden. Maßgebliches Kriterium für die Anbringung der Inschrift in Ptolemais scheint ein Platz im Stadtzentrum gewesen zu sein, der von den Bewohnern stark frequentiert wurde. Die einzelnen Paragrafen sind im Gegensatz zu der Kopie in Apollonia nicht durch einen Einschub hervorgehoben worden, sondern reihen sich aneinander. Über die Auftraggeber der beiden Kopien in Ptolemais und Tokra lässt sich nach dem derzeitigen Erkenntnisstand ebenfalls keine definitive Aussage treffen. Als zusätzliche Option dürften jedoch neben den bereits erwähnten Bevölkerungsgruppen noch die in der Pentapolis stationierten Soldaten hinzugezählt werden, da die *formae* des Anastasius ihre Rechte, Pflichten und Befugnisse gegenüber ihren Vorgesetzten, wie im Einzelfall auch der Zivilbevölkerung, klar definierten.

Nachdem nun die Betrachtung der drei einzelnen Fundorte der Inschrift *de rebus Libycis* gezeigt hat, dass die Identifikation der Amtsgebäude, insbesondere der „Palast des Dux" in Apollonia, hypothetischer ist, als vielfach angenommen wurde, stellt sich abschließend die Frage, wie groß die Bedeutung der Stadt Apollonia im ausgehenden fünften Jahrhundert n. Chr. war und wann sie zum Sitz der Provinzialverwaltung wurde.

Im Reisebegleiter (*Synekdemos)* des Hierokles, der in den ersten Jahren der Herrschaft Justinians I. (527–528 n. Chr.) verfasst wurde und wohl hauptsächlich einen geografischen Text aus der Zeit Theodosius II. (408–450 n. Chr.) fortführte, nimmt Apollonia als *caput provinciae* den ersten Platz unter den libyschen Städten ein.[404] Die Provinzialverwaltung muss daher im fünften oder in der ersten Hälfte des sechsten Jahrhunderts n. Chr. von Ptolemais nach Apollonia-Sozusa gewechselt sein. Basierend auf der damit zur Verfügung stehenden Zeitspanne hat sich Denis Roques mehrfach für einen Zeitpunkt um das Jahr 450 n. Chr. ausgesprochen.[405] Gemäß sei-

---

403 Vgl. etwa: Feissel 2004, 285–365 mit einem von den Bewohnern von Justinianopolis auf Stein verewigten kaiserlichen Reskript.

404 Ausführlich bei: Honigmann 1939, 5–12; Jones 1971, 514–521. Zu den geografischen Bemühungen am Hofe Theodosius II. siehe: Traina 2013, 155–171.

405 Roques 2004, 297–309, bes. 303; 1987, 276 und 294. Pedley 1976, 21 hat als weitere Option für die Datierung des Hauptstadtwechsels die Erwähnung eines Bischofs Sosias aus Apol-

ner These hätten die beständigen Einfälle der Maziken und Aus(t)orianer auf Tripolitanien und die Pentapolis in Kombination mit dem schlechten Zustand der Verteidigungsanlagen von Ptolemais nach dem letzten größeren Gefecht um die Jahrhundertmitte zum Wechsel der Hauptstadt geführt. Die textliche Grundlage für seine Annahme bildet, neben den Testimonien des Ammianus Marcellinus und den Reden und Briefen des Synesius, vor allem eine Ehreninschrift des Fl. Ortygius aus Leptis Magna und ein Fragment aus dem Geschichtswerk des Priscus von Panium.[406] Dort heißt es:

„... κατεγγυᾶται τῷ Κωνσταντίῳ γυνή, γαμετὴ Ἀρμάτου γενομένη, παιδὸς Πλίνθου, τοῦ παρὰ Ῥωμαίος στρατηγήσαντος καὶ ὕπατον ἀρχὴν ἄρξαντος. Συνεβεβήκει δὲ τὸν Ἀρμάτον, ἐς τὴν Λιβύων διαβάντα ἐπί τῇ πρὸς Αὐσαριανοὺς μάχῃ, εὐμηερῆσαι μὲν ἐν τῷ πρὸς ἐκείνους πολέμῳ, νοσήσαντα δὲ τελευτῆσαι τὸν βίον.“

„... mit Constantius war eine Frau verlobt, die zuvor die Ehefrau des Armatus gewesen war, dem Sohn des Plinthas, eines ehemaligen römischen Generals und Konsuls. Armatus hatte in Libyen während des Kampfes mit den Ausorianern gedient und sich in diesem Krieg ausgezeichnet, war dann aber erkrankt und gestorben.“[407]

Über Armatus, der wohl als Dux oder *comes rei militaris* in Libyen tätig war, besitzen wir im Gegensatz zu seinem Vater keine weiteren Informationen.[408] Fl. Plintha jedoch war eine einflussreiche Figur am Hof Theodosius II. (408–450 n. Chr.). Er war gotischer Abstammung, schlug eine militärische Karriere ein und zeichnete sich während einer Rebellion in Palästina als fähiger Kommandant aus, wofür er sowohl

---

lonia-Sozusa im Jahr 450 n. Chr. in der Teilnehmerliste des zweiten Konzils von Ephesos, der sogenannten Räubersynode, aufgeführt. Ein Jahr zuvor gehörte noch der Bischof von Ptolemais zur Delegation der Pentapolis.

406 IRT 480 (= LSA-2177): „Ortygii florentissimis saeculis d(ominorum) n(ostrorum) Honori et Theodosii p(atrum) p(atriae) semper Augustorum Fl(auio) Ortygio u(iro) c(larissimo) sp(ectabili), p(rimi) o(rdinis) com(iti) et duci p(rouinciae) T(ripolitanae) ob insignia meritorum et labore(m) fidemque exhibitam Austurianorum rabie repressa ordo splendidissimus et populus Lepcimag(nensis) ciuita[tis] publice“ *„(Zu Ehren) von Ortygius. In den blühendsten Zeiten unserer Herren Honorius und Theodosius, Väter des Vaterlandes, immer Augusti an Flavius Ortygius, vom Rang eines clarissimus, vom Rang eines spectabilis, comes der ersten Ordnung und dux der Provinz Tripolitania wegen seiner ausgezeichneten Dienste und Anstrengungen und Treue, die er bei der Unterdrückung der Raserei der Austurianer gezeigt hat, stifteten dies der glänzendste Rat (ordo) und das Volk der Stadt Leptis Magna.“* Siehe ferner: Tantillo/Bigi 2010, 370–371, Nr. 31, Abb. 7.20, 10.36, Pl. X.

407 Prisc.exc.leg.14,5–6 (ed. Carolla) = Frg.15 (ed. Blockley).

408 PLRE II, Armatius 147.

mit dem Konsulat 419 n. Chr. als auch mit dem Posten des *magister militum praesentalis* belohnt wurde. Diese Stellung behielt er bis ca. 438 n. Chr. inne. Danach war er Teil verschiedener Gesandtschaften zum Hof der Hunnenkönige Rua und Attila.[409] In diesem Kontext ist auch die oben zitierte Passage zu verorten. Aus diesem knappen Exkurs wird deutlich, dass Roques' These wesentlich von prosopografischen Details und der Kontextualisierung einer Episode aus dem Geschichtswerk des Priscus abhängt. Der von römischen Soldaten sicher oft als Zermürbungskampf empfundene Grenzkonflikt mit den im Wüstenvorland lebenden Stämmen wird eine nicht zu unterschätzende Rolle bei der Verlegung der Hauptstadt ins weiter östlich gelegene Apollonia-Sozusa gespielt haben, aber einen chronologischen Fixpunkt, der diese administrative Reform herbeigebracht hat, können wir auf der Grundlage des zur Verfügung stehenden Quellenmaterials nicht festlegen. In Anbetracht dieser Unzulänglichkeit plädiere ich daher im Gegensatz zu Roques für eine grobe chronologische Verortung des Hauptstadtwechsels in die zweite Hälfte des fünften Jahrhunderts – speziell in den Zeitraum nach 468 n. Chr. Diese Vermutung speist sich aus den tiefgreifenden, geopolitischen Umwälzungen, die durch die vandalische Eroberung des römischen Nordafrikas hervorgerufen wurden. Ein kurzer Passus aus der Vita des Säulenheiligen Daniel mag den tiefsitzenden Schock Ostroms und die daraus resultierenden Konsequenzen für die ägyptische Diözese, zu der auch die Pentapolis zählte, verdeutlichen. Im 56. Kapitel der Vita erreicht nämlich ein folgenschweres Gerücht den Hof des Kaisers Leo I. (457–474 n. Chr.):

> „Ἐγένετο δὲ μετὰ χρὸνον τινὰ ἀκοὴν γενέσθαι, ὥς ὅτι Γηζήριχος ὁ ῥὴξ τῶς Οὐανδήλων μέλλει τὴν Ἀλεξάνδρου πόλιν καταλαβεῖν καὶ οὐ μικρὸν ἀγῶνα εἶχεν περὶ τούτου ὁ βασιλεὺς καὶ ἡ σύγκλητος καὶ ἡ πόλις. Ἀποστέλλει οὖν ὁ βασιλεὺς Ὑλάσιον τὸν σπαθάριον αὐτοῦ εὐνουχον, γνωρίζων τῷ όσιῳ περὶ Γηζηρίχου καὶ ὅτι βούλεται ἐξέρκετον ἀποστέλλειν ἐκεῖσε. Ἀνελθὼν δὲ ὁ Ὑλάσιος ἀνήγγειλεν τὰ ῥήματα τοῦ βασιλέως τῷ οσίῳ. Εἶπεν δὲ ὁ ὅσιος τῳ Ὑλασίῳ «Πορευθεὶς εἰπὸν τῷ βασιλεῖ ὅτι. Περὶ τούτου μὴ ἀθύμει λέγει γάρ σοι δι' ἐμοῦ τοῦ ἁμαρτωλοῦ ὁ Θεὸς ὅτι Γηζήριχος τὴν Ἀλεξάνδρου πόλιν οὐ βλέπει εἰς τὸν αἰωνα οὔτε τις τῶν αὐτοῦ εἰ δὲ βούλει ἀποστέλλειν ἔξέπκετον, τοῦτο ἐν τῇ σῇ γνώμῃ ἔστω, ὁ δὲ Θεός, ᾧ λατρεύῳ, καὶ τὴν εὐσέβειαν ὑμῶν ἄθλιπτον διαφθλάξει καὶ τοὺς ἀποστλλομένους ἐνισχύσει κατὰ τῶν ἐχθρῶν τῆς βασιλείας.» Ἀπελθὼν δὲ ὁ ἀποσταλεὶς ἀνήγγελειν ταῦτα τῷ βασιλεῖ ἅπερ τῇ τοῦ Θεοῦ χάριτι καὶ γεγόωασιν."

409 PLRE II, Fl. Plintha 892–893.

„Einige Zeit später verbreitete sich ein Gerücht, dass Geiserich, der König der Vandalen, im Begriff war, die Stadt Alexandria anzugreifen. Dies versetzte den Kaiser, den Senat wie auch die ganze Stadt in Unruhe. So schickte der Kaiser seinen spatharius Hylasius, der ein Eunuch war, um den Heiligen von Geiserich, und der Absicht des Kaisers dorthin eine Armee zu entsenden, zu berichten. Hylasius ging hinauf zum Heiligen und überbrachte die Nachricht des Kaisers. Der Heilige aber sagte zu ihm: «Geh zurück zum Kaiser und sag ihm dies. Sorge dich nicht darüber, denn Gott sagt dir, durch mich, einen Sünder, dass Geiserich die Stadt Alexandria niemals erblicken wird; wenn du aber eine Armee dorthin schicken willst, ist das deine Entscheidung; Gott aber, dem ich diene, wird deine Frömmigkeit nicht unterdrücken und die stärken, die gegen die Feinde des Kaisertums entsand werden.» Hylasius stieg herab und brachte diese Nachricht zum Kaiser und dank der Gnade Gottes wurden seine Worte wahr.“[410]

Diese Episode ist im Vorfeld des großen Feldzugs von 468 n. Chr. zur Rückeroberung der afrikanischen Provinzen anzusiedeln. Im Kontext der Heiligenvita soll sie zunächst das besondere Charisma des Säulenheiligen demonstrieren, der als Sprachrohr Gottes fungieren konnte.[411] Durch diese Funktion übte er großen Einfluss auf den gottgefälligen Kaiser Leo aus. Die tatsächliche Historizität der Nachricht über den vermeintlichen Angriff der Vandalen auf Alexandria tritt demgegenüber in den Hintergrund. Im Hinblick auf die Grenzorganisation der Kyrenaika halte ich sie dennoch für bedeutend, da sie auf mehreren Ebenen symptomatisch für die Veränderungen der Mittelmeerwelt im fünften Jahrhundert n. Chr. ist. Der potenzielle Verlust des ägyptischen Steueraufkommens, insbesondere des Getreides, hätte fatale Folgen für den oströmischen Kaiser und die Bevölkerung Konstantinopels gehabt. Um den Kaiser zur militärischen Intervention in der Pentapolis zu bewegen, hatte Synesius in seiner zweiten Katastasis mit dem Verweis auf die Bedrohung Ägyptens ebenso versucht, solcherlei Ängste zu schüren.[412] Im Gegensatz zu den Einfällen der Maziken und Aus(t)orianer hatten die Vandalen in der ersten Hälfte des fünften Jahrhunderts n. Chr. bereits weite Teile Nordafrikas erobern können. Der Aktionsradius dieser „Barbaren“ erstreckte sich zudem nicht nur auf die Inseln und Städte des westlichen Mittelmeerraums. In seinem *Vandalenkrieg* berichtet Prokop auch von Angriffen auf die Peleponnes und das Illyricum.[413] Geiserich, der König aus dem Geschlecht der Hasdingen, hatte sich obendrein nicht nur als fähiger General, sondern

410 V.Dan.Styl.56. Entnommen aus: Delehaye 1923, 55.

411 Siehe ferner: Trampedach 2013, 185–207; Pfeilschifter 2013, 427–451, bes. 436–439. Enderle 2012, 549–562.

412 Synes.Catast.2,3–4.

413 Prok.BV.1,5,22–25. Siehe zu den maritimen Operationen der Vandalen: Merrills/Miles 2010, 109–141.

auch auf der politischen Ebene als gerissener Taktiker entpuppt und seine ambitionierte Außenpolitik musste vom oströmischen Kaiser mit Bedacht einkalkuliert werden.[414] Ein Angriff auf die aus ökonomischer Sicht wichtigste römische Provinz war also nach dem damaligen Verständnis gar nicht so abwegig. Die abschließende Bemerkung des Säulenheiligen, dass es die Entscheidung des Kaisers wäre, tatsächlich eine Armee zu entsenden, spielt auf den unglücklichen Verlauf des Feldzugs an, der bezeichnenderweise an keiner anderen Stelle der Vita direkt angesprochen wird.[415] Die verheerende Niederlage Leos begrenzte daher mittelfristig nicht nur den politischen Einfluss Ostroms, sondern auch dessen finanzielle Möglichkeiten.[416] Eine der zahlreichen Nachwirkungen könnte zudem die administrative Neuausrichtung der Kyrenaika gewesen sein. Der kulturelle und wirtschaftliche Einfluss Ägyptens war ohnehin bereits in der Pentapolis spürbar.[417] Hinzu kam, dass sich zwar die diplomatischen Beziehungen zu den Vandalen unter den Kaisern Zeno und Anastasius verbesserten, aber im Gegenzug der politische Einfluss und die Kontrolle über die in Tripolitanien lebenden maurischen Stämme schwand.[418] Es wäre daher sicherlich im Interesse der afrikanischen Fraktion am Kaiserhof in Konstantinopel gewesen zusätzliche Gebietsverluste in Nordafrika zu verhindern.[419]

Ein weiterer grundsätzlicher Faktor für die Wahl Apollonias zur *metropolis* wird die vorteilhafte verkehrstechnische Anbindung gewesen sein. Wie wir aus einem Brief des Synesius wissen, benötigte ein Schiff bei gutem Wind ca. fünf Tage von Alexandria nach Phykus, einem Hafen im Westen von Apollonia.[420] Die beiden großen und befestigten Hafenbecken Apollonias boten sich zudem als Flottenstütz-

---

414 Zu Geiserich: Steinacher 2016, 207–234; Vössing 2014, 50–71; Börm 2013, 57–81. Zum Handlungsspielraum Leos: Siebigs 2010, 254–270; Croke 2005, 147–203, bes. 179–184; Bockley 1992, 71–79.

415 Lediglich die Desertation einer Gruppe Bucellarier, die sich vor Beginn der Kampfhandlungen aus religiöser Überzeugung dem Säulenheiligen Daniel angeschlossen hatte, wird erwähnt. Vgl. V.Dan.Styl.60–61. Siehe zudem Kapitel 3.1.1.

416 Zu den Entwicklungen am Kaiserhof in Ravenna: Börm 2013, 89–129; Henning 1999, 233–240, 261–267, 277–321.

417 Wilson 2004, 143–154; Roques 1985, 387–394.

418 Modéran 2003, 541–565; Conant 2012, 30–43, 252–305. Zuletzt haben sich Elisabeth Fentress und Andrew Wilson für das Gefahrenpotential der „Invasoren aus der Sahara" stark gemacht. Siehe: Fentress/Wilson 2016, 41–63 und die Besprechung ihrer These in Kapitel 3.2.1.

419 Der religionspolitische Kurs des Vandalenkönigs Hunerich wird diese Position der Exilafrikaner noch verstärkt haben. Ausführlich hierzu mit weiterführender Literatur: Conant 2012, 32–36, 75–83, Steinacher 2015, 75–98, bes. 91–96; Modéran 2003a, 21–44.

420 Synes.epist.51; 109; 121. Vgl. Schmitt 2001, 166; Roques 2008–2013, 97–141.

punkt der Pentapolis an und versandeten wohl nicht so leicht wie der natürliche Hafen von Ptolemais.[421] Die Reise nach Ptolemais konnte demgegenüber bis zu zwei Tage mehr in Anspruch nehmen.[422] Die Präsenz der Vandalen in Nordafrika, den Balearen und vor allem Sizilien wird sich darüber hinaus auch auf den Schiffsverkehr im östlichen Mittelmeerraum ausgewirkt haben. Da die Winde und Strömungen entlang der Großen Syrte die Schifffahrt in Küstennähe erschwerten, wurde die Kyrenaika vornehmlich von Sizilien und via Kreta aus westlicher Richtung angesteuert.[423]

Der Wechsel der Provinzhauptstadt von Ptolemais nach Apollonia-Sozusa war also insgesamt das Ergebnis mehrerer, grundlegender Entwicklungen des vierten und fünften Jahrhunderts n. Chr. Die veränderte geopolitische Situation nach dem Verlust des lateinischen Afrikas an die Vandalen (468 n. Chr.) mag diese Entscheidung beschleunigt haben – einen konkreten Zeitpunkt vermag dieses Erklärungsmodell jedoch nicht zu liefern. Sollte Apollonia-Sozusa allerdings vor der Regierungszeit des Anastasius zur neuen Hauptstadt der Pentapolis aufgestiegen sein, wäre es denkbar, dass die neuen Offiziere und Soldaten aus anderen Teilen des Reiches per Schiff zunächst den Hafen ansteuerten und dann zu ihrem endgültigen Dienstort weiterreisten.[424] Während ihres Aufenthaltes in der Stadt hätten sie dann Gelegenheit gehabt, sich anhand der öffentlich ausgestellten Inschrift *de rebus Libyae Pentapolis denuo constituendis* mit den Spezifika und Eigenarten ihrer neuen Umgebung vertraut zu machen.

4.4 Text und Übersetzung

Der folgende Text bietet keine neue kritische Edition des Erlasses *de rebus Libycis*. Diese wird im Rahmen der Überarbeitung und Digitalisierung (*E-Pigramme*) der Inschriften des Louvre durch Denis Feissel vorbereitet.[425] Eine neue Publikation der einzelnen Inschriftenfragmente ist ebenfalls im Zuge der Onlinepräsentation der

---

421 Fleming 2013, 139–147. Siehe ferner zur Hafenanlage: Blackman et al. 2013, 294–307 und zur Versandung des Hafens von Ptolemais: Blackman et al. 2013, 494; Roques 1999, 187–195; Laronde 1990, 75–83.

422 Beltrame 2012, 315–326, bes. 315–320; Laronde 1992, 54–63.

423 Beresford 2012, 53–105; Arnaud 2005, 14–29, 182–187, 191; Fulford 1989, 169–191; Wilson 2012, 367–391.

424 Vgl. für das frühe fünfte Jahrhundert n. Chr. die Bedeutung des maritimen Truppentransports bei Synes.epist.4, wo mehrere Soldaten aus der Einheit der Araber aus Ägypten (Not.dign.or.28) in die Pentapolis verschifft wurden.

425 URL: http://www.hisoma.mom.fr/mb/IG_LOUVRE/E-PIGRAMME-FR.html, abgerufen am 17.5.2022.

Inscriptions of Roman Cyrenaica erschienen.[426] In Anbetracht dieser beiden epigrafischen Bemühungen wird hier stattdessen eine Kompositedition der beiden gängigen Fassungen des Textes geboten. Die Paragrafen 1–10 geben die Edition von Reynolds wieder, die im Rahmen der Bearbeitung der in Apollonia neu entdeckten Fragmente entstanden ist.[427] Reynolds nutzte hierfür die ältere Edition bzw. Lesung der Inschriften aus Ptolemaus und Taucheira/Tokra von Oliverio sowie einige Notizen von Chamoux. So gelang es ihr insbesondere die Lesung der Paragrafen 9 und 10 zu verbessern. Die betreffenden Textstellen sind mit einer Fußnote markiert und geben den kritischen Apparat wieder, der auch im SEG abgebildet wurde. Die restlichen Bestimmungen (§11–14), die nicht durch Neufunde aus Apollonia ergänzt werden konnten, basieren dagegen auf der von Oliverio besorgten Edition.[428]

[Αὐτοκράτωρ Καῖσαρ Φλ(άβιος) Ἀναστάσιος νικητὴς εὐσεβὴς εὐτυχὴς] [τροπαιοῦχος ἀεισέβαστος Αὐγούστος δέδωκε τοὺς καινοὺς] [θείους τύπους ἐπὶ τοῦ περιβλ(έπτου) κόμιτ(ος) καὶ δουκὸς Δανιῆλος]	Imperator Caesar Flavius Anastasius, *victor, pius, felix, triumphator*, stets erhabener Augustus, hat die neuen, kaiserlichen Bestimmungen erlassen und an den *vir spectabilis* Comes und Dux Daniel übergeben.
§1. [Ὥστε τοὺς νῦν καὶ κατὰ καιρὸν δουκικοὺς καὶ τοὺς ταύτην] [ἀποτιληρώσαντας ἢ πληροῦντας τ]ὴν [στρατίαν μήτε στρατιω τικὰ] [κομίζεσθαι σιτηρέσια μήτε εἰς μ]άτρικα̣[ς στρατιωτικὰς ἀναφέρεσθαι]	Die aktuellen und zukünftigen Mitglieder des Officium des Dux und diejenigen, die ihren Dienst erfüllt haben oder gerade vollenden, sollen weder die Annona der Soldaten erhalten noch in den Militärregistern verzeichnet sein.
§2 [Ὥστε εἶναι τοὺς δουκικοὺς αἰεὶ τεσσε]ράκοντα̣ [μόνους καὶ μόνος τὰς] [τεσσεράκοντα ἀνώνας καὶ τὰ τεσσερά]κοντα [κάπιτα τὰ] [ἐκτατ-	Das Officium des Dux soll fortan nur aus 40 Mitgliedern bestehen, und diese sollen jeweils nur (für sich selbst) 40 Rationen der Annona und 40

426 Reynolds 2008, 1943–1947. URL: https://ircyr2020.inslib.kcl.ac.uk/en, abgerufen am 17.5.2022.

427 Reynolds 1976, 309–312 (= SEG 27, 1139 = IRCyr A.30). URL: https://ircyr2020.inslib.kcl.ac.uk/en/inscriptions/A.30.html, abgerufen am 17.5.2022; Chamoux 1955, 333–334; 2001, S. 1081–1111, bes. 1087–1088.

428 Oliverio 1936, 135–143 (= SEG 9, 356, 414 = IRCyr P.116 und T.219). URL: https://ircyr2020.inslib.kcl.ac.uk/en/inscriptions/P.116.html und T.219 URL: https://ircyr2020.inslib.kcl.ac.uk/en/inscriptions/T.219.html, beide abgerufen am 17.5.2022.

τόμενα αὐτοῖς παρὰ τῶν ἐνδοξοτ]άτων [ἐπάρχων ἐν][ταῖς καθ´ ἔτος δηλεγατίοσιν κομίζεσ]θα̣[ι καὶ μεταξὺ] [ἑαυτῶν ὡς ἄν βούλοιντο διανῖμαι ὀφίλοντας πάντας] [καὶ προσκαρτερεῖν ταῖς δικαστικαῖς καὶ δημοσίαι]ς [ὑπηρεσίαις καὶ τρέφεσθαι ἐκ τῶν οἰκίων σιτ]ηρ(εσίων) [οὐδὲ γὰρ ἡγούμεθα πλιόνων δεῖσθαι τὸ πρᾶγμα τ]ού-[των παραμενόντων τῇ ἰδίᾳ στρατίᾳ vac.] vac.

Rationen der Capita erhalten, die ihnen von den *gloriosissimi* (Prätorianer-)Präfekten, gemäß den jährlichen *delegationes*, ausgezahlt werden. Die Steuerrationen dürfen sie danach nach eigenem Belieben unter sich aufteilen und sollen davon ihren gesamten Lebensunterhalt während ihres anstrengenden und langwierigen Dienstes in juristischen wie fiskalischen Angelegenheiten bestreiten. Ich glaube ferner, dass wenn jeder einzelne (Mitarbeiter) seinen Dienst (anständig) verrichtet, diese (Anzahl) ausreicht.

§3. [Ὥστε κρατεῖν τὰς μάτρικας τὰς παρὰ Δανιῆλος το]ῦ περ[ι]βλ(έπτου) [κόμιτος καὶ δουκὸς συνταγείσας vac.] vac.

Die Amtsmatrikeln werden, so wie sie der *vir spectabilis* Comes und Dux Daniel zusammengestellt hat, bestätigt.

§4. [Ὥστε μὴ ἐξεῖναι τῷ νῦν ἤ κατὰ καιρὸν δουκὶ κομίζεσθαί τι] π̣αρὰ τ̣[ῶν] [στρατιωτῶν ὑπὲρ τῆς καλουμένης μὲν εὐμενίας οὔσ]ης [δὲ ἐξ] [ἔθους οὐκ ἀγαθοῦ κακῆς συνη̣[θίας vac.] v. [vac]

Den gegenwärtigen und zukünftigen Duces wird untersagt, von den Soldaten unter dem Vorwand einer „Gefälligkeit“ etwas einzufordern, da diese üble Gewohnheit (bereits) von einem unguten Brauch herrührt.

§5. [Ὥστε μὴ ἐξεῖναι τοῖς νῦν ἤ κατὰ κ]α̣ιρὸ̣ν [νουμεραρίοις ἤ] [πριμισκρινίοις κομίζεσθαί τι π]αρὰ τ[ῶν στρατιωτῶν] [τῶν πέντε ἀριθμῶν λόγῳ χαρτ]ατικῶ̣ν [vac.]

Den gegenwärtigen und zukünftigen *numerarii* und *primiscrinii* wird untersagt, das Chartaticum von den Soldaten der fünf Einheiten einzufordern.

§6. Ὥστε τὴν δωδεκάτην μοῖραν μὴ ἐκ τῶν προτέρων διδο][μένων ἐκ τοῦ δημοσίου πᾶσαν παρακατέχεσθαι ἀλλὰ] [αὐτων τῶν κατὰ μέρος διδομένων τὴν μὲν δωδεκάτην] [κατὰ ἀναλογίαν ἔχειν ἕκαστον τῶν προσώπων οἷς ἡ]

Der zwölfte Anteil soll nicht von den früheren Abgaben der Bevölkerung einbehalten werden, sondern der entsprechende Anteil soll nacheinander (abwechselnd) von den folgenden Teilzahlungen eingezogen werden (bis er dem zwölften Anteil

[τοιαύτη ἀφώριστα]ι πα[ραμυθία τὰ δὲ λοιπὰ μέρη τοὺ γενναιο][τάτους κομίζεοθ]αι σ[τρατιώτας ὁμοίως ἑκάστους] [τούτων κατὰ ἀναλ]ογί̣α[ν τῶν ἐκ τοῦ δημοσίου δοθέντων] [καὶ κομιζομέν]ο̣υ(ς) καί̣[μὴ τοὺς μὲν ἀποπλ]ηρο̣ῦ̣[σθαι τὴν αὐτῶν παρα]μ̣υθίαν [τοὺς δὲ στρατιώτ]ας v. [χρεωστῖσθαι vac.] vac. [vac.] vac

entspricht). So soll jede der Personen, die ein Anrecht darauf hat, einen entsprechenden Anteil an dem Zwölftel haben, und den Rest erhalten die *fortissimi* Soldaten. Auf ähnliche Weise soll jede (dieser) Person(en) einen entsprechenden Anteil von den Abgaben der Bevölkerung erhalten, aber nicht so, dass die Offiziere den vollen Betrag erhalten, die Soldaten jedoch nicht.

§7. [Ὥ]σ[τε ἰνσπέκτου γε]ν̣ομένου[429] [μὴ καταζητῖ]σθαι ὡς ἀ[σθενεῖς τ]οὺς[430] πρώτο[υς ἑκάστου ἀρι]θμοῦ καὶ κ̣ά[στρου τουτέσ]τι[ν ε]ἰ μὲ[ν ἕκατον εἶεν ἄν]δρ(ες) τοὺς π[ρώτους πέν]τ̣ε εἰ δὲ κα[ὶ διακόσιοι[431] τοὺς πρώτους] δέκα τὴν̣ [δὲ αὐτ]ὴ̣ν ἀναλ̣[ογίαν καὶ ἐπὶ τοῖς] πλίωσιν κα[ὶ ἐπὶ τοῖ]ς ἐλάτ[τοσιν ἀνδράσιν] φυλάττεσθα[ι vac.]

Bei der erfolgten Inspektion sollen keine Kranken unter den *priores* der jeweiligen Einheit oder des Lagers sein, das heißt die ersten 5, sofern es 100 sind, oder die ersten 10, sofern es 200 sind. Dasselbe Verhältnis soll beibehalten werden, auch wenn es mehr oder weniger Männer sind.

§8. Ὥστε ἐκ πάντων τ̣[ῶν] ἀρίθμων [καὶ οὐκ ἀφ' ἑκάστου] τούτων ἀποκεκληρῶσθαι τ[ῷ περιβλ(έπτ]ῳ) δουκὶ]ἤτοι τοῖς περὶ τῶν τοιούτω[ν ἀποστέλλειν] αὐτοὺς ὀφίλουσιν [εἰ]ς γ̣ρ̣α̣μ̣[μάτων ἐπικο][μ]ιδὴν καὶ [μ]ιδὴν καὶ ἄλλος ἀ̣π̣οκρ[ίσεις στρατιώτας δε]καπέντε[432]

Aus allen Einheiten, und nicht nur aus einer von ihnen, soll der *vir perfectissimus* Dux oder jene, die Schreiben/Boten zurücksenden müssen, 15 Soldaten auswählen für den Botendienst, 5 zum Bewachen der Tore und 7 zur Bewachung des öffentlichen Gefängnisses. Sie sollen von denen

429 SEG 9, 356: ἰνσπεσίμου συνοδ̣ιακο̣ῦ = „Bei der gemeinsamen Inspektion sollen ...".

430 SEG (lap Ptol.): ὡς ἀσθενεῖς {ι} ἤ ἀχρείους = „(keine) Kranken und Kampfunfähigen ...". Auf der Inschrift in Apollonia ist für diese Formulierung nicht genügend Platz vorhanden. Vgl. https://ircyr2020.inslib.kcl.ac.uk/en/inscriptions/A.30.html, abgerufen am 29.8.2024.

431 SEG (lap. Ptol.): εἰ δὲ διακόσιοι.

432 SEG (lap. Ptol.): δέκα καὶ πέντε.

ὀστιαρίους πέν̣[τε καὶ εἰς παραφυλα]κὴν τοῦ δημοσίου δεσμωτηρ[ίου] σ̣τ̣ρ̣α̣τ̣ι̣ [ώτας ἕπτα] [π]αρέχεσθαι δὲ τούτους ἐκ τῶ[ν λ]όγῳ̣ ὑπη[ρεσίας ἐν ἑ][κ]άστῳ̣ ἀρίθμῳ̣ ἐαθέντων κα̣[ὶ ο]ὐκ ἀνα[γκαίων ἐν και][ρ]ῷ̣ πολέμου καθεστώ[των ἐκ τ]ῆς σχολ̣[ῆς δηλον][ότι τ]ῶν κιρκιτόρων καὶ τ[ῶν μετ'] αὐτο[ὺς στρατιωτῶν] [τοὺς δὲ] λοιποὺς πάντας π̣[ροσκαρτερεῖν τοῖς φοσσάτοις]

entnommen werden, die in ihren Einheiten keinen schweren Dienst verrichten, und nicht denen, die notwendig sind für den Kriegsdienst, nämlich der Gruppe der *circitores*[433] und den rangnächsten Soldaten. Alle übrigen sollen sich ausnahmslos der Bewachung der Grenzposten (*fossata*) widmen.

§9. [Ὥστε τὸν] ἐπικίμενσν εἴ τις[434] α̣[ἰτιαθείη παρ' αὐτῷ̣ μέχρι νο][μισμάτων] ἑκατὼν λαμβ̣[άνειν ἥμισυ νομίσματος καὶ] [αὐτοῦ ἐξετ]ά̣ζειν τὴν ὑ[πόθεσιν εἰ δὲ μὴ παροχθείη] [ἡ ὑποθέσις ἀζ]ήμιον[435] τὸ[ν αἰτιαθέντα φυλάττεσ][θαι vac.] vac. [vac.]

Der Dux soll, wenn ihm ein Angeklagter vorgeführt wird, (bei einem Streitwert von) bis zu 100 Solidi, einen halben Solidus erhalten, sofern er den Fall selbst untersucht; falls (die Angelegenheit) nicht vor Gericht gebracht wird, bleibt der Angeklagte frei (von jeglichen Kosten).

§10. [Ὥστε τοὺς ἐν κάστροις[436] ἰδι]ώτας διδ[όναι προτέρους τὰ] [μητάτα δίχα διατραφῆς] ἕκαστον [πρὸς τὴν τῶν οἰκημάτων] ὧν κέκτηται δύναμιν εἰ] δ̣ὲ μὴ ἐξα[ρκεῖ[437] τὰ ἐκείνων οἰκὴ][ματα καὶ αὐτοὺς τοὺς στρ]ατιώτα[ς ἐφ' ὕστερον ? εἰς τὰ] [ἰδία . . c. 14[438] . .]ως παρ[έχειν μητάτα καὶ] [μὴ

Die Zivilisten, die in den Kastellen der Grenzregion wohnen, sollen die ersten sein, die die erforderlichen Unterkünfte ohne Verpflegung bereitstellen, jeder nach den (räumlichen) Möglichkeiten des Hauses, das er besitzt. Falls die Unterkünfte von diesen nicht ausreichend sind, sollen die Soldaten daraufhin ihre eigenen

433 In der englischen Übersetzung von Johnson/Coleman-Norton/Bourne ^{2}2003, 253–255 wird hier lediglich auf eine „group of camp patrols“ hingewiesen. Das gibt die herausgehobene, und dementsprechend privilegierte, Rangklasse der *circitores* nur ungenügend wieder.

434 SEG (lap Ptol.): ἐπικείμενόν τις.

435 SEG: παρ̣α̣υ̣τ̣[ὰ τὴ]ν̣ [ὑπ]ό[θεσιν]εἰσά<γ>ιν κα[ὶ] τὸν.

436 SEG (lap Ptol.): ἐν] το[ῖς] κάστροίς.

437 SEG: εἰ δὲ [μὴ ἀρκο]ῦσι.

438 SEG: ἰδία κομίζ[ει]ν κάστρα.

ἐνυβρισαμένους] τοὺς ἰδ[ιώτας προφάσει μη][τάτων ..c.12..] ΟΤΗΠ̣[..c.5.. τῶν αὐτῷ δια-] [φερόντων[439] οἰκημάτων] vac. [vac.]

Quartiere bereitstellen, um auf die erforderlichen Unterkünfte zu kommen, ohne dabei die Zivilisten unter dem Vorwand der „Einquartierung“ zu belästigen ... ausgenommen sind die Häuser, die im Besitz ...

§11. Ὥ[σ]τε τοὺς καστρ<η>σιανοὺς μετὰ πά<σ>ης ἐπιμελίας | παρα[φ]υλάττιν, καὶ μὴ σ[υνω]νῆς χάριν τινὰ παρειέναι ἐπὶ τ[ο]ὺς | βαρβάρους μήτε τ[ὰ] ἀλλάγματα πρὸς αὐτοὺς τιθ[έν]αι ἀλλὰ φολάττιν αὐτοὺς | καὶ τὰς ὁδοὺς ἐπὶ τῷ μήτε Ῥωμαίους μήτε Αἰγυπτίο[υς μ]ήτε ἕτερόν τ<ι>να δίχα [πρ]οστάγ||ματος τὴν πάροδον ἐπὶ τοὺς βαρβάρους [π]οιεῖ<ν>· [το]ὺς δὲ ἐκ τοῦ ἔθνου[ς τ]ῶν | Μακῶν διὰ γραμμάτων τοῦ λ̣α̣(μπροτάτου) πραιφέκτου συγχωρῖσθαι ἐπὶ τὰ χωρία [Πε]ντα|πόλεως παραγίνεσθαι.

Die Grenzsoldaten sollen größte Vorsicht walten lassen, dass keiner zu den Barbaren durchreist, um mit ihnen Handel zu treiben oder Verträge mit ihnen abzuschließen, sondern sie sollen die Straßen bewachen, damit weder Römer noch Ägypter oder irgendjemand anderes ohne Erlaubnisschein zu den Barbaren hinübergehe. Allerdings ist es aufgrund eines Briefes des *vir clarissimus* Präfekten[440] den Mitgliedern des Stammes der Makier erlaubt, in das Gebiet der Pentapolis zu kommen.

§12. Ὥστε π̣αρὰ τοῖς γενναιοτάτοις στρ[ατ]ιώταις | δίχα τινὸς παρὰ τὸ δίκαιον ἐπισαγ[ο]μένης ἐπηρί[ας] παρέχεσθαι.

Die *fortissimi* Soldaten sollen mit den ihn zustehenden Gütern versorgt werden, ohne dass sie dabei ungerechtfertigte Beleidigungen erdulden müssen.

§13. Ὥστε τὸν παρα|β<αί>νοντά τι τῶν τυπωθέντων π[ε]ντήκοντα χρυσίο λίτρας λόγῳ προσ||τίμου μεθοδεύεσθαι, καὶ ταύτας περὶ τὴν τῶν ὅρων ἐπιμέ[λ]ιαν δαπα|νᾶσθαι.

Bei Verstoß gegen eine dieser Bestimmungen werden 50 Pfund Gold als Strafe verhängt, die für die Pflege der Grenzen verwendet werden sollen.

439 SEG: [ἕκασ]τ̣ο̣ν̣ δίχα τῶν αὐτῷ διαφ{φ}ερόντων.

440 Gemeint ist wohl der *praefectus Augustalis* in Alexandria. Denkbar wäre auch einer der Prätorianerpräfekten.

§14. Γνῶσις τῶν μετὰ τὰ ἐ<π>έ[τε]ια [ε]ἰς μίωσιν τῶν συνηθιῶν τυ|πωθέντων· καθ' ἕκαστον ἔτο[ς παρέχονται παρ]ὰ [τῶν] γε[νν]αιωτάτων στρατιωτῶν | ἐκ πάντων τῶν ἀριθμῶν καὶ οὐκ ἀφ' ἑκάστου τούτων διαφόρ[ο]ις | κατὰ τὴν χώραν προσώποις, ὧν || οὐδὲν πλέον αὐτοὺς ἐπινοεῖσ[θ]|αι χρή, οὕτως· συγκαθέδρῳ τοῦ περ|ιβλέπτου δουκός νο(μίσματα) ρνδ´· δομε|στικῷ τοῦ αὐτοῦ νο(μίσματα) ρκς´· κανκ<ε>|λλ[α]ρίῳ τοῦ αὐτοῦ νο(μίσματα) κδ´· τῶι || δεκανῷ καὶ σο[υβσκριβε]νδαρίῳ |καὶ σπαθαρίῳ καὶ βουκινάτορι καὶ ἀν|θρώποις τοῦ δουκός, τοῖς πᾶσιν τού|τοις νο(μίσματα) ρπ´·| τῇ τάξει λόγῳ καλανδαρικῶν || νο(μίσματα) ρ{α}ξα´· τῷ | νουμεραρίῳ καὶ πριμισκριν[ί]ῳ ὑπὲ<ρ> | ἀννώνας προστιθεμένης καὶ παρα|πομπῆς νό(μισμα) α´· τοῖς αὐ|τοῖς ὑπὲρ καπίτου ὁμοίως προστι||θεμέν{ι}κ}ου νό(μισμα) α´· τοῖς α|ὐτοῖς ὑπὲρ προκοπῆς βαθμ<ο>ῦ νό(μισμα) α´ {ς}· τοῖς α|ὐτοῖς ὑπὲρ στρατευσίμου καὶ τῆς καλ|ουμ[έ]νης προβατωρίας νό(μισμα) α´· τοῖς αὐ|τοῖς λόγῳ χαρτατικῶν {ΝΑ} ἀπὸ ἑκ||άστου κάστρου τῶν κ{α}αστρη|σιανῶν νο(μίσματα) ς´·| τοῖς αὐτοῖς λόγῳ τετραμηνιακ|ῶν ὁμοίως νο(μίσματα) δ´.

Verzeichnis der Reduzierung der gewohnten, jährlichen (Sonder-)Zuwendung, die zusätzlich zum jährlichen Sold ausgegeben wurde. Alljährlich wird diese Zuwendung von den *fortissimi* Soldaten aller Einheiten bereitgestellt, nicht nur durch einzelne von ihnen, und von der (zuständigen) Person in der jeweiligen Region, verwendet. Mehr als dies sollen sie fortan nicht betragen:

Der *assesor* des *vir perfectissimus* Dux 154 Solidi

Der *domesticus* desselben 126 Solidi

Der *cancellarius* desselben 24 Solidi

Der *decanus*, der *subscribendarius*, der *spatharius* und der *bucinator* und die übrigen Männer des Dux insgesamt 180 Solidi

Dem Officium als Neujahresvergütung 161 Solidi

Der *numerarius* und der *primiscrinus* für die Ausstellung und den Transport der Annona 1 Solidus

Denselben für die Verteilung der Capita-Rationen 1 Solidus

Denselben für die Beförderungsschreiben 1 Solidus

Denselben für (die Anfertigung der) στρατευσίμου (?) und der sogenannten *probatoria* 1 Solidus

Denselben für das Chartaticum von den Soldaten eines jeden Kastelles 6 Solidi

Denselben für die (Anfertigung des) vierteljährlichen Berichts, gleichsam 4 Solidi

4.5 Historischer Kommentar

4.5.1 Datierung und Intitulatio

In der grundlegenden Edition der Inschriftenfragmente aus Ptolemais und Taucheira/Tokra, die von Gaspare Oliverio erstellt wurde und in der ersten Hälfte des letzten Jahrhunderts ebenfalls in dem *Supplementum Epigraphicum Graecum* (SEG) erschien, wurde der Erlass des Anastasius in das Jahr 501 n. Chr. datiert.[441] Der Herausgeber Jacobus J.E. Hondius wich bei seinem Referat der Inschrift von dem Urteil Oliverios ab, der einen Zeitraum zwischen den Jahren 500–505 n. Chr. für möglich hielt, sich aber letzten Endes auf kein eindeutiges Datum festlegte.[442] Die Zuordnung im SEG wurde durchaus in Frage gestellt, am kritischsten äußerte sich Ernst Stein: „*cette datation (est) toute arbitraire*".[443] In der Forschung wurde sie dennoch bisher nicht widerlegt und meist kommentarlos übernommen.[444] Es scheint daher angebracht, die bisherige Datierung zu überprüfen und anhand der überlieferten Inschriftenpartien eine neue chronologische Verortung zu unternehmen.

Bevor die einzelnen Inschriftenfragmente aus der Pentapolis und allen voran die Lesung Oliverios in dem SEG veröffentlicht wurden, hatte sich bereits eine Reihe namhafter Gelehrter mit der Etablierung eines einheitlichen Textes und der Analyse des Gesetzes befasst.[445] Einer der ersten war Wilhelm Fröhner.[446] Bei der Bearbeitung und Interpretation der griechischen Inschriften des Louvre beschäftigte sich Fröhner auch mit den Fragmenten aus Ptolemais und nahm eine umfassende Lesung vor. Der Zustand der drei großen Sandsteinquader ließ seiner Meinung nach eine vollständige Edition des gesamten Textes nicht zu, weshalb er sich auf eine Zusammenfassung des Inhalts und der Übersetzung einiger Teilpassagen beschränkte.[447] Die für die Datierung wichtige Kaisertitulatur rekonstruierte er folgendermaßen:

> „[Αὐτοκ]ράτωρ Καῖσαρ Φλ(άβιος) Ἀναστάσιος, νικηṭḥ[ς, εὐ]ọεḅή[ς ... τρο] [παι]οῦχος, ἀεισέβαστος Αὐγούστος | **δεκάτου ἔτους**."

441 SEG 9, 356 = IRCyr P.116.

442 Oliverio 1936, 164.

443 Stein 1949, 197 mit Anm. 2; J. & L. Robert 1951, 126; zuletzt Nappo 2006, 329–352 mit Anm. 12; Lounghis/Blysidu/Lampakes 2005, 91, Nr. 210; Brandes 2001, 259 mit Anm. 138; Roques 1987, 226.

444 So zuletzt Johnson/Coleman-Norton/Bourne ^{2}2003, 253–255; Strobel 2012, 187–201, bes. 196–197; Haarer 2006, 214–216; Chr. Kelly 2004, 50; Lewin 1989, 197–209; Stucchi 1975, 455; Jones 1964, 662; Chastagnol 1976, 310–313; Romanelli 1971, 195–205.

445 CIG III: 531–534; Krüger 1867, 186–202; Waddington 1868, 417–430.

446 Fröhner 1865, Katalognr. 289, 319–321.

447 Fröhner 1865, 319, Anm. 1.

„Imperator Caesar Flavius Anastasius, *victor*, *pius* ... stets erhabener Augustus (erließ) **im zehnten Jahr**."

Fröhner kam zu dem Schluss, dass es sich um das zehnte Regierungsjahr (501 n. Chr.) des Anastasius handeln müsse. Durch den Fund weiterer Fragmente der Anastasius-Inschrift aus Taucheira/Tokra und zuletzt Apollonia konnte die Wiederherstellung der ursprünglichen Textgestalt seit dem 19. Jahrhundert erheblich vorangetrieben werden, ohne jedoch die Datierungsfrage endgültig zu klären. Jacobus J. E. Hondius bediente sich demnach der fehlerhaften Lesung Fröhners und folgte dessen Urteil. Eine zweifelsfreie Datierung in das Jahr 501 n. Chr. ist aufgrund der aktuellen Textrekonstruktion somit hinfällig.

Um einen neuen Zeitpunkt für die Veröffentlichung des Gesetzes zu ermitteln, gilt es zunächst die einzelnen Hinweise aus dem Erlass selbst zu untersuchen, bevor dann in einem zweiten Schritt weitere Quellen zur Kontextualisierung herangezogen werden.

Anhand der Chronik des Marcellinus Comes und der papyrologischen Evidenz wissen wir, dass Anastasius zu Beginn seiner Herrschaft vermehrt Mitglieder seiner Familie mit dem Konsulat beehrte.[448] In dem von Wilhelm Fröhner vorgeschlagenen Jahr 501 n. Chr. war es beispielsweise der Neffe des Kaisers Fl. Pompeius.[449] In den Jahren 496, 500 und 502 n. Chr. bekleideten mit Paulus, Fl. Hypatius und Probus drei weitere Verwandte das Konsulat.[450] Der Erlass des Kaisers in der Pentapolis bricht nun augenscheinlich mit der üblichen Kombination aus Konsulat und/oder Indiktion und verweist stattdessen auf die Amtszeit des „κόμιτ(ος) καὶ δ[ο]υκὸς Δανιῆλ[ο]ς".[451] Wer war nun dieser Comes und Dux Daniel, und lässt sich seine Amtszeit zeitlich bestimmen?

Die Frage nach seiner Identität bleibt vorerst ergebnislos. Der Name Daniel ist zwar in der Spätantike weit verbreitet, in Ägypten lässt er sich allein für das 5. Jahrhundert n. Chr. 27 Mal nachweisen,[452] aber keine der auffindbaren Personen beklei-

448 496/7: SPP XX 129.17; 500/1: SB XVI 12583.1, P.Stras. IV 273 = V 471.1, P.Amst. I 45.2; 502/3: SB XVI 12786.1, P.Stras. IV 229.1, P.Oxy. L 3600.1, P.Ross.Georg. V 31.1. Vgl. Croke 2007, 447–466; Greatrex 1996, 120–142; Meier 2014, 73–96; Cameron 1978, 259–276.

449 PLRE II, Pompeius 2; BGU XII 2174.1, P.Oxy. LXXII 4919; Marc.Com.ann.501. Vgl. auch: Croke 1995, 31, 110–111; Bagnall/Worp ²2004, 85, 121.

450 PLRE II, Paulus 26; PLRE II, Fl. Hypatius 6; PLRE II, Fl. Probus 8.

451 SEG 9, 356 = IRCyr P.116, Z. 2–3. Kaiserliche Regierungsjahre werden erst (wieder) durch die Novelle 47 Justinians Teil der offiziellen Formel, vgl. Bagnall/Worp 1979, 42–49.

452 Laut der Trismegistos-Personen-Datenbank, URL: https://www.trismegistos.org/ref/, abgerufen am 17.5.2022, ist der Name 290 Mal attestiert. Grundsätzlich auch: Feissel 2012, 1–14; Fraser/Matthews 1987 und das an der Universität Oxford betriebene Lexikon of

dete ein hohes militärisches oder ziviles Amt.[453] In der PLRE gibt es für denselben Zeitraum vier weitere Einträge unter diesem Namen.[454] Der höchste Würdenträger, der sich mit dem libyschen Dux in Verbindung bringen lassen könnte, war ein *cubicularius*, der unter dem Kaiser Basiliscus (475–476 n. Chr.) diente. Basiliscus usurpierte den Thron seines Vorgängers Zeno, versäumte es aber, diesen endgültig auszuschalten, wodurch er nach knapp anderthalb Jahren selbst gestürzt wurde.[455] Als Kämmerer des Kaisers zählte dieser Daniel sicher zu dessen engsten Vertrauten. Es scheint daher sehr unwahrscheinlich, dass er nach Zenos erneuter Machtübernahme begnadigt wurde und in der Folge weiter Karriere machen konnte.

Doch auch ohne die Person Daniels und sein Wirken vor und nach seiner Amtszeit in der Kyrenaika genauer beleuchten zu können, lässt sich ein wichtiges Detail aus seinen Funktionstiteln gewinnen. Der besagte Daniel bekleidete nämlich nicht nur das Amt eines *dux limitis*, das ihn als den Befehlshaber eines Grenzabschnittes auswies, sondern auch den etwas höher anzusetzenden Rang eines Comes, der von gesellschaftlicher Bedeutung war und seinen sozialen Status unterstrich.[456] Aus militärischer Sicht war dieser Daniel im Stande, sowohl Grenztruppen, also *limitanii* bzw. *castrenses*, als auch Abteilungen des mobilen Feldheeres, *comitatenses/numerii* bzw. *arithmoi*, zu befehligen. Beide Truppenkategorien sind in der Kyrenaika vorhanden, wie die klare Differenzierung in mehreren Paragrafen des Edikts beweist.[457] Darüber hinaus zeigt ein an den Heermeister Johannes (*magister militum praesentalis*) adressiertes Gesetz aus dem Jahr 492 n. Chr., dass den Grenzkommandeuren schon zu Beginn der Herrschaft des Anastasius die Kompetenz übertragen wurde, beide Teile der Armee zu befehligen.[458] Das Jahr 492 n. Chr. bietet sich damit als *terminus*

Greek Personal Names (LGPN). URL: http://clas-lgpn5.classics.ox.ac.uk:8080/exist/apps/lgpn1-search/index.html, abgerufen am 17.5.2022.

453 Lediglich ein Presbyter mit dem Namen Daniel ist zur Zeit Zenos bezeugt, vgl. P.Princ. II 82; SB III 7033.

454 PLRE II, Danielus 3.

455 Pfeilschifter 2013, 563–584; Kosiński 2010, 79–99; Brandes 1993, 407–437; Prostko-Prostynski 2000, 259–265.

456 Zu den zivilen und militärischen Entwicklungsstufen der Comitiva siehe: Scharf 1994, 24–38; Tantillo 2012, 79–105; Colombo 2008, 124–161; Maspero 1974, 23–25; Seeck 1900, 622–679.

457 De reb. Lib., §7–8, 10–11, 14; vgl. für die *castrenses* auch Cod.Theod.7,1,18, adressiert an den *magister militum* Stilicho.

458 Cod.Iust.12,35,18. Im Gesetz ist von *praesentales* (Praefatio und §4, 6, 6a und 8) die Rede. Diese standen zuvor unter dem Befehl des *magister militum praesentalis* und waren in den Provinzen stationiert worden, was die Kommandostruktur vor Ort komplizierte. Vgl. Palme 2011, 1–11; 2007, 245–248.

post quem für den libyschen Erlass an. Über die Amtszeit des Dux Daniel besitzen wir ansonsten keine weiteren Informationen.

Ein weiterer Aspekt, der Auskunft über den Abfassungszeitraum geben kann, ist die auf den Inschriften aus der Pentapolis vollständig überlieferte Kaisertitulatur. Aus der Regierungszeit des Anastasius gibt es ansonsten nur wenige Beispiele für eine komplette Intitulatio. Die im *Codex Iustinianus* überlieferten Gesetze des Kaisers geben stets eine verkürzte Form des Titels wieder.[459] Zwei klar datierbare Exemplare aus der Spätphase der Herrschaft (515–516 n. Chr.), die den Gebrauch des Kaisertitels im offiziellen Briefverkehr dokumentieren, sind in der *Collectio Avellana* enthalten.[460] Ein Brief ist an den stadtrömischen Senat adressiert und bedient sich bewusst einer antiquierten Titelabfolge, wohingegen der zweite an den Papst Hormisdas gerichtet ist und im Gegensatz zur Konstitution in der Pentapolis zunächst mit dem Attribut *pius* beginnt, um die sakrale Autorität des Kaisers zu betonen, bevor dann mit *victor* die Sieghaftigkeit genannt wird.

Die Titulatur der libyschen Inschriften wartet mit mehreren, traditionell mit dem Kaisertum assoziierten Tugenden auf. So wird der Kaiser unter anderem als *victor*, *pius* und *triumphator* bezeichnet.[461] Die beiden erhaltenen Panegyrici des Priscian von Caesarea und Prokop von Gaza bedienen sich ebenfalls dieser Merkmale, pointieren und erweitern mitunter den Katalog an herausragenden Charaktereigenschaften. So rühmt Priscian Anastasius in seiner Lobrede als:

> „*In cuius vita virtutis cernimus omnes: Est iustus, sapiens, castus fortisque piusque, est clemens, stabilis, moderatus, mitis, honestus* ... .“[462]

> „*In seinem Leben sehen wir alle Tugenden: Er ist gerecht, weise, enthaltsam, tapfer und fromm, er ist gnädig, standhaft, besonnen, milde und ehrenhaft* ... .“

---

459 A. u. P. Eich 2004, 1–30. Eine hilfreiche Auflistung der im *Codex Iustinianus* erhaltenen Gesetze von Anastasius bietet Haarer 2006, Appendix F: Legislation 491–518 auf den S. 285–286.

460 Coll. Avell., Pars 2, 1898, 107; 113. Der Brief an den Senat enthält die Titelabfolge: *Imp. Caes. Fl. Aug. pontifex inclitus Germanicus inclitus Alamannicus inclitus Sarmaticus inclitus tribunici imperii XXV consul tertio pius felix victor ac triumphator semper Augustus pater patriae*; vgl. Rösch 1978, 41–50, 88–94, 166–167; Lounghis/Blysidu/Lampakes 2005, 82–128; Classen 1977, 10–41.

461 Zur Bedeutung der kaiserlichen Sieghaftigkeit in der Spätantike siehe: McCormick 1986, 35–64; Wienand 2012, 13–24, 396–421, 437–452.

462 Prisc.Laud.Anast.41–44, vgl. auch 98–111. Ferner Coyne 1991, 58, 61; Ballaira 2005, 63–81; Leppin 2014, 93–109.

Prokop von Gaza attestiert Anastasius ebenfalls eine besonders ausgeprägte *pietas*. Schon in dessen Jugend habe sich in ihm eine Frömmigkeit und Charakterstärke manifestiert, die eines Kaisers würdig gewesen sei.[463] Für Anastasius wird die Betonung dieser klassischen Eigenschaften, in der frühen Kaiserzeit oftmals das Markenzeichen eines legitimen Herrschers, besonders wichtig gewesen sein, da er zu Beginn seiner Regierung um die Akzeptanz in weiten Teilen der Gesellschaft zu kämpfen hatte.[464] Nicht von ungefähr verlangte die Bevölkerung bei seiner Thronbesteigung nach einem Kaiser, der Römer und Christ war.[465] Der Patriarch Euphemius soll sogar ein schriftliches Bekenntnis zum Konzil von Chalkedon verlangt haben, bevor er Anastasius seine Unterstützung und Teilnahme an der Krönung zusicherte.[466]

Die topische Aneinanderreihung kaiserlicher Tugenden wie der *pietas*, aber auch der Sieghaftigkeit des Herrschers, setzt sich in dessen Münzprägung fort.[467] Die ersten auf uns gekommenen Exemplare bilden stets eine Victoria auf dem Revers ab. Einen konkreten Anlass für die Annahme des *victor*-Titels, wie etwa der Tod des Odoaker (493 n. Chr.) oder der Sieg über die Isaurier (498 n. Chr.), der politisch und propagandistisch enorm aufgeladen wurde, lässt sich daraus allerdings nicht ableiten.[468]

Eine mit den libyschen Inschriften übereinstimmende Titelabfolge ist bei einer Reihe von Gesetzen aus mehreren Provinzen der Diözese Oriens zu beobachten.[469]

463 Proc.Gaz.Pan.Anast.4 entnommen aus: Amato 2010, 245. Zur Struktur und Modellierung des Panegyrus nach dem Vorbild Menander Rhetors siehe Ventrella 2010, 94–106.

464 Siehe zu den Legitimationsschwierigkeiten des Anastasius: Meier 2009, 16–22, 63–75, 84–103; Brandes 1997, 24–63. Zur Rolle der *pietas* in der frühen Kaiserzeit: Charlesworth 1943, 1–10; Ulrich 1930. Grundsätzlich zum Akzeptanzsystem in der Spätantike mit weiterführender Literatur: Pfeilschifter 2013, 1–38.

465 De cer.1,101 (Z. 39–43).

466 Meier 2009, 61; Lilie 1995, 3–12. Denis Feissel hat allerdings darauf hingewiesen, dass das Glaubensbekenntnis des angehenden Kaisers erst im siebten Jahrhundert n. Chr. fester Bestandteil der Krönungszeremonie wurde. Dementsprechend kann es sich bei der Krönung des Anastasius auch um den nachträglichen Einschub einer pro-chalkedonischen Nachricht in das Protokoll handeln. Siehe: Dagron/Feissel/Flusin 2020, 586–590.

467 Hahn 1973, 32–38, 99–102, Taf. 1; Fagerlie 1967, 119–121.

468 Vgl. hierzu: Anth.Gr.9,656; Lemma „Christodorus" der Suda; Proc.Gaz.Pan.Anast.9; Prisc. Laud.Anast.19–37. 50–55; Chauvot 1986, S. 120–128. Auch der inoffizielle Titel des Kaisers, der uns in den Eidformeln begegnet, nutzt stets die Formulierung „τὰ πάντα νικῶντος δεσπότου ἡμῶν Φλ.'Αναστασίου ...". Siehe hierzu: P.Lond.3.992.15, vgl. Worp 1982, 199–223, bes. S. 209 mit weiteren Beispielen; 2005, 153–158; 1987, 91–96.

469 Im Einzelnen handelt es sich um Inschriften aus Bostra, Hauran, Imtan, Salkhad, Qasr al-Hallabat und Umm al-Jimal; SEG 34, 1507; SEG 39, 1644; SEG 44, 1421; SEG 57, 1902; SEG

Allesamt sind bisher nicht exakt datiert worden, obwohl auch hier eine Veröffentlichung um das Jahr 492 n. Chr. angenommen wird.[470] Es bietet sich daher an, in den Bestimmungen des Anastasius für die Diözese Oriens und die Kyrenaika ein zeitlich nah beieinander liegendes Reformprogramm zu sehen, dessen Einzelheiten im weiteren Verlauf des Kommentars erörtert werden.

Anhand der bisher betrachteten Aspekte des libyschen Edikts, der Amtszeit des Comes und Dux Daniel sowie der verwendeten Kaisertitulatur lässt sich in einem ersten Zwischenfazit festhalten, dass es für die bisherige Einordnung in das Jahr 501 n. Chr. keinen zuverlässigen Anhaltspunkt gibt. Die klare Differenzierung zwischen den einzelnen Truppenkontingenten in der Kyrenaika deutet dagegen auf eine Datierung nach 492 n. Chr. hin. Die Kaisertitulatur folgt den bereits etablierten, herkömmlichen Schemata. Lediglich zwei Briefe aus der *Collectio Avellana*, die in das letzte Jahrzehnt der Herrschaft des Anastasius datiert werden können, zeigen eine auf die Adressaten zugeschnittene Variation des Kaisertitels.

Um weitere chronologische Anhaltspunkte aufzudecken, ist es notwendig, das Edikt in die politische und militärische Ausgangslage des oströmischen Reiches am Ende des fünften Jahrhunderts n. Chr. einzubetten.

Das erste Jahrzehnt der Herrschaft des Anastasius strapazierte die militärische Leistungsfähigkeit der oströmischen Armee, da es neben dem Aufstand der Isaurier und Unruhen unter der Bevölkerung in Antiochia und Konstantinopel auch zu Ein-

---

61, 1481. Vgl. Bader 2009, 97–99. Maurice Sartre rekonstruierte anhand eines Fragments aus Umm al-Jimal unter Einbezug der überlieferten Fragmente aus Qasr-al Hallabat und der libyschen Inschriften die Kaisertitulatur folgendermaßen: „[Αὐτοκράτωρ Κ]αῖσαρ | [Φλαούϊος Ἀνα]στάσιος | Εὐσεβὴ]ς Νικήτης | [Τροπαιοῦχος Μέγιστος, | ἀεὶ Σεβαστὸς Αὔγουστος | δέδωκεν τοὺς ὑπογεγραμ | μέωους θείους τύπους]." Entnommen aus: Sartre 1982, Nr. 9045–9046, 107–110 (= SEG 61, 1481) mit der älteren Forschungsliteratur zu diesen Inschriften. Siehe auch: Roueché 1989, 98–99. Denis Feissel hat auf Grundlage der Inschrift von Qasr-al Hallabat eine neue Edition der Bestimmungen des Anastasius für den Orient angekündigt: Arce/Feissel/Weber-Karyotakis 2018, 673–681; Feissel 2014, 33–35. Ein weiteres Beispiel aus dem zivilen Kontext, das wohl Anastasius zugerechnet werden kann, ist durch einen Erlass aus dem kilikischen Korkyra bekannt. Dort heißt es: „Αὐτοκράτωρ Κ(ῆ)σαρ Φ<λ>[ά(βιος) Ἀναστάσιος] εὐσεβὴς νικητὴς τρο[παιοῦχος ἀει]σέβαστος Αὔγουστος Λεοντ[ίῳ — — —]." CIG 8619 und Le Bas/Waddington (LBW), III/5 1421 ordnen das Gesetz Zeno zu. In den Monumenta Asiae Minoris Antiqua (MAMA) III 197 wird es dagegen in die Amtszeit des Anastasius datiert. So auch: Onur 2017, 169.

470 Die Anweisungen für die Diözese Oriens erwähnen eine 15. Indiktion, was für die Herrschaft des Anastasius auf die Jahre 491/492 oder 506/507 n. Chr. hindeuten würde. Hierzu: Arce/Feissel/Weber-Karyotakis 2018, 678; Feissel 1992, 213–215; 2014, 33–35; Shahid 1989, 131–133.

fällen von bulgarischen und arabischen Stämmen an den Grenzen des Reiches kam.[471] Die Bevölkerung Konstantinopels hatte zudem bei der Thronbesteigung die klare Erwartung formuliert, dass der Kaiser nicht nur rechtgläubig, sondern auch in der Lage sein musste, die Stadt von „Informanten" zu befreien und die Armee zu reformieren.[472] Dass die Brisanz der Situation am Kaiserhof wahrgenommen wurde, spiegelt sich auch in der sogenannten Erfindung des Urbicius wider.[473] Verfasst wurde dieses kurze Taktikhandbuch womöglich von dem gleichnamigen Eunuchen und langjährigen Hofbeamten mehrerer Kaiser.[474] Im Kern schlug die Erfindung des Urbicius eine Abkehr von der verlustreichen Kampfesweise der Römer vor. Stattdessen sollten Leib und Leben der Soldaten fortan durch einen, mit Torsionsgeschützen bewehrten, mobilen Verteidigungswall geschützt werden.

Dieser politischen Gemengelage lässt sich mit dem Blick auf die Kyrenaika noch ein weiteres Ereignis hinzufügen. Für die libyschen Provinzen und Ägypten berichtet nämlich ein Fragment aus dem Geschichtswerk des Johannes von Antiochien von Einfällen der Maziken. Dort heißt es:

> „Ὅτι ἐπὶ τοῦ Ἀναστασίου τοῦ βασιλέως δειναὶ ταῖς κατὰ Λιβύην πόλεσιν ἐπέσκηψαν θλίψεις ὑπὸ τῶν καλουμένων Μαζικῶν. Ἐδέδοντο γὰρ θυγατριδῷ Μαρίνου εἰς ἡγεμονίαν ἀνδρὶ νέῳ καὶ πολὺ τὸ κοῦφον κεκτημένῳ· καὶ μετ' ἐκεῖνον αὖθις Βασιανῷ τῷ παιδί. Ὁ δὲ οἷς ἔπραξε παντοίως τὰς τοῦ πρὸ αὐτοῦ ἄρξαντος ὑπερβαλόμενος ἀσελγείας ἔδωκε Λίβυσιν αἱρεῖσθαι τὰ πρότερα, καὶ ταῦτα τοῖς μὲν πενίας, τοῖς δὲ θανάτου μνήμην καταλείψαντα. Οὕτως, εἰ δέοι εἰπεῖν, οἵ τε ἀφ' αἵματος καὶ ἁπλῶς τὴν Μαρίνου παρευτυχήσαντες εὔνοιαν τοῖς Λιβύων διαφερόντως καὶ Αἰγυπτίων ἐνεφορήθησαν κτήμασιν."

> *„Während der Regierungszeit des Kaisers Anastasius befiel die Städte in Libyen schreckliches Unheil wegen der sogenannten Maziken. Sie wurden nämlich der Führung des Enkels von Marinus unterstellt, einem sehr jungen und leichtsinnigen Mann, und nach ihm wieder unter die seines Sohnes Basianus. Dieser verhielt sich ihnen gegenüber aber vielfach so ungebührlich, und übertraf die Zügellosigkeit von dem, der vor ihm geherrscht hatte, dass die Libyer die früheren Zustände bevorzugten, die für einige die Erinnerung an Armut, für andere die Erinnerung an den Tod hinterlassen*

471 Zur gezielten Konstruktion einer „Geschichte" der Isaurier im Umfeld des Anastasius siehe nun: Meier 2012, 281–301; 2014a, 171–195. Zur Ereignisgeschichte: Meier 2009, 75–92, 137–141; Haarer 2006, 11–31; Feld 2005, 332–339; Sarantis 2013a, 759–808; Shahid 2002, 3–31; 1989, 121–133; Wirth 1990, 81–139.

472 De cer.1,101. Vgl. Meier 2009, 63–75; Haarer 2006, 1–8.

473 Greatrex/Elton/Burgess 2005, 35–74.

474 Greatrex/Elton/Burgess 2005, 40–42; PLRE II, Urbicius 2.

> *hatten. Auf diese Weise, falls es nötig ist, das zu erwähnen, fraßen sich die Verwandten des Marinus und jene Einfältigen, die seine Gunst erlangt hatten, vornehmlich an den Besitztümern der Libyer und denen der Ägypter satt.*“[475]

Dieser Passage wurde in der Forschung zur spätrömischen Kyrenaika bislang nur geringe Beachtung geschenkt.[476] Ern(e)st Stein dachte bei dem hier erwähnten Marinus offensichtlich an den syrischen Finanzexperten und datierte den Überfall der Maziken in dessen erste Amtszeit als Prätorianerpräfekt des Orients um 513 n. Chr.[477] Die Herausgeber der PLRE sind diesem Urteil gefolgt und konstruierten sogar eine kleine syrische Familiendynastie in den libyschen Provinzen.[478] Der von Johannes von Antiochien angeführte *hegemon* der Maziken lässt sich meines Erachtens jedoch nicht mit dem Syrer in Diensten des Anastasius verbinden, wodurch auch der Spielraum für die Datierung dieses Ereignisses, wie im Text ersichtlich, auf die gesamte Regierungszeit des Anastasius auszuweiten wäre. Bei jenem Marinus scheint es sich vielmehr um eine Art *Phylarchen* bzw. *praefectus gentis* der Maziken gehandelt zu haben.[479] Ein Indiz dafür ist, dass Johannes ihn als den Ausgangspunkt einer dynastischen Herrschaft kennzeichnet. Sein Nachkomme Basianus ist dementsprechend der designierte Nachfolger. Beide führen darüber hinaus lateinische Namen, was kein zwingender Beweis für eine Gräzisierung bzw. Romanisierung ist, aber zumindest längeren Kontakt zu den Bewohnern der Kyrenaika erahnen lässt. Womöglich bewohnten die Maziken sogar ein Gebiet in der ehemaligen, stärker latinisierten römischen Provinz Tripolitanien.[480] Ein geeigneter Vergleich aus dem nordafrikanischen Kontext scheint mir das von Ammianus Marcellinus und Claudian beschriebene „Haus von Nubel“ oder auch die Sippe des Antalas, dem von Gorippus und Prokop erwähnten Anführer der Frexen zu sein.[481]

---

475 Ioh.Ant.Frg.244 (ed. Mariev) = 313 (ed. Roberto).

476 Goodchild 1953, 65–76 mit Anm. 7; Jarry 1966, 197–201. Vgl. zudem das Lemma „Anastasios“ in der Suda mit einer wörtlichen Kopie dieses Fragments.

477 Stein 1949, 105 und 783. Vgl. Meier 2007b, 293–296.

478 In der PLRE II, Anonymus 83 und Bas(s)ianus wird der Identifikation Steins gefolgt und eine Verwandtschaft zum PPO Marinus von Apameia angenommen. Die Familie des Marinus hätte sich somit über mehrere Generationen in der Pentapolis aufgehalten und jeweils das Amt des *praeses per Libya superior (oder inferior?)* ausgefüllt. Diese Herleitung überzeugt nicht. Siehe meinen Vorschlag oben.

479 Mayerson 1991, 291–195; Brüggemann 2007, 45–77; 2005, 241–270; Liebesschuetz 2015, 288–322; 2006, 13–28; Hoffmann-Salz 2014, 269–291, bes. 283–287. In der Kaiserzeit existierte außerdem das Amt eines *praefectus gentis*, um lokale Stammesfürsten in die römische (Militär-)Administration einzubinden. Dazu: Weiß 2006, 101–116.

480 Mattingly 1995, 26–87; 1987, 71–94.

481 Modéran 2003, 63–68, 315–324 und 607–616; von Rummel 2010, 571–603.

Einzelne Mitglieder der Familie des Nubel wie Firmus, Gildo oder dessen Bruder Mascezel waren so weit in die römische Gesellschaft integriert, dass sie militärische bzw. öffentliche Ämter bekleiden konnten und im Fall des Firmus sogar zum Gegenkaiser ausgerufen wurden. Gleichzeitig besaßen sie aber auch einen so großen Rückhalt in der lokalen, afrikanischen Bevölkerung, dass sie bei den von ihnen gegen die römische Herrschaft angezettelten Aufständen eine große Zahl an Kriegern aus den indigenen Berberstämmen mobilisieren konnten.[482] Die Übergänge zwischen einem römischen Amtsträger und regionalem Potentaten waren wie in der *Africa proconsularis* auch in der Kyrenaika fließend. Das attestieren zwei Inschriften aus dem sechsten Jahrhundert n. Chr., die in einer unterirdischen Olivenpresse in der Nähe von Bir Tarakanet, unweit der durch die Kyrenaika führenden Hauptstraße gefunden wurden. Ein gewisser Samphodion wird darin als Gründer dieser Anlage gepriesen. Sehr aufschlussreich ist dabei, dass er nicht nur das Amt eines *praepositus* der Maryser bzw. Mauren bekleiden konnte, sondern auch zum Strategen seiner Stadt ernannt wurde.[483]

Für die militärische Ausgangslage des oströmischen Reiches und insbesondere der Kyrenaika im ausgehenden fünften Jahrhundert n. Chr. verdeutlicht die Episode aus den *Historien* des Johannes von Antiochien zweierlei:

Das Gefahrenpotential marodierender Barbarengruppen bzw. mitunter auch von föderierten Verbänden war beträchtlich, und die zur Verfügung stehenden Abwehrmechanismen in Form der in Grenznähe positionierten Streitkräfte und der militärischen Bauten und Infrastruktur waren in Anbetracht der Unruhen in allen Grenzbereichen unzureichend und erneuerungsbedürftig.

Anastasius war sich dieser Unzulänglichkeiten bewusst und versuchte trotz des langwierigen Konflikts mit den Isauriern bereits im ersten Jahrzehnt seiner Regierung, das Heer zu restrukturieren und die finanzielle und rechtliche Lage der Soldaten zu verbessern.[484] Dass dies über die Ausschüttung von Donativa an die Soldaten in den bedrohten Reichteilen hinausging, wird an anderer Stelle innerhalb des Kom-

482 Amm.29,5; Claud.Bell.Gild.459–484; cons.Stil.1,263–300; Kuhhoff 2012, 541–564, Laporte 2012, 979–1002; Drijvers 2007, 122–155; Blackhurst 2004, 59–76; Lengrand 1995, 143–161; Kutula 1970, 137–146.

483 SEG 20, 705a + b (= IRCyr M.273); Ward-Perkins/Goodchild 2003, 415–417; 1988, 167–172, bes. 171–172. URL: https://igcyr.unibo.it/gvcyr038, abgerufen am 20.4.2022.

484 Priscian lobt, neben der Gerechtigkeit und Bautätigkeit des Kaisers, explizit die militärischen Reformen, da die Reihen der Soldaten wieder anschwellen würden. Siehe: Prisc. Laud.Anast.180–254, bes. 204–205. „*Tirones forti numeros nunc milite complent veraque non pretio, sed robore signa merentur.*" „*Rekruten füllen nun wieder die Reihen der Armee mit tapferen Soldaten und durch ihre Stärke, nicht Bestechung verdienen sie sich wahre Auszeichnung.*"

mentars genauer anzusprechen sein. Im Hinblick auf die Datierung der Maßnahmen des Kaisers in der Kyrenaika ist wichtig festzuhalten, dass die römische Armee zu Beginn des Perserkrieges (502 n. Chr.) bereits einen erheblichen Strukturwandel durchgemacht hatte, und die Rekrutierung, Mobilisierung und adäquate Versorgung größerer Armeeregimenter möglich war.[485] Die Chronik des Josua Stylites beziffert die Truppen des Anastasius auf insgesamt 52.000 Mann.[486] Ein kurzes Gedicht, das Eingang in die griechische Anthologie gefunden hat, führt diese Entwicklung auf die Verwendung des Taktikhandbuches des Urbicius zurück.[487] Bereits kurz nach dem Ende des Isaurieraufstandes konnte der Kaiser im Jahr 499 n. Chr. ein Heer von 15.000 Soldaten, unter der Führung des Aristus und mehrerer *comites rei militaris*, ausheben und zur Abwehr der Bulgaren nach Thrakien schicken.[488] Die Überfälle der Maziken auf die Kyrenaika mögen den Kaiser dazu veranlasst haben, in ähnlicher Weise zu reagieren und den Comes und Dux Daniel zur Abwehr der Mauren in die Pentapolis zu entsenden. Eine Passage aus dem Panegyrus des Priscian unterstreicht diesen Aspekt. Dort wird Anastasius mit einem Löwen verglichen, der, einmal gereizt, seine Feinde in Stücke reißt.[489] Der aus Mauretanien stammende Dichter und Grammatiker Priscian spielte dadurch gleichzeitig auf das Symbol der klassischen Herrschertugenden und auf den ehemaligen Kaiser Leo I. (457–474 n. Chr.) an, der bei dem Versuch, „Libyen" zurückzuerobern, gescheitert war.[490] Anastasius, der mit Leos Tochter Ariadne verheiratet war, konnte dagegen in Libyen einen Erfolg erzielen.[491] Die Sicherung der südwestlichen Flanke des Reiches durch die Abwehr der einfallenden Maziken bietet sich als das ausschlaggebende Ereignis an. Unglücklicherweise lässt sich die Lobrede des Priscian nicht auf einen genauen Zeitpunkt festlegen. In der Forschung wird mit jeweils unterschiedlichen Argumenten eine Datierung in das 502/503 oder 513 n. Chr. vorgenommen.[492] Der starke Fokus auf den Konflikt mit den Isauriern und das Schweigen bezüglich der großen Bauprojekte an

---

485 Greatrex/Lieu 2002, 62–82; Greatrex 1998, 73–120; Enderle 2016, 51–62.

486 Jos.Styl.54. Entnommen aus: Luther 1997, 68–69.

487 Anth.Gr.9,210.

488 Marc.Com.ann.499. Zu den Bulgareneinfällen in den Jahren nach 490 n. Chr. ferner Meier 2009, 137–141.

489 Prisc.Laud.Anast.67–79. Das Motiv des libyschen Löwen taucht bereits vermehrt in der alexandrinischen Münzprägung des aus Leptis Magna stammenden Septimius Severus auf. Vgl. Mattingly/Sydenham 1936, 69–70.

490 Coyne 1991, 124–129. Zur Bedeutungsvielfalt des Begriffs Libyen in der Antike siehe: Zimmermann 1999, 23–181; Werner 1993, 1–36.

491 Magliaro 2013, 47–56, 123–131; Meier 2010, 277–291.

492 Die einzelnen Positionen werden diskutiert in: Haarer 2006, 272–279; Meier 2009, 83 mit Anm. 151; Motta 2003, 195–234; Ballaira 1994, 277–292.

der Ostgrenze des Reiches, insbesondere der Festungsbauten in und um Dara deuten auf ein früheres Datum hin. Für das Jahr 513 n. Chr. spricht dagegen die Erwähnung eines gewissen Hypatius innerhalb des Panegyrus des Priscian. Wenn es sich dabei um den Neffen des Kaisers handeln würde, könnte das auf den Konflikt mit dem aufständischen Vitalian hindeuten, gegen den Hypatius mit einer Armee entsandt wurde.[493]

Zusammenfassend lässt sich festhalten, dass die verstreuten Hinweise, sowohl die textimmanenten als auch die externen Quellen, keinen absoluten Anhaltspunkt für eine exakte Datierung geliefert haben. Dennoch ist die bisherige *communis opinio*, die die Militärkonstitution in das Jahr 501 n. Chr. datierte, zu Gunsten einer gröberen chronologischen Verortung in den Zeitraum zwischen 492–502 n. Chr. aufzugeben. Die Eckpunkte ergeben sich aus den oben gesammelten Indizien und Verbindungen zu anderen legislativen Maßnahmen des Kaisers. Das sind neben den inschriftlich verbuchten Anordnungen insbesondere ein umfangreiches Gesetz des Anastasius, das an den Heermeister Johannes Gibbus adressiert war und in das Jahr 492 n. Chr. datiert werden kann. Hinzu kommt die literarische Überlieferung, die die Fähigkeit zur Mobilisierung größerer Truppenkontingente zur Abwehr der Bulgaren und im Zuge des Perserkrieges um die Jahrhundertwende und zu Beginn des sechsten Jahrhunderts n. Chr. glaubhaft macht.

4.5.2 θείοι τύποι

In der Spätantike besaßen einzig die römischen Kaiser die Befugnis, neues Recht zu erlassen. Die kaiserlichen Konstitutionen konnten in verschiedenen, stets verschriftlichen Formen auftreten. Dazu zählten unter anderem Briefe (*sacrae litterae*), Dekrete, Edikte, *orationes ad senatum*[494] und *mandata*[495]. In den libyschen Inschriften werden die Bestimmungen des Anastasius als θείοι τύποι (*sacrae formae*) bezeichnet.[496] Formalrechtlich entspricht das einem kaiserlichen Reskript.[497] Der hier verwendete Briefstil ist keine Besonderheit, sondern die geläufigste Variante, mit der ein spätrömisches Kaisergesetz übermittelt wurde. Der Zusatz *sacra* bedeutete wohl obendrein, wie Jan Prostko-Prostynski herausgearbeitet hat, dass der Kaiser das

493 Ioh.Ant.Frg.242 (ed. Mariev) = 311 (ed. Roberto); Laniado 2015, 349–369; Elton 2020, 367–388.

494 Vgl. die beiden oben besprochenen Briefe der *Collectio Avellana* an den römischen Senat.

495 Inst.Iust.1,2,6. Ferner: Riedlberger 2020, 26–77, 112–132; Van der Wal 1981, 277–313; Liebs 1992, 11–27; Kussmaul 1981, 11–14, 48–77.

496 Zeile 4 der Intitulatio. Ferner: Van der Wal 1981, 281–292.

497 So auch Chr. Kelly 2004, 50; Feissel 2004b, 33–52.

Kanzleischreiben eigenhändig unterschrieben hatte.[498] Im Gegensatz zu einem Erlass mit reichsweiter Gültigkeit, einer *lex generalis*, waren diese θείοι τύποι für gewöhnlich direkt an den amtierenden römischen Magistraten adressiert und für dessen Amtsbereich konzipiert.[499] Die für einen kaiserlichen Gesetzesbrief typische Gruß- und Abschiedsformel sowie eine mögliche Publikationsanordnung sind für die libysche Militärkonstitution des Anastasius nicht überliefert. Wie ein solches Publikationsschema ausgesehen hat, können wir anhand eines anderen Militärgesetzes des Anastasius aus dem kleinasiatischen Perge nachvollziehen.[500] Jene Inschrift gibt zunächst in einem *sermo* des Kaisers die verschiedenen Anordnungen wieder, bevor der Beschluss in leicht abgewandelter und erweiterter Form im Namen des amtierenden *magister militum* erneut eingemeißelt und am Ende durch die Beigabe einer detaillierten Liste (Notitia/Gnosis) abgeschlossen wurde. Der diensthabende Offizier verfügte demnach über einen begrenzten Interpretations- und Ermessensspielraum. Wie wir im Fall der libyschen Formae bereits gesehen haben, wurde unser Erlass in die Amtszeit des Dux Daniel datiert.[501] Dies lässt darauf schließen, dass der Comes und Dux Daniel ebenfalls der Adressat der kaiserlichen Konstitution war und womöglich mit deren Publikation beauftragt wurde. Die Analyse der Fundorte der einzelnen Inschriften konnte zwar den oder die Auftraggeber nicht klar identifizieren, aber deren Aufstellung an prominenten Plätzen, innerhalb der Stadtzentren von Ptolemais, Apollonia-Sozusa und vermutlich auch Tokra, würde zumindest vordergründig einem potenziellen Veröffentlichungsgesuch des Kaisers entsprechen.

4.5.3 Das Officium des Dux (§1–3)

Die ersten Bestimmungen des Kaisers betreffen die Zusammenstellung und Organisation des dukalen Bürostabes. Die Größe des Officium wird auf 40 Mitglieder festgelegt, die als Grundbesoldung mit je einer Ration der Annona- und Capitasteuer

---

498 Prostko-Prostynski 1998, 189–200.

499 Kaiserliche Anordnungen gleichen Inhalts konnten aber durchaus an mehrere Adressaten versandt werden. In der *Collectio Avellana* werden zum Beispiel mehrere *sacrae* bzw. *divinae ordinationes* des Kaisers Zeno überliefert, die separat an den Klerus und das Volk von Alexandria adressiert sind. In beiden Fällen wird aber die Absetzung des miaphysitischen Patriarchen von Alexandria, Petrus Mongus, zu Gunsten des „orthodoxen“ Patriarchen Timotheus Salophakiolus gefordert. Siehe: Coll.Avell.447 (Nr. 99); Riedlberger 2020, 89–112.

500 Onur 2012, 21–38 (= SEG 63, 1278); A. Eich 2009a, 265–299. Für ein Beispiel aus der Zeit Justinians: Feissel 2004a, 285–365.

501 Im §3 wird zudem eine vom Dux Daniel erstellte Amtsmatrikel bestätigt.

bedacht werden. Der Sold wird anhand einer jährlichen Vorgabe (*delegatio*) des Kollegiums der Eparchen bzw. Prätorianerpräfekten ausgegeben.[502] Den Mitgliedern des Officium ist es erlaubt, ihre Rationen selbständig untereinander aufzuteilen. Je nach Tätigkeit und Rang besteht zudem die Möglichkeit, dass das Grundgehalt durch zusätzliche Abgaben oder eigene Dienstleistungen aufgebessert wird. Diese Sonderzuwendungen werden für die einzelnen Chargen im letzten Paragrafen aufgelistet. Aufgrund eines Gesetzes der Kaiser Theodosius und Valentinian (30.05.439) konnte zudem der Sold von höheren zivilen Beamten adaeriert werden.[503] Geht man davon aus, dass dies am Ende des Jahrhunderts ebenfalls für das Officium des Dux Pentapoleos zutrifft, würde das Grundgehalt eines jeden Mitarbeiters 9 Solidi per Annum betragen. Für das gesamte Büro müssten demnach 360 Solidi per Annum aufgebracht werden.[504]

Der Aufgabenbereich der Mitarbeiter umfasste neben der Militärverwaltung und der Erstellung administrativer Schriftstücke auch juristische Angelegenheiten. Vermutlich wurde das Officium dementsprechend noch einmal in verschiedene Sektionen bzw. *scrinia* unterteilt.[505] Die *Notitia Dignitatum* verzeichnet in dem erhaltenen Teil für das libysche Dukat neben den Finanz- und Justizbeamten (Numerarius, Exactores und Commentarienses) auch eine Abteilung für Eingaben (*a libellis*), die wahr-

---

502 Der bei der Formulierung des Paragrafen verwendete Gen. Pl. deutet auf das Kollegium der Präfekten und damit die Allgemeingültigkeit dieser Bestimmung hin. Für den libyschen Grenzbereich wäre ansonsten hauptsächlich der Prätorianerpräfekt des Orients zuständig. Vgl.: Esders 2012, 425–462; Zachariae von Lingenthal 1879, 144–147 und grundsätzlich zur *delegatio*: Seeck 1901, 2429–2432. Trotz der für die Erstellung der *delegationes* notwendigen Berechnungen des Steuerbedarfs, kam es recht häufig zu zusätzlichen Abgaben. Hierzu: Dazert 1985, 1–8, 154–159. Zum Aufbau und der Funktion der Prätorianerpräfektur, sowie deren interne und externe Kommunikation siehe ferner: Enßlin 1954, 2391–2502, bes. S. 2426–2430; Stein 1962; Brandes 2001, 48–62; Feissel 1991, 437–461; Sänger 2010, 89–101.

503 Cod.Iust.1,52,1. Das Gesetz ist an den Prätorianerpräfekt Florianus adressiert und nimmt neben den allgemein genannten Beamten wie etwa Richter oder Statthalter auch ganz konkret Bezug auf den *rationalis* der Diözese Pontus und Asia.

504 Basierend auf dem Umrechnungskurs aus Nov.Theod.24,1 von 5 Solidi pro Ration der Annona und 4 Solidi pro Ration der Capita. Die Novelle ist an den *magister officiorum* Nomo adressiert und widmet sich unter anderem auch dem ägyptisch-libyschen Grenzbereich. Vgl. Palme 1999, 85–133, bes. 111–114; Krüger 1867, 199–200.

505 Im Verlauf des Edikts werden einige Ämter, insbesondere der Bürovorsteher (*primiscrinus*), im Plural angesprochen, was sich aus der Gültigkeit des Gesetzes für zukünftige Amtsinhaber ableiten lässt, aber auch ein Indiz für die Aufspaltung des Officium in mehrere Sektionen mit jeweils einem Bürovorsteher sein kann; vgl. Palme 2012, 207–236; 1999, 85–133.

scheinlich bis in das sechste Jahrhundert n. Chr. fortbestand.[506] Johannes Lydus, der selbst im Stab des Prätorianerpräfekten des Orients diente, berichtet von einer ähnlichen Trennung zwischen den einzelnen Arbeitsbereichen.[507] Im Zuge der Reorganisation der afrikanischen Provinzen in eine Präfektur durch Justinian im Jahr 534 n. Chr. wurde ebenso verfahren.[508] Die Officia der afrikanischen Duces umfassten dort gleichermaßen 40 Mitarbeiter mit denselben Grundbezügen, was den Vorbildcharakter der Reformen des Anastasius für Justinian demonstriert.[509] Unter Anastasius scheinen dagegen zunächst einige Stellen gestrichen worden zu sein, was die abschließende Bemerkung, dass bei anständiger Verrichtung des Dienstes die Mitarbeiterzahl ausreichend sei, erklären würde.[510]

Des Weiteren werden die Angehörigen des Officium nicht mehr in den Militärmatrikeln verzeichnet.[511] Hierfür mag es verschiedene Gründe gegeben haben. Zum einen konnte man die administrativen Mitarbeiter auf diese Weise von den Privilegien der aktiven Soldaten aussparen, sie separat besolden und im Falle eines Dienstvergehens außerhalb des Militärrechts belangen.[512] Von einem *stipendium*, das den Mitarbeitern neben der Annona ausgezahlt wurde, ist beispielsweise keine Rede.[513] Zum anderen bot sich durch die Ausgliederung des Officium aus den Militärmatrikeln die Möglichkeit, die interne Struktur des Büros und die Aufstiegsmöglichkeiten der subalternen Mitglieder eigens zu definieren, ohne dabei auf die bereits für die regulären Soldaten etablierte Methode achten zu müssen.[514] Die Konstitutionen des Anastasius aus Qasr al- Hallabat und Bostra veranschaulichen diesen Prozess.[515] Dort wird zunächst die in den Amtsmatrikeln bestehende Rangordnung der Mitarbeiter, speziell die der *ducianii*, *scrinarii* und übrigen *officiales*, bestätigt. In einem zweiten

506 Not.dign.or.30: Dux Libyarum. Liebs 2006, 137–152.

507 Lyd.mag.3,4.

508 Cod.Iust.1,27,2–3 adressiert an Archelaus, den Prätorianerpräfekten Afrikas.

509 Cod.Iust.1,27,2,26–35. Ferner wurden die *officia* der Statthalter Pisidiens, Lyakoniens, Thrakiens und Isauriens (Nov.Iust.24–27) mit derselben Anzahl an Mitarbeitern und Grundvergütung ausgestattet. Ausführlich dazu: Palme 1999, 113. Zu den von diesem Besoldungsschema abweichenden Provinzen Helenopontus und Paphlagonia: Haase 1994, 75–105.

510 Palme 1999, 100–103.

511 Lyd.mag.3.2; ChLA4,246; 43,1248,2. Mitthof 2001, 168–170, bes. Anm. 388.

512 Haensch 2010, 177–186; Rosen 1990, 273–292.

513 Treadgold 2014, 303–319; 2005, 1–25; Delmaire 1989, 535–539. Für die (früh-)kaiserzeitliche Armee siehe: Speidel 2014, 53–62; Rathbone 2009, 299–327.

514 Zum Ablauf des Rekrutierungsverfahrens: Kaiser 2012, 99–120.

515 Sartre 1982, Nr. 9045–9046. Vgl. Haarer 2006, 44–46; Arce/Feissel/Weber-Karyotakis 2018, 673–681; Arce 2018, 682–690; 2009, 155–180.

Schritt wird dann die Rekrutierung für das Officium überarbeitet. Anstatt die Ränge bzw. Positionen der *ducianii* zum „Kauf" freizugeben, scheinen nun sowohl ein *paredros*, der *assessor* des Dux, als auch der Büroleiter (*primiscrinius*) bei der Auswahl und Vergabe dieser Posten involviert zu sein. Der Zustand der einzelnen Fragmente lässt eine präzisere Beschreibung dieses Verfahrens nicht zu. Besser lesbar ist der wohl letzte Paragraf bezüglich des Officium, in dem festgelegt wird, dass die Büroleiter für höchstens fünf Jahre ihren Dienst verrichten sollen. Danach sollen sie nicht (innerhalb der Provinzialverwaltung) von einem Büro zum anderen wechseln und diese Stellung erneut bekleiden. Für das libysche Officium ist eine ähnliche Anordnung bereits zu Beginn des fünften Jahrhunderts n. Chr. (24. Oktober 417) überliefert. Darin wird explizit dem *domesticus* des Dux Vitalian untersagt, denselben Posten nach Ablauf einer Amtsperiode erneut zu bekleiden. Bei Zuwiderhandlung drohen ihm und den Mitgliedern des Officium eine (Kollektiv-)Strafe von 10 Pfund Gold.[516]

Die Festlegung der Amtsperiode höherer Chargen auf maximal fünf Jahre und das generelle Verbot, Verwaltungsposten innerhalb des Bürostabes von einflussreichen Magistraten mehrfach zu bekleiden, sollte die Gelegenheiten zum Amtsmissbrauch einschränken und zu einer beständigen Durchmischung der Officia beitragen. Dies konnte mitunter den Beginn einer überregionalen Karriere einläuten, da der Austausch höherer Offizieller innerhalb des Verwaltungsapparates auch an anderer Stelle forciert wurde, wie ein an den *magister militum* Stilicho adressiertes Gesetz der Kaiser Arcadius und Honorius verdeutlicht, bei dem die Büroleiter der diversen Comites und Duces aus dem Officium des Magister Militum abkommandiert wurden.[517]

Anastasius zielte mit diesen Bestimmungen darauf ab, eine hierarchisierte Laufbahn für die Mitglieder der Büros seiner Spitzenfunktionäre zu etablieren. Die damit einhergehende Ausgliederung der Bürochargen aus den Militärmatrikeln demonstriert zudem den für solche Aufgaben notwendigen hohen Grad an Fachkenntnissen. Der „einfache" Soldat war ohne eine entsprechende Schulung nicht mehr im Stande, dies zu leisten.[518] Neben dem Dienst an der Waffe hatte sich deshalb bereits seit der Kaiserzeit, und vor allem seit den Reformen Konstantins, die *militia non armata* als ernsthafte Option für die vielen Absolventen der Rechtsschulen im römi-

516 Cod.Theod.8,1,16 = Cod.Iust.1,51,6.

517 Cod.Theod.1,7,3.

518 Veg.mil.2,19. Lese- und Schreibfähigkeit wie auch mathematische Kenntnisse gehörten zwar zu den bevorzugten Kriterien bei der Musterung für die Armee, aber die fortschreitende Bürokratisierung des Dienstes erforderte spezialisierte Mitarbeiter.

schen Reich etabliert.[519] Die Aufnahme in die Amtsmatrikel des regionalen Militärbefehlshabers versprach einen regulären Sold und bei entsprechender Dienstdauer auch eine Reihe von Privilegien.[520] Die Zahl der Interessenten war dementsprechend groß.[521] Des Weiteren scheint Anastasius gesonderten Wert auf eine breit gefächerte Bildung seiner Funktionäre und deren Mitarbeiter gelegt zu haben, was die Attraktivität einer Karriere in den verschiedenen Bereichen der Staatsverwaltung noch zusätzlich erhöht haben wird.[522]

Der dritte Paragraf des libyschen Edikts könnte einen solchen Auswahl- und Aufnahmeprozess in die Amtsmatrikel illustrieren, da hier die Anordnung dieser Liste durch den Dux Daniel formal bestätigt wird.[523] Aufgrund eines Gesetzes Zenos aus dem Jahr 472 n. Chr. mussten die Heermeister und Duces bereits etwaige Veränderungen an ihrer Truppenzusammenstellung und eigenmächtige Rekrutierungsmaßnahmen durch den Kaiser absegnen lassen.[524] Die Reichszentrale verlangte zudem von den Grenzkommandeuren einen jährlichen Bericht über die Verfassung des Grenzabschnittes, der einzelnen Lager und der Anzahl der Soldaten.[525] Die Bestätigung dieser Liste von Seiten der kaiserlichen Verwaltung diente somit in erster Linie der Kontrolle und Überwachung der regionalen Befehlshaber, deren Handlungsspielraum dadurch eingeschränkt wurde. Im Gegenzug ergab sich durch dieses Verfahren jedoch die Möglichkeit, für den Kommandeur seine Autorität gegenüber den Zivilisten, potenziellen Mitarbeitern und untergebenen Soldaten zu stärken.

---

519 Speidel 2006, 263–268; Schmidt-Hofner 2008, 103–117; Rosen 1990, 284–285.

520 Cod.Theod.7,1,6. Aus der Zeit des Anastasius (ca. 505) kennen wir diesbezüglich nur noch eine *sacra iussio*, die die Aufnahme eines gewissen Herakleon in die Vexillatio von Hermupolis anordnet. Siehe hierzu Bruckner/Marichal 1967, Nr. 246 = P.Ryl.Gk.609 mit weiterführender Literatur. Für die Spätantike sind grundsätzlich nur wenige Exemplare einer solchen Amtsmatrikel erhalten. Vgl. ChLA1248,1–3 = P.Vindob. L 8+125; Kraft 2008, 17–78; Haensch 2004, 525–531; Benaissa 2016, 55–64; Kaiser 2012, 103–120.

521 Vgl. Veg.mil.1,5,2 mit einer kritischen Beurteilung des zunehmenden Interesses potenzieller Rekruten am zivilen Staatsdienst: „*Aber damals war eine größere Anzahl (zur Auswahl) verfügbar, und es gingen mehr Leute zum bewaffneten Kriegsdienst; denn der zivile Bereich (der Staatsverwaltung) hatte noch nicht den blühenden Teil der Jugend an sich gezogen.*" Übersetzung entnommen aus: Müller 1997, 37.

522 Prisc.Laud.Anast.239–253; Lyd.mag.2,21; 3,50; Nicks 2000, 183–203.

523 Contra Chr. Kelly 2004, 50. Christopher Kelly spekulierte, dass diesem Paragrafen ein Disput vorausging, der eine Petition nach sich zog und eine kaiserliche Intervention zur Stärkung der Stellung des Dux Daniels nötig machte.

524 Cod.Iust.15,35,17, adressiert an den *mag. mil.* Marcianus.

525 Nov.Theod.24,1,5.

4.5.4 Korruption und Amtsmissbrauch (§4–5)

„Καὶ Μάλχος τῶν συντάξεων στερηθέντες πολλάκις οἱ στρατιῶται καὶ παρακοπτόμενοι τῆς τροφῆς τῆς συνήθους ἐς ἀπόνοιαν ἦλτον."

„*Malchos schreibt auch, dass die Soldaten verzweifelt waren, weil sie häufig um ihren Sold betrogen und von ihren gewöhnlichen Nahrungsrationen abgeschnitten wurden.*"[526]

Ein in der Suda überliefertes Fragment des Malchus von Philadelphia, der wohl während der Regierung des Anastasius ein Geschichtswerk bis zum Tode Zenos (491 n. Chr.) verfasste, steht symptomatisch für das in den spätantiken Quellen häufig anzutreffende Phänomen der Korruption. Nicht zufällig widmen sich daher gleich zwei Formeln der Konstitution des Anastasius ausführlich der Ausbeutung durch und unzulässigen Bereicherung von römischen Amtsträgern.[527]

Dem Dux wird im vierten Paragrafen untersagt, unter dem Vorwand einer „Gefälligkeit" bzw. des „Wohlwollens" (εὐμενία, *beneficium*, *benevolentia*) seinen Soldaten etwas abzuverlangen.[528] Aufschlussreich ist dabei, dass dieses Verfahren bereits als schlechter Brauch bezeichnet wird, der nun endgültig verkommen und illegitim sei. Die Offiziere hatten also zuvor das Anrecht darauf, einen Teil des Soldes ihrer Soldaten unter bestimmten Bedingungen als eine Art „Geschenk" (*dona*, *exemia*) zur Aufbesserung ihres eigenen Gehalts, einzufordern.[529] Der letzte Paragraf des libyschen Erlasses gibt Auskunft darüber, dass die Praxis, einen Teil des Soldes einzuziehen oder an andere Chargen umzuleiten, weiterhin Bestand hatte. Lediglich diese spezielle Abgabe an den Dux, die dieser nach eigenem Ermessen bestimmen konnte, wurde abgeschafft.

Diese Form der Sondervergütung diente ursprünglich vielleicht als armeeinter-

526 Malchus, Frg.27.

527 Grundlegend: Haensch 2011, 129–133; Speidel 2011, 213–221; Kaiser 2010, 37–53; MacMullen 1988; Noethlichs 1981, Schuller 1982, 201–208.

528 Zachariae von Lingenthal 1879, 147–148. Ein Papyrus aus Hermopolis (P.Lond.5.1753) überliefert die Zahlung einer εὐμένεια an einen Pagarchen. Dies könnte somit ein weiterer Beleg für diesen Brauch in der ägyptischen Diözese sein. Die Datierung ist allerdings nicht gesichert, lediglich von einer 14. Indiktion ist im Text die Rede. Jennifer Cromwell hat zuletzt einen Zeitraum in der zweiten Hälfte des siebten Jahrhunderts n. Chr. vorgeschlagen. Siehe: Cromwell 2017, 189 mit Anm. 130.

529 Ganz ähnlich wurde auch im Fall ziviler Beamten verfahren, wie das Edikt des Mariscian (361/363 n. Chr.) aus Timgad belegt. Dort konnte der *princeps* des Gouverneurs auf regulärem Weg einen Teil des Verdienstes seiner untergebenen *officiales* einziehen. Im Prinzip wurde dadurch das Amt des leitenden Funktionärs durch den Sold seiner Untergebenen finanziert. Dazu: Chastagnol 1978, 79–83.

nes Disziplinarmittel. Einen solchen Brauch, bei dem die Soldaten freiwillig einen Teil ihres Soldes abgaben, schildert Vegetius. Die Legionäre deponierten fortlaufend die Hälfte ihrer Donativa an den Feldzeichen. Auf diese Weise sparten die einzelnen Kohorten im Verlauf ihres Dienstes einen beträchtlichen Geldbetrag an, den sie bei ihrer Entlassung erhielten. Gleichzeitig war dieses „Sparkonto" der Legionäre eine beständige Motivation dafür, der Einheit treu zu bleiben und nicht im Kriegs- oder Kampfeinsatz zu desertieren.[530] Die für die Aufbewahrung des Geldes verantwortlichen *signiferi* mussten folglich auch über buchhalterische Fähigkeiten verfügen, um den Soldaten im Einzelfall Rechenschaft ablegen zu können.[531]

Eine ähnliche Entwicklung mag bei der Sonderzahlung an den Dux vorliegen. Liest man beispielsweise einige Passagen aus den Reden des Libanius und der Historia des Zosimus, so gewinnt man den Eindruck, dass Soldaten bei einer längeren Abwesenheit von ihrer Truppe, entweder aus dienstlichen Gründen oder im Fall des Urlaubs, einen Geldbetrag (*stillatura*) bei ihrem diensthabenden Vorgesetzten deponierten, um ebenfalls den Anreiz zu schaffen, keine Fahnenflucht zu begehen. Freilich geben diese Quellen auch Auskunft darüber, inwiefern die Heermeister und Offiziere diesen Umstand nutzten, um sich zu bereichern. So erfolgte die Ausgabe von Nahrungsmitteln, Dienstkleidung und der Urlaubsantritt mitunter nur gegen eine Vorkasse.[532]

Die Kaiser vor Anastasius hatten zunächst versucht, dieses Vorrecht der Offiziere einzudämmen, indem deren Möglichkeiten zur willkürlichen Ausbeutung verringert wurden. Ein an den Prätorianerpräfekten des Orients, Anthemius, adressiertes Gesetz der Kaiser Arcadius, Honorius und Theodosius vom 4. Mai 407 n. Chr. Verdeutlicht diesen Vorgang:

> *„Si quas sub gratia donationis a militibus auferunt quam merentur annonas duces seu tribuni, iuxta nummaria defixa pretia sine ulla dubitatione percipiant."*
>
> *„Falls ein Dux oder Tribun von den Soldaten Teile der Annona unter dem Vorrecht eines Geschenks, das ihm zusteht, einbehält, dann soll er sie ohne jedes Bedenken gemäß des festgelegten Geldwechselkurses (Geldpreise) erhalten."*[533]

Der Erpressung niederer Dienstgrade durch die als *gratia donationis* bezeichnete Abgabe sollte also durch die Festlegung eines stabilen Umrechnungskurses Einhalt

530 Veg.mil.2,20,1–7. Vgl. zu weiteren Maßnahmen: Kaiser 2012a, 381–390.

531 Phang 2007, 286–306, bes. 291–297.

532 Lib.Or.2,37; 18,82; 47,23–33; Zos.Hist.4,27,2–3; 5,34,6 vgl. Mitthof 2001, 274–276.

533 Cod.Theod.7,4,29, adressiert an den Prätorianerpräfekten (PP) Anthemius; ganz ähnlich auch für den Amtsbereich des illyrischen Prätorianerpräfekten Leontius: Cod.Theod. 7,4,32.

geboten werden.[534] Die Vielzahl an Gesetzen bezüglich dieser Art von „Sondervergütung“ demonstriert jedoch, dass die Akzeptanz dieser semi-legalen Praktik von einer Administration zur nächsten erheblich variierte. Die in der libyschen Konstitution formulierte Abschaffung dieses Brauchs durch Anastasius sollte daher grundlegend die rechtliche Stellung der einfachen Soldaten gegenüber ihren Vorgesetzten verbessern. Außerdem hatte diese Neuerung des Kaisers die positive Nebenwirkung, dass die einfachen Soldaten einen größeren Teil ihres Soldes für sich behalten konnten.

Die Aufwertung des Soldatenstandes war das Ziel mehrerer Reformmaßnahmen des Kaisers. Aus einem an Longinus, den *magister equitum ac peditum praesentalis*, adressierten Gesetz geht hervor, dass es den Mitgliedern der Feldarmee möglich war, von ihrem Proviantmeister (*actuarius*) Geld zu leihen. Für diesen kurzfristigen Kredit konnte der *actuarius* pro geliehenem Solidus Zinsen in Höhe von maximal einem Tremissis (33.3%) erheben. Im selben Gesetz lockerte Anastasius obendrein die Urlaubsmodalitäten. Die Tribune der einzelnen Einheiten durften nun gleichzeitig bis zu 30 Mann beurlauben oder vom Dienst freistellen.[535] Wurden die abwesenden Sol-

534 Cod.Theod.7,4,28; Cod.Iust.12.37.12 (an PP Anthemius); die Tribune erhalten hier eine „*stillatura*“, die ebenfalls in Geld umgewandelt werden soll. Nov.Val.13,1 mit dem Verhältnis 1 Ration der Annona zu 4 Solidi per Annum. Ferner: MacMullen 2006, 123–131; Jones 1964, 644–646. Die Verwendung des rechtlichen Terminus „*gratia*“ signalisiert darüber hinaus, dass der ordentliche Verfahrensablauf gestört war und der Gesetzgeber korrigierend eingreifen musste. Dazu: Leneis 2020, 43–59.

535 Cod.Iust.12,37,16. Das Gesetz ist nicht datiert, und auch der Adressat Longinus bereitet Schwierigkeiten. In der PLRE (Band II, Longinus 3) wird dieser Heermeister als eigenständige Person aufgefasst und nicht mit Fl. Longinus (PLRE II, Longinus 6; Begass 2018, 181–182 mit dem Hinweis auf die Häufigkeit dieses Namens unter den Isauriern) dem Bruder des Kaisers Zeno gleichgesetzt. Fiona Haarer hat jenen Longinus daher nicht in ihrem Katalog der wichtigsten Hofbeamten und Funktionsträger des Anastasius aufgeführt. Vgl. Haarer 2006, 282–284. Fl. Longinus gehörte der isaurischen Fraktion am Kaiserhof an und war sogar ein aussichtreicher Kandidat auf die Nachfolge seines Bruders. Seit 485 n. Chr. bekleidete er zudem das Amt eines *magister militum praesentalis* und 490 sogar das Konsulat. Im Zuge des sich anbahnenden Konflikts zwischen Anastasius und den Isauriern wurde er 492 nach Ägypten verbannt. Dennoch kann nicht vollkommen ausgeschlossen werden, dass dieses Gesetz an ihn adressiert war. Laut Johannes von Antiochien entzog Anastasius den verbannten Isauriern zunächst weder Rang noch Privatbesitz. Ioh.Ant.Frg.239,3 (ed. Mariev) = Frg.308 (ed. Roberto): „Κρινῶν δὲ εἰκότενς ἐκ τῆς τῶν ἐνδημούτων Ἰσαύρων ἐπιβουλῆς διεσκευάσθαι ταῦτα, ἀποχορεῖν τούτους τῆς βασιλίδος ἐκέλευσεν οὐδ' ἀξιωμάτων ἀφαιρούμενός τινα αὐτῶν οὐδὲ χρημάτων, καὶ ταῦτα ἤδη ἀγγελθείσης τῆς κατὰ <τὴν> χώρας αὐτῶν ἀποστάσεως.“ Das eröffnet die Möglichkeit, dass Fl. Longinus von der Krönung des Anastasius am 1. April 491 bis in das Jahr

daten jedoch um ihren Sold betrogen oder gar vom Proviantmeister mit zu hohen Zinssätzen belegt, mussten sich die verantwortlichen Beamten strafrechtlichen Konsequenzen stellen und mit ihrem eigenen Vermögen haften.

Ganz ähnlich verfuhr Anastasius auch in der Pentapolis, denn im fünften Paragrafen des libyschen Militärerlasses wird das Verbot, sich unrechtmäßig zu bereichern, auch auf die obersten Mitglieder des Officium, die Büroleiter (*primiscrinii*) und Buchhalter (*numerarii*) ausgeweitet.[536] Beide Posten hatten anscheinend bei der Anfertigung von Schriftstücken für die Soldaten der fünf libyschen Abteilungen eine gesonderte Materialgebühr, das sogenannte Chartaticum, erhoben.[537] Auffallend ist, dass hier klar differenziert wird zwischen den einzelnen Truppenkategorien der Kyrenaika. Die fünf städtischen Abteilungen werden als *arithmoi* bezeichnet, was sie als Teil der Feldarmee ausweist. Die Mitglieder des in den Kastellen stationierten Limitanverbandes (*kastresianoi*) werden an dieser Stelle hingegen nicht erwähnt, sondern erst in der Gebührenliste am Ende des Erlasses. Sie hatten für die Dienste der Kanzleibeamten weiterhin ein Chartaticum zu entrichten, das auf einen Betrag von 6 Solidi für alle Grenzsoldaten gedeckelt wurde.

Die *officiales* scheinen sich also vornehmlich in den großen Städten der Provinz aufgehalten zu haben. Die Soldaten der comitatensischen Einheiten konnten dort auf ihre Dienste zurückgreifen, die sie etwa für den Wechsel des Einsatzortes oder den Urlaubsantritt benötigten.[538] Das im Vergleich zu den Limitanei deutlich höhere Gehalt mag ein weiterer Anlass für die Ausbeutungsversuche der Mitarbeiter des dukalen Officium gewesen sein.[539] Die im Anschluss an die Bestimmungen beigefügte *Notitia* hatte daher auch die Funktion, die Korruptionsversuche des Bürostabes durch die klare Auflistung der Gebühren für die einzelnen Dienstleistungen einzudämmen.

---

492 als Heermeister diente. Sollte dies zutreffen, würde es sich bei dem an ihn adressierten Gesetz um die erste militärrechtliche Maßnahme des Anastasius handeln. Aus dem Jahr 491 sind bereits aus den Monaten Juli und August Kaisergesetze überliefert. Am ersten Januar 492 (Cod.Iust.12,35,18) erließ Anastasius dann die wichtigen militärischen Bestimmungen an den *magister militum* Johannes Gibbus (Kyrtos).

536 Zachariae von Lingenthal 1879, 148–149.

537 Lyd.mag.3,14 berichtet von einer ähnlichen Gebühr in den *scrinia* der Prätorianerpräfektur, die zur Deckung der Materialkosten erhoben wurde. Ebenso Nov.Iust.8,1. Ferner: Chastagnol 1978, 83–86.

538 Grundlegend: Palme 2007a, 85–113; Whitby 2007a, 515–532; Zuckerman 2004a, 143–183; Hoffmann 1969; Grosse 1920.

539 Im Militärgesetz von Perge wird mitunter die Annona im Verhältnis 1:6 adaeriert. Vgl. Strobel 2012, 199; Treadgold 2014, 303–319; Hendy 1985, 181–192.

4.5.5 Die Verteilung der Annona (§6)

Dieser Paragraf widmet sich der ordnungsgemäßen Verteilung der Annona an die Offiziere und Soldaten.[540] Die lokale Bevölkerung hatte die in der Provinz stationierten Truppen mit grundlegenden Nahrungsmitteln wie Getreide, Wein, Öl, Fleisch und Gemüse zu versorgen.[541] Diese Naturalabgaben wurden in einem monatlichen Turnus an die Armee geliefert und dann nach einem hierarchisch gegliederten Schlüssel von zivilen Beamten an die Offiziere und Soldaten ausgegeben.[542] Die fristgerechte Versorgung der Armee mit Nahrungsmitteln und Sold war der größte Kostenfaktor des kaiserlichen Haushaltes.[543] Wie der zwölfte Paragraf des libyschen Edikts verdeutlicht, wurde dieser enorme Verwaltungsvorgang der Armee häufig begleitet von Korruptionsverdächtigungen, Beschwerden und Beschimpfungen der Provinzialen über zu hohe Abgaben.

Die Verbindung reichsweiter Maßnahmen und lokaler Verwaltungsprozesse tritt im Punkt der Heeresversorgung so deutlich wie kaum an einer anderen Stelle hervor. Es bietet sich hier folglich an, etwas weiter auszuholen und die Spezifika der libyschen *formae* vor dem Hintergrund der kaiserlichen Finanzpolitik einzuordnen:

Bereits zu Beginn seiner Herrschaft hatte sich Anastasius daran gemacht, die Bezahlung der Soldaten und das dafür notwendige Steuersystem zu reformieren. Ein Fragment aus den *Historien* des Johannes von Antiochien resümiert die ersten Anordnungen des Kaisers folgendermaßen:

> „Ὅτι Ἀναστάσιος ὁ βασιλεὺς λύει (τὸν) τῶν δημεύσεων φόβον τοῖς ὑπηκόοις, ἀπαγορεύει δὲ τοῖς συκοφάνταις τὴν ἄδειαν καὶ τὸ τῆς καλουμένης δηλατορίας πάθος τιμωρεῖται καὶ τοὺς ἐκ τῶν εἰσφορῶν ὀφειλέτας ἐλευθεροῖ τῶν ἔμπροσθεν χρόνων."

> „*Der Kaiser Anastasius nahm seinen Untertanen die Angst vor der Pfändung ihres Besitzes, schaffte die Amnestie für Informanten ab, bestrafte nachträglich die böswilligen Bespitzelungen (vor Gericht) und erließ denjenigen, die noch aus früheren Zeiten Steuerschulden hatten.*"[544]

Die hier beschriebenen Maßnahmen des Kaisers korrespondieren fast vollständig mit dem Katalog an Forderungen, die die Bevölkerung Konstantinopels im Rahmen

540 Zum Ablauf der Heeresversorgung: Mitthof 2001, 168–254.; 2004, 111–130; Pons Pujol 2008, 145–153.

541 Cod.Iust.1,4,18 (an den PP Palladio); 12,37,1 (an den PP Helpidio) und 12,37,4 (an den PP Auxonium).

542 Cod.Iust.12,37,9 (an PP Hilarius) und 12,37,5 (an PP Probus).

543 Ausführlich bei Hendy 1985, 157–221; Carlà 2009, 336–356.

544 Ioh.Ant.Frg.239 (ed. Mariev) = Frg.308 (ed. Roberto).

seiner Thronbesteigung geäußert hatte.[545] Nicht von ungefähr wurden eben diese ersten Aktionen des Anastasius von seinen Panegyrikern, insbesondere Prokop von Gaza, hervorgehoben.[546] Ein Punkt verdient dabei jedoch eine eingehende Betrachtung: Anastasius führte laut dem Bericht des Johannes von Antiochien und dem Panegyrus des Prokop einen Schuldenschnitt durch. Diese Anordnung versinnbildlichte die Zäsur zur Regierung Zenos. Der verstorbene Kaiser hatte zur Deckung des maroden Staatshaushalts nicht davor zurückgeschreckt, die Privatvermögen und Ländereien der Oberschicht zu konfiszieren.[547] Anastasius wählte demgegen-

545 De cer.1,101 (Z. 167–204); Meier 2009, 65–75 mit der deutschen Übersetzung auf den S. 71–72: „Αὐτοκράτωρ Καῖσαρ Αὔγουστος «... ὁπόσον μοι βάρος ὑπὲρ τῆς κοινῆς πάντων σντηρίας ἐπετέθη οὐκ ἀγνοῶ.» Παρὰ πάντων ἐβοήθη «Ἄξιε τῆς βασιλείας, ἄξιε τῆς ‖ Τριάδος, ἄξιε τῆς πόλεως τοὺς δηλάτοπρας ἔξω βάλε» καὶ ἄλλα τοιαῦτα. Αὐτοκράτωρ Καῖσαρ Αὔγουστος «Ἀλλὰ τὸν Θεὸν τὸν παντοκάτορα δυσωπῶ ὅπως, οἷον με ἐν ταύτῃ τῇ κοινῇ ἐκλογῇ γενέσθαι ἠλπίσατε, τοιοῦτον τῇ τῶν πραγμάτων ἐργασίᾳ κατανοήσητε.» Παρὰ πάντων ἐκράγη «Εἰς ὃν πιστεύεις, αὐτός σε σώσῃ. ὡς ἔζησας, | οὕτω βασίλευσον. εὐσεβῶς ἔζησας, εὐσεβῶ βασίλευσον. Ἀριάδνη, σὺ νικᾷς πολλὰ τὰ ἔτη τῆς αὐγούστης τὸ ἐξέρκιτον σὺ ἔγειρον τὰς στρατείας σὺ ἔγειρον τοὺς δούλους σου ἐλέησον ὡς Μαρκιανός, ὅυτως βασίλευσον» καὶ ἄλλα τοιαῦτα πολλά. Αὐτοκράτωρ Καῖσαρ Αὔγουστος «Ὑπὲρ τῆς ἑορτῆς τῆς εὐτυχοῦς ἡμῶν βασιλείας ἀνὰ έ νομίσματα καὶ λίτραν ἀργύρου ὑμῖν κατὰ βούκολον δώσω.» Παρὰ πάντων ἐβοήθη «Χριστιανὸν βασιλέα ὁ Θεὸς διαφυλάξῃ αὗται κοιναὶ εὐχαί αὗται αἱ εὐχαὶ τῆς οἰκουμένης τὸν εὐσεβῆ, Κύριε, ἔγειρον τὸν κόσμον σου νικᾷ ἡ τύχη τῶν Ῥωμαίων Ἀναστάσιε αὔγουστε, σὺ νικᾷς Ἀριάδνη αὐγούστα, σὺ νικᾷς ὁ Θεὸς ὑμᾶς δέδωκεν, ὁ Θεὸς ὑμᾶς φυλάξῃ.» Αὐτοκράτωρ Αὔγουστος «ὁ Θεὸς μεθ'ὑμῶν.»" „*‚Ich weiß sehr wohl, welch große Last mir mit der gemeinsamen Bewahrung von allem auferlegt worden ist‘. Von allen wurde gerufen: ‚Du der Kaiserherrschaft Würdiger, der Trinität Würdiger, der Stadt Würdiger! Wirf die Delatoren hinaus!‘, und anderes in dieser Art. Der Imperator Caesar Augustus: ‚Jedoch bitte ich Gott, den Alleinherrscher: Wie Ihr mich in dieser gemeinschaftlichen Wahl erhofft habt, so sollt Ihr mich durch die Wirkung meiner Taten wahrnehmen!‘ Von allen wurde gerufen: ‚Der, an den Du glaubst, wird Dich selbst erretten. Wie Du gelebt hast, so herrsche nun! Fromm hast Du gelebt, fromm herrsche! Ariadne, Dir sei Sieg bestimmt! Viele weitere Jahre für die Kaiserin! Das Heer richte auf! Die Feldzüge treibe an! Hab Mitleid mit Deinen Dienern! Wie Markian, so herrsche!‘ Und vieles weitere dieser Art. Der Imperator Caesar Augustus: ‚Anlässlich der festlichen Begründung unserer Kaiserherrschaft werde ich Euch pro Mann 5 Solidi und 1 Pfund Silber schenken‘ [dies dürfte an die Palasttruppen gerichtet gewesen sein]. Geschrei von allen: ‚Gott wird den christlichen Kaiser beschützen. Das sind unsere gemeinsamen Gebete, die Gebete der Welt; Herr beschütze den Frommen! Heiliger Herr, richte Deine Ordnung auf! Möge das Schicksal der Römer siegreich sein! Kaiser Anastasios, Dir sei Sieg bestimmt! Kaiserin Ariadne, Dir sei Sieg bestimmt! Gott hat Euch geschenkt, Gott wird Euch beschützen‘. Der Imperator Augustus: ‚Gott sei mit Euch!‘*"

546 Proc.Gaz.Pan.Anast.5.

547 Malchus von Philadelphia, der Zenos Herrschaft überaus kritisch sah, berichtet davon,

über eine andere Vorgehensweise.[548] Bereits in seinen ersten Amtsmonaten verkündete er in mehreren an den Prätorianerpräfekten Matronianus adressierten Gesetzen, dass der Kaiserhof für einen Zeitraum von 40 Jahren die bestehenden Besitzrechte und Privilegien, zu denen sogar Steuerbefreiungen zählen konnten, nicht antasten werde. Lediglich die ordnungsgemäße Abgabe der Steuern musste gewährleistet sein.[549] Mit der *coemptio*, dem staatlich organisierten (Zwangs-)Ankauf von Getreide zu festgelegten Preisen, die der Kaiser im selben Zeitraum verfügte, besaß er allerdings die Möglichkeit, diese Privilegien im Notfall auszuhebeln. Selbst die kaiserlichen Domänen waren davon nicht ausgenommen.[550] Die Abkehr von den finanzpolitischen Praktiken Zenos und der Erlass von Steuerschulden wird Anastasius zunächst einen Sympathievorschub aus den verschiedensten Bevölkerungsschichten eingebracht haben. Der Kaiser versuchte zudem, fortwährend die finanziellen Belastungen des Staatshaushaltes zu senken, indem er etwa Tributzahlungen wie die jährlich zu erbringende Isaurica in Höhe von 5.000 Goldpfund (= 360.000 Solidi) aussetzte oder die Anfragen der Perser nach finanzieller Unterstützung ablehnte.[551] Das Hauptanliegen des Kaisers war es jedoch, „reinen Tisch" zu machen, um in der Folge die Bemessung der Steuerbeiträge bei Bedarf verändern zu können.

---

dass unter dem PPO Sebastianus der Ämterverkauf aufblühte und horrende Summen gezahlt werden mussten. Das Amt des ägyptischen Präfekten war anstatt der wohl üblichen 50 Pfund Gold erst für das Zehnfache zu haben. Malchus, Frg.16,1–2. Siehe: Feld 2005, 285–287. In Anbetracht der schlechten Finanzlage des Reiches, deutet Lippold dagegen den Umstand, dass viele der erhaltenen Gesetze Zenos an eben jenen Sebastianus adressiert sind, in eine grundsätzlich positive und produktive Partnerschaft der beiden um. Vgl. Lippold 1972, 204–205.

548 Das aufbrausende Temperament des Anastasius konnte jedoch bisweilen zur Verbannung und Enteignung einflussreicher Personen führen. Zach.Rhet.HE7,8h; Mal.16,16; Greatrex 2014, 84–87 mit Anm. 39. Zu einer diametral entgegengesetzten Methode zur Akquise von Finanzmitteln siehe die Hypothesen von Wolfram Brandes zur justinianischen Baupolitik und dem Nika-Aufstand: Brandes 2014, 239–265.

549 Cod.Iust.7,39,4; 11,62,14. Allerdings musste nachträglich spezifiziert werden, dass es durch Berufung auf diese Gesetze nicht möglich war sich grundsätzlich von öffentlichen Abgaben oder kurialen Pflichten zu entziehen. Siehe: Cod.Iust.7,5 und 7,5,6. Die letzte Anordnung datiert in die Amtszeit des Prätorianerpräfekten Leontius (ca. 510, PLRE II, Leontius 23; Begass 2018, 177–179) und zeigt deutlich, dass ein Erlass von Steuerschulden nun nicht mehr möglich war. Vgl. Haarer 2006, 184 mit Anm. 6.

550 Cod.Iust.10,27,1. Im Zuge dessen wurde ebenso die Aufteilung der *res privata* in einen separaten Teil für Kaiser und Kaiserin abgeschafft. Vgl. Laniado 2002, 42–43.

551 Evag.HE.3,35. Nach Johannes von Antiochien betrug die Isaurica 1.400 Goldpfund (= 108.000 Solidi). Ioh.Ant.Frg.234,5 (ed. Mariev) = 308 (ed. Roberto); Jos.Styl.19–20. Siehe: Börm 2008, 327–346, bes. 332.

Das Fundament des (spät-)antiken Steuersystems bildete die Erhebung einer Land- bzw. Grundsteuer (Annona). Der jeweils fällige Betrag wurde anhand der Größe und der Qualität des Bodens, aber auch der darauf tätigen Arbeitskräfte und Viehbestände in den beiden fiktiven Kategorien *iuga* und *capita* bemessen.[552] Dieses System etablierte eine reichsweite Kalkulationsgrundlage, die zwar mitunter regionalen Eigenarten Rechnung zu tragen hatte, aber den Prozess der Steuererhebung prinzipiell vereinfachte. In Verbindung mit der Heeresfinanzierung erfahren wir aus der Chronik des Johannes Malalas von der Einführung der sogenannten „Chrysoteleia der Iuga“:

> „Ὁ δέ θειότατος βασιλεύς Ἀναστάσιος ἐποίησε χρυσοτέλειαν τῶν ἰούγων τοις συντελεσταΐς πάσιν διά τό μή ἀπαιτεΐσθαι τά εἴδη καί διατρέφεσθαι υπό τῶν στρατιωτῶν.“

> *„Der göttlichste Kaiser Anastasios aber führte eine in Gold abzuführende Steuer auf Grund der Iugatio (besser: Iuga) für alle Steuerpflichtigen ein; hinkünftig sollte man ihnen nicht mehr die Naturalien abverlangen und † die Ernährung der Soldaten † sollte nicht mehr zu ihren Lasten gehen.*“[553]

Johannes Karayannopulos wollte in der Chrysoteleia eine kurzfristig angelegte Maßnahme sehen, die wie das *aurum tironicum* Gold in die Staatskasse spülte.[554] Er übersah aber dabei, dass sich die Zahlung eines Geldbetrages, der die Stellung eines Rekruten und seiner Grundausstattung ersetzte, bereits im Verlauf des fünften Jahrhunderts n. Chr. von einer punktuell erhobenen Abgabe zu einer regulären jährlichen Steuer entwickelt hatte.[555] Dies führte langfristig dazu, dass manche Regionen des Reiches eher Rekruten stellten und andere einen monetären Beitrag erbrachten.[556] Aufgrund der geringen Anzahl an Belegstellen für den Begriff χρυσοτέλεια bzw. das sich davon ableitende Adjektiv χρυσοτελής wollten wiederum andere For-

552 Günther 2021, 134–144. Eine Neubewertung des *iugum* scheint unter Diokletian durchgeführt worden zu sein. Siehe: Selb/Kaufhold 2002, §106c, 157–158 mit dem Kommentar in Band III, 226–228. Ferner: Esders 2014a, 171–197; Jones 1957, 88–94; Zuckerman 2004, 115–128; Grey 2011, 189–197; Goffart 1974, 31–41; Durliat 1990, 14–34. Die älteren Forschungspositionen werden aufgearbeitet in: Karayannopulos 1958, 28–53.

553 Ioh.Mal.16.3,43–45 entnommen aus: Thurn 2000, 321. Dt. Übersetzung aus: Thurn 2009, 408. Evagrius Scholasticus berichtet in Abhängigkeit von Malalas ebenfalls von der Einführung dieser Steuer. Vgl. Evag.HE.3,42.

554 Karayannopulos 1956, 72–84. So auch noch Lounghis/Biysidu/Lampakes 2005, 102 (Nr. 263). Die Datierung dieser Maßnahme ist unsicher, angenommen wird ein Zeitraum um das Reformjahr 498.

555 Zuckerman 1998a, 79–139, bes. 115 für die Entwicklung im fünften Jahrhundert.

556 Vgl. für Gallien: Esders 2014, 342–344.

scher in der Chrysoteleia ein Synonym für die Adaeration der Annona oder sogar der *coemptio* sehen.[557] Meiner Ansicht nach ist die Chrysoteleia dagegen eine – zumindest in der Wahrnehmung des Malalas und seiner Quelle(n) – neuartige und womöglich zusätzliche Abgabe, die auf Grundlage des Landbesitzes bemessen wurde und, wie der Name andeutet, in Gold zu entrichten war. Kurzum: Anastasius erhöhte die Steuerlast der Landbesitzer.[558] Diese Maßnahme wurde allerdings mit der Senkung der auf der *capitatio* basierenden Abgaben kombiniert. Das betont Johannes Lydus, der Anastasius als den ersten Kaiser seit Konstantin bezeichnet, der diesen Steueranteil gemindert hätte.[559] Anastasius vermied somit eine zu drastische Anhebung der Steuern.

Diese Anordnungen korrelieren mit weiteren Bemühungen des Kaisers, die die schrittweise Umwandlung der Annona von einer Naturalabgabe in einen finanziellen, d. h. monetären Beitrag vorantrieben. Gleich zu Beginn seiner Herrschaft (491 n. Chr.), hatte der Kaiser eine solche Adaeration der Annona für die Armee ins Auge gefasst. Den mit der Ausgabe des Soldes beauftragten Verwaltungsbeamten (*opinatores*) war es unter der Androhung einer Geldstrafe verboten, die ihnen und ihrer Einheit zugeteilten Mittel einzubehalten und voreilig an den Fiskus zurückzuführen.[560] Die *Notitia* der Militärkonstitution von Perge bezeugt darüber hinaus, dass die Annona für viele höhere Chargen der Feldarmee zur Hälfte adaeriert wurde. So erhielten zum Beispiel die zehn Feldzeichenträger (*signiferi*) der Legion insgesamt 30 Rationen der Annona, von denen sie 15 in bar „ἐξ(αργυρισμός·) ἐράρ(ιαι)" ausgezahlt bekamen.[561] Die Umwandlung der Annona unterlag jedoch grundsätzlich einer hierarchischen Binnendifferenzierung – niedere Ränge wie die *torquati* oder *brachiati* bekamen etwa nur ein Drittel der Annona in Münzgeld ausbezahlt.

In Anbetracht des enormen finanziellen Bedarfs der Armee wurde sicherlich der Großteil der Einnahmen aus der Chrysoteleia direkt zur Finanzierung des Heeres und/oder der Anwerbung föderierter Einheiten umgesetzt.[562] Wie präzise und rigo-

---

557 Zur Diskussion der unterschiedlichen Forschungsmeinungen: Laniado 2002, 42–45 mit Anm. 150–151; Haarer 2006, 199–202 mit Anm. 91; Koehn 2018, 74–75.

558 Zur Häufigkeit dieser unpopulären Maßnahmen: Dazert 1985, 1–8, 154–159. So auch Johannes Lydus, der in einer polemischen Passage Johannes den Kappadokier bezichtigt, während seiner Amtszeit als Prätorianerpräfekten des Orients mindestens 26 neue Steuern eingeführt zu haben. Dazu: Lyd.mag.3,70.

559 Lyd.mag.3,47. „τὴν τῶν ψυχῶν ἐκούφισε δασμολογίαν".

560 Cod.Iust.12,37,18–19 (weder Adressat noch Konsul überliefert).

561 Onur 2014, 60–63; 2017, 144–149 (= SEG 63, 1278). Über die Anteile der Annona für die ebenfalls der Legion angehörenden 73 *clerici et deputati* erfahren wir leider aufgrund des fragmentarischen Zustandes der Inschrift nichts.

562 Treadgold geht von einer Erhöhung der Grundbesoldung der Armee von vier auf fünf

ros die Bemessung und Einholung der Steuern dabei unter Anastasius ablief, veranschaulicht ein an den Prätorianerpräfekten Anthemius adressiertes Gesetz aus dem Jahr 496 n. Chr.[563] Dort ordnete der Kaiser an, dass im Falle eines Antrags auf Minderung des Capitabetrages (ψυχικῆς) durch eine Provinz oder Stadt zunächst ein vereidigter Steuerprüfer zur Begutachtung des Falls entsandt werden musste. Dessen Gutachten wurde daraufhin vom zuständigen Prätorianerpräfekten kontrolliert und erst nach der darauffolgenden Konsultation mit dem Kaiser konnte eine verbindliche Entscheidung getroffen werden.[564] Auf die Missachtung des Amtsweges und der damit verbundenen Kompetenzüberschreitung stand für die Mitarbeiter des Prätorianerpräfekten eine Strafe in Höhe von 50 Pfund Gold. Für voreilig erteilte Steuernachlässe haftete man zusätzlich mit seinem Privatvermögen. Im weiteren Verlauf des Gesetzes wurde zudem der jährliche Steuerturnus erläutert. So hatten die Bürger jeweils zum ersten Januar, Mai und September ihre Beiträge abzuliefern.[565] Im Einzelfall, wie der hier verbuchten Armenica, konnte der fällige Gesamtbetrag anstatt in drei auch in zwei Zahlungen erbracht werden.

Der restriktive Umgang mit der Bewilligung von Steuererleichterungen verdeutlicht zum einen die enge hierarchische Verzahnung der einzelnen Institutionen des römischen Reiches, zum anderen offenbart er aber auch, wie gering der Spielraum für den Ausfall der Steuern zur Heeresversorgung war. Anastasius zeigte sich dennoch im (Einzel-)Fall berechtigter Ansprüche durchaus großzügig. Während des Perserkrieges befreite er kurzfristig die Bewohner Mesopotamiens und insbesondere die Städte Edessa und Amida von jeglichen Steuern.[566] Der gesamten Region in und um Edessa hatte er obendrein zuvor einige *munera publica*, wie die Versorgung der Armeepferde (*pabulatio*) und die Bereitstellung von Trinkwasser für die Soldaten erlassen.[567] Dies tat er allerdings erst, nachdem die Bürger ihrer Verpflichtung zur Grundsteuerabgabe (συντέλεια), trotz einer Missernte und Heuschreckenplage, nachgekommen waren.[568] Im Gegensatz zur Stringenz bei der Einholung der Grundsteuer auf der Bemessungsgrundlage des Landbesitzes (*iugatio*) gewährte der Kaiser seinen Untertanen bei der Berechnung der Capita-Steuer (*capitatio*) größeren Spiel-

Solidi unter Anastasius aus. Die kaiserlichen Gardetruppen kamen laut seiner Hochrechnung insgesamt sogar auf rund 40 Solidi. Treadgold 1995, 153–155.

563 Cod.Iust.10,16,13.

564 Die Bedeutung der Prätorianerpräfektur als Empfänger vieler zur Heeresversorgung erbrachter Steuern hat Delmaire 1989, 313–345 aufgearbeitet.

565 Die Indiktion, das „Steuerjahr", begann im September.

566 Jos.Styl.92. 99.

567 Jos.Styl.39.

568 Siehe hierzu: Wiemer 2006a, 262–270; Laniado 1996, 23–51.

raum. Neben der bei Lydus erwähnten Senkung dieses Steueranteils war Anastasius darüber hinaus in Zeiten höchster Bedrohung zu erheblichen Konzessionen bereit. Im Verlauf der Rebellion des Vitalian reduzierte er etwa die zu erbringende *capitatio humana et animalium* der Provinzen Bithnya und Asia um ein Viertel.[569] Nach einem Einfall der sabirischen Hunnen (511 und/oder 515 n. Chr.) durch die Kaspischen Pforten am Schwarzen Meer, der laut Malalas eine Spur der Verwüstung bis nach Kappadokien hinterlassen hatte, setzte er für die betroffenen Provinzen drei Jahre lang die Steuerabgaben aus. Die großen Siedlungen in den Provinzen Kappadokien I und II wurden zusätzlich durch neue Befestigungsmaßnahmen gesichert.[570]

Die Umwandlung der Annona in einen monetären Beitrag war zwar eines der mit Nachdruck verfolgten Ziele des Anastasius, daneben gab es aber weiterhin Fälle, in denen die Versorgung mit Naturalien bevorzugt wurde. Wie eine Konstitution des Kaisers ausführt, war es den Mitgliedern der Armee erlaubt, Sonderaufträge wie den Wachdienst oder Begleitschutz für Stadträte, einige Vereinigungen, Kirchen und Privatpersonen („... *si qui fortissimi milites ex quocumque numero curiis vel quibusdam corporibus vel sacrosanctis ecclesiis vel aliis personis pro custodia ...*") durchzuführen.[571] Die Einkünfte aus diesen Tätigkeiten sollten explizit nicht den Fiskus belasten und daher nicht in Gold bzw. Münzgeld ausgezahlt werden, sondern der Arbeit- und Auftraggeber hatte die Soldaten stattdessen mit Proviant zu versorgen.[572]

Aus den finanzpolitischen Maßnahmen des Kaisers ist deutlich die Tendenz zu erkennen, dass der Geld- bzw. Goldfluss von den lokalen Kassen innerhalb des Reiches zu Gunsten des Staatshaushaltes umgelenkt werden sollte.[573] Die Edelmetallre-

569 Ioh.Ant.Frg.242,2 (ed. Mariev) = 311 (ed. Roberto), Z. 23–27. Diese Maßnahme wurde evtl. mit einer Straferleichterung bzw. Steuervergünstigung für entflohene Kolonen aus der Provinz Asia verbunden. Darauf deutet eine in Ephesos entdeckte Inschrift hin, die aus dieser Zeit stammen könnte. Siehe dazu: I.Eph.1a.37, entnommen aus: Wankel 1979, 250–252.

570 Ioh.Mal.16,17.

571 Cod.Iust.12,37,17 (Anastasius an den PP Arcadius).

572 Solch freischaffende Militärs begegnen uns in den Quellen des Öfteren unter dem Oberbegriff „Bucellarier". Das Phänomen der *bucellarii* wird oft zu Unrecht in Verbindung gebracht mit dem Aufbau einer „Privatarmee". Seit der Zeit Leos (und Anthemius) stand das bereits unter Strafe. Im Laufe des sechsten Jahrhunderts wurden sie Teil der regulären Streitkräfte. Der genaue Zeitpunkt der Eingliederung und in welchem Verhältnis sie zu den anderen Truppenkörpern standen wird in der Forschung noch diskutiert. Es kam daneben aber offensichtlich weiterhin dazu, dass Soldaten von Zivilisten befehligt wurden. Vgl. Cod.Iust.9,12,10 (adressiert an den PP Nicostratus). Ausführlich zu den Bucellariern: Schmitt 1994, 147–174; Lenski 2009, 145–175.

573 So auch: Laniado 2002, 40–42. Die steigende Bedeutung der Goldwährung seit dem vier-

serven der kaiserlichen Kassen waren seit der Regierung Leos und dessen Versuch, Afrika zurückzuerobern, nahezu erschöpft.[574] Steuern wie die Chrysoteleia, kombiniert mit der Adaeration der Annona, trugen zur allmählichen Konsolidierung des Staatshaushaltes bei. In der letzten Phase seiner Herrschaft verdoppelte Anastasius dementsprechend sogar den Goldwert.[575] Des Weiteren konnte durch die größere Monetarisierung die Heeresversorgung flexibler gestaltet werden. Im Gegensatz zum (über-)regionalen Transport des Proviants ließen sich größere Geldbeträge weitaus komfortabler und kostengünstiger transferieren, da die Soldaten den Großteil ihrer Verpflegung nun auf lokalen Märkten erwerben konnten.[576] Die Haltbarkeit bestimmter Nahrungsmittel musste ebenso nicht mehr miteinkalkuliert werden. Für den Fall eines dennoch eintretenden Versorgungsengpasses besaß der Kaiser die Möglichkeit, mittels der *coemptio*, dem staatlich regulierten (Zwangs-)Ankauf, Getreide vor Ort zu festgelegten Preisen zu erwerben.[577]

Die fortschreitende *adaeratio* der Proviantlieferungen bot, neben den zahlreichen Vorteilen für die Reichsadministration, insbesondere den oberen Offiziersgraden die Möglichkeit, sich an ihrem Dienstort, wie etwa der libyschen Pentapolis, zu bereichern. Durch ein Gesetz des Kaisers Theodosius II. besaßen der Dux, sein Büroleiter und die Befehlshaber der einzelnen Lager das Anrecht auf den größten Anteil der Lieferung(en) – insgesamt ein Zwölftel der Annona.[578] Unter den Offizieren hatte sich offensichtlich die Praxis entwickelt, ihren gesamten Jahresbeitrag von den ersten Lieferungen der lokalen Bevölkerung einzubehalten und nur gegen eine Gebühr an die übrigen Soldaten abzugeben. Die ranghöheren Soldaten durchbrachen so den monatlichen Verteilungsschlüssel und konnten so auf Kosten der einfachen Soldaten einen Gewinn erwirtschaften. Im Extremfall erhielten die untersten Chargen keine Ration. In einer solchen Situation konnte sich der Unmut der Soldaten, etwa durch erhöhte Versorgungsanforderungen, an der Zivilbevölkerung entladen. Dies würde dann wiederum die Mahnung des Kaisers im zwölften Paragrafen des Edikts an die Bewohner der Pentapolis erklären. Dort heißt es, dass die Bevölkerung die

ten Jahrhundert n. Chr. wird besonders hervorgehoben von Banaji 2001, 39–89; Hendy 1985, 284–297. Etwas verhaltener dagegen: Carlà 2009, 474–475 und 479–494.

574 Hendy 1985, 224–227. Zu den Kassen *(arca)* und Einkünften der staatlichen Finanzorgane siehe: Brandes 2001, 18–25, 103–115; Delmaire 1989, 4–21, 239–269.

575 Chron.ad724, 824; Haarer 2006, 202–203; Hahn 1973, 24.

576 Haldon 2015, 345–389; Morrisson 2012, 379–399; 1989, 239–260.

577 Cod.Iust.10,27,1–3. Vgl. auch Meier 2009, 128–130; Haarer 2006, 199–203; Banaji 2001, 239–240; Haldon 1994, 118–121.

578 Cod.Iust.1,46,4 = Nov.Theod.24 (adressiert an den *magister officiorum* Nomus); Noethlichs 1985, 102–116; Kolb 1982, 163–173.

Soldaten nicht nur mit den ihnen zustehenden Gütern zu versorgen habe, sondern diese auch nicht zu beleidigen seien.

Die Anordnung des Kaisers, dass bei der Ausgabe der Annona, insbesondere dem besagten Zwölftel, auf ein gesundes Verhältnis zwischen den einzelnen Rangstufen zu achten sei, erfolgte nicht nur für die Kyrenaika, sondern war auch Teil des Reformpaketes für die Diözese des Orients. Einige Inschriftenfragmente, die in Jerusalem entdeckt wurden, bezeugen, dass es den Offizieren untersagt war, die Verpflegungsrationen von freigestellten Soldaten für sich einzubehalten. Außerdem musste jeder Soldat formal bestätigen, dass er seine rechtmäßigen Anteile erhalten hatte.[579] Die Kompetenzen der diensthabenden Offiziere wurden an dieser Stelle eindeutig zu Gunsten der kaiserlichen Zentrale beschnitten. Anastasius wollte augenscheinlich einen reichsweiten Standard etablieren, um eine reibungslose Verpflegung der Soldaten in seinem Herrschaftsbereich sicherzustellen. Hinzu kamen je nach Region noch Sonderregelungen. In den Inschriften aus Bostra und Qasr al-Hallabat lauten sie beispielsweise:

> „Ὥστε τὸν δοῦκα μόνα λαμβάν[ειν τὰ ἀφωρισμένα αὐτῷ κατὰ τὸ] ἀρχαῖον ἔθος ὑπὲρ ἀννωνῶν καὶ καπ[ίτω]ν ἐκ το[ῦ δημοσίου καὶ ἐκ τοῦ] μέρους τῆς δωδέκατης κα[ὶ] ἀπὸ <τοῦ> κομμ[ερ]ηιαρίον [τε τὸν ἐν Μεσοποτα]μίᾳ καὶ ἀπὸ τοῦ [Κ]λ̣ύσματος [τ]ὸν ἐν Παλ[αισ]τίνῃ, καὶ μ[ηδὲν ἄλλο ἐξ οἱασδή]ποτε αἰτίας λαμ[β]άνειν."[580]

> „*Der Dux soll allein das erhalten, was ihm der alten Gewohnheit entsprechend der Steuern (Annona) und Futter aus der Staatskasse zugewiesen wurde, und außerdem den (ihm zustehenden) Anteil am Zwölften, und darüber hinaus soll der Dux von Mesopotamien (Anteile) durch den provinzialen Zollbeauftragten (Kommerkiarios) erhalten, und der Dux von Palästina (Anteile) aus den Zolleinkünften von Clysma- und nichts darüber hinaus, ganz gleich aus welchem Grund.*"[581]

Die im Orient stationierten Duces erhielten durch diese Anordnung nicht nur das ihnen zustehende Zwölftel der Annona, sondern ihr Gehalt wurde noch zusätzlich durch einen Anteil an den Zoll- bzw. Steuereinkünften aus dem Fernhandel aufgebessert. Die Hafenstadt Clysma war durch ihre Lage am Roten Meer neben Berenike

579 Feissel 2010, 125–129. SEG 60, 1721. Bei Abwesenheit von der Truppe sollte stattdessen die Annona für jeden einzelnen Soldaten gemäß eines festen Umrechnungskurses adaeriert werden. Siehe: Cod.Iust.12,37,19.

580 SEG 32, 1554.

581 Dt. Übersetzung mit Ergänzung entnommen aus: Esders 2012, 431. Siehe ferner: Arce/Feissel/Weber-Karyotakis 2018, 678–680; Nappo 2006, 329–352; Brandes 2001, 255–263 mit weiterführender Literatur.

ein zentraler Umschlagplatz für die Waren aus Aksum, Arabien und Indien. In ähnlicher Weise war die römische Provinz Mesopotamia Rezipient der Handelswaren, die über die Seidenstraße via Persien ins römische Reich gelangten.[582] Es ist bezeichnend, dass die so an die einzelnen Dukate abgetretenen Steuereinkünfte nicht in dem Zuständigkeitsbereich des jeweiligen Dux eingeholt wurden – Clysma unterstand beispielsweise dem Dux der Augustamnica –, sondern über eine vorgelagerte zivile Instanz direkt zur Ausstattung und Grundversorgung des bedürftigen Dukats weitergeleitet wurden. Diese sehr flexible Umverteilung und Abtretung von Fiskaleinkünften gehörte zum Repertoire spätantiker Verwaltungspraktiken und wurde auch andernorts zur Versorgung von Grenzbezirken, aber auch im Umgang mit föderierten Einheiten angewandt.[583]

Die bisherigen Ausführungen zur Finanzpolitik des Anastasius haben sich, unter Berücksichtigung der mit den libyschen Inschriften verbundenen Heeresversorgung, vor allem auf die ersten Regierungsjahre des Kaisers konzentriert. Der dabei erkennbare Tatendrang wird in der Forschung meist zugunsten der großen Reformprojekte des Jahres 498 n. Chr. zurückgestellt.[584] Einher geht damit der Fokus auf die, zweifelsfrei bedeutenden, Persönlichkeiten des Polykarp, Johannes „des Paphlagoniers“ und Marinus von Apameia, die maßgeblich an den großen Vorhaben wie der Münz-reform oder der Einführung der Vindices beteiligt waren.[585] Demgegenüber sei abschließend auf die Kohärenz vieler Aspekte der Reformen des Anastasius hingewiesen, die sich teilweise auch als Fortsetzung der anfänglichen Initiativen begreifen lassen. Die verstärkte Forderung der kaiserlichen Administration nach Gold zur Deckung der Ausgaben, profitierte ungemein von einem stabilen Verhältnis zwischen den Metallen Gold und Bronze.[586] Die im Rahmen der Münzreform geprägten bronzenen *folles* dienten zur Abwicklung alltäglicher Geschäfte, wohingegen die

---

582 Sidebotham 2009, 71–77; Mayerson 1996, 119–126. Die Konstitutionen des Anastasius in der Diözese Oriens wurden in der Vergangenheit oft in Verbindung mit dem so genannten Beersheba-Edikt gebracht. In der neueren Forschung wird diese Inschrift nun als Teil des Reformprogramms Justinians gedeutet. Siehe hierzu: Haarer 2006, 215–217; De Segni 2004, 131–158; Mayerson 1986, 141–148.

583 Justinian (Ed.13,18) stellte auf diese Weise Steuereinkünfte zur Ausstattung der Libya Inferior bereit. Ferner: Esders 2013, 29–47. Zur Abtretung von Steuereinkünften an die im Süden Ägyptens lebenden Blemmyer: Mitthof 2007, XXV–XXXI, Texte 129–134.

584 Exemplarisch ist hierfür das Kapitel „*Das Jahr 498 und die Ära der Reformen – Auf dem Weg zur Konsolidierung des Oströmischen Reiches*“ in Meier 2009, 118–137.

585 Haarer 2006, 202–211.

586 Ausführlich zur Münzreform des Anastasius und den Vorläufern im Vandalen- und Ostgotenreich: Morrisson 1989, 243–244; Hendy 1985, 475–492; Zuckerman 2004, 57–66; Metcalf 1969, 8–15; Meier 2009, 126–128; Haarer 2006, 190–193.

Gold- und Silberwährung für größere Transaktionen benutzt werden konnte. Im gleichen Maße ließ sich das kaiserliche Budget nicht nur durch neue oder weitere Steuern erhöhen, sondern die Steuereintreibung konnte ebenso optimiert werden. Der Einsatz der Vindices in den großen Reichsstädten zur Überwachung des Steueraufkommens fällt dabei besonders ins Auge.[587] Verbunden wurde dieser Versuch, das Steuerwesen effizienter zu gestalten, eventuell mit der Einführung der Pagarchen in den ländlichen Gemeinden Ägyptens.[588]

Größere Skepsis scheint dagegen bei der in den Quellen ausnahmslos positiv bewerteten Abschaffung der Chrysargyrons angebracht zu sein.[589] Die wirtschaftliche Bedeutung dieser, ebenso als *collatio lustralis* bekannten, Handels- und Gewerbesteuer ist nicht mehr exakt zu rekonstruieren. Sie scheint unregelmäßig, ca. alle vier bis fünf Jahre, eingezogen worden zu sein. Der Erlös diente wohl zur Gegenfinanzierung des an das Heer zu entrichtenden Donativs.[590] Die Abschaffung war grundsätzlich als Impuls für Wirtschaft und Handel konzipiert worden. Durch die geschickte Inszenierung der Verbrennung der Steuerkataster, flankiert durch die Einführung von Gedenktagen wie in Edessa, erhielt der Vorgang eine starke politische Konnotation, die der Kaiser womöglich zur Aufpolierung seines öffentlichen Ansehens nutzen wollte.[591] Konsequenterweise erstattete Anastasius die Steuerausfälle aus seinem Privatvermögen.[592] Im Hintergrund wurden jedoch parallel die Befugnisse der zentralen Finanzorgane des Reiches umverteilt, wie Mischa Meier zu Recht betont hat. Das Chrysargyron floss in die Kasse des *comes sacrarum largitionum*. Der Ausfall jener seit Konstantin erhobenen Steuer, führte zu einem erheblichen Bedeutungsverlust der gesamten Institution gegenüber der Prätorianerpräfektur, die für die Annona zuständig war[593].

In der *moyenne durée* waren die finanzpolitischen Maßnahmen von Erfolg gekrönt. Prokop von Cäsarea berichtet in seiner *Geheimgeschichte* von dem enormen Staatsschatz in Höhe von (angeblich) 320.000 Pfund Gold (= 23.000.000 Solidi), die Anastasius nach 27 Jahren auf dem Kaiserthron seinem Nachfolger Justin überließ und die später von dessen Neffen Justinian zur Rückeroberung weiter Teile des west-

587 Meier 2009, 130–135; Haarer 2006, 202–207; Laniado 2002, 27–35.

588 Liebeschuetz 1973, 38–46; Esders 2013b, 195–211.

589 Meier 2009, 121–126; Haarer 2006, 194–197 mit weiterführender Literatur und Quellenbelegen.

590 Hendy 1985, 175–178.

591 Evag.HE.3,39; Jos.Styl.31.

592 Ioh.Mal.16,3, 26–29.

593 Brandes 2001, 18–24; Meier 2009, 124–125.

lichen Mittelmeerraums genutzt wurden[594]. Über die Kehrseite des Konsolidierungskurses sind wir indes abermals aus den *Historien* des Johannes von Antiochien informiert:

„Ὅτι ὁ βασιλεὺς Ἀναστάσιος ἐπὶ τὸ χεῖρον τραπεὶς πᾶσαν ὁμοῦ τὴν τῆς πολιτείας ἀριστοκρατίαν μετέστησεν, τὰς μὲν ἀρχὰς ἁπάσας ἀπεμπολῶν καὶ τοῖς ἀδικοῦσι συγχωρῶν καὶ πρός γε χρημάτων ἀκόρεστον ἐπιθυμίαν τραπείς, ὡς κενὰς γενέσθαι καταλόγων τὰς ἐπαρχίας, καὶ πρὸς τὸ ἄηθες καὶ ξένον καταπεπλῆχθαι τοὺς ἄνδρας. Οὐδὲ γὰρ ὅπλοις τοὺς ἐπιόντας βαρβάρους ἠμύνετο, ἀλλὰ χρήμασι τὴν εἰρήνην ἐξωνούμενος διετέλει. Πρὸς δέ γε τούτοις καὶ τὰς τῶν τελευτώντων οὐσίας ἐπολυπραγμόνει, κοινὴν ἅπασι δωρούμενος τὴν πενίαν. Ὧν γὰρ αὐτὸς ἐλάμβανε τὰς οὐσίας, τούτοις μετ᾽ ὀλίγον διεδίδου τῷ τῆς εὐσεβείας τρόπῳ· καὶ ὧν ἐγύμνου πόλεων τοὺς ἐνοικοῦντας, τὰς οἰκοδομὰς ἀνενέου, ὡς καὶ τὴν ἐνεγκαμένην (ἐπιμελῶς) κοσμῆσαι καὶ τρισὶ περιβαλεῖν στεφάνοις.“

„Der Kaiser Anastasius veränderte sich zum Schlechten, denn er schaffte auf einmal alle guten Elemente der Regierungsgeschäfte ab. Er verschacherte alle Ämter, umgab sich mit üblen Gesellen und entwickelte ein unstillbares Verlangen nach Geld; den Provinzen entzog er (daher) die Truppen, und die Menschen schüchterte er auf ungewöhnliche und fremde Art ein. Er wehrte noch nicht mal die einfallenden Barbaren mit Waffengewalt ab, sondern wahrte den Frieden, indem er ihn mit Geld erkaufte. Hinzu kam, dass er sich in die Vermögensangelegenheiten der Verstorbenen einmischte und so seine eigene Finanznot an die Allgemeinheit weitergab. Unter dem Deckmantel der Frömmigkeit spendete er sogar an jene, deren Vermögen er kurz zuvor genommen hatte und in den Städten, deren Bewohner er zuvor vertrieben hatte, ließ er Häuser so wieder aufbauen als ob er seine eigene Heimatstadt (penibel) mit drei Mauerringen umgeben würde.“[595]

Im Kontrast zur positiven Bewertung der ersten Maßnahmen des Anastasius, schildert Johannes im weiteren Verlauf seines Geschichtswerks im deutlich missbilligen-

---

594 Prok.HA.14,7. Mit der positiven Bewertung der Finanzpolitik des Anastasius unterstreicht Prokop in der *Geheimgeschichte* vor allem die Verschwendungssucht Justinians. Dieser habe nicht nur die 3.200 Kentenarien, die Anastasius hinterließ, verprasst, sondern ebenso weitere 4.000 Kentenarien (= 28.800.000 Solidi), die er sich widerrechtlich während der Regierung Justins auf Kosten der Bevölkerung angeeignet hatte.

595 Ioh.Ant.Frg.243 (ed. Mariev) = 312 (ed. Roberto). Das Orakel von Baalbek (Z. 164–172) und ein in der griechischen Anthologie (Anth.Gr.11,270–271) überliefertes Spottepigramm des Johannes Lydus zeichnen ebenfalls ein negatives Bild der Finanzpolitik des Kaisers. Dazu: Alexander 1967, 19–20., 27–28, 95–97; Begass 2017, 103–150; Sarris 2006, 200–204.

den Ton, dass sich das Gebaren des Kaisers zum Schlechten gewandelt habe. Der Kaiser habe seine Untertanen bedroht und verprellt, habe Ämter verschachert; habe ein unstillbares Verlangen nach Geld entwickelt und würde die Provinzen ihrer Truppen berauben. Der letzte Kritikpunkt beruht auf der Interpretation des griechischen καταλόγος als Militäreinheit.[596] In den beiden letzten Editionen herrscht an dieser Textstelle Dissens. Mariev deutet den Begriff als Finanzregister, was demnach als Ergänzung zum bereits erwähnten Topos der Gier zu verstehen wäre. Roberto bevorzugte dagegen die Übersetzung als Truppenliste und damit sinngemäß einer militärischen Einheit, der ich mich anschließe.[597] Im Hinblick auf die ständigen Grenzkonflikte während der Regierung des Anastasius soll diese Aussage wohl den Unmut über die häufige Versetzung und den Einsatz der ausgehobenen Truppenkörper der Armee an den entlegensten Stellen des Reiches und damit an der Militarisierung der Peripherie unterstreichen.[598] Die folgenden Paragrafen des Erlasses bieten diesbezüglich die Möglichkeit, diese Behauptung für den libyschen Grenzabschnitt zu überprüfen.

4.5.6 Rechte, Aufgaben, Dienstpflichten der Soldaten (§7–8; 10–12)

Im Gegensatz zu den vorhergehenden Bestimmungen widmen sich die fünf folgenden Paragrafen Themen, die speziell auf den libyschen Verwaltungstrakt zugeschnitten sind. Hauptsächlich handelt es sich dabei um die militärischen Aufgaben und Befugnisse der in der Provinz Libya Superior stationierten Soldaten.

596 Whately 2021, 58–95. Whately hat vor kurzem eine begriffsgeschichtliche Studie über die Verwendung von „καταλόγος" in den Werken Prokops vorgelegt. Dabei kam er zu dem Ergebnis (S. 82–85), dass Prokop diesen Begriff nicht mit einem Regiment oder Militäreinheit gleichsetzte, sondern hierfür stattdessen den Terminus „ἀριθμός" bevorzugte. Die Verwendung „καταλόγος" im Sinne von Armee- und/oder Truppenliste bei Prokop sei dagegen eine bewusst archaisierende Anspielung auf die attische Konskriptionsliste (S. 84–89 mit den Quellenbelegen). Für unseren Kontext ist jedoch vornehmlich eine andere Beobachtung Whatelys von Relevanz. Bei seiner Durchsicht weiterer literarischer und dokumentarischer Quellen des fünften und sechsten Jahrhunderts (S. 66–67) stieß er auf mehrere Autoren, u. a. Basil, Julian, Libanius und Theodoret, die „καταλόγος" als militärisch konnotierten Ausdruck benutzten, etwa im Sinne von Militärregister. Häufig wurde dieser Begriff dann noch spezifiziert durch die Beifügung von „στρατιώτης". Der korrekte militärische Fachbegriff lautete hingegen „μάτριζ", was sich unter anderem durch die Inschriften des Anastasius aus der Kyrenaika (§1 und 3) und Perge belegen lässt.

597 So auch Koehn 2018, 22; Greatrex 2014, 84.

598 Cod.Iust.1.29.4. Zur militärstrategischen Bedeutung dieses Gesetzes siehe die Diskussion in Kap. 5.3.

Im siebten Paragrafen wird festgelegt, dass die Anzahl der „Ersten“ (*primi, priores*) jeweils fünf Prozent der jeweiligen Einheit (*arithmoi* und *kastresianoi*) betragen soll – bei einer Truppenstärke von 100 Mann folglich fünf Personen, und zehn bei einer Stärke von 200.[599] In den Reihen der *primi* sollen sich darüber hinaus keine Kampfunfähigen und Kranken befinden. Um dies sicherzustellen, mussten sich die Soldaten einer Inspektion unterziehen. Das Verfahren ähnelt der Musterung (*probatio*) vor dem Dienstantritt.[600] Auffallend ist, dass hierfür der im Griechischen ungewöhnliche Terminus ἰνσπέκτου (Oliverio: ἰνσπεσίμου) verwendet wird, der wohl als abgewandelte Form des lateinischen *inspectio* anzusehen ist.[601] Die Transliteration lateinischer Fachterminologie, etwa aus dem militärischen Bereich oder auch für das Hofzeremoniell, ist für die griechische Sprache des fünften und sechsten Jahrhunderts n. Chr. des Öfteren belegt und wird auch innerhalb des libyschen Edikts an den gräzisierten Postenbezeichnungen wie etwa φοσσάτον – *fossatum oder* βουκινάτορ – *bucinator* im letzten Paragrafen deutlich.[602] Zachariae von Lingenthal bemerkte bereits, dass die von Anastasius für die Libya Superior vorgenommene Klassifizierung der Primi auf Basis der Tauglichkeit der einzelnen Soldaten entgegen der für die römische Armee üblichen Schemata erfolgte.[603] Dies lässt mehrere Deutungen

599 Vgl. zu den Unterabteilungen der Numeri und der Rangordnung der Armee: Grosse 1920, 107–188. Denis Roques hat diese Textstelle zur Bestimmung der Gesamtzahl der Soldaten in der Pentapolis herangezogen. Seiner Auffassung nach war eine Legion in der Pentapolis stationiert, die sich aus den fünf städtischen Numeri mit je 200 Mann zusammensetzte. Vgl. Roques 1987, 244 mit Anm. 97; 252. Die Angaben zur Sollstärke eines spätantiken Numerus fluktuieren allerdings in den dokumentarischen und literarischen Quellen zwischen 200–500 Mann. Dazu: Treadgold 2005, 7–10; 1995, 46–49, 87–97, der sich mit Verweis auf das Strategikon des Mauricius für eine klar definierte Sollstärke, die stets durch den Faktor 100, 10 oder 5 teilbar sei, ausspricht. Auf Grundlage des papyrologischen Materials und mit Bezug auf das libysche Edikt des Anastasius zeigte bereits Maspero 1912, 115–117 auf, dass in der ägyptischen Diözese auch größere Numeri von 300–500 Mann belegt sind. Dementsprechend könnte die Sollstärke der städtischen Numeri der Pentapolis auch bei maximal 2.500 Soldaten liegen. Die in diesem Paragrafen auftretende Obergrenze von 200 Soldaten muss daher nicht zwangsläufig die Situation aller Numeri der Libya Superior darstellen.

600 Bruckner/Marichal 1967, Nr. 246 = P.Ryl.Gk. 609. Ferner: Kaiser 2012, 99–120.

601 So auch: Zachariae von Lingenthal 1879, 152.

602 Grundlegend für das Konzept eines Sprachbundes: Kramer 2011, 55–81; Zur Bilingualität in der spätantiken Verwaltung siehe Millar 2006, 84–97; Feissel 2008, 213–230; Adamek 2003, 201–218. Ferner: Haensch 2010, 177–186; Onur 2017, 142–144, 185–187 mit der genauen Auflistung der einzelnen Rangstufen während der Zeit des Anastasius; Kolias 1993, 39–44; Durliat 1979, 306–320.

603 Zachariae von Lingenthal 1879, 152.

zu:

1) Es wäre vorstellbar, dass Anastasius hier absichtlich jüngere und körperlich tüchtige Soldaten bevorzugen wollte, um nicht nur die Kampfkraft der Truppen zu erhöhen, sondern den Dienst an der Waffe insgesamt attraktiver zu gestalten. In diese Richtung hat zumindest vor kurzem Clemens Koehn argumentiert. Mit Verweis auf den Panegyrikus Prokops von Gaza und einer *sacra iussio* des Anastasius hat Koehn dabei die Verjüngung des Heeres als wichtiges Element der Armeereformen des Kaisers ausgemacht.[604] Seine Überlegung stützt sich auf einen Papyrus, in dem ausdrücklich junge und kräftige Rekruten zur Auffüllung von Regimentern angefordert werden.[605] Diese Anordnung datiert in das Konsulat des Fl. Sabinianus und Fl. Theodorus, was dem Jahr 505 n. Chr. entspricht. Folgt man nun der Argumentation Koehns, wäre die in der libyschen Konstitution (nach dem 1. Januar 492 n. Chr. er-

604 Koehn 2018, 75.

605 Proc.Gaz.Pan.Anast.8; P.Ryl.4,609; CPL 274; ChLA 4,246: „[☧ Fl(avius) Cons]ṭantinuṣ theofanes com(es) et ṿịr inl(ustris) com(es) dev(otissimorum) dom(esticorum) et ṛei miḷ(itaris) ṭḥ[e]b(aici) lim(itis) \fl(avio)/ . . . .u .rte sive Tḥẹodoti v(iro) d(evotissimo) trib(uno) Hermupọḷi deg(enti) [cum] opḍulero sacra iussione domini nostri Anastasii piissimi ac ṭriumfatọris semper Augusti [e qua n]ụmeriṣ ṣụp̣plementi causạ i[u]nioreṣ robustis corporibus adsociarentur Heracleon fil(ium) Constantinii [ortum e] civitati Ḥermupolitana in vexillaṭione prụdentiae tuae pro tempore credita edictio mea ṃịlịṭạṛẹ prae[cip]it [eiusq]ụe nomen ṣị ex gene oritur mịlitaṛi et neque curialis nec praesidaḷịṣ eṣt neç invecill[o] [c]orpọṛẹ ṇ[ec] [invalid]ụs nec censibus adscribtos matriculis eiusdem numeri inseri facito ạnnonạs ei ex die Iduuṃ [. . . . . .] .m Sabiniano et Theodọro ṿịṛis clarissimis consulibus minisṭraṛi curaturus cum cẹṭẹṛis [conturma]libus suis muniis militaribus o[p]eram navaturo ita tamem si octavum deçimum annụm [peregi]sse dinoscitur (hand 2) ☧ beṇẹ vale (hand 3) ☧ complevi . . . .(hand 4) . . . . r(eceptum(?)) bene . . . .vale"

„Flavius Constantinius Theophanes, count, vir illustris, count of the most faithful household troops and of the military administration of the Thebaid frontier to Flavius .... Alias Theodotus the most faithful tribune stationed at Hermopolis. Since I shall be taking steps in accord with the sacred order of our lord Anastasius, the most religious, the conqueror, the perpetual Augustus whereby young men of strong physique are to be attached to units to bring them up to strength, this my order hereby instructs Heracleon, son of Constantinus, a native of the city of Hermopolis to serve in the troop at present entrusted to your care; if he is of military family, is neither of senatorial nor of gubernatorial rank and is not ..... weak physique and is not enrolled on the census list, see to it that his name is entered on the register of the said unit, taking care that he is supplied from the ides of ... in the year of the consulate of the most distinguished Sabinianus and Theodorus with the provisions together with the rest .... and that he applies himself to his military duties – the above provided that he is known to have completed his eighteenth year. (2nd hand) Farewell. Checked by me. (1st hand) Farewell."

lassen) ersichtliche Präferenz physisch tauglicher Soldaten ein erstes Indiz für die neue militärpolitische Maxime des Kaisers. Bei dieser Interpretation sollte man jedoch nicht den Kontext der *sacra iussio* vergessen, da sie in der letzten Phase des Perserkrieges (502–506 n. Chr.) erlassen wurde.[606] Die Römer hatten während des Krieges mehrfach Verstärkungen an die Front in Mesopotamien entsandt, um Verluste auszugleichen und Gegenoffensiven initiieren zu können. Das hinterließ zwangsläufig geschwächte Grenzverbände und dezimierte Einheiten der Feldarmee. Im betreffenden Jahr 505 n. Chr. fanden nun zwar unter der Obhut des Celer erste Waffenstillstands- und Friedensverhandlungen statt, aber parallel dazu nutzte Anastasius die Kampfpause, um die lokalen städtischen Garnisonen und Regimenter aufzufüllen und sogar mit dem Bau einer großen Festung in Dara zu beginnen. Vor diesem Hintergrund wird die besondere Notwendigkeit zur Aushebung neuer, junger Rekruten verständlicher. Das schließt die von Koehn vorgeschlagene Verjüngungskur der Armee nicht grundsätzlich aus, macht sie aber an dieser Stelle nicht zum auschlaggebenden Gesichtspunkt.

2) Vielmehr ist für den libyschen Grenzbezirk denkbar, dass diese (Sonder-)Regelung zum Schutz der älteren Soldaten, die kurz vor der *missio* und dem damit verbundenen Veteranenstatus standen, getroffen wurde. Denn für gewöhnlich wurde bei der Militärgesetzgebung des Anastasius den Faktoren Rang und Dienstalter bzw. Seniorität ein hohes Maß an Wertschätzung beigemessen.[607] Die traditionellen Kriterien der Rangfolge und der ordnungsgemäßen Promotion wurden dementsprechend an anderer Stelle im libyschen Erlass gewahrt. Im achten Paragrafen werden die Soldaten aus der Ranggruppe der *circitores* (ἐκ τῆς σχολῆς δηλονότι τῶν κιρκιτόρων) von Botengängen und dergleichen ausgespart.[608] Andernorts wurden diese Grundprinzipien der römischen Militärorganisation von Anastasius sogar erneut beschworen und bekräftigt. Im Militärerlass von Perge wandte sich der Kaiser durch einen *sermo* direkt an die Mitglieder der in Pamphylien stationierten Feldarmee.[609] Dort klagte er zunächst den vorschnellen Aufstieg einiger jüngerer Soldaten durch die korrupten Machenschaften ihrer Vorgesetzten an und gelobte, diese Ungerechtigkeit zu beseitigen.[610] Die Anordnungen des Kaisers in Perge regelten deshalb, ganz

---

606 Meier 2009, 207–219; Haarer 2006, 58–65; Greatrex 1998, 108–119.

607 Veg.mil.2,21; Cod.Theod.7,3,1–2; Jones 1964, 633–636.

608 Vgl. Rance 2007a, 395–409, bes. 397 mit Anm. 13; Haldon 1999, 107–110.

609 Ausführlich dargelegt von Onur 2012, 21–38.

610 Onur 2014, 60–63. Eine englische Zusammenfassung der wichtigsten Erkenntnisse dieser Dissertationsschrift ist in Onur 2017, 133–212 erschienen. Der Wortlaut des einleitenden Sermo (Z. 1–26) ist: „[☧] Ἑρμηνία τοῦ θίου σερμωνος·[τῆς πολιτ]ίας τὴν φυλακὴν ἐν τῇ ὑμετέρᾳ εἰσχύει μετὰ τ[ὴν] [ἀρχέαν συν]ήθιαν συνεστάνε θαρροῦντες, μάλιστα

wie dies für die Officia in der Diözese des Orients geschah, die Auswahl, Bezahlung und den Rangaufstieg innerhalb der Legion. Bestimmte Ränge, deren Kompetenzen von höchster Bedeutung während eines Kampfeinsatzes oder die für den regulären Ablauf der Verwaltung unverzichtbar waren, wie etwa die *draconarii*, *optiones*, *armaturae*, *cornicines*, *tubicines* und *bucinatores*, wurden gesondert aufgeführt. Die Bestimmungen des Anastasius schließen wie in den anderen Reichsteilen mit der Androhung einer Geldstrafe in Höhe von 50 Pfund Gold und einer angehefteten *Notitia*. Die folgende vom zuständigen *magister militum* autorisierte Verordnung (*praeceptum*) und Kopie der Inschrift erweitert sogar den Strafenkatalog um den Ausschluss aus der Armee und die Androhung der Todesstrafe bei der Zuwiderhandlung gegen das neue Gesetz. Hierzu wird mehr im entsprechenden Paragrafen der libyschen Bestimmungen zu sagen sein.

ἀποταχ[θέντα τὰ τ]άγματα τὰ ὑμέτερα ἄνευ τινὸς εἶνε συν[χ]ύσεως [κ(αὶ) μή κατὰ το]ῦ χρησίμου τῆς ὑμετέρας καθοσιώσ(εώς) τι[σι]ν [π]ράσε[ως ἢ καὶ ὑφ]αρπαγῆς πρόφασιν παρέχεσθαι, ὅπερ μάλιστα [ἐν τῷ ὑμε]τέρῳ καταλόγῳ συνβένι, ἡ ἡμετέρα μεγαλιό[της ἐθέσπισ]εν, ὁπότε φανερόν ἐστιν τὰς ὑμετέρας πρ[ο[κοπὰς κ]αὶ τοὺς βαθμοὺς καὶ τὸ τῆς στρατίας πέρας κα[τὰ τὴν π]άλε καὶ ἄχρι τινῶν φυλαχ[θῖ]σαν συνήθιαν, ἄγνωσ[τον τρόπ]ῳ τινὶ γεγενῆσθαι καὶ [ἕ]καστον ἀπὸ διαφόρων [καὶ ποικίλ]ων σχολῶν κατὰ ἀνβ[ι]τίονα [κ]αὶ πο[ν]ηρίαν κ(αὶ) [χλίδημά τ]ινων, οὐ κατὰ ἀξίαν καὶ κατ[ὰ] π[ονήσις κ(αὶ)] στρα[τίας χρό]νους καὶ ἐν τῷ ὡρισμένῳ χ[ρ]όνῳ τ[ῶν ἔ]νπροσ[θεν βα]θμῶν ἐπιτυνχάνιν, ἀλλὰ φανερούς τινας καὶ [ὀλίγους] ἐν ἐλαχίστῳ τῆς σ[τ]ρατίας χρόνῳ καὶ ἐν νε(ωτερικῇ) [ἡλικίᾳ κα]ὶ ἔτι μεταξὺ τ[ῶ]ν τελευταίων ὄντας κα[τὰ τοῦ λυσιτελ]οῦντος τῇ πολυπληθίᾳ, τῶν ἰδί[ων συν]στρατιωτῶν τοὺς τ]οπούς, οἵτινες [τ]ῷ πέρατ[ι] τῆς στρ[ατί]ας αὐτῶν ἐπεζευγμέν]οι εἰσίν, ἑαυτοῖς προσπορίζιν, τοὺ[ς] [δὲ πλίονας] κα[ὶ σχεδ]ὸν πάντας μακροῖς καμάτοις κατα [πονηθέντα]ς, πρὶν ἐ[λε]υθερίας τούτων ἀξιωθῖεν ..."

Engl. Übersetzung entnommen aus: Onur 2017, 163–164: „*The translation of divine speech: Believing confidently that the custody of the state has consisted in your strength with the help of God, in order that especially your appropriated arrangements should be without any confusion and not afforded anyone an opportunity for sale and swindling against the advantage of your devotion, (a situation) which occurs particularly in your unit, our majesty decreed. Since it is clear that your promotions, ranks and terminations of service, (which are arranged) in accordance with the ancient tradition preserved until these days, have somehow become estranged and each from various and diverse scholae get the higher ranks according to corrupt solicitation, cunning and favour of some people, but not through merit, labour and terms of military services and not in the determined period for appointment, but a few certain men, in a very short time of service and at a very young age and yet amongst the lower grades, (acting) against the welfare of the majority, get their fellow soldiers' positions, which are joined to their termination of service. But the majority and almost all of them, who were worn out by heavy labours, before their liberty is given ...*"

Die Neuregelung des Rangsystems der Armee in Kleinasien ist dem Umstand geschuldet, dass Anastasius seit seiner Thronbesteigung beständig in militärische Konflikte, wie den Bürgerkrieg mit den Isauriern und eine Vielzahl von Aufständen in den Reichsstädten, verwickelt wurde.[611] Der Kaiser war zudem bei der Bevölkerung nicht besonders populär und musste daher zur Konsolidierung seiner Herrschaft die Unterstützung des Militärs fortwährend sichern.[612] Eine Passage in der Chronik des Pseudo-Zacharias Rhetor berichtet davon, dass Anastasius im Vorfeld einer möglichen Rebellion des Patriarchen Makedonius neben der Ausschüttung eines Donativs sogar einen erneuten Treueid auf seine Person und christologische Position von den Soldaten verlangte.[613]

Wie lassen sich nun die kleinasiatischen Maßnahmen mit denen des nordafrikanischen Grenzbereichs verbinden?

Hierfür ist zunächst der religionspolitische Kurs des Kaisers von Bedeutung. Denn Anastasius versuchte zu Beginn seiner Herrschaft, das von seinem Vorgänger Zeno verfasste Edikt, programmatisch als Henotikon (Einigung) bezeichnet, zum Ausgleich zwischen den unterschiedlichen theologischen Positionen der Chalkedonier und Miaphysiten heranzuziehen.[614] Anstatt für eine religionspolitische Einheit des Reiches zu sorgen, trat mit der ersten Kirchenspaltung zwischen Konstantinopel und Rom, dem sogenannten akakianischen Schisma, das genaue Gegenteil ein.[615] Anastasius näherte sich daraufhin der miaphysitischen Position an, um so seine Akzeptanz in den für das oströmische Reich eminent wichtigen Provinzen Syriens und Ägyptens nicht zu verlieren. Die – zugegebenermaßen späte und tendenziöse – Chronik des Johannes von Nikiu berichtet sogar davon, dass sich Anastasius noch während der Regierungszeit Zenos selbst in Ägypten aufgehalten habe. Dort traf er auf einen heiligen Mann mit Namen Jeremiah, der ihm auftrug, gottesfürchtig zu leben und vor allem den chalkedonensischen Glauben abzulehnen.[616] Das Interesse des Kaisers an Ägypten brach in der Folge nie ab, so berichtet es zumindest Johannes von Nikiu, denn während seiner Regierung wurde die öffentliche Ordnung in Alex-

611 Strobel 2012, 187–201; Meier 2007, 157–237 und grundsätzlich zum Verhältnis von Kaiser und Soldaten: Pfeilschifter 2013, 211–245.

612 Meier 2009, 53–103; Begass 2017, 103–150.

613 Ps.-Zach.Rhet.7,8f. entnommen aus: Greatrex 2011, 258. Siehe zur Makedonius-Affäre: Frend 1979, 183–195. Ebenfalls abgedruckt mit identischer Paginierung in: Frend 2002; Greatrex 2010, 125–129; Dijkstra/Greatrex 2009, 233–264.

614 Meier 2009, 250–288; Haarer 2006, 146–157.

615 Kötter 2013, 41–91, 129–144, 155–160 und 224–231.

616 Ioh.Nikiu 89,1–12. Zur Chronik des Johannes von Nikiu: Howard-Johnston 2010, 179–189; Booth 2011, 555–601; Elagina 2018. Eine neue kritische Textedition durch Daria Elagina sowie eine von Phil Booth besorgte englische Übersetzung sind in Vorbereitung.

andria fast durchweg gewahrt, die Zirkusparteien im Zaum gehalten und auf die militärischen Belange Ägyptens geachtet, indem starke Festungen zur Abwehr arabischer Nomaden errichtet wurden.[617] Ganz wie in Kleinasien, sorgte sich Anastasius folglich um den Rückhalt der ägyptischen Soldaten.

Weitere konkrete Hinweise lassen sich aus dem achten Paragrafen der libyschen Konstitution gewinnen, denn dort wird der Dux angewiesen, einige seiner Soldaten für bestimmte Dienste abzukommandieren. Ausdrücklich sollen diese nicht aus den für den Kampf notwendigen Regimentern und jenen, die eine schwere (d. h. bedeutende) Aufgabe erledigen, abgezogen werden. Der Bruch mit dem in Libyen etablierten Gewohnheitsrecht diente also primär der optimalen Nutzung der verfügbaren militärischen Ressourcen – wie zu wesentlichen Teilen auch in Kleinasien, da die Rolle der *draconarii* und *bucinatores* zur Stärkung der Moral und Koordination im Kampf unverzichtbar war. Diese Chargen mussten mit kompetenten und sehr tapferen Männern besetzt werden.[618] Die Reformen in der Kyrenaika hängen darüber hinaus mit der veränderten geopolitischen Situation zusammen. Aufgrund der vandalischen Eroberungen in der ersten Hälfte des fünften Jahrhunderts n. Chr. war ein Großteil der nordafrikanischen Provinzen verloren gegangen.[619] Die Kyrenaika gewann dadurch als neue äußerste Grenzprovinz am südwestlichen Rand des Reiches an Bedeutung. Die von Johannes von Antiochien überlieferten Angriffe der Maziken auf die Pentapolis könnten ein Zeichen dieser neuen Grenzkonstellation darstellen und lediglich den Endpunkt eines langwierigen Konflikts symbolisieren.[620] Es wäre demnach denkbar, dass das libysche Grenzheer viel häufiger als bisher angenommen in kleine Kampfhandlungen und Scharmützel verwickelt wurde und dadurch die Schlagkraft der Truppe kontinuierlich sichergestellt werden musste. Gleichzeitig gibt die Anweisung des Anastasius auch Auskunft darüber, wie vielseitig die Aufgabenverteilung innerhalb der römischen Armee war. Neben dem Dienst an der Waffe konnte das auch Bau- und Reparaturarbeiten an den militärischen Anlagen, Botengänge, Wachschutz, die Zuteilung zu einem Spähtrupp oder sogar die Unterstützung bei der Erhebung des *census* umfassen.[621]

---

617 Ioh.Nikiu 89,33–36.

618 Diese Attribute kennzeichnen die von Prokop von Gaza und Priscian betonten Merkmale der römischen Armee. Proc.Gaz.Pan.Anast.7; Prisc.202–205. Vgl. Chauvot 1986, 128–131.

619 Hierzu Kap. 3.1.

620 Ioh.Ant.Frg.244 (ed. Mariev) = Frg.313 (ed. Roberto). Vegetius erwähnt beispielsweise die Verwendung von Kamelen durch die Maziken in der Schlacht, woraus sich auch ein häufigeres Aufeinandertreffen beider Parteien im Kampf ablesen lässt. Siehe hierzu: Veg.mil.3,23,1–2.

621 Vgl. Veg.mil.1,7; 2,24–25. Siehe auch: Schmidt Heidenreich 2012, 327–344; Palme 2010,

Gemäß den Anordnungen für den libyschen Grenzabschnitt hatte der Dux Pentapoleos 15 Soldaten für den Botendienst, fünf zur Bewachung der Lagertore und sieben zur Gefängnisaufsicht abzustellen. Diese sollte er aus allen ihm unterstehenden Soldaten des Bewegungsheeres bzw. den städtischen Garnisonen auswählen.[622] Wie bereits erwähnt, durften diese nicht aus den für den Kampfeinsatz bestimmten Truppenteilen, wie den Soldaten im Rang eines *circitor*, abkommandiert werden.[623] Die Bedeutung der Grenzsicherung wird erneut am Ende des Paragrafen untermauert:

„τοὺς δὲ λοιποὺς πάντα[ς π]ροσκαρτερῖν τοῖς φοσσάτοις"

„Alle Übrigen sollen sich ausnahmslos der Bewachung der Grenzposten (fossata) widmen."

Diese Textstelle ist in der Forschung bisher nur in einer begriffsgeschichtlichen Studie durch Johannes Kramer gewürdigt worden.[624] Dies hängt damit zusammen, dass der Inhalt zunächst wenig spektakulär erscheint. Der lateinische Begriff *fossatum* ist nämlich für das Mittelalter häufig belegt und unterscheidet sich in seiner Bedeutung kaum von dem in der Antike gebräuchlicheren Simplex *fossa*.[625] Er bezeichnet gemeinhin einen Graben oder eine Grabenanlage. Der ringförmige Bau eines Grabens um eine Festung oder ein Feldlager gehörte zu den grundlegenden Schutzmaßnahmen der römischen Armee.[626] Pietro Romanelli wich als einer der ersten von dieser Deutung ab und verstand die *fossata* der Kyrenaika dagegen als Gräben, die entlang der Militärstraßen angelegt wurden.[627] Dessen ungeachtet wurde

149–165; Leppin 2010, 187–201.

622 Ich folge an dieser Stelle der Edition von Oliverio und Zachariae von Lingenthal, die den Begriff ἀποκεκληρῶσθαι nicht als Losverfahren übersetzt haben, wie das Krüger und zuletzt Johnson et al. taten. Die Willkür einer Dienstverteilung per Los erscheint mir in dem ansonsten auf Präzision bedachten Bestimmungen unsachgemäß, so dass ich mich bei der Übersetzung eher an dem lateinischen *sortior* im Sinne von *auswählen* orientiert habe. Vgl. Oliverio 1936, 145; Zachariae von Lingenthal 1879, 151–152; Johnson/Coleman-Norton/Bourne ²2003, 254.

623 Vgl. zum Rang des *circitor*: Cod.Theod.7,22,2; Rance 2007a, 397.

624 Kramer 1996, 231–242. Erwähnt wird sie auch von: Jones 1968, 289–297.

625 Exemplarisch sei hier verwiesen auf die Entwicklungen in Nordeuropa: Squatriti 2002, 11–65; Röder 1974/75, 121–130.

626 Veg.mil.4,5; Strat.12,22. Urbicius, Epitedeuma 13. Siehe auch: Greatrex/Burgess 2005, 65–66.

627 Romanelli 1971, 197–199, insbesondere 198: „*... io credo che il termine possa talvolta designare proprio la fossa che correva lungo la strada militare del limes. In Cirenaica non abbiamo alcuna traccia di fossa, nè è molto facile se ne possano ancora trovare elementi, data la nature e la*

der Begriff in den verfügbaren Editionen und Übersetzungen des libyschen Edikts jedoch etwas freier als „Lager" wiedergegeben. Dies deckt sich mit den übrigen griechischen Belegstellen aus der Spätantike und frühbyzantinischen Zeit, die schrittweise eine Bedeutungsverschiebung von Graben hin zu Lager und später sogar Heer andeuten.[628] Wie Kramer herausgearbeitet hat, wird der Ausdruck φοσσάτον in der Anastasiusinschrift zum ersten Mal im Griechischen verwendet. Im Gegensatz zu allen anderen Belegstellen aus dem fünften und sechsten Jahrhundert n. Chr. ist dies außerdem die einzige Erwähnung für den nordafrikanischen Kontext.

Dies eröffnet meiner Meinung nach eine weitere Interpretationsmöglichkeit. Das lateinische Wort *fossatum* taucht in den spätantiken Gesetzeskodices nur in einem einzigen Edikt der Kaiser Honorius und Theodosius II. aus dem frühen fünften Jahrhundert n. Chr. auf. Dort bezeichnet es eine Form der Grenzorganisation, die aus einer Mischung von Kastellen, Gräben, Schanzen und Mauern besteht und deren oberstes Ziel es ist, die Mobilität von Mensch und Tier zu steuern. Die genaue Formulierung lautet:

> *„IMPP. HONORIUS ET THEODOSIUS AA.GAUDENTIO VIC(ARI)O AFRIC(AE).*
>
> *Terrarum spatia, quae gentilibus propter curam munitionemque limitis atque fossati antiquorum humana fuerant provisione concessa, quoniam comperimus aliquos retinere, si eorum cupiditate vel desiderio retinentur, circa curam fossati tuitionemque limitis studio vel labore noverint serviendum ut illi, quos huic operi antiquitas deputarat. Alioquin sciant haec spatia vel ad gentiles, si potuerint inveniri, vel certe ad veteranos esse non immerito transferenda, ut hac provisione servata fossati limitisque nulla in parte timoris esse possit suspicio."*
>
> *„Die Kaiser Honorius und Theodosius an Gaudentius, Vikar Afrikas.*
>
> *Wie wir erfahren haben, werden die Gebiete, die den Gentilverbänden zur Instandhaltung der Grenzen und Grabenanlagen verliehen worden sind, von anderen Personen besetzt. Wenn diese Personen jene Gebiete aus Verlangen und Sehnsucht besetzen, sollen sie wissen, dass sie mit Eifer und Mühe dienen müssen, indem sie die Instandhaltung der Grabenanlagen und den Schutz der Grenzen übernehmen wie jene, die*

---

conformazione del terreno; potrebbe essere essa fossa limitata a qualche settore soltanto della frontiera, come nell'Africa propriamente detta a occidente della Sirte."

628 Kramer 1996, 234–238. Riedlberger 2010, 136–137, 152, 178, konnte am Beispiel der *Johannis* des Goripp eine ähnliche Bedeutungsverschiebung des Begriffs *fossa* zu Lager, deutlich insbesondere in der Verbindung *fossaque et castra*, im latinophonen Nordafrika nachweisen. Labory 2003, 898–901, hat eine analoge Veränderung beim Begriff *clausura* ausgemacht, der sich von Barrieren und Mauern hin zu linear angelegten Grenzbefestigungen verschob.

von alters her für diesen Dienst bestimmt waren. Andernfalls sollen sie wissen, dass diese Gebiete entweder an die Gentilverbände übertragen werden müssen, sofern sie gefunden werden können, oder sicherlich nicht unverdientermaßen an die Veteranen, sodass es durch die Beachtung dieser Anordnung in keinem Teil der Grabenanlagen und Grenzen einen Grund zur Besorgnis gibt.“[629]

In dem Gesetz wird zunächst bekräftigt, dass die an den *fossata* und Grenzbezirken lebenden Personen zur Instandhaltung dieser Anlagen (*cura fossati*) und dem Militärdienst (*tuitio/munitio limitis*) verpflichtet sind. Sollten sie dazu nicht in der Lage sein, müssen diese Landgüter entweder an gentile Verbände, die ursprünglich für diese Aufgabe vorgesehen waren, oder alternativ an Veteranen transferiert werden. Von regulären Soldaten, die Anspruch auf Sold und Anteile an der *annona militaris* haben, fehlt hier jede Spur. Vielmehr sind das Nutzungsrecht bzw. der temporäre Besitz dieser Anlagen und Ländereien sowie die daraus resultierenden Einnahmen die eigentliche Vergütung.[630]

Darüber hinaus lohnt es sich, einen Blick auf die verwendete Rechtsterminologie zu werfen. Die besagten Gebiete werden nämlich mittels einer *concessio* an die Gentilverbände übertragen. Das Instrument der Zession entstammte ursprünglich dem römischen Prozessualrecht, fand aber häufige Anwendung in fiskalischen Belangen und bezeichnete für gewöhnlich eine Forderungsabtretung an eine dritte Partei.[631]

Dies würde in diesem konkreten Fall bedeuten, dass es sich bei den westafrikanischen *fossata* um kaiserliche Fiskalgüter (*fundi* der *res privata*) handelte, deren Erträge an die gentilen Verbände konzediert wurden. Auf diese Art wurde nicht nur die Bewachung der Grenzgebiete ausgegliedert, sondern auch ein Teil der Steuereinnahmen, der ansonsten an den kaiserlichen Hof geflossen wäre, zumindest teilweise vor Ort belassen und in die Pflege der militärischen Infrastruktur investiert. Von noch größerer Bedeutung war jedoch, dass mit dieser Maßnahme viele der vor Ort lebenden indigenen Bevölkerungsgruppen in das Reich integriert werden konnten.[632] Nicht von ungefähr tauchen gentile, mitunter auch als *laeti* bezeichnete, Ver-

---

629 Cod.Theod.7,15,1: *De terris limitanei*, gegeben am 29. April 409 n. Chr.

630 Grundlegend zu diesen Soldatengütern: Haldon 1993, 1–67; Rance 2018, 394–440, bes. 403–412; Karayannopulos 1959, 59–88.

631 Esders 2013a, 29–47.

632 Mathisen 2006, 1011–1040; Ziche 2011, 199–219. Als außergewöhnliches Merkmal der nordafrikanischen Grenzorganisation, die anstatt der regulären *limitanei* die Verteidigungsaufgaben direkt in die Hände der indigenen Stämme abgab, wollte dies bereits Jones 1964, 651–653 verstanden wissen. Dagegen hat sich zuletzt Rushworth 2012, 151–159 ausgesprochen, der die *gentiles* hauptsächlich für die Instandhaltung des *fossatum* und der Versorgung der regulären Grenztruppen verantwortlich sieht. Ihm zufolge

bände neben den traditionellen Einheiten der römischen Armee in der *Notitia Dignitatum* auf.[633]

Außer der hier praktizierten Integration größerer Gruppen konnten auch einzelne Individuen im Grenzbereich angeworben werden. Der Kirchenvater Augustinus berichtet beispielsweise in einem ungefähr zeitgleichen Brief davon, dass sich einige Mitglieder aus dem libyschen Stamm der Arzuges dazu bereit erklärten, bei der Bewachung von Agrarflächen im Grenzgebiet mitzuwirken. Zur Sicherstellung ihrer Loyalität schworen sie dabei vor Dienstantritt dem örtlichen *praepositus limitis* einen Eid.[634]

Die integrative Kapazität der Zession war dabei nicht der einzige Vorteil dieses Rechtsinstruments. Ein weiterer lag in der zeitlichen Komponente, die ihr innewohnte. Denn starb einer der Vertragspartner, oder war wie im Gesetz angesprochen nicht mehr auffindbar, musste dieser Rechtsbeschluss erneuert und die damit verbundenen Privilegien bestätigt werden.

Die in diesem Gesetz ersichtliche Privilegierung von Personengruppen mit unterschiedlichen rechtlichen Status erklärt zudem, warum die *fossata* ebenso in die Obhut von Armeeveteranen gegeben werden konnten. Die römischen Soldaten besaßen nämlich nach Abschluss ihrer Dienstzeit und im Fall einer ehrenhaften Entlassung ein Anrecht auf die Zuteilung von staatseigenen Ländereien. Von Seiten der kaiserlichen Zentrale wurden dabei bevorzugt ungenutzte Agrarflächen, *agri deserti*, an die Veteranen übertragen.[635] Diese Gebiete waren zunächst temporär von der

---

leisteten die *gentiles* nur in Ausnahmefällen Militärdienst. Ich teile die Ansicht Rushworths, dass die *gentiles* nicht komplett die Grenzer der römischen Armee ersetzten. Dass zu ihren Aufgaben durchaus die Bewachung einzelner Grenzabschnitte gehören konnte, will ich dagegen nicht grundsätzlich ausschließen.

633 Mattingly 1995, 186–202; Modéran 2004, 375–390; Simpson 1988, 80–85; Szidat 1995, 151–159.

634 Aug.epist.46; Uhalde 2011, 253–262.

635 So etwa die Kaiser Valentinian und Valens: Cod.Theod.7,20,8 vom 17. November 364. Basierend auf einem von Konstantin dem Großen an die Veteranen adressierten Gesetz vom 13. Oktober 320/oder 326: Cod.Theod.7,20,3. Siehe jedoch Grey 2007, 362–376 der im Fall der *agri deserti* auf die Diskrepanz zwischen der rechtlichen Terminologie der Reichsverwaltung und dem regionalen agrarwirtschaftlichen Regime hinweist. Den antiken landwirtschaftlichen Gepflogenheiten (Landwechselwirtschaft und Wechselbau) entsprechend musste jeder Landbesitzer in regelmäßigen Abständen seine Felder zur Regeneration brach liegen lassen. Diese konnten folglich keinen substanziellen Steuerbeitrag leisten und galten trotz klarer Besitzverhältnisse formal als *agri deserti*. Inwiefern dies im fünfzehnjährigen Indiktionszyklus von Seiten der Reichszentrale einkalkuliert wurde und werden konnte, wird in der Forschung weiterhin diskutiert.

Grundsteuer befreit, wobei allerdings alle weiteren Landparzellen, die von den Veteranen und deren Familien erworben wurden, auf herkömmliche Weise der Steuerpflicht unterstanden. Mittelfristig sollten so auch die Steuereinnahmen in den Grenzgebieten erhöht werden.[636] Daneben gab es mehrere kaiserliche Initiativen, die männlichen Nachkommen der Veteranen durch die Vergabe bestimmter Dienstprivilegien ebenfalls für den Militärdienst zu rekrutieren.[637]

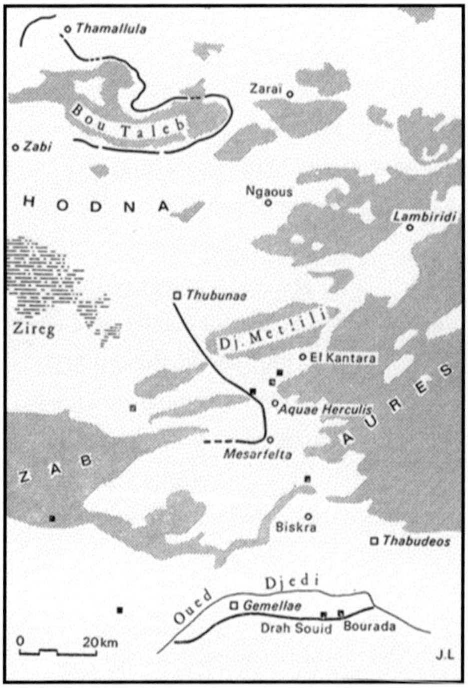

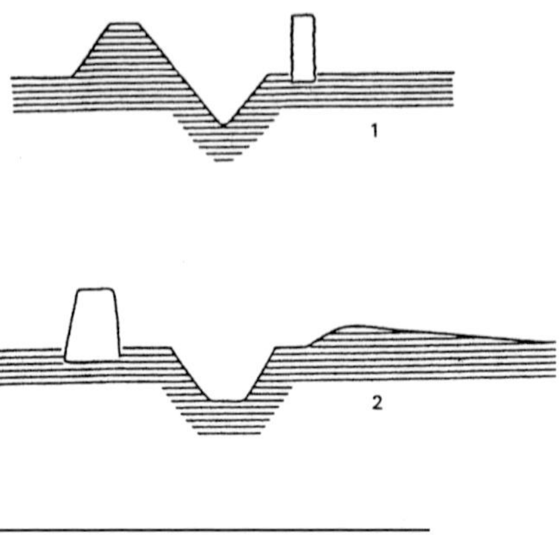

Abbildungen 17–19: Typologie und Verbreitung der Fossata im westlichen Nordafrika nach Jean Baradez und Pol Trousset.

636 Contra Brandt 1988, 108–116.

637 Cod.Theod.7,20,2 und vor allem die unter dem Titel „*De filiis militarium apparitorum et vetera[norum]*“ (Cod.Theod.7,22) gesammelten Gesetze.

Im Endeffekt demonstriert der Erlass der Kaiser Honorius und Theodosius II. also am Beispiel der *fossata* die Bandbreite an Möglichkeiten, öffentliche Aufgaben zur Entlastung des Staatshaushaltes zu delegieren, brach liegende Ländereien zu verteilen und gleichzeitig mit der Vergabe von Privilegien neue Mitglieder für den Staatsverband zu gewinnen. In Bezug auf die gentilen Militärgüter erschufen die integrativen Bemühungen des römischen Staates ein fein austariertes und weitestgehend beständiges Sozialgefüge in den afrikanischen Grenzgebieten.

Hinzu kommt, dass die Luftbildarchäologie die Existenz der in diesem Gesetz erwähnten linearen Grenz- und Grabenanlagen für mehrere Streckenabschnitte des afrikanischen Limes bestätigen konnte. Deren Entdecker, Jean Baradez, nahm das zum Anlass, diese Form der linearen Gräben als *fossatum Africae* zu bezeichnen.[638]

In Anbetracht dieser nordafrikanischen Gegebenheiten halte ich es für möglich, dass die Kyrenaika ebenfalls über eine solche Form der Grenzsicherung verfügte, weswegen ich mich bei der Übersetzung des libyschen Militärerlasses für den leicht abgewandelten Begriff „*Grenzposten*" anstatt „*Lager*" entschieden habe. Gemeint ist folglich eine Kombination von Lagern, Gräben und Schanzen. Diese Annahme speist sich allerdings nicht nur aus der bloßen Verwendung von φοσσάτον in der Inschrift, sondern bezieht auch die Anordnungen des Anastasius aus den Paragrafen 10, 11 und 13 ein. In diesen Abschnitten werden zunächst die Aufgaben der *kastresianoi* umrissen, die Modalitäten der Einquartierung von Soldaten in Privathäusern bestimmt und abschließend die Strafe für ein Verstoß gegen eine der Anordnungen festgelegt. Im Hinblick für die Annahme eines *fossatum Africae* in der Libya Superior ist der 11. Paragraf besonders aufschlussreich. Die *kastresianoi* werden darin zu einer rigorosen Grenzkontrolle aufgefordert. Im Wesentlichen sollen sie die Verkehrswege und Straßen bewachen, damit kein Unbefugter zu den Barbaren reisen kann, um Verträge abzuschließen oder Handel treiben zu können. Gesondert werden hierbei Römer und Ägypter genannt. Die einzige Ausnahme von dieser Anweisung ist der Stamm der Makier, dem aufgrund einer Sondergenehmigung des Präfekten – hier wird wohl an den *praefectus Augustalis* in Alexandria zu denken sein – die Einreise in die Pentapolis gestattet wurde.[639] Diese Maßnahmen zielen eindeutig auf die Kontrolle der Mobilität der eigenen Bevölkerung, wie auch der außerhalb der Pentapolis lebenden Stämme ab.[640] In Analogie zu den afrikanischen Provinzen legt eine derartig konzipierte Grenzorganisation eine unterstützende militärische Infra-

638 Whittaker 1999, 457–458; Trousset 2004, 59–88; 1980, 135–154; Baradez 1967, 200–210; 1949. Ferner zu den in Tripolitanien verbreiteten *clausurae*: Di Vita 2004, 1771–1788; Mattingly/Jones 1986, 87–96.

639 Palme 2007, 244–271.

640 So auch: Esders 2012, 428–431; Lewin 1989, 197–209.

struktur nahe.[641] Bedenkt man zudem die geografischen Gegebenheiten der Kyrenaika – das zentrale Bergmassiv und die Kette von küstennahen Städten – erscheint eine Verteidigungsstrategie, die zusätzlich zum Bau von Festungen potenzielle Gefahren steuert und an geeigneten Punkten systematisch von den fruchtbaren Hochplateaus und zentralen Verkehrswegen fernhält, überaus sinnvoll. Im Gegensatz zu den westafrikanischen Grabenanlagen, die bis zu 100 km Länge erreichten, werden deren Pendants in der Pentapolis entsprechend wohl deutlicher kleiner dimensioniert gewesen sein. Ein weiterer Unterschied liegt in der Truppenausstattung. Eine Abtretung der Grenzposten an gentile Verbände wird nicht erwähnt, sondern reguläre Mitglieder der römischen Armee mit der Verteidigung und Kontrolle der Kyrenaika beauftragt. Diese Interpretation bedingt demnach zwangsläufig, dass auch die in den Städten der Pentapolis stationierten *comitatensischen* Einheiten stärker, aber selbstverständlich nicht ausschließlich und allesamt gleichzeitig in die Verteidigungs- und Überwachungsaufgaben mit eingebunden wurden. Die so intendierte Präsenz der Armee an den äußeren Rändern des Reiches war ein wichtiger Bestandteil der kaiserlichen Militärpolitik. Die Bereitschaft, Truppen an die Grenzen zu beordern, macht die Kritik des Johannes von Antiochien an den Maßnahmen des Anastasius verständlicher, erklärt sie allerdings nur zum Teil. Denn im Krisenfall verstärkte der Kaiser die jeweils bedrohte Region durch zusätzliche Einheiten, die aus anderen Reichsteilen transferiert wurden. Insbesondere die Mitglieder der Feldarmee wechselten hierdurch häufig ihren Einsatzort und hinterließen somit ihrer Truppen „beraubte" Provinzen.[642]

Gegen meine Annahme spricht indes, dass bislang (noch) keine linearen Graben- und Schanzanlagen in der Kyrenaika zweifelsfrei belegt wurden. Der archäologische Befund bestätigt allerdings, dass die Sicherung der Straßen und Zugangswege zum

641 In diesem Zusammenhang wird in der Forschung die Frage aufgeworfen, ob die in ländlichen Regionen anzutreffenden befestigten Dörfer, Kirchen und Bauernhöfe (*gsur*) ebenfalls Teil des offiziellen Verteidigungsprogramms waren. Mattingly/Sterry/Leitch haben zuletzt in einer diachronen Studie zu Recht darauf hingewiesen, dass derlei Bauten aus siedlungsarchäologischer Perspektive für das Grenzvorland der Kyrenaika und Tripolitanien eher die Norm als die Ausnahme darstellen. Die römische Militärarchitektur besaß demnach eine Vorbildfunktion für die zivile (indigene) Bevölkerung und wurde nachweislich auch von den Garamanten im Fezzan inkorporiert. Vgl. Mattingly/Sterry/Leitch 2013, 167–188, bes. 180–183; ebenso das UNESCO Libyan Valley Survey, bei dem 263 *gsur* notiert wurden. Siehe: Barker 1996. Die von Mattingly/Sterry/Leitch vorgeschlagenen Merkmale einer zivilen Nutzung der *gsur* – daran angeschlossene landwirtschaftliche Nutzflächen und Gebäude – beziehen nicht die Präsenz der im Militäredikt des Anastasius erwähnten Limitanei ein und können daher nicht restlos überzeugen.

642 Cod.Iust.1,29,4. Siehe ferner die Diskussion in Kap. 5.2.1.

Jebel Akhdar durch den Bau zahlreicher Wachtürme hohe Priorität besaß.[643] An einigen neuralgischen Positionen innerhalb des Verkehrsnetzes wurden zudem größere Festungsanlagen errichtet. Besonders eindrucksvoll sind etwa Qasr Migdim an der Verbindungstraße nach Al-Bayd oder auch das von Prokop erwähnte Boreum – nahe dem heutigen Bu Grada.[644]

Eine unlängst von Hameed Alshareef, François Chevrollier und Catherine Dobias-Lalou veröffentlichte Inschrift aus der Nähe von Qasr Khawlan, ca. 40 km südlich von Kyrene, könnte sich zudem als wichtiger Mosaikstein für den Nachweis linearer Grenzanlagen in der Kyrenaika entpuppen.[645] Die Inschrift kann präzise in das Jahr 53 n. Chr. und damit in die Regierungszeit des Kaisers Claudius datiert werden. Wie ihr Inhalt bezeugt, wurde sie auf Geheiß des Legaten Lucius Acilius Strabon errichtet, um die wieder hergestellte Grenze zwischen einem Ort namens Aigupum und der Provinz Cyrene zu markieren.[646] Das Besondere an dieser Inschrift ist nun, dass sich in ihrer Nähe eine ungefähr 10 km lange Reihe von Steinen befindet, an deren Ende, bei dem modernen Dorf El-Khweimat, wiederum ein Grenzstein bzw. Grenzinschrift gefunden wurde.[647] Der Verlauf der Grenzsteine orientiert sich außerdem an der Niederschlagshöhenlinie von 300 mm, wodurch die landwirtschaftlich nutzbare Fläche klar dem römischen Provinzgebiet zugeteilt wird. Bei dieser Anlage, so vermuten es Alshareef/Chevrollier/Dobias-Lalou, könnte es sich sogar um eine *clausura* handeln. Sollte dies zutreffen, was allerdings erst nach eingehen-

643 Francisco Heredero 2014a, 369–383; Reynolds 2000, 169–176; Goodchild 1966, 225–250; 1953, 65–76; 1951a, 131–144.

644 Neben Qasr Migdim sind alle weiteren potenziellen Verteidigungsanlagen aufgeführt in: Kenrick 2013, 30–36, 110–114, 123–130, 136–137, 144–146, 287–289, 311–318 und 330; Goodchild 1951b, 11–16; Emrage 2015, 194–347; Gaballa 2015, 67–81.

645 Alshareef/Chevrollier/Dobias-Laloiu 2021, 54–66 mit der Inschrift auf S. 60: „Ti(berius) Claudius Caes[ar] Aug(ustus), German(icus), pu[n(tifex)] max(imus), trib(unicia) pot(estate) XIII, i[mp(erator)] XXVII, p(ater) p(atriae), co(n)s(ul) V, per L(ucium) Acilium St<r>abonem legatum suum, fines inter Aigupum et proui<n>ciam C{y}re{nen}sem [5–6]it XXX VIII"

„Tiberius Claudius Caesar Augustus Germanicus, high priest, holding the tribunician power for the 13th time, acclaimed imperator for the 27th time, father of the fatherland, consul for the 5th time, by the action of Lucius Acilius Strabo, his personal envoy, (...)ed the boundaries between Aigupus and the province of Cyrene. 38th <mile ?>."

646 Alshareef/Chevrollier/Dobias-Lalou 2021, 60–64. Einige Provinzialen hatten sich offensichtlich Teile der ehemals ptolemäischen *agri regii* bemächtigt und wurden durch die kaiserlichen Initiativen zur Rückgabe der Gebiete gebracht. Siehe ferner: SEG 9, 165/166, 352; Tac.ann.14,18.

647 IRCyr M.143.

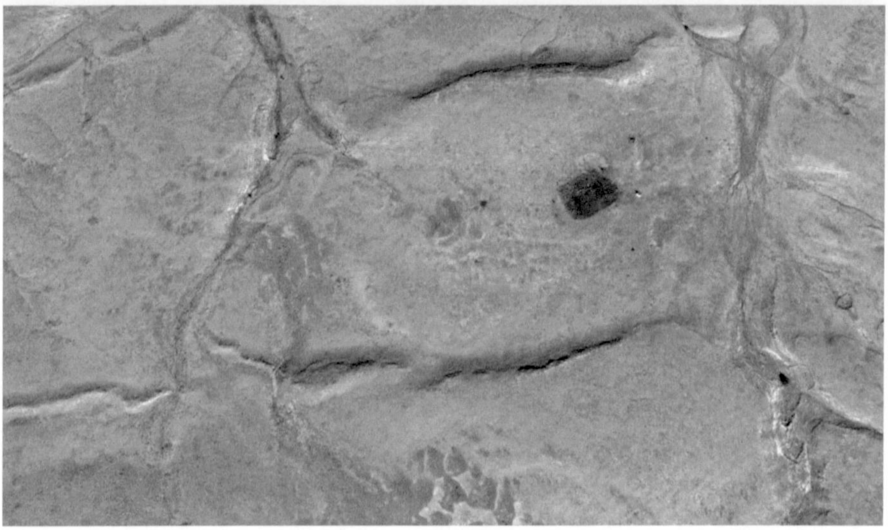

Abbildungen 20–21: Römisches Kastell und Wallanlage (Fossatum?) im Wadi Samulus.

der archäologischer Untersuchung verifizierbar ist, wäre dies der erste eindeutige Beleg für eine lineare Grenzinstallation auf dem Boden der Kyrenaika.

Die politische Lage im modernen Libyen wird aller Wahrscheinlichkeit nach auch in den kommenden Jahren größere archäologische Unternehmungen verhindern. Aus diesem Grund kann ich an dieser Stelle lediglich auf einen weiteren Ort aufmerksam machen, der nach meinem Empfinden eine genauere wissenschaftliche Untersuchung rechtfertigen würde. Denn ungefähr eine Autostunde von der Stadt Barka entfernt befindet sich auf einer Anhöhe an den südöstlichen Ausläufern des grünen Berges ein römisches Kastell. Von dieser Position aus ist die Umgebung, das sogenannte Wadi Samulus, gut überschaubar. In diesem Wadi gibt es nun einige auffällige Strukturen, allen voran eine knapp 5 km lange Wallanlage, die gewisse Ähnlichkeiten zu den westafrikanischen *fossata* aufzeigt:[648]

Diese kleine satellitengestützte Sondage ersetzt natürlich kein ausgewachsenes archäologisches Survey, geschweige denn eine Grabungskampagne, und sie beweist auch *nicht* die Existenz von *fossata* in der Kyrenaika. Dennoch legen die Hinweise aus dem Erlass des Anastasius in Verbindung mit den materiellen Hinterlassenschaften die Vermutung nahe, dass es solche Anlagen in der Kyrenaika gegeben haben kann. Bei weiteren Ausgrabungen in der Kyrenaika sollte nach meiner Auffassung daher in Zukunft die Möglichkeit eines *fossatum Africae* ernsthaft in Erwägung gezogen werden.

Kehren wir nach diesem kleinen archäologischen Exkurs zurück zu den Hinweisen aus dem libyschen Militärgesetz:

Ein weiterer Aspekt, der im elften Paragrafen thematisiert wird, ist die Sicherung ökonomischer Interessen von Seiten der Römer. Dies gilt sowohl für die Überwachung der römischen als auch der fremden Kaufleute. Die Ausgabe von Passierscheinen bzw. Briefen als eine Art von antikem Reisepass erinnert an die Vorgehensweise der Römer in der östlichen Wüste Ägyptens. Das Militär kontrollierte dort die auf Ostraka fixierten Zoll- und Durchreisebestimmungen.[649] Für die interne Kommunikation wurden ähnliche Dokumente verwendet, wie die zur Benutzung des *cursus publicus* notwendigen *evectiones* oder die bei der Ausgabe der Annona vorzuzeigenden Tontäfelchen, die sogenannten *pittacia*.[650]

Im Hinblick auf die wirtschaftlichen Interessen der Römer stellt sich ferner die Frage nach der Bedeutung von Marktplätzen (*nundinae*) an den südlichen Ausläufern der Kyrenaika.[651] Die Anordnungen des Anastasius beschränkten den Zugang zur Pentapolis auf den Stamm der Makier und regulierten gleichzeitig die Durchreisemodalitäten für römische und ägyptische Händler. Es ist daher vorstellbar, dass die Makier in mehrfacher Hinsicht als „Mittelsmänner" der Römer fungierten und bestimmte Aufgaben an sie abgetreten wurden. Zum einen entspricht es der oftmals

648 Koordinaten: Breite 32°11'35.11"N; Länge: 21°29'0.93"E.

649 Nappo 2011, 61–77; Maxfield 2003, 153–173. Für die Khargah Oase im Westen Ägyptens siehe: Carrié 2004, 261–274.

650 Cod.Iust.12,37,1. Ferner: Kolb 2000; Di Paola 1999.

651 Brüggemann 2004, 156–187; Fentress 2007, 125–141.

an den Grenzen des Reiches angewandten Praxis, die ortsansässigen Bewohner in die Verteidigung zu integrieren, entweder als föderierte Einheit im Aufgebot des Grenzheeres oder lose als Verbündete des Reiches.[652] Die politische Stellung solch bevorzugter Stämme des Grenzvorlandes, wie der Makai oder evtl. der Maziken des Basianus, wurde dadurch gegenüber anderen Gruppierungen gleichzeitig gestärkt. Die Bildung von größeren Stammeskonföderationen, die eine erhebliche Gefahr für die Grenzheere darstellten, wurde ebenso durch diese Strategie erfolgreich unterbunden oder zumindest empfindlich gestört.[653]

Zum anderen befanden sich die Oasen Augila und Jula im Einflussbereich der römischen Provinzen Libya Superior und Inferior. Bereits Herodot berichtete davon, dass der Stamm der Nasamonen zur Dattelernte in die Oase von Augila zog. Die Makier sollen westlich von den Nasamonen gelebt haben.[654] In der Spätantike spielten die Nasamonen nur noch eine untergeordnete Rolle, und die Makier hatten wohl die vorherrschende Position im Vorland der Kyrenaika eingenommen.[655] Aus der Zeit des Anastasius besitzen wir diesbezüglich eine kleine Notiz, die im zoologischen Werk des Timotheus von Gaza (Περὶ Ζῳων) überliefert wurde. Dort heißt es, dass im Land der Makeres bzw. Macae eine kleine Affenart mit Namen Sphinx beheimatet war.[656] Dieses „Land“ war wahrscheinlich identisch mit der von Herodot beschriebenen Region entlang der Großen Syrte. Die Makai kontrollierten somit als „Herren des Landes“ die Wüstenpisten und Oasen.[657] Denkbar wäre, dass Produkte, die mit

---

652 Heather 2001, 15–68; Rushworth 2015, 123–139.

653 Modéran 2003, 289–313, 565–585, 645–653; Heather 2010, 227–246; Waldherr 2004, 829–839; Mattingly 1983, 96–108.

654 Hdt. 4,172; 175; 182.

655 Cass.Dio 67,6. Vgl. auch Rebuffat 2006, 403–444; 1988, 33–68.

656 Timotheus v. Gaza, Peri Zoon, 52. Entnommen aus: Bodenheimer/Rabinowitz 1949, 47. Gemeint sind bei diesen Affen wahrscheinlich die uns heute als Meerkatzen bekannten Primaten.

657 In den kaiserzeitlichen Papyri ist vereinzelt von Angriffen solcher „Libyer“ auf die großen ägyptischen Oasen bzw. Ägypten im Allgemeinen die Rede. Siehe hierzu: P.Princ. 2/29 (258 n. Chr.); P.Oxy. XXXVIII 2681 (ca. 259–264 n. Chr.); P.Oxy. XLVI 3292 (ca. 259–264 n. Chr.); BGU 3/935 (ca. 259–264 n. Chr.). Ferner: Ruffing 2006, 234–237. Evtl. lässt sich hierzu noch ein weiterer Papyrus aus der Spätantike (P.Oxy. XVI 1873; datiert ins 5./6. Jh.) hinzufügen, der indirekt von einem Raubüberfall im mittelägyptischen Lykopolis berichtet. Siehe: Reinard/Rollinger 2020, 163–202. Zu den großen Oasen ferner: Bagnall 2013; Rossi 2013, 331–337. Einen klaren Verweis auf einen größeren Stamm oder Stammeskoalition bieten die von Evagrius Scholasticus überlieferten Briefe des ehemaligen Patriarchen Nestorius, der im Exil in der Kharga Oase sowohl von Blemmyern als auch von den libyschen Maziken heimgesucht wurde. Vgl. Evag.HE.1,7–8. Zu den Maziken

dem Transsaharahandel assoziiert werden wie Gold, Elfenbein und Sklaven auf diese Art in die Kyrenaika gelangten.[658] Die Nutzung der Karawanenrouten durch die Sahara konnte in den letzten Jahren für die Spätantike archäologisch nachgewiesen werden. Die Rolle der involvierten Völker, allen voran die aus dem Fezzan operierenden Garamanten, sollte folglich für die vielfältigen Kontakt- und Austauschmöglichkeiten mit den an der Mittelmeerküste Nordafrikas lebenden Römern und Vandalen nicht unterschätzt werden.[659] Die Bedeutung des Transsaharahandels für die römische Wirtschaft ist hingegen trotz neuerer Untersuchungen noch nicht abschließend geklärt.[660] Nach meiner Ansicht würde es dem finanzpolitischen Kalkül des Anastasius entsprechen, die potenziellen Gewinne aus dem Wüstenhandel für das Reich zu erschließen und gleichzeitig feste Handelsplätze mit „fremden Völkern" zu etablieren. Als Belege für ähnlich gelagerte Aktionen des Kaisers zur Stärkung des Budgets ließen sich die Zollerhebungen des Abydusediktes oder die im Handstreich durchgeführte (Rück-) Eroberung der Insel Iotabê anführen.[661] Spätestens unter Justinian wurde dann aber eine stärkere Überwachung der Transsahararouten durchgesetzt, was sich aus den vermehrten Baumaßnahmen in der Region um die Oasen Augila und Jula ableiten lässt.[662]

Für die Annahme eines *fossatum Africae* in der Kyrenaika sprechen meines Erachtens noch zwei weitere Beobachtungen, die sich aus dem Erlass des Anastasius gewinnen lassen. Im dreizehnten Paragrafen verhängt der Kaiser eine Strafe in Höhe von 50 Pfund Gold für den Verstoß gegen eine der von ihm angeordneten Regulierungen. Diese Geldstrafe soll nicht an den Fiskus zurückgeführt, sondern explizit für die Pflege der Grenze aufgewendet werden. Der Ausbau und die Instandhaltung der militärischen Infrastruktur der Kyrenaika besaß daher eine enorme Bedeutung. Für die Sicherung der Provinz konnte zudem die Bevölkerung in Form von obligatorischen Dienstleistungen (*munera publica*) herangezogen werden.[663] Hierüber gibt der zehnte Paragraf der libyschen Konstitution Auskunft. Diese Anordnung widmet sich der Einquartierung (*metata*) von Soldaten in Privathäusern. Dieses Anrecht der Mit-

---

ferner: Modéran 2010, 4799–4810.

658 Mattingly 2013, 169–190; Wilson 2012a, 409–449; Fentress 2011, 65–71.

659 Mattingly 2001, 245–256; 2002, 184–203; Broekart 2016, 96–122; Fentress/Wilson 2016, 41–63; Mori 2010, 17–30; Ruprechtsberger 2006, 623–638. Siehe auch die Diskussion der Garamanten in Kap. 3.2.1–2.

660 Wilson 2013, 213–250.

661 Haarer 2006, 29–47, 217–221 mit weiterführender Literatur. Nappo 2015, 164–169; Mayerson 1992, 1–4

662 Prok.aed.6,2–3.

663 Die Einquartierung von Staatsdienern wird kurz angerissen bei Drecoll 1997, 260.

glieder der *militia* wurde auch als *hospitalitas* bezeichnet.[664] In der Kyrenaika hatten die Bewohner, die in den grenznahen Kastellen und deren Umgebung wohnten, als erste einen Teil ihrer Privatgemächer bereitzustellen. Für gewöhnlich umfasste die Anordnung ein Drittel des Besitzes.[665] Die Bevölkerung war indes nicht verpflichtet, mehr als die angeforderten Gemächer bereitzustellen. Falls die Soldaten oder andere Funktionäre versuchten, zusätzlich Feuerholz, Öl oder Nahrung von ihren Gastgebern zu erpressen, konnte dies als Straftat verfolgt werden.[666] Generell schien diese Regelung des Öfteren zu Reibereien zwischen Armee und Bevölkerung geführt zu haben. Josua Stylites beschreibt beispielsweise in einer Episode aus dem Perserkrieg des Anastasius, wie sich eine Einheit föderierter Goten in der Stadt Edessa einquartierte und die Bewohner durch allerlei Forderungen, Gewalttaten und Plünderungen terrorisierte. Bei dem Versuch sie zu maßregeln, töteten sie fast den befehlshabenden Dux, was ihnen erlaubte, weiter unbehindert in Edessa zu hausen.[667] Demgegenüber wird im libyschen Erlass besonderer Wert auf einen gesitteten Umgang zwischen dem Militär und der Bevölkerung gelegt. Eine Besonderheit des libyschen Grenzbereichs war jedoch, dass bei unzureichendem Raumangebot sogar die Soldaten in den Kastellen für die Bereitstellung von Unterkünften herangezogen wurden.[668] Dies demonstriert zweierlei: Die einzelnen Truppenkörper wurden verstärkt über weite Strecken des Grenzbereichs stationiert, sodass das Raumangebot in den nahegelegenen Kastellen und Dörfern allein nicht ausreichte. Die Sicherung der in Grenznähe wohnenden Bürger der Pentapolis genoss zudem im Vergleich zu den von Synesius von Kyrene geschilderten Ereignissen eine höhere Priorität.

---

664 Dieser Begriff spielt bei der Ansiedlung barbarischer Kontingente auf römischem Boden oftmals eine (zu) große Rolle. Siehe dazu einführend: D'Andrea 2008, 504–543. Für eine auf der Abtretung von Steuereinkünften basierende Integration der Barbaren plädieren: Goffart 2006, 119–187; Durliat 1990, 48–49, 163–175. Eine kritische Auseinandersetzung mit den Thesen Goffarts und Durliats bieten u. a.: Wolfram 2005, 174–204; Liebeschuetz 1997, 135–151. Zur Anwendbarkeit des Gastrechts in der frühen Kaiserzeit: Nicols 2011, 321–333.

665 Cod.Theod.7,8,5; Cod.Iust.14,40. Vgl. auch Mauricius, Strategikon 1,9; 2,12; 12,22 für die Quartierungsbestimmungen der Armee bei einem Feldzug.

666 Cod.Theod.7,9,1–4; 11.

667 Jos.Styl.86. 93–96. Entnommen aus: Luther 1997, 87, 90–92.

668 Laut den militärrechtlichen Statuten des Strategikons mussten die Soldaten den doppelten Betrag des von ihnen angerichteten Schadens bei einem Steuerzahler/Bürger entrichten. Mauricius, Strategikon 1,6–7; Siehe ferner: Maxfield 2009, 63–83.

4.5.7 Die Gerichtsbarkeit des Dux (§9)

Eine *forma* des Anastasius wurde bisher nicht erwähnt. Es handelt sich dabei um den neunten Abschnitt des Gesetzes, in dem die rechtlichen Funktionen des Dux angesprochen werden. Laut der Anweisung des Anastasius sollte der Dux in der Lage sein, Streitfälle bis zu einer Höhe von 100 Solidi persönlich zu untersuchen.[669] Für diese Aufgabe wurde er mit einem halben Solidus entlohnt. Delegierte er dieses Amt, erhielt seine Vertretung einen Solidus als Vergütung. Das Verfahren orientierte sich an einem früheren Gesetz des Kaisers, welches den Duces den Ermessensspielraum gab, einen Streitfall an ihre *principes* oder vor Ort lebende Richter abzutreten.[670] Die libysche *forma* präzisierte einerseits diese Regelung für diesen Amtsbereich, andererseits gibt sie auch Auskunft über den im Reich vorherrschenden Rechtspluralismus:[671]

Je nach Ort und Region hatten die römischen Beamten nämlich nicht nur auf die Einhaltung der kaiserlichen Vorgaben zu achten, sondern sie mussten zusätzlich die jeweils vorherrschenden Rechtssysteme, wie sie etwa durch lokales Gewohnheitsrecht oder Sonderregelungen in Form von kaiserlichen Privilegien gegeben waren, bei ihrer Urteilsfindung einbeziehen.[672] Im Hinblick auf das Militärkonstitution des Anastasius kam hinzu, dass der Dux primär eine Verfügungsgewalt über die Mitglieder der *militia armata* haben sollte. Die richterlichen Kompetenzen des Statthalters wurden demgegenüber eingeschränkt, da er die Verfügungsgewalt über die Soldaten verlor. Damit sollte eine klarere juristische Trennung der beiden Staatsorgane einhergehen. Dennoch wurde der eigentlich nur für militärische Belange zuständige Dux schnell auch in zivilrechtlichen Angelegenheiten eine populäre Anlaufstelle für die Provinzialen. Ein Blick auf den papyrologischen Befund bestätigt diese Beobachtung.[673] Die große Anzahl von Petitionen und Klagelibelli, die in den Archiven römi-

---

669 In der „Sportelinschrift" aus Caesarea Maritima werden die Gebühren, die von den Beklagten zu erbringen waren auf ähnliche Weise in drei Kategorien eingeteilt. 1.: 50–100; 2.: 100–150; 3.: 150–200 Solidi. Siehe: De Segni/Patriarch/Holum 2003, 273–300, bes. 278. Ferner: Haensch 2015, 253–273.

670 Cod.Iust.12,35,8,3.

671 Sullivan 2016, 157–174; Humfress 2013, 225–250; Ando 2011, 19–36, 115–130.

672 Jördens 2016, 799–834; Cotton 2007, 234–256. In der Kyrenaika kam es diesbezüglich schon zu Beginn der Kaiserzeit zu Konflikten. Fünf in Kyrene gefundene Edikte des Augustus belegen etwa, dass die 215 römischen Bürger der Stadt im Gegensatz zur griechischen Bevölkerung überproportional zum Geschworenendienst herangezogen worden waren. Dazu: Oliverio 1927, 13–67.

673 Eine Autopsie der bisher verfügbaren Quellen bieten: Palme 2016, 457–482; 2008, 279–294; 2006, 375–408; Sander 1960, 289–319.

scher Offiziere, wie etwa dem des in Ägypten stationierten Flavius Abinnaeus gefunden wurden, weist auf eine beträchtliche Tätigkeit der militärischen Gerichtshöfe auch in vordergründig zivilen Angelegenheiten hin.[674] Anscheinend steuerte die lokale Bevölkerung die nächstliegende staatliche Instanz an, um eine möglichst rasche Konfliktlösung herbeizuführen.[675] Dazu gehörte wohl neben den bereits erwähnten, hierarchisch strukturierten, Gerichtshöfen der römischen Verwaltungsbeamten auch die *audientia episcopalis*, das Bischofsgericht.[676] Mitunter scheuten die Bürger nicht davor zurück, die gleiche Anfrage sowohl an die zivilen als auch militärischen Autoritäten ihrer Provinz weiterzugeben, um dadurch ihre Chancen auf einen vorteilhaften Ausgang des Verfahrens bzw. ein wohlgesinntes Urteil zu erhöhen. Diese Herangehensweise musste zwangsläufig zu einem Kompetenzgerangel zwischen den beteiligten staatlichen Organen führen. Nicht vergessen sollte man zudem die parallel zu diesen Bemühungen bestehende Option einer außergerichtlichen Einigung.[677]

Im Zuge seiner Militärreformen widmete sich Anastasius an mehreren Stellen den rechtlichen Belangen seiner Soldaten. Im Zusammenhang mit der Militärgerichtsbarkeit des Dux lockerte er sogar das hierarchisch gegliederte Amtsverfahren und veränderte die Zuständigkeitsbereiche der einzelnen Staatsorgane. Laut eines Gesetzes des Kaisers Leo, das an den *magister officiorum* Johannes adressiert ist, unterstanden die Duces nämlich nicht nur der Gerichtsbarkeit ihrer vorgesetzten Heermeister, die gemeinhin zuständig waren für den Orient, Thrakien und Illyrien, sondern auch dem Büro des *magister officiorum*.[678] In dem bereits mehrfach erwähnten Gesetz des Anastasius aus dem Jahr 492 n. Chr. wurde dieses Verfahren gelockert und der „Amtsweg" verkürzt. Die Duces hatten sich nun direkt mit dem in Konstantinopel residierenden *magister militum praesentalis* auseinanderzusetzen, der in den Provinzen durch einen Beamten bzw. ein kleines Büro, das sogenannte *ad responsum*, vertreten wurde. Die Mitarbeiter des *ad responsum* sollten dem jeweiligen

---

674 P. Abinn.27–28, 33, 45–56, 63 (erste Hälfte 4. Jh. n. Chr.). Siehe: Bell/Martin/Turner/van Berchem 1962.

675 Siehe mit Verweis auf die Apellationsmöglichkeiten der römischen Bürger: Schmidt-Hofner 2011, 139–181. Zur Entlastung der militärischen und vor allem statthalterlichen Gerichtshöfe diente ab dem fünften Jahrhundert n. Chr. auch die Förderung der lokalen Rechtssprechung, insbesondere durch das Amt des *defensor civitatis*. Ausführlich dazu: Goria 1995, 268–274; Schmidt-Hofner 2014, 498–511; 2011, 154–164.

676 Eine kritische Übersicht der neueren Forschungspositionen zur *audientia episcopalis* bietet: Sirks 2013, 79–88.

677 Urbanik 2007, 377–400; Palme 2007, 401–410; Krause 2014, 220–231.

678 Cod.Iust.12,59,8. Zu den Kompetenzen des *magister officiorum* siehe: Clauss 1980; Nechaeva 2014, 26–29.

Dux in rechtlichen Fragen assistieren, ihn überwachen und für die Durchsetzung neuer Direktiven aus der Zentrale sorgen.[679] Für die einfachen Soldaten und Prozessbeteiligten brachte dies mehrere Vorteile: Sie wurden dadurch seltener an einen anderen Gerichtshof verwiesen oder gar zitiert und sparten sich den Aufwand einer (langen) Reise. Die Anwesenheit eines Mitarbeiters des *magister militum praesentalis* konnte darüber hinaus die Willkür in der Rechtsprechung und damit den potenziellen Amtsmissbrauch des Dux einschränken. Des Weiteren wurde der Spielraum und die Machtvielfalt der in den Provinzen stationierten Heermeister beschnitten und in Händen des meist kaisernahen „obersten" Heermeisters – in dem konkreten Fall handelte es sich um Johannes Gibbus (Kyrtos), den „Buckligen", der Anastasius in den Kämpfen mit den Isauriern gute Dienste leistete – gelegt.[680]

4.5.8 Strafmaßnahme (§13)

Die libyschen *formae* des Kaisers enden wie die vergleichbaren Inschriften aus dem Orient und Kleinasien mit einem Paragrafen, der die Zuwiderhandlung gegen eine der neuen Anordnungen unter Strafe stellt. In der Pentapolis wie auch in Perge handelt es sich um eine Geldstrafe in Höhe von 50 Pfund Gold.[681] Geht man von einem Umrechnungskurs von 1 Pfund Gold = 72 Solidi aus, so ergibt das einen Wert von 3.600 Solidi.[682] Das Grundgehalt des gesamten Officium des Dux Pentapoleos betrug zum Vergleich 360 Solidi pro Jahr. Die abschreckende Wirkung dieser Strafe, die für viele Beamte und Militärs den finanziellen Ruin bedeutet haben dürfte, wird dadurch evident.

Neben der Geldbuße, die als Kollektivstrafe für alle Mitglieder der *militia* angesetzt ist, taucht in beiden Gesetzen eine Zusatzklausel auf: In der Pentapolis sollten die 50 Pfund Gold für die Pflege der Grenzen verwendet werden. In Pamphylien ging die vom *magister militum* autorisierte Kopie noch einen Schritt weiter. Dort standen auf Missachtung der kaiserlichen Anordnungen der Ausschluss aus der Armee und sogar die Todesstrafe. Das bedeutet, die vom Kaiser verhängte Geldstrafe wurde vom Heermeister um eine soziale Komponente erweitert bzw. im Extremfall als Kapitalverbrechen behandelt.[683] Zieht man die Evidenz aus den Rechtskodices hinzu, wird

679 Cod.Iust.12,35,18.

680 Dies hinderte Anastasius jedoch nicht daran die Privilegien und Zuständigkeiten des Officium des Heermeisters und das Amt selbst zu regulieren; siehe hierzu Cod.Iust.1,29,4; 12,54,5.

681 Zum römischen und byzantinischen Pfund siehe: Hendy 1985, 337–338.

682 Hendy 1985, 316–363; Banaji 2006, 265–303.

683 Für einen Betrugsversuch bei der Herstellung des vierteljährlichen Berichts drohte auch den Mitgliedern der Officia neben einer Strafe von 50 Pfund Gold der Ausschluss von der

deutlich, dass die Bestrafung der Angehörigen der staatlichen *militia* zwei Faktoren zu berücksichtigen hatte: Neben der (militärischen) Disziplin war das vor allem der gesellschaftliche Rang (*dignitas*).[684]

Die Zusammensetzung der Armee und der anderen Staatsorgane durchlief vom vierten bis zum fünften Jahrhundert n. Chr. einen grundlegenden Wandel. Wie der Kommentar zum Aufbau des Officium des Dux der Pentapolis demonstriert hat, bot die Aufnahme in die Amtsmatrikel neben der existenziellen Versorgung ebenso die Möglichkeit zur interregionalen Mobilität und letzten Endes zum sozialen Aufstieg. Im Zuge dessen konstituierte sich eine neue heterogene Elite, ein Dienstadel, der sich maßgeblich durch die Erlangung hoher Staatsämter und Würden definierte.[685] Unter Anastasius waren z. B. steile Karrieren, wie die des Syrers Marinus von Apameia, der als *tractator* begann und bis zum Prätorianerpräfekten des Orients aufstieg, möglich.[686] Die Strafmaßnahmen des Kaisers hatten folglich die veränderte soziale Ausdifferenzierung der einzelnen Institutionen zu beachten. Als Grundlage für die Maßnahmen des Anastasius diente die Ranggesetzgebung seines Vorgängers Zeno. Dieser hatte sich in mehreren Erlassen der Strafgerichtsbarkeit der höchsten Ranggruppe, den *viri illustres*, angenommen. So gewährte er den *illustres* unter anderem das Privileg sich im Falle einer Gerichtsverhandlung durch einen *procurator* vertreten zu lassen. Erst ein kaiserliches Schreiben konnte sie zum Ort der Gerichtsverhandlung zitieren.[687] Bei Gericht wurde auf den Rangunterschied zwischen Ankläger, Beklagtem und dem verhandelnden Richter geachtet. Sogar die Sitzordnung bzw. die Erlaubnis, überhaupt zu sitzen, war vom sozialen Status abhängig. Diese Sonderbehandlung wurde entsprechend auch nach einem Schuldspruch beibehalten. In letzter Instanz oblag es dem Kaiser das Strafmaß festzulegen und den Besitz der Beklagten zu konfiszieren.

Die vom Kaiser verhängten Geldbußen werden nach einem ähnlichen Verfahren nicht alle gesellschaftlichen Schichten im gleichen Maße betroffen haben. Es steht meines Erachtens sogar zur Debatte, ob die subalternen Dienstgrade der Armee und

---

militia. Siehe Cod.Iust.1,42,1–2. Ebenso bei einer Straftat im Zusammenhang mit der *coemptio*: Cod.Iust.10,27,2.

684 Die gesellschaftliche Stellung spielte bereits in der frühen Kaiserzeit, insbesondere ab der Regierung Hadrians, eine gewichtige Rolle. Grundlegend hierzu: Garnsey 1970, 103–181, 221–281; Rilinger 1988. Zum Ablauf eines strafrechtlichen Prozesses in der Spätantike: Harries 1999, 120–134.

685 Vgl. Schmidt-Hofner 2010, 209–243, bes. 224–231; Schlinkert 1998, 133–161; 1996, 220–237; Scharf 1994, 24–38.

686 Meier 2007, 293–296.

687 Cod.Iust.3,24,3; 12,1,17; 9,35,11.

die niederen Mitarbeiter der Officia überhaupt zur Begleichung signifikanter Geldstrafen herangezogen wurden. Betrachtet man unter diesem Gesichtspunkt die übrigen erhaltenen Gesetze des Anastasius, erkennt man, dass die Höhe der Summe je nach Vergehen von 3 bis hin zu 100 Pfund Gold variieren konnte.[688] Als Richtschnur für die Bemessung von Geldstrafen dienten ältere Kaisergesetze, sozusagen ein bewährter Bußgeldkatalog.[689] Ein Erlass der Kaiser Arcadius und Honorius, der an den Prätorianerpräfekten Messalas adressiert war, regulierte beispielsweise die Maximalbeträge, die die Statthalter der Provinzen, der Comes Orientis und der augustalische Präfekt im Rahmen ihrer richterlichen Funktion erheben durften.[690] Im Gegensatz zu der Summe von 50 Pfund Gold, die die Prätorianerpräfekten als Obergrenze verhängen konnten, waren es bei den regional agierenden Administratoren höchstens 6 Unzen Gold, was ungefähr einem halben Pfund und damit 36 Solidi entspricht.[691] Die Anzahl der Geldstrafen pro Jahr wurden gleichsam begrenzt, um den höheren Beamten keine Möglichkeit zur Selbstbereicherung zu gewähren.

Aus den verstreuten Informationen ergibt sich für die Zeit des Anastasius folgende Systematik: Der Gehorsam innerhalb der römischen *militia* wurde auf eine fein abgestimmte Art durchgesetzt. Das Militär kannte bereits die Körper- und Todesstrafen zur Erhaltung der Disziplin.[692] Als weitere Maßnahme trat der Verlust des *cingulum*, also der Ausschluss aus der Armee oder Verwaltung hinzu, der den Betroffenen ihres Lebensunterhalts beraubte und zum Verlust der gesellschaftlichen Stellung (*infamia*) führen konnte.[693] Bei den vermögenden Gesellschaftsschichten, den höheren Offiziersgraden und dem Statthalter, kam bei einem schweren Dienstvergehen eine substanzielle Geldbuße hinzu. Die niederen Ränge wurden hingegen nur bis zu einem gewissen Grad finanziell haftbar gemacht. Aus den erhaltenen Gesetzen des Anastasius lässt sich diesbezüglich ein Beispiel anführen, bei dem die Mitglieder der Officia der Provinzrektoren mit 3 Pfund Gold taxiert wurden, falls sie ohne schriftliche kaiserliche Erlaubnis die Aufgaben der *scrinia memoriae* übernah-

---

688 3 Pfund: Cod.Iust.30,3. 10 Pfund: Cod.Iust.11,43,11; 12,20,6. 20 Pfund: Cod.Iust.1,2,17,2; 8,53,32. 30 Pfund: Cod.Iust.1,4,17; 10,27,3; 12,37,17. 50 Pfund: Militäredikt in Perge und in der Pentapolis, Cod.Iust.1,42,1; 10,16,13; 10,19,9; 10,27,2.7.9.15; 12,50,23. 100 Pfund: Cod.Iust.10,27,2 (*coemptio*); 11,1,1 (*collatio lustralis*).

689 Vgl. Leneis 2020, 147–156 für den Fall der richterlichen Nichtannahme von Apellationen. In diesem Kontext, speziell in einem Gesetz des Honorius an den *proconsul Africae* (Cod.Theod.11,30,60) wird ebenfalls auf „*statuta veterum*" abgesetzt.

690 Cod.Iust.1,54,6.

691 Cod.Iust.1,54,4.

692 Vgl. Brand 1968, 99–109, Appendix A, Military Laws of Ruffus, 147–169.

693 Harries 1999, 140–144; Bond 2014, 1–30.

men.[694] Diese 3 Pfund Gold (= 216 Solidi) sind zwar eine beträchtliche Summe – insbesondere, wenn man das jährliche Grundgehalt eines Büromitarbeiters von 9 Solidi bedenkt – aber gleichzeitig die niedrigste überlieferte Geldstrafe bei einem Verstoß gegen eine kaiserliche Anordnung. Die höheren Strafmaße, die aus den Inschriften bzw. kaiserlichen Konstitutionen auf uns gekommen sind, orientieren sich am bereits etablierten Bußgeldkatalog früherer Kaiser und übersteigen für gewöhnlich nicht den Höchstbetrag von 50 Pfund Gold, die der jeweils zuständige Prätorianerpräfekt als Adressat vieler solcher Gesetze veranlassen konnte. Die Vergehen, die mit 100 Pfund Gold geahndet wurden, waren mit großen kaiserlichen Reformprojekten verbunden, wie die Abschaffung des Chrysargyrons oder der *coemptio*.

Ein Faktor, der bei der Höhe des Strafmaßes mit beachtet werden muss, ist die Außendarstellung einer solchen Disziplinarmaßnahme. Für die Bewohner der Kyrenaika wurde so die Härte des Gesetzes, die auch vor den Staatsdienern nicht zurückschreckte, anschaulich demonstriert.[695] Die enorme Summe von 50 Pfund Gold, die das Vermögen der meisten Menschen deutlich überstiegen haben wird, dürfte ebenso beeindruckend gewesen sein. Umso deutlicher wird dies, wenn man sich eine kleine Episode aus den Dialogen des Sulpicius Severus aus dem frühen fünften Jahrhundert n. Chr. vor Augen führt. Dort ist von einer kleinen Gemeinde der Libya Inferior die Rede, die am Golf von Sidra lebte und fast vollständig auf die Verwendung der Gold- und Silberwährung verzichtete, da diese im alltäglichen Gebrauch kaum von Nutzen war.[696]

4.5.9 Liste der Sonderzuwendungen/Sporteln (§14)

Den Abschluss der Militärkonstitution des Anastasius bildet eine Notitia/Gnosis, die in zwei Abschnitte zerfällt: Zuerst werden die Zusatzgratifikationen (*synétheia*) der Mitarbeiter des Dux aufgeführt, bevor dann im zweiten Teil die Kosten (*sportulae*) für die Dienstleistungen des Büroleiters und Buchhalters angegeben werden.

1. Synétheia

Der Sold des Officium des Dux setzte sich aus mehreren Komponenten zusammen. Zusätzlich zur Grundbesoldung, die mit jeweils einer Ration der Annona und Capita beziffert wurde, gab es mehrere Zusatzgratifikationen, die von allen Einheiten der Feldarmee zu erbringen waren.[697] Wie schon die als Neujahrsvergütung bezeichnete Abgabe verdeutlicht, handelt es sich bei diesen Bezügen nicht um Abgaben, die im

694 Cod.Iust.30,3.

695 Harries 1999, 56–76, 144–152.

696 Sulp.Sev.Dial.1,5. Vgl. Banaji 2001, 61.

697 Zuckerman 2004, 133.

monatlichen Turnus eingezogen wurden, sondern regelmäßig an einem bestimmten Termin im Jahr. Das so vor uns ausgebreitete System zur Finanzierung des Officium sollte durch die vom Kaiser beigegebene Liste nicht abgeschafft werden. Vielmehr ging es Anastasius darum, durch die Einführung von Obergrenzen exzessive Forderungen und Amtsmissbrauch einzudämmen. Ganz wie bei der Abschaffung der als *eumenia* bezeichneten Abgabe an den Dux senkte er so die (potentiell überhöhte) finanzielle Belastung der *comitatenses*.[698] Wie ein Blick auf die papyrologische Evidenz belegt, wurde die „Sonderzuwendung" (*synétheia*) von ganz unterschiedlichen Personengruppen im Dienste der kaiserlichen Verwaltung erhoben.[699] Im Bereich der Pentapolis schienen vor der Zeit des Anastasius zivile Beamten in diesen Prozess integriert worden zu sein, was durch die Bestimmung des Kaisers ebenfalls reformiert wurde. Gesondert werden dagegen folgende Posten aufgeführt:

161 Solidi als Neujahresvergütung (καλανδαρικά) für das gesamte Officium

Geht man davon aus, dass diese Summe nicht noch Anciennität abgestuft, sondern gleichmäßig unter den *officiales* aufgeteilt wurde, stieg deren Salär von 9 auf über 13 Solidi an. Der exakte Betrag hängt freilich von dem genauen Zeitpunkt des Erlasses ab, denn vor der Münzreform von 498 n. Chr. wären es im Idealfall 4 Solidi und 180 Nummi (1 Solidi = 7.200 Nummi) gewesen. Danach wurde das Währungsverhältnis auf 1 Solidi = 14.400 Nummi festgelegt und die als *folles* (= 40 Nummi) bezeichnete Kupfermünze als Hauptnominal reaktiviert. Folglich hätten die Soldaten dann 4 Solidi und 9 *folles* (= 360 Nummi) erhalten.[700] Durch diese Sonderzuwendung stieg das Grundgehalt der *officiales* quasi um einen Anteil der Capita-Steuer an. Das sicherte die jährliche Grundversorgung einer römischen Familie – zumindest muss man es am Kaiserhof so empfunden haben.[701] Dennoch bleiben die Bezüge eines libyschen Büromitarbeiters vergleichsweise bescheiden.[702] Mit der Kaufkraft des hier verbuchten Jahressalärs könnte man beispielsweise – regionale Preisdifferenzen nicht mit

698 Vgl. Kap. 4.5.4.

699 P.Lond.3.993 descr (8. Januar 514 n. Chr.). Siehe: Benaissa 2009, 56–62. Ferner: Johnson/West 1967, 289–297.

700 Hahn 1973, 27, 65; Maresch 1994, 44–59; Meier 2009, 126–128.

701 Ein Papyrus aus Oxyrhynchus (P.Mich.11,612), der sich auf den 27. 6. Juni 514 n. Chr. Datieren lässt, gibt etwa eine jährliche Miete von ca. 5 Solidi für ein Haus in derselben Stadt an. P.Mich.11,608, grob datiert in das sechste Jahrhundert n. Chr., belegt eine große Transaktion bei der ein gewisser Aurelius Onophrios 18 Artaben Weizen (ca. 702 kg), 18 Artaben Roggen, 4,5 Artaben (ca. 175,5 kg) und 205 sextarii Wein (ca. 111 Liter) für 4 Solidi verkaufte. Vgl. Treadgold 2014, 305, der für die Zeit Diokletians mit einem Sold von 12 Solidi zu einem ähnlichen Ergebnis kommt.

702 Chr. Kelly 2004, 141–142.

eingerechnet – ein einfaches Pferd anschaffen.[703] Das verdeutlicht, wie sehr die Beamten auf die Vergütung ihrer Dienstleistungen durch Sporteln angewiesen waren.

154 Solidi entfielen auf den *assessor*

Der *assessor* (*paredros, consiliarius*) des Dux war vornehmlich mit den juristischen Angelegenheiten betraut, die einen hohen Grad an Bildung und Fachkenntnissen erforderten. Dementsprechend bekleidete der jeweilige Amtsinhaber einen der wichtigsten Posten des Officium, wurde entsprechend vergütet und – was in unserem Zusammenhang am bedeutendsten ist – ebenso wie der *cancellarius* und der *domesticus* vom Dux persönlich ernannt.[704] Diese Trias an Beamten war also prädestiniert dafür, den Versuch zu unternehmen aus ihrer Position besonderes Kapital zu schlagen. Die hier öffentlich verbuchten 154 Solidi können also neben der Anerkennung der besonderen Qualifikationen des Assessors durchaus als ein Versuch des Anastasius gewertet werden, diesen Beamtenstab unempfänglicher gegenüber Bestechungsge- und -versuchen zu machen.[705] Denn wie wir anhand der Maßnahmen des Anastasius für die Diözese des Orients wissen, waren die Assessoren immerhin auch mit der Aufnahme neuer Büromitglieder und deren Einschreibung in die Amtsmatrikel betraut.[706] Im Zuge dieses Verfahrens gab es sicher einerseits häufig die Ge-

703 Brandt 1988, 61–66 mit weiteren Beispielen aus dem vierten Jh. n. Chr. Für eine relative Preisstabilität in Ägypten und dementsprechend der Vergleichbarkeit solcher Preisangaben sprechen sich Johnson/West 1967a, 157–170 aus.

704 Vgl. Cod.Theod.7,28,8; Leonhard 1958, 1296–1299; Hitzig 1893, 140–144. Aufgrund ihrer Nähe zu den führenden Militärs und Beamten hatten die Assessoren Zugang zu den Staatsarchiven und häufig sicher auch zu sensiblen Informationen. Es verwundert daher nicht, dass sich viele von ihnen zur Förderung der eigenen Karriere im literarischen Bereich, insbesondere der Historiografie, betätigten. Dazu Greatrex 2001, 148–161.

705 Klar ersichtlich ist diese Stoßrichtung der Maßnahmen des Anastasius auch aus dem Abydus-Edikt: „... καὶ στήλαις ἐγχαπάττεσθαι λιθίναις ἐνπηγνυμέναις ἐκει πρὸς τῇ θαλάττῃ ὥστε καὶ τοὺς ἀπαιτοῦντας καὶ τοὺς ἀπαιτουμένους ἀναγινώσκιν τὸν νόμον καὶ τοὺς μὲν δεδιότας ἀπέχεσθαι τῆς ἀπληστίας, τοὺς δὲ θαρροῦντας μὴ ἀνέχεσθαι βλάβης καὶ τὸν περίβλεπτον κόμητα τῶν στενῶν ἀεὶ τὴν ἀπιλὴν ἐν τοῖς ἔργοις πῖραν, εἰ ῥαθμήσῃ, προσδέχεσθαι +“
„... *Also we have decreed that these dispositions must be displayed in these places and engraved on stone steles fixing the sea, so that those who demand payment and those from whom payment is demanded may read the law and the former, being fearful, will abstain from greedines, and the latter, having no fear, will not suffer harm, and the count of the straits, permanently seeing the threat in writing, will expect this threat to become fact, should he be negligent. +.*“ Entnommen aus: Haarer 2006, 217.

706 Siehe Kap. 4.5.3.

legenheit, sich zu bereichern und ein überhöhtes *suffragium* zu verlangen, oder andererseits vielleicht sogar ohne Umschweife das direkte Bestechungsangebot der einzelnen Bewerber für einen Posten.[707]

> 24 Solidi erhielt der *cancellarius*
>
> 126 Solidi gingen an den *domesticus* und
>
> 180 Solidi entfielen auf den *decanus*, den *subscribendarius*, den *spatharius*, den *bucinator* und die übrigen Männer des Dux

Krüger und Zachariae von Lingenthal hegten große Zweifel an dieser Textstelle.[708] Ihrem Urteil nach wurde die Lesung durch den schlechten Erhaltungszustand der Inschrift korrumpiert und die ursprüngliche Summe, die an den Privatsekretär (*domesticus)* gezahlt wurde, betrug eher 26 Solidi. Im Verhältnis zum Kanzleichef *(cancellarius)* und dem Untersekretär (*subscribendarius*) des Dux würde sich ansonsten eine Diskrepanz von über 100 Solidi ergeben, die sich ihrer Meinung nach nicht aus den Kompetenzen des Amtes erschließen würde. Der Untersekretär musste sich nämlich einen Betrag von 180 Solidi mit dem *decanus*,[709] dem Leibwächter (*spatharius*)[710], dem Hornbläser (*bucinator*) und den übrigen Männern des Dux teilen.[711] Bedenkt man jedoch die Strafe von 10 Pfund Gold bzw. 720 Solidi, die ein *do-*

---

707 Bernhard Palme weist mit guten Gründen daraufhin, dass die Anzahl an *supernummerarii*, also Anwärtern auf die reguläre Dienstlaufbahn innerhalb der statthalterlichen Officien, in der Spätantike rückläufig war und der Dienst unattraktiv erscheint. Siehe: Palme 1999, 117–118. Im Einzelfall, wie wir es hier mit den Büros der Duces in der Pentapolis und der Diözese Oriens vorfinden, kann man es aber meiner Meinung nach nicht grundsätzlich ausschließen, dass es zu viele Bewerber für einen Posten gab und somit auch den Anreiz zur Bestechung.

708 Krüger 1867, 199–202; Zachariae von Lingenthal 1879, 158.

709 Entspricht wie der Name bereits andeutet, ursprünglich einem Unteroffizier mit der Befehlsgewalt über eine 10 Mann Einheit. Vgl. Veg.mil.2,8,13. In der spätantiken Verwaltung tauchen *decani* unter anderem als Boten und Wächter auf. Siehe: Cod.Theod.6,33. Cod.Iust.12,27,2. und 12,59,10. Kahzdan 1991, 601; Clauss 1980, 20–21. In Analogie zu den übrigen hier aufgezählten Posten handelt es sich hier aber um einen Bediensteten des persönlichen Mitarbeiterstabes des Dux. Jones sieht ihn als Vorsteher (majordomo) des Stabes; Rance hingegen beschreibt ihn allgemeiner als „butler". Siehe: Jones 1964, 598; Rance 2014, 121 mit Anm. 19.

710 Stewart 2022, 272–292.

711 Bei der Reorganisation der afrikanischen Dukate durch Justinian tauchen diese Posten im Besoldungsschema nicht gesondert auf. Stattdessen werden nur die oberen Chargen (*assessor*, *primicerius*, *numerarius*) namentlich erwähnt, danach folgt eine hierarchische Abstufung entsprechend dem Dienstgrad (*ducenarii*, *centenarii* etc.) Siehe: Cod.Iust.1,27,2.

mesticus schon zu Beginn des fünften Jahrhunderts n. Chr. bei der mehrmaligen Ausführung seines Amtes in derselben Provinz zu zahlen hatte, ist der im libyschen Erlass genannte Betrag von 126 Solidi keinesfalls abwegig. Ein vor kurzem durch Jean-Luc Fornet vorgelegter Papyrus aus dem Archiv des Dioscorus von Aphrodito bezeugt überdies, dass der *domesticus* des Garnisionskommandanten von Antaiopolis bei der Einholung der *synétheia* involviert war und die gezahlten Summen durch seine Hände gingen.[712] Ganz wie bei dem Assessor und dem *cancellarius* dürfte die höhere Abgabe an den *domesticus* als Anreiz für eine rechtmäßige und verantwortungsvolle Durchführung seines Amtes intendiert gewesen sein. Ein kurzer Blick in das ostgotische Regnum legt dies ebenfalls nahe. In den Variae des Cassiodor ist ein Brief erhalten, der davon berichtet, dass das Gehalt der *domestici* auf 250 Solidi und 10 Rationen aufgestockt wurde.[713] Diese besagten *domestici* dienten als eine Art Kampftruppe im Gefolge eines *comes*, die aber zumindest bei der Steuereintreibung eingesetzt wurde. Im (Einzel-)Fall des *domesticus* Maximus wurde sogar, bei der Gelegenheit seiner Beförderung zum *primicerius*, die Einheirat in die königliche Familie des Theodahad in Aussicht gestellt.[714] Sowohl der militärische *domesticus* als auch sein Pendant in der Zivilverwaltung gewannen also im Laufe des fünften Jahrhunderts n. Chr. durch ihre Nähe zu den befehlshabenden Offizieren an Bedeutung, wodurch sich ihre gute Besoldung und im Umkehrschluss die hohen finanziellen Bußen erklären lassen.

Die von den *comitatenses* zu erbringende *synétheia* für das dukale Officium belief sich auf eine Gesamtsumme von 645 Solidi. Das entspricht ca. der 1,8-fachen Grundvergütung des gesamten Bürostabes (360 Solidi), den die Soldaten aus ihrem eigenen Einkommen zu bestreiten hatten. Das scheint zunächst eine enorme finanzielle Belastung zu sein. Wenn wir allerdings die von Denis Roques und Warren Treadgold für die Kyrenaika vorgeschlagenen Näherungswerte für Truppenstärke (1 Legion = 1.000 Soldaten) und durchschnittliche (Grund-)Besoldung von ca. 16 Solidi per Annum annehmen, dann relativiert sich dieser Betrag schnell.[715] Abzüglich der *synétheia* kämen die Einheiten der Feldarmee dann auf einen Durchschnittslohn von 15,35 Solidi, was wiederum zwei ganze Solidi über der jährlichen Vergütung der *officiales* des Dux liegt. Dieses Rechenbeispiel taugt nur als grobe Orientierung. Wie die große Militärinschrift von Perge demonstriert, konnte die Sollstärke auch bei 1.250 oder sogar 1.500 Soldaten liegen, wodurch die finanzielle Belastung des einzelnen

---

712 Fournet 2016, 91–95.

713 Cassiod.var.9,13.

714 Cassiod.var.10,11. Vgl. ferner zur gesteigerten Bedeutung der Privatsekretäre: Cod.Iust. 1,51.

715 Roques 1987, 284; Treadgold 2014, 308–314; 1995, 145–157.

Soldaten, selbst bei ungleicher Verteilung der Abgabenlast, erheblich sinken würde.[716] Laut Treadgold wandelte Anastasius den alle fünf Jahre ausgeschütteten Donativ in eine jährliche Steigerung des Grundgehaltes der *comitatenses* um, sodass deren Sold auf 20 Solidi erhöht wurde.[717] Dieser gegenüber den Grenzern und Büromitarbeitern deutlich höhere Verdienst rechtfertigte sich unter anderem auch dadurch, dass diese Truppenkörper nicht wie die Mitglieder der Schreibstuben in der Lage waren, durch zusätzliche Dienstleistungen ihr Gehalt aufzubessern.

2. Sportulae

In dem an den *magister militum* Johannes Gibbus adressierten Gesetz aus dem 492 n. Chr. beschreibt Anastasius einen Grundsatz seiner Reformpolitik mit folgenden Worten:

> „*Ut autem omnifariam tam publicae commoditati quam fortissimis prospiciatur militibus, sportularum nihilo minus exactionem merito censuimus moderandam.*"

> „*Um für das Wohl der Allgemeinheit und der fortissimi Soldaten zu sorgen, haben wir beschlossen, die Höhe der Sporteln (Gebühren) zu begrenzen.*"[718]

Getreu dieser Maxime werden auch im libyschen Gesetz die Gebühren, die die beiden Ressortleiter der Finanz- und Justizsektionen des Officium, der Büroleiter (*primiscrinius*) und der Buchhalter (*numerarius*), erheben konnten, gedeckelt. Aus den antiken Rechtskodices kennen wir ähnliche Anordnungen aus der Zeit vor und nach Anastasius.[719] Das Sportelwesen wurde an dieser Stelle also nicht grundsätzlich in Frage gestellt und blieb somit weiterhin fester Bestandteil der römischen Verwaltungspraxis.[720] Im Vergleich zu ähnlichen Sportellisten, wie denjenigen aus Caesarea Maritima, Abydus oder Timgad, fällt allerdings hier auf, dass nur größere Geldbeträge in Solidi verzeichnet sind und keine kleineren Währungseinheiten.[721] Wie Christopher Kelly am *ordo salutationis* aus Timgad demonstriert hat, diente die öffentliche Zurschaustellung solcher „charge sheets" nicht allein der Verlautbarung von (mitunter intentional undurchsichtig gehaltenen) Dienstleistungsgebühren,

---

716 Onur 2017. 186–188; Whately 2021, 105–107.

717 Treadgold 2014, 314. Methodisch schwierig (und stets unsubstantiiert) ist die von Treadgold häufig geäußerte Vermutung, dass die Finanzpolitik des Anastasius maßgeblich durch eine höhere Bevölkerungszahl und damit gleichmäßiger verteilter Steuerlast erleichtert wurde. So etwa auf S. 315 m. Anm. 43.

718 Cod.Iust.12,35,18,2.

719 Chr. Kelly 2004, 154–186; Trisciuglio 2016, 161–179.

720 So auch: Leneis 2020, 63–67; Schmidt-Hofner 2008, 40–49; Zuckerman 2004, 139–141.

721 De Segni/Patriarch/Holum 2003, 273–300, Haarer 2006, 217–219; Chastagnol 1978, 81–83.

sondern gleichzeitig wurde durch deren Höhe der Kreis an potenziellen Nutzern und Interessenten effektiv eingeschränkt.[722] Partizipation am römischen Verwaltungs- und Gerichtswesen war kostspielig.[723] In Analogie zu den Ausführungen zu den Strafmaßnahmen des Anastasius in Libyen wurde so abermals die finanzielle Stratifikation der römischen Gesellschaft offengelegt. Die libysche *Notitia* unterscheidet sich allerdings an einem wichtigen Punkt von gleichartigen Listen. Sie ist speziell auf die Mitglieder der Armee zugeschnitten und macht folglich interne Vorgänge einer privilegierten Gesellschaftsschicht öffentlich zugänglich.

Für die oberen Chargen der Officia stellten die Soldaten gemeinhin eine lukrative Einkommensquelle dar. Denn jede Auszeichnung, jedes Privileg, vom Dienstrang, der Besoldungsgruppe bis hin zur Freistellung vom Dienst musste anhand eines administrativen Schriftstücks belegbar sein. Das bot reichlich Gelegenheit zum Missbrauch. Nicht umsonst verkündete Anastasius den Soldaten Kleinasiens, dass unter seiner Aufsicht der Ämterkauf und das vorschnelle Aufrücken in den Amtsmatrikeln ein Ende haben würde.[724] Eine Möglichkeit dies durchzusetzen, war die Entlohnung für die Dienstleistungen attraktiv zu gestalten. Die Angaben der *Notitia* beweisen, dass mindestens 14 Solidi, ein weiteres Jahressalär eines einfachen Büromitarbeiters, an die beiden obersten Chargen des Officium ausgeschüttet wurden. Im Einzelnen konnten die beiden Bereichsleiter so etwa vier Solidi für das Erstellen der vierteljährlichen Berichte kassieren. Weitere sechs Solidi hatten ihnen die Grenzsoldaten als Materialgebühr für die Kanzleischreiben (Chartaticum bzw. *logoi chartatikoi*) zu entrichten.[725] Wie der fünfte Paragraf des libyschen Erlasses belegt, hatten sie offensichtlich zuvor auch von den Truppen der Feldarmee eine Materialgebühr verlangt. Zu den übrigen Einnahmequellen zählten ferner die Anfertigung von Dokumenten, die zum Transport der Annona und Capita notwendig waren, sowie Beförderungs- und Empfehlungsschreiben, die allesamt mit jeweils einem Solidus taxiert wurden. Der gleiche Betrag war auch für die Aushändigung der στρατευσίμοι zu entrichten. Dieser Begriff wird in den dokumentarischen Quellen nur sehr selten überliefert.[726] Wahrscheinlich handelte es sich dabei um Dienstzertifikate, die ähnlich wie die *probatoria* an die Soldaten ausgehändigt wurden. Nach ihrer erfolg-

---

722 Chr. Kelly 2004, 138–152.

723 Die Erhebung von Dienstleistungsgebühren im administrativen und juristischen Sektor wird, wie Haensch glaubhaft macht, nicht erst mit der Spätantike eingesetzt haben, Haensch 2015, 253–273.

724 Onur 2017, 171–175; 2012, 21–38.

725 Cod.Iust.1,42,1–2.

726 P. Ness.3,36; Casper J. Kraemer Jr., einer der Herausgeber der Nessana Papyri verzichtete bezeichnenderweise auf die Übersetzung dieses Begriffs. Vgl. Kraemer Jr 1958, 111–113.

reichen Musterung wurde den Soldaten durch diese Dokumente der Eintritt in die Armee bestätigt.[727]

4.6 Zwischenergebnis

Am Anfang der Untersuchung stand die Behauptung, dass jede der 14 Bestimmungen des libyschen Erlasses des Anastasius ein Fenster zu ganz unterschiedlichen Aspekten der römischen Verwaltungspraxis öffnet. Nachdem im historischen Kommentar dieses administrative Panorama ausgebreitet wurde, gilt es nun die gewonnenen Erkenntnisse zu bündeln, bevor sie in einem abschließenden Kapitel in die Regierung des Kaisers integriert werden.

Beginnen wir mit der naheliegenden Frage nach dem Grund für die Verfügung der libyschen Militärkonstitution: Christopher Kelly vermutete, dass dem neuen Gesetz ein Disput vorausging, der eine kaiserliche Intervention in der Form eines Reskripts zur Stärkung der Stellung des örtlichen Dux notwendig machte.[728] In diese Richtung lassen sich zumindest einige Bestimmungen deuten, in denen die Bewohner der Pentapolis angewiesen wurden, ordnungsgemäß ihre Abgaben zu entrichten, Unterkünfte bereitzustellen und die zuständigen Soldaten nicht zu beleidigen. Dieses Erklärungsmodell greift allerdings zu kurz, da die weitreichenden Anordnungen des Anastasius über den Rahmen eines lokalen Konflikts hinausgehen. Vielmehr bot die Anfrage des Dux Daniel lediglich den geeigneten Anlass für die umfassende Reorganisation des libyschen Dukats. Die Untersuchung der Inschriften aus der Kyrenaika hat hingegen in Kombination mit weiteren, epigrafisch fassbaren Gesetzen aus der Diözese des Orients und Kleinasien gezeigt, dass sie (alle) als Teil einer reichsweiten Reform des Militärs und der Grenzbereiche zu verstehen sind. Diese Interpretation wurde durch eine neue Datierung des libyschen Erlasses in das erste Jahrzehnt der Regierung des Anastasius ermöglicht. Die ältere Forschung hatte das Gesetz des Anastasius zuvor aufgrund einer falschen Lesung als eine Maßnahme aus dem frühen sechsten Jahrhundert (501 n. Chr.) gedeutet. Als neuer *terminus post quem* konnte dagegen das Jahr 492 n. Chr. nachgewiesen werden.[729]

Aufgrund dieser neuen chronologischen Verortung korrelieren die Bestimmungen des Kaisers in der Pentapolis mit der im Protokoll seiner Thronbesteigung über-

727 So auch Chastagnol 1976, 313; Ravegnani 1994, 108.

728 Chr. Kelly 2004, 50.

729 Gleiches gilt auch für die Bestimmungen für die Diözese Oriens, die in eine 15. Indiktion datiert werden. Dies trifft nur auf die Jahre 491/492 oder 506/507 n. Chr. zu, wobei ersteres in der Forschung präferiert wird. Siehe: Feissel 2010, 125–129. Eine Datierung in denselben Zeitraum wird auch für die große Militärinschrift in Perge angenommen. Siehe: Onur 2017, 188–189.

lieferten Forderung der hauptstädtischen Bevölkerung nach einer stärkeren Beachtung der militärischen Belange des Reiches. Anastasius kam dieser Forderung durch eine umfangreiche Armeereform nach. Wie nun die libyschen Inschriften detailliert belegen, lässt sich diese Reform in zwei Teile gliedern:

Im ersten Teil wurden vornehmlich reichsweite Standards etabliert, erneut bekräftigt und feinjustiert. Zu diesen Grundpfeilern gehörte die allerorts von der Bevölkerung zu gewährleistende Versorgung des Heeres mit Lebensmitteln und Sold. Neben der Durchführung eines Schuldenschnitts, dem Erlass neuer Steuern wie der Chrysoteleia, und der schrittweisen Adaeration des Gehaltes des Soldes, reduzierte er in diesem Zusammenhang den Handlungsspielraum der befehlshabenden Duces, indem er den einfachen Soldaten befahl, schriftlich Rechenschaft über den sachgemäßen Erhalt ihrer Annonabezüge abzulegen. Die Offiziere konnten so im Idealfall nicht mehr die Rationen von freigestellten Soldaten einkassieren oder mehr als das ihnen zustehende Zwölftel der Annona auf einen Schlag einbehalten und nur gegen eine Gebühr an die untergebenen Chargen weiterleiten.

Sondervergütungen wie die in der Pentapolis übliche *eumenia* wurden von Anastasius ebenfalls abgeschafft. Den Soldaten blieb so ein größerer Teil ihres Soldes erhalten, ohne dass ihre Bezüge grundsätzlich auf Kosten der Staatskasse hätten erhöht werden müssen. Dies geschah wohl erst nach dem zweiten Jahrzehnt der Herrschaft des Anastasius, nachdem der kaiserliche Haushalt konsolidiert und die üblichen Militärdonativa abgeschafft worden waren.[730] Einher mit der finanziellen Entlastung und sukzessiven Aufwertung des Soldatenstandes ging der rechtliche Schutz vor Korruption des militärischen Personals. Die Einführung des „*ad responsum*“-Büros des obersten Heermeisters in den Provinzen schützte die lokalen Truppen gleichermaßen vor der richterlichen Willkür ihrer Vorgesetzten, gab den Soldaten eine weitere Anlaufstelle für juristische Belange und ersparte den Prozessbeteiligten mitunter die Reise zu einem fernen Gerichtshof.

Das administrative Personal der Duces wurde ebenfalls reguliert. Die Auswahl der engsten Mitarbeiter und die Ausarbeitung der Amtsmatrikel standen zwar dem Dux frei, aber die Zentralisierungstendenzen waren auch hier spürbar, da diese Liste von der kaiserlichen Zentrale abgesegnet werden musste. Des Weiteren achtete Anastasius auf eine klar differenzierte Binnenstruktur der Officia und reduzierte grundsätzlich die Anzahl des Mitarbeiterstabes auf 40 Personen. Darüber hinaus wurde auch hier die Möglichkeit, sich durch gesonderte Abgaben und frei verhandelbare oder überhöhte Entgeltforderungen für Dienstleistungen zu bereichern,

730 Treadgold 2014, 308–314; 1995, 145–157 geht in diesem Zusammenhang von einem Umschlag des alle fünf Jahre erfolgenden Donativs auf die jährliche Soldzahlung der Soldaten ein.

eingeschränkt. Außerdem wurde durch die Beigabe einer detaillierten Gebührenliste für die administrativen Leistungen, der stärkere Eingriff des Kaiserhofs in die Angelegenheiten der Bewohner der Kyrenaika öffentlich kundgetan.

Im zweiten Teil wurden hingegen die speziellen Regelungen für den jeweiligen Geltungsbereich festgelegt. Es sind diese Anordnungen, die die Reform der Dukate ausmachten. Für den libyschen Limesabschnitt ergab sich eine Reihe von Neuerungen, die nicht zuletzt der veränderten geopolitischen Situation der Kyrenaika Rechnung zu tragen hatten. Im Vergleich zur Lebzeit des Synesius, als sich das römische Heer in die Städte zurückgezogen hatte, und die Sicherung des Hinterlandes den Milizen der Bewohner der Pentapolis überließ, war die Kyrenaika im Laufe des fünften Jahrhunderts n. Chr. durch den Verlust weiter Teile Nordafrikas buchstäblich zum äußersten Rand des Reiches, zur letzten Bastion des Imperiums, geworden. Die diplomatischen Beziehungen zu den Vandalen hatten sich zwar seit dem gescheiterten Eroberungsversuch unter Kaiser Leo I. verbessert, aber eine grundsätzliche Vorsicht vor deren potenziellen Expansionsbemühungen war dennoch geboten. Hinzu kam, dass die im Grenzvorland und in Tripolitanien lebenden indigenen Mauren eine nicht zu unterschätzende Gefahr darstellten. Erst nach der erfolgreichen Rückeroberung der nordafrikanischen Provinzen durch die Truppen Justinians sollen laut Prokop deren Stammesfürsten die römische Herrschaft erneut akzeptiert und die Vergabe von entsprechenden Amtsinsignien eingefordert haben.[731] Die Maßnahmen des Anastasius forderten deswegen die Soldaten und Offiziere auf, die Grenzposten zu bemannen, den Zugang zur Kyrenaika zu überwachen und nicht zuletzt Präsenz zu zeigen, sowohl durch regelmäßige Patrouillen als auch die (Pass-)Kontrolle fremder Bevölkerungsteile sowie der „Barbaren". Erstmals nachweisen lässt sich an dieser Stelle die Präsenz comitatensischer Einheiten in der Pentapolis. Ferner machte die strategische Situation mitunter die Einquartierung von Soldaten innerhalb der Privathäuser der Bevölkerung notwendig, sodass der ordnungsgemäße Ablauf dieses öffentlichen Dienstes ebenfalls geregelt und dabei gleichzeitig die gebührende Behandlung der Soldaten angemahnt werden musste.

731 Prok.BV.4,21,1–3 und 3,25,4–8. Im Zuge der Reorganisation Afrikas übergab Justinian zunächst die Dukate der Pentapolis und Tripolitanien an die beiden Neffen, Kyros und Sergios, seines *magister militum* und Prätorianerpräfekten Afrikas Solomon (PLRE III, Solomon 1).

5 Die Militär- und Grenzreformen des Anastasius

Die im vorangegangenen Kapitel erfolgte Analyse und Kommentierung des libyschen Militärgesetzes hat zu einer Reihe von Erkenntnissen geführt, die es nun in den größeren Kontext der Reformbemühungen des Anastasius zu integrieren gilt. Auf der Basis der neuen Datierung des libyschen Erlasses und dessen Kombination mit weiteren im oströmischen Reich verstreuten Inschriften ist es möglich, ein präziseres Verständnis der ersten Amtsgeschäfte und Regierungsjahre des Kaisers zu erlangen. Das gilt es nun mit dem weiteren verfügbaren Quellenmaterial zu kontextualisieren, wobei sich zwangsläufig einige Redundanzen nicht vermeiden lassen. Als Ausgangspunkt für unsere Betrachtung bietet sich abermals das Protokoll der Thronbesteigung aus dem Zeremonienbuch an:

Zu Beginn seiner Herrschaft sah sich Anastasius mit den gleichen strukturellen Problemen konfrontiert, die schon seinen Vorgänger Zeno umgetrieben hatten – klamme Kassen, kaum Rückhalt und Vertrauen in seine eigene Person von weiten Teilen der Bevölkerung und obendrein suspekte religiöse Präferenzen. Anastasius wurde deshalb während seiner Thronbesteigung von der Bevölkerung aufgefordert wie Markian zu herrschen. Jener Markian galt aufgrund seiner entschiedenen und pragmatischen Amtsführung als Modellkaiser. In seiner nur sieben Jahre währenden Herrschaft wurde das Konzil von Chalkedon einberufen, das mit einem neuen Glaubensbekenntnis zur (vermeintlichen) Beilegung des christologischen Disputs aufwartete und fortan die religiöse Ausrichtung des Kaiserhofs maßgeblich bestimmen sollte. Außenpolitisch punktete der Kaiser mit der Verweigerung von Tributzahlungen an die Hunnen; mehrere Grenzkonflikte in Ägypten und Syrien konnten ebenso zu Gunsten der Römer entschieden werden. Dem nicht genug, sanierte Markian angeblich auch den kaiserlichen Haushalt und hinterließ seinem Nachfolger eine stattliche Summe von 100.000 Goldpfund. Laut Theophanes erlebte das Reich unter der Ägide Markians entsprechend ein „goldenes Zeitalter".[732] Mit der Erwähnung Markians schürte das Volk Konstantinopels also einen enormen Erwartungsdruck an die Regentschaft des neuen Kaisers. Aus militärpolitischer Sicht wurde diese beachtliche Hypothek für Anastasius sogar noch um die stakkatoartig vorgebrachten Forderungen: *„Das Heer richte auf! Die Heeresverwaltung richte auf!"*

---

732 Theoph.AM5946. Bezeichnenderweise verzichten die beiden Panegyriker des Anastasius auf einen Vergleich mit Markian. Stattdessen schöpfen sie aus der weiter zurückreichenden griechischen Geschichte und setzen Anastasius u. a. in Beziehung zu Agesilaos, Philipp II. von Makedonien, Alexander dem Großen. Mit Trajan und Antoninus Pius werden allerdings auch römische Modellkaiser bemüht. Vgl. Prisc.Laud.Anast.10–18; 38–49, 171–179; 206–217; Proc.Gaz.Pan.Anast.9–10; 12–15; 25–27.

(ἐξέρκιτόν συ ἔγειρον, τὰς στρατεῖας ἔγειρον) erweitert.[733] Das erste Dezennium seiner Regierung bot sogleich mehrere Gelegenheiten, diese Forderungen einzulösen.

5.1 Das Heer richte auf!

Das römische Militär bezog für gewöhnlich sein Personal aus drei Quellen – ein Teil wurde nach staatlichen Vorgaben rekrutiert, ein weiterer bestand aus Veteranensöhnen und den dritten machten Freiwillige aus. Wie die Rechtskodices und Militärhandbücher belegen, war jede dieser Bezugsquellen mit eigenen Schwierigkeiten verbunden. Die von den Gemeinden gestellten Rekruten genügten oft den physischen Ansprüchen des Berufes nicht oder waren mitunter gar körperlich versehrt.[734] Die Veteranen hingegen versuchten im Laufe der Spätantike immer häufiger ihre Söhne bei der *militia non armata* unterzubringen. Auch auf den Zustrom Freiwilliger konnte man nicht zählen, da das Verhältnis zwischen dem zu erwartenden Gewinn und den Gefahren des Dienstes über weite Teile des fünften Jahrhunderts n. Chr. besonders ungünstig war. Das waren sicherlich einige gewichtige Gründe dafür, warum kontinuierlich die Anwerbung reichsfremder Kriegergruppen zur Auffüllung und Ergänzung des Heeres betrieben wurde. Vor diesem Hintergrund zeigen nun bereits die ersten Anordnungen des Kaisers, dass die Armee sukzessive aufgewertet werden sollte. Hierfür setzte Anastasius verstärkt auch auf den Zufluss neuer freiwilliger Rekruten. Dementsprechend musste der Beruf des Soldaten zunächst an Attraktivität gewinnen.[735] Zu diesem Zweck führte Anastasius eine umfangreiche Militärreform durch, die sich, wie wir anhand der libyschen Inschriften gesehen haben, in zwei Teile gliedern lässt:

Im ersten Teil wurden vornehmlich reichsweite Standards etabliert, erneut bekräftigt und feinjustiert.

---

733 De cer.1,101 (Z. 186f.). Meier 2009, 72 mit der Übersetzung: „*Das Heer richte auf! Die Feldzüge treibe an!*" Ich orientiere mich an dieser Stelle an dem Vorschlag von Dagron/Flusin 2020, 430–431 „στρατεῖα" eher als „öffentliche Funktion" in Analogie zu „*militia*" zu interpretieren. Dementsprechend sollte die Armee in all ihren Organen reformiert werden. Vgl. Kahzdan 1991, 1965. Contra Glušanin 1991, 169, der anhand der hier verwendeten gräzisierten Form des lateinischen Begriffs *exercitus* auf eine Forderung der Bevölkerung zur Wiederherstellung des „römischen" Teils der Armee schließt. Demgegenüber sei der „isaurische" Teil der Armee nicht reformbedürftig. Wie wir u. a. durch die Analyse des libyschen Militäredikts gesehen haben, waren gräzisierte Amts- und Fachbegriffe ein weit verbreitetes Phänomen innerhalb der spätantiken Verwaltungssprache.

734 Kaiser 2012, 99–120; Whately 2013, 227–230 mit weiterer Literatur.

735 Womöglich wurde ein Gesetz an den *magister ped. ac equitum* Longinus schon im Juli 491 n. Chr. erlassen. Siehe Kap. 4.5.4.

Der zweite befasste sich dagegen mit spezifischen Regulierungen für die einzelnen Grenzabschnitte, speziell aus der Diözese des Orients, sodass man für diese Bereiche von einer Dukatsreform sprechen kann.

Widmen wir uns zunächst dem ersten Teil des Reformpakets: Die Heeresversorgung bildete einen wichtigen Eckpfeiler der römischen Militärorganisation. In diesem Zusammenhang reduzierte Anastasius den Handlungsspielraum der befehlshabenden Duces. Die einfachen Soldaten mussten fortan schriftlich Rechenschaft über den sachgemäßen Erhalt ihrer Annonabezüge ablegen. Ferner wurde die Ausgabe der Annona hierarchisch abgestuft und mit Obergrenzen versehen, sodass es den höheren Rangklassen (Augustales und Flaviales) nicht möglich war, ihre gesamten Rationen in Münzgeld umzuwandeln.[736] Im Idealfall konnten die leitenden Offiziere außerdem nicht mehr die kompletten Rationen von freigestellten Soldaten einkassieren oder mehr als das ihnen zustehende Zwölftel der Annona auf einen Schlag einbehalten und nur gegen eine Gebühr an die untergebenen Chargen weiterleiten. Sondervergütungen, wie die in der Pentapolis übliche *eumenia*, wurden ebenfalls abgeschafft. Den Soldaten, insbesondere den *comitatenses*, blieb so allenthalben ein größerer Teil ihres Soldes erhalten. Mit dieser Maßnahme war aber keine grundlegende Anhebung ihrer Bezüge verbunden. Die partielle Umwandlung der Annona in Geldbeträge erleichterte die Heeresversorgung und schuf individuelle Konsummöglichkeiten am jeweiligen Dienstort. Die Aussicht auf monetäre Vergütung, die nach eigenem Belieben ausgegeben werden konnte, wurde sicherlich positiv von den Soldaten aufgenommen. Hinzu kamen die von Anastasius ausgegebenen Donativa, die auch zu besonderen Anlässen, wie dem Konsulat seines Bruders Paulus verteilt wurden.[737] Ein deutlicher Gehaltssprung der *militia armata* erfolgte dann aber wohl erst nach der Konsolidierung des kaiserlichen Haushaltes im frühen sechsten Jahrhundert n. Chr. Warren Treadgold hat diesbezüglich vorgeschlagen, dass die Gehaltserhöhung in zwei Schritten ablief. Die erste Anhebung fand seiner Überzeugung nach bereits im Kontext des Sieges gegen die Isaurier und den großen finanzpolitischen Maßnahmen des Kaisers im Jahr 498 n. Chr. statt. Mit dem zwanzigsten oder fünfundzwanzigsten Regierungsjubiläum, 511 oder 516 n. Chr., wurden dann die üblichen Militärdonativa abgeschafft und stattdessen das jährliche Salär zum zweiten Mal angehoben.[738] Einher mit der finanziellen Entlastung und Aufwertung des Sol-

736 Onur 2017, 187–188. Für die Gruppe der Augustales ersten Ranges war es einer ihrer fünf Anteile an der Annona (20%), für die Flaviales ersten Ranges dagegen anderthalb ihrer zweieinhalb Anteile an der Annona (60%).

737 Marc.Com.ann.496.

738 Treadgold 2014, 308–314; 1995, 145–157. Für Treadgold bestand das Hauptanliegen der Militärreformen des Anastasius darin durch finanzielle Anreize die Attraktivität des Sol-

datenstandes gingen Antikorruptionsmaßnahmen. Die Einführung des „*ad responsum*“-Büros des obersten Heermeisters in den Provinzen schützte die Armeeangehörigen gleichermaßen vor der richterlichen Willkür ihrer Vorgesetzten, gab den Soldaten eine weitere Anlaufstelle für juristische Belange und ersparte den Prozessbeteiligten unter Umständen die Reise zu einem fernen Gerichtshof. Die Zentralisierungstendenzen waren darüber hinaus auch bei der Zusammenstellung der dukalen Officia erkennbar. So wurde die Anzahl der Belegschaft auf 40 Mitarbeiter festgesetzt, die zwar vom Dux ausgewählt und in die Amtsmatrikel eingetragen werden konnten, aber letztlich von der kaiserlichen Verwaltung abgesegnet werden mussten. Diese Maßnahmen waren für die betroffenen Militärs und Bürger so bedeutsam, dass sie zudem öffentlich ausgehangen wurden. In der Kyrenaika war dies unter anderem durch die Publikation einer detaillierten Gebührenliste für administrative Dienstleistungen ersichtlich.

Das Reformpaket fruchtete. Aus den beiden zu Ehren des Anastasius verfassten Lobreden tritt uns die positive Resonanz seiner Anordnungen erwartungsgemäß am deutlichsten entgegen. Seine Panegyriker, Priscian von Caesarea und Prokop von Gaza, priesen die militärischen Maßnahmen des Kaisers in höchsten Tönen. Priscian führte aus: „*Rekruten füllen nun wieder die Reihen der Armee mit tapferen Soldaten und durch ihre Stärke, nicht Bestechung verdienen sie sich wahre Auszeichnung*“.[739] Prokop ergänzte, dass diese neue Generation im Vollbesitz ihrer Kräfte sei und nicht alternd und schwach wie jene zuvor.[740] An diesem Punkt ist es wichtig zu betonen, dass

---

datenstandes zu erhöhen. Seine Modellrechnungen gehen deshalb davon aus, dass es den Armeeangehörigen möglich war, zusätzlich zur Adaeration der Annona auch monetäre Ausrüstungspauschalen zu erhalten. Gemäß seiner Argumentation steigerte Anastasius die jährlichen Einkünfte der *comitatenses*, die er mit 14 Solidi, bzw. 9 Solidi und Ausrüstungsgegenständen ansetzte, um $^{2}/_{3}$. Fortan erhielten die Rekruten der Feldarmee dadurch ein Einstiegssalär von 10 Solidi, die Soldaten der Feldarmee 20 Solidi und die Mitglieder der Scholae, sowie die Palastgarde der Excubitores 40 Solidi. Demgegenüber stagnierte die Vergütung der Limitanei, die Treadgold mit 5 Solidi taxierte. Das zu den Reformen des Anastasius auch eine Verminderung der Abgaben der Soldaten an höhere Chargen gehörte oder der Adaeration grundsätzlich Obergrenzen gesetzt waren, wie das die Edikte aus der Pentapolis und Perge demonstrieren, beachtete Treadgold dagegen nicht. Ich halte daher seinen Vorschlag, dass die Donativa zur Gegenfinanzierung einer Gehaltserhöhung der Soldaten genutzt wurden für beachtenswert. Das daraus resultierende Gehaltsschema kann jedoch nur zur Orientierung dienen und ist im Einzelfall wenig aussagekräftig.

739 Prisc.Laud.Anast.204–205.

740 Proc.Gaz.Pan.Anast.7: „Φρούρια δὲ πανταχοῦ τῶν ὑπηκόων προβέβληται καὶ στρατιωτῶν ἡλικίᾳ ῥώμῃ καὶ πλήθει συμπεφραγμένων, ἄνδρες ἀκμῇ ζέοντες καὶ βλέποντες τι

weder Priscian noch Prokop von Gaza von einer Vergrößerung des Heeres berichten. Das lässt sich ebenso wenig aus einer der inschriftlich überlieferten Anordnungen des Kaisers ablesen. Zusammenfassend schuf Anastasius also mit dem ersten Teil seiner Militärreformen bessere Arbeitsbedingungen für den Dienst an der Waffe. Das setzte einen Prozess in Gang, der mittelfristig, und damit zum Ende seines ersten Herrschaftsdezenniums, zu einer gleichermaßen verjüngten und zur vollen Mannschaftsstärke zurückgekehrten Armee führte. Inwiefern das reformierte Heer in der Lage war, die Verteidigungsaufgaben des Reiches zu übernehmen, und ob die in Teilen bestehende Unerfahrenheit der Truppe durch eine kampftaktische Neuausrichtung überwunden werden musste, ist jüngst in der Forschung diskutiert worden. Das bringt uns zum zweiten Teil der Militärreformen.

5.2 Die Armee in Aktion

In seiner Untersuchung der römischen Armee des sechsten Jahrhunderts n. Chr. kontrastierte Clemens Koehn die Maßnahmen Justinians mit denen des Anastasius. Ersterer vergrößerte das Militär, schuf unter anderem ein neues Regionalkommando in Armenien und modernisierte endgültig die Bewaffnung der Kavallerie, sodass die Einheiten der Hippotaxatoi sowohl im Fern- als auch im Nahkampf einsetzbar waren.[741] Anastasius hingegen behielt die Heeresstärke bei und sorgte sich mit seinen Reformen primär um die Verjüngung des Personals. Das hatte laut Koehn spürbare Konsequenzen für das operative Verhalten im Kampfgeschehen. Die Unerfahrenheit vieler Truppenkörper musste durch eine defensive Grundausrichtung kompensiert werden. Die Einleitung zu der *Epitedeuma* des Urbicius belege diese taktische Konzeption, da die jungen Soldaten darin angewiesen wurden, aus einer gesicherten Stellung heraus zu agieren, sich nicht den Feinden in offener Feldschlacht zu stellen und – abgesehen von der hastigen Errichtung dieses mobilen Verteidigungswalls – keine zuvor einstudierten Kampfformationen auszuführen.[742] Die Einschätzung Koehns ist über weite Strecken zutreffend, an einigen Stellen bevorzuge ich aber eine andere Deutung. Die von Urbicius empfohlene defensive Grundhaltung der Infanterie ist meiner Meinung nach eines der grundsätzlichen Merkmale der spätrömischen Armee, sodass die bei Koehn aufgeworfene kausale Verbindung zur Unerfahrenheit der Truppe nicht zwingend ist. Sie diente Urbicius gleichsam als gefälliger Topos zur Propagierung seiner neuen Erfindung, wie ein Blick auf das

νεανικὸν καὶ ὡς ἂν Ὅμηρος εἶπε «Θεράποντες Ἄρηος», οὐχ ὥσπερ πρώην ἀσθεωεῖς καὶ γεγηρακότες, ἐν τοῖς δεινοῖς ὑπότρομοι καὶ μεθ᾽ ἡμῶν δεδιότες καὶ τοῦ σῴζοντος μᾶλλον δεόμενοι.“

741 Koehn 2018, 9–38; 115–145; Syvänne 2004, 12–28, 118–132.

742 Urbicius, Epitedeuma 2.

ebenfalls aus seiner Feder stammende *Taktikon* nahelegt. Dort wird das fortbestehende Interesse an dem breitgefächerten Einsatz und der gefechtstaktischen Schulung der Infanterie deutlich.[743] Darüber hinaus sollten meines Erachtens zwei weitere Punkte stärker betont werden:

Urbicius entwarf seine „Phalanx" im Hinblick auf eine spezifische gegnerische Truppenkategorie und Kampfesweise – den berittenen Bogenschützen. In der Einführung heißt es daher, dass seine Formation von großem Nutzen für die Infanterie im Kampf gegen die Kavallerie wäre.[744] Aus diesem Grund mussten die Soldaten versuchen, die Zaunpfähle und Balken auf halbem Weg zu den feindlichen Truppen aufzustellen, damit sie in sicherer Distanz zu deren Geschossen bleiben konnten. Die auf den Versorgungswagen montierten Ballistae sicherten abermals diese Distanz, negierten den gegnerischen Geschwindigkeitsvorteil und gaben die Möglichkeit zum Gegenschlag. Vom Prinzip her kombinierte die Erfindung des Urbicius also die Eigenschaften von linearen Barrieren und Hindernissen, ähnlich wie der spätrepublikanische Igel, *ericius*, oder der mittelalterliche Spanische Reiter bzw. *cheval de frise*, um einen Frontalangriff der Kavallerie abzufangen, mit der Durchschlagskraft von Torsionsgeschützen einer Festungsanlage.[745] Die gesteigerte Sicherheit wurde allerdings auf Kosten der Mobilität und Reaktionsgeschwindigkeit der römischen Truppen erkauft, sodass der Nutzen der Erfindung im tatsächlichen Kampfgeschehen fraglich bleibt.[746]

Das Handbuch des Urbicius bezeugt zudem, dass der kampferprobte und tüchtige Soldat als militärische Ressource knapp geworden war. Auf die Gesundheit und Moral der Truppen zu achten und deren Leben nicht unnötig zu verspielen, wurde nunmehr priorisiert. Die Erfindung hatte dementsprechend auch eine psychische Komponente. Diese kam besonders zum Tragen, wenn es der Infanterie gelang, die erste Angriffswelle erfolgreich abzuwehren. Die so zur Regruppierung gezwungene gegnerische Kavallerie war dann besonders anfällig und konnte leicht dezimiert

---

743 So auch im ersten Kapitel der Erfindung. Siehe: Urbicius, Epideteuma 1. Ferner: Burgess/Greatrex (2005), 59–61 mit dem Kommentar auf S. 60: „*U's concern for inexperienced men may be linked to the final section (11) of the Tacticon, where the concluding phrase may be translated: 'Tactics of such kind are instructive, providing safety for those who use them, but defeat for those inexperienced in such things'. The last phrase might be taken to refer to the danger for inexperienced troops in seeking to apply tactics in which they are trained, a situation to be remedied by the simple invention of Urbicius here set forth.*" Vgl. Rance 2007c, 345–347.

744 Burgess/Greatrex 2005, 60.

745 Syvänne 2004, 13–14; 185–201; Ravegnani 1994, 53–73.

746 So auch Janniard 2016, 275–277.

werden, was wiederum Auswirkungen auf die Kampfmoral beider Kontrahenten hatte.

Inwieweit die Erfindung des Urbicius Anwendung fand, lässt sich nicht genau bestimmen. Ein in der Anthologia Graeca enthaltenes Epigramm, das wohl als Vorwort eines Urbicius-Manuskriptes fungierte und womöglich dem Dichter Christodorus von Koptos zugerechnet werden kann, behauptet zumindest, dass „... *mit meiner Hilfe du Kriege vom westlichen Meere schlagen könntest, die Perser, die schreckenverbreitenden Horden der Sarazenen, die Hunnen, die flinken, kriegswütigen Reiter und die Isaurer, die hoch ins Felsengelände entschlichen*".[747] Unabhängig davon demonstrieren aber die in den spätantiken Militärhandbüchern überlieferten Infanterietaktiken, dass die römischen Legionäre durch eine defensive Grundformation, dem *fulcum* oder *synkoutos*, danach strebten mit Hilfe einer geschlossenen ersten Schlachtreihe die initiale Angriffswucht ihrer Feinde abzuwehren, um dann in den Gegenangriff überzugehen.[748] Diese Taktik eignete sich besonders für den Kampf gegen mobile und leicht bewaffnete Gegner, auf die die Armee des Anastasius an mehreren Grenzabschnitten traf. In der Kyrenaika waren dies etwa die Verbände der Maziken, von denen Johannes von Antiochien berichtete.

Die Anpassung der Kampfesweise an die Stärken und Eigenheiten der Gegner Ostroms war jedoch nicht die einzige Maßnahme die Anastasius zur Verteidigung des Reiches traf. Der zweite Teil seiner Militärreformen umfasste spezielle Regelungen für die einzelnen Grenzbereiche der Diözese Oriens, die in ihrer Gesamtheit eine Reform der Dukate ausmachten. Für den libyschen Limesabschnitt, der von Fergus Millar noch für den Beginn des fünften Jahrhunderts n. Chr. als „provincial backwater" charakterisiert worden war, ergab sich eine Reihe von Neuerungen, die nicht zuletzt der veränderten geopolitischen Situation der Kyrenaika Rechnung zu tragen hatten.[749] Im Vergleich zur Lebzeit des Synesius, als sich das römische Heer in die Städte zurückgezogen hatte und die Sicherung des Hinterlandes den Milizen der Bewohner der Pentapolis überließ, war die Kyrenaika im Laufe des fünften Jahrhun-

---

747 Anth.Gr.9,210 (Übersetzung Ebener): „οἶδα γὰρ ἀνδροφόνου καμάτους πολέμοιο διδάσκειν οἶδα δὲ πῶς μετ᾽ ἐμεῖο καὶ ἑσπερίης ἁλὸς ἄνδρας καὶ Πέρσας ὀλέσεις καὶ αἰνομόρους Σαρακηνούς, καὶ θοὸν ἱπποκέλευθον ἀρειμανέων γένος Οὔννων, πετράων τ᾽ ἐφύπερθεν ἀλυσκάζοντας Ἰσαύρους". Die Aufzählung der römischen Gegner legt eine Datierung in das frühe sechste Jahrhundert nahe. Dies ist allerdings in der Forschung nicht unumstritten; so hielt Alan Cameron dieses Epigramm für die Einleitung zur Erstausgabe des Urbicius, die er chronologisch in die Mitte der 490iger verortete. Siehe mit weiterführender Literatur: Cameron 1993, 149; Haarer 2018, 519–547; Burgess/Greatrex 2005, 40–41.

748 Rance 2007c, 348–359; Schulz 2012, 346–357.

749 Millar 2006, 59.

derts n. Chr. durch den Verlust weiter Teile Nordafrikas zur neuen südwestlichen Grenze des Reiches geworden. Die Maßnahmen des Anastasius wiesen deswegen die Soldaten und Offiziere an, die Grenzposten zu bemannen, den Zugang zur Kyrenaika zu überwachen und nicht zuletzt Präsenz zu zeigen, sowohl durch regelmäßige Patrouillen als auch die (Pass-)Kontrolle fremder Bevölkerungsteile sowie der „Barbaren“. Erstmals nachweisen lässt sich an dieser Stelle die Stationierung comitatensischer Einheiten in den Städten der Pentapolis. Ferner machte die strategische Situation mitunter die Einquartierung von Soldaten innerhalb der Privathäuser der Bevölkerung notwendig, sodass der ordnungsgemäße Ablauf dieses öffentlichen Dienstes ebenfalls geregelt werden, und dabei gleichzeitig die gebührende Behandlung der Soldaten angemahnt werden musste. Wie die Untersuchung der Grenzverteidigung der Pentapolis ebenfalls gezeigt hat, konnte das römische Militär dabei auf ein ausgedehntes Netz an Festungsbauten zurückgreifen, das womöglich an einigen dafür geeigneten Stellen durch lineare Gräben und Wälle nach dem Vorbild des *fossatum Africae* ergänzt wurde, um so den Bewegungsspielraum feindlicher Gruppen einzuhegen.

Doch wie verhielt es sich zu Beginn der neuen Kaiserherrschaft an den anderen Reichsgrenzen? Dank der verfügbaren Quellenzeugnisse wissen wir, dass die Armee des Anastasius außerhalb des afrikanischen Grenzbereichs hauptsächlich im Bürgerkrieg gegen die Isaurier gefordert wurde. Daneben kam es aber auch zu Konflikten in Thrakien und an der Ostgrenze des Reiches. Blicken wir zunächst auf den Konflikt mit den Isauriern.

5.2.1 Der Bürgerkrieg gegen die Isaurier

Wenn wir uns erneut die zahlreichen Bedenken gegenüber den persönlichen Qualifikationen und Religiosität des Anastasius vor Augen führen und dann auch noch an die steten Beliebtheits- und Legimitationsschwierigkeiten während seiner Herrschaft denken, stellt sich die berechtigte Frage, weshalb der kahlköpfige Mann aus Dyrrhachium überhaupt Kaiser werden konnte.

So banal die Antwort klingt: Er war kein Isaurier. Der neue Herrscher musste ein orthodoxer Römer sein – was dies im Einzelnen auch bedeutet haben mag. Das forderte zumindest die hauptstädtische Bevölkerung. Sicherlich, die Zustimmung der Kaiserinwitwe Ariadne spielte ebenso eine wichtige Rolle. In der Chronik des Pseudo-Zacharias Rhetor heißt es zwischen beiden habe „enger Kontakt“ geherrscht, was auf eine persönliche Vertrautheit und Offenheit im Umgang schließen lässt, die nicht zwangsläufig sexuell konnotiert gewesen sein muss.[750] Hinzu kam,

---

750 Ps.-Zach.Rhet.7,1a. Ferner: Greatrex at al. 2011, 228 mit Anm. 8 mit dem wichtigen Hin-

dass Anastasius ein erfahrener Hofbeamter war, der als *silentarius* die Details der Regierungsgeschäfte kannte und keine umfassende Einarbeitung- und Gewöhnungszeit benötigte. Sein fortgeschrittenes Alter von 60 Jahren machte ihn obendrein zu einem hervorragenden Kompromisskandidaten. Denn von einer 27 Jahre währenden Regierungszeit ging im April des Jahres 491 n. Chr. wahrscheinlich niemand am Kaiserhof aus. Das erklärt jedoch nur zum Teil, warum sich eine Gruppe einflussreicher Beamter und Senatoren auf Anastasius einigen konnten. Der andere aussichtsreiche Kandidat, Flavius Longinus, war der jüngere Bruder des verstorbenen Kaisers Zeno und amtierender *magister militum praesentalis*. Ihm war es offensichtlich nicht gelungen, das Gros der politischen Entscheidungsträger hinter sich zu vereinigen, und muss daher vielen als schlechtere Alternative gegolten haben.[751] Seine Herkunft aus der Provinz Isauria und die Zugehörigkeit zur Funktionselite seines Bruders und damit letztlich auch die Vorstellung von Kontinuität zu dessen turbulenter Herrschaft, die gekennzeichnet war von mehreren, teils erfolgreichen Usurpationsversuchen und tiefsitzenden religiösen Konflikten, wird viele nachhaltig abgeschreckt haben.[752] Wie zuletzt insbesondere Mischa Meier herausgearbeitet hat, stellten die „Isaurier" zu diesem Zeitpunkt weder einen einheitlichen Block am Kaiserhof dar noch waren sie eine homogene ethnische Gruppe. Das einzige verbindende Element zwischen den herausragenden Persönlichkeiten war ihre militärische Karriere.[753] Die gezielte Konstruktion eines isaurischen Volkes als Feindbild römischer Politik gehörte daher zu den ersten hervorragenden Schachzügen des Anastasius. Durch diese Maßnahme lenkte er erfolgreich von seinen eigenen Unzulänglichkeiten ab, entledigte sich vieler politischer Gegner, wie den einflussreichen Senator Athenodorus oder den *magister officiorum* Longinus von Kardala und sparte zusätzlich die von Zeno eingeführte jährliche Zahlung, die sog. Isaurica, von 5.000 Goldpfund (= 360.000 Solidi) ein.[754] Dieses Vorgehen war jedoch nicht ungefährlich, denn im-

---

weis, dass das Verhältnis zwischen Ariadne und Anastasius durch *parrhesia*, Freimut, gekennzeichnet war.

751 Ioh.Mal.15,12 erwähnt, dass sich Longinus während seines Konsulats 490 n. Chr. um die Unterstützung der Zirkusparteien bemüht hat, indem er ihnen vier neue Tänzer finanzierte. Evag.HE.3,29 und Theoph.AM5983 attestieren ihm eine große Beliebtheit im Senat.

752 Zu den Auseinandersetzungen zwischen der Partei Zenos und derjenigen des Illus siehe: Begass 2018, 286–310; Kiel-Freytag 2010, 291–301.

753 Feld 2005, 208–278; Begass 2018, 286–293.

754 Evag.HE.3,35; Ioh.Ant.Frg.239,4 (ed. Mariev) = Frg.308 (ed. Roberto) beziffert die als Isaurica bezeichnete Abgabe auf 1.400 Goldpfund (= 108.000 Solidi). Feld 2005, 285 hält diese Zahl für glaubhafter und interpretiert sie als Konjunkturpaket zum Ausbau der kilikischen Infrastruktur.

merhin verprellte Anastasius dadurch einen substanziellen Teil der römischen Armee. Die Militärreformen des Kaisers, die penible Regelungen bezüglich der internen Hierarchie, Beförderungsmodalitäten und Antikorruptionsmaßnahmen enthielten, sollten demnach auch potenzielle Seilschaften und Loyalitätsverhältnisse zu ehemaligen hochrangigen Militärs aufbrechen und ersetzen. Wie groß die Bedrohung der Isaurier tatsächlich für die Herrschaft des Anastasius war, ist nicht zuletzt dadurch ersichtlich, dass es den aus der Hauptstadt Vertriebenen gelang, eine enorme Streitkraft von 150.000 Mann aufzustellen – so berichtet es zumindest Theophanes.[755] Der erste Feldzug, den Anastasius antrieb, war folglich ein Bürgerkrieg.

Zum Leidwesen des Kaisers entwickelte sich dieser Konflikt, trotz anfänglicher Erfolge in den Gefechten bei Kotyaion (492 n. Chr.) und in Klaudiopolis am Fuß des Taurusgebirges (493 n. Chr.) zu einem langwierigen Guerillakrieg, der erst 497 n. Chr. zu Gunsten des Anastasius entschieden werden konnte. Der Erfolg gegen die nunmehr gänzlich barbarisierten Isaurier wurde wie ein Sieg gegen einen auswärtigen Feind Ostroms instrumentalisiert und propagandistisch aufgeladen.

Zu Ehren des Kaisers fand daher 498 n. Chr. ein Triumphzug durch Konstantinopel statt, bei dem die abgetrennnten Köpfe der unterlegenen Anführer der Isaurier im Bezirk Sykai präsentiert wurden. Der Triumph wurde außerdem durch eine Weihinschrift auf der Chalke, dem Eingangstor des Kaiserpalastes, verewigt und die überlebenden Isaurier in Thrakien angesiedelt.[756]

Für unsere Fragestellung ist der Bürgerkrieg gegen die Isaurier in zweifacher Hinsicht von Bedeutung. Einerseits erfahren wir dank der Chroniken des Johannes Malalas und Theophanes Confessor wichtige Details über die Komposition der ersten von Anastasius ins Feld geschickten Armee und andererseits könnte im Zuge des Krieges ein Gesetz erlassen worden sein, das weitreichende Rückschlüsse über die Militärpolitik des Kaisers erlaubt. Beginnen wir mit der Zusammenstellung des Heeres:

Laut Malalas entsandte Anastasius „*... den Johannes, Kyrtos mit Beinamen, den magister praesentalis, den patricius Diogenianus, den Verwandten der Kaiserin, Patrikios, dazu weitere mit einer großen Streitmacht von Skythen, sowie eine Schar von Goten und Bessoi*".[757] Theophanes gibt im Wesentlichen die gleiche Kommandostruktur wieder, ergänzt sie jedoch um einige Informationen. Zum einen fügte er mit Johannes Scythus einen weiteren General hinzu, der sich im Kampf gegen den Usurpator (und Isaurier) Illus

755 Theoph.AM5985–5987.

756 Meier 2009, 84.

757 Ioh.Mal.16,3. Übersetzung entnommen aus: Thurn/Meier 2009, 407–408. Vgl. Theoph. AM5985. Theophanes schöpft hier aus Theodorus Lector, 449 ohne jedoch dessen kritische Darstellung des Anastasius zu übernehmen. Siehe dazu: Leszka 2017, 76–81.

ausgezeichnet hatte und zum anderen wie Johannes Gibbus (Kyrtos) der thrakischen Feldarmee angehörte. Diese Konstellation erweckt nun den Eindruck, als ob Anastasius sich zur Bekämpfung der isaurischen Armeefraktion ganz gezielt auf Truppen aus den Balkanprovinzen gestützt hätte. Das würde auch die Erwähnung der Skythen, Goten und Bessen bei Malalas erklären. Diese Ethnien, die des Öfteren auf dem Balkan in Kontakt mit dem römischen Reich kamen, dienten hier offensichtlich als föderierte Einheiten im Aufgebot des Anastasius. Evgeni Glušanin hat vorgeschlagen, sie als „Staatsföderaten" zu bezeichnen, da dieselben *gentes* bei Theophanes auch im Zusammenhang des persischen Expeditionsheeres im Jahr 502 n. Chr. erwähnt werden.[758] In der ersten Hälfte des sechsten Jahrhunderts n. Chr. wurden die ehemals gänzlich aus Barbaren bestehenden Föderaten in die reguläre Armee eingegliedert und in ihren Aufgaben und Kompetenzen den *comitatenses* angeglichen.[759] In der Forschung wird allerdings diskutiert, wann genau dieser Übergang stattfand. Glušanin begriff die Föderatenkontingente des Anastasius demnach als wichtige Vorstufe dieser Veränderung. Seiner Auffassung nach nutzte der Kaiser die Einnahmen aus der *adaeratio*, um diese Entwicklung voranzutreiben. Ich teile seine Überzeugung indes nicht. Für beachtenswerter halte ich dagegen die Position Clemens Koehns, der die hier erwähnten Föderaten weiterhin als autonome Kriegergruppen ansieht, die nach den bewährten Zahlungsmodalitäten in die Dienste der Römer traten.[760] Die Häufung der verschiedenen *gentes* erklärt Koehn mit dem Abzug der Goten des Amalerfürsten Theoderich nach Italien. Diese hätten zuvor die Stellung von Föderaten aus der Region monopolisiert und mussten unter Anastasius folglich durch andere Kriegergruppen ersetzt werden. Dieser plausiblen Herleitung lässt sich meiner Meinung nach noch ein weiterer Aspekt hinzufügen: In der Chronik des Malalas werden die Bessen nur an drei Stellen erwähnt. Im zweiten Buch, das in euhemeristischer Weise die Taten der griechischen Götter schildert, ist von einem Land der Bessen die Rede, dessen Bewohner in mystischer Weisheit unterrichtet waren und sich durch ihre Kampfesweise auszeichneten. Einige von ihnen schlossen sich dem Heer des Dionysus an und wurden wegen ihrer Geschwindigkeit und Sprungkraft als „Springer" (σκιρτοι) bezeichnet.[761] Auf diese Weise wurden die Bessen schon frühzeitig in der Geschichte des Mittelmeerraums verankert. Die zweite Nennung ist für unseren Zusammenhang bedeutsamer. Malalas gibt an, dass

758 Theoph.AM5997. Glušanin 1991, 168–189, bes. 175–176.

759 Vgl. Prok.BV,1,11,3–4. Ferner: Zuckermann 2004, 143–180; Laniado 2015, 35–128.

760 Koehn 2018, 67–86. Ebenso Blockley 1992, 85–87. Zum Kontext nun: Wiemer 2018, 180–192.

761 Ioh.Mal.2,25.

Kaiser Leo I. nämlich ebenfalls ein Besse war.[762] Da nun Anastasius von Leos Tochter unterstützt wurde und auch später in dessen Familie einheiratete, halte ich es für möglich, dass es sich bei den Bessen um Krieger handelte, die bereits Kontakte zur Fraktion Ariadnes geknüpft hatten und auf dessen Loyalität man sich in den bevorstehenden Kämpfen berechtigte Hoffnung machen konnte. Ungeachtet dessen erfahren wir von den beiden Chronisten um die Bedeutung der durch Föderatenregimenter verstärkten thrakischen Feldarmee für die Kriegspläne des Anastasius. Das stellt uns abschließend vor die paradoxe Situation, dass der Kaiser zur Bekämpfung eines (ehemaligen) Teils der römischen Armee, den er im politischen Diskurs als „barbarisch" diffamieren ließ, gleichsam eigenhändig die Barbarisierung des Heeres vorantrieb. Dies geschah wohlgemerkt zu Beginn seiner Regierung und unter der Prämisse der Sicherung seiner fragilen Herrschaftsposition, bevor er durch seine Armeereformen neue Rekruten anwerben konnte. Die Entsendung der thrakischen Feldarmee zur Bekämpfung der Isaurier entblößte nun das westliche Vorfeld Konstantinopels und – hier ist abermals an die Klage des Johannes von Antiochien um den systematischen Raub der Truppenkörper in den Provinzen zu denken – schwächte die Grenzverteidigung der Nordwestflanke des oströmischen Reiches. Dies bringt uns zum zweiten Punkt.

Im *Codex Iustinianus* wird ein undatiertes Gesetz des Anastasius überliefert, dass die Versetzungsmodalitäten der in Illyrien stationierten Soldaten regelt. In den vorhandenen Anastasius-Biografien wurde dieser Erlass nicht gewürdigt.[763] Er enthält nach meinem Dafürhalten aber ein wichtiges Detail zur Militärstrategie des Anastasius, sodass er hier in Gänze präsentiert wird:

„*Imp. Anastasius A. Iohanni magistro militum per Illyricum.*

Milites de locis, in quibus consistunt, ad alia loca sine speciali nostrae serenitatis auctoritate nullatenus transferri praecipimus, nec eorum expensae in locis, in quibus consistunt, minuantur, sed si forte quaedam urguens et necessaria causa emerserit, utilitati ac securitati publicae tam amplissimam praetorianam praefecturam quam tuam sedem sine ulla procrastinatione prospicere protinus oportet et suggestions ad

762 Ioh.Mal.14,35. Ebenso Jord.Rom.335. Kandidus, Theodorus Lector und Theophanes bezeichnen ihn hingegen als Thraker oder Daker, was zumindest für eine Herkunft aus dem Balkannraum spricht. Als Synonym für Thraker verwendet Jordanes den Begriff Bessen in seiner *Getica*. Jord.Get.75. Vgl. Siebigs 2010, 221–222 mit weiterführender Literatur. Ferner Schramm 1994, 48–121, bes. 112–120, der die modernen Albaner auf einen Teil der Bessen, die im vierten Jahrhundert zum Christentum übertraten, zurückführt.

763 Haarer 2006, 285 führt das Gesetz lediglich in ihrer Auflistung der legislativen Maßnahmen des Kaisers an. Vgl. aber Koehn 2018, 21–23.

nostras aures destinare, indicantes tam loca, de quibus milites transferendi sunt, quam ea, ad quae pervenire eos oportet, nominaque fortissimorum numerorum, in quibus idem milites referuntur, nec non quantitatem annonarum et ante omnia causam, ob quam idem milites transferendi sunt, ut post talem suggestionem a nostra auctoritate competentia procedant."

„*Kaiser Anastasius an Johannes, den magister militum in Illyrien*

Wir befehlen, dass die Soldaten nicht an einen anderen Ort versetzt werden sollen ohne den ausdrücklichen Befehl unserer Hoheit, noch soll ihr Lohn, den sie an ihrem aktuellen Dienstort erhalten, vermindert werden. Wenn aber ein dringender und notwendiger Grund auftaucht ist es nötig, dass der amplissimus Prätorianerpräfekt und dein Büro, zum öffentlichen Wohl und Sicherheit, uns unverzüglich Berichte zukommen lassen aus denen hervorgeht aus welchen Dienstorten die Soldaten abgezogen und wohin sie versetzt worden sind. Ebenso sollen uns die Namen der fortissimi Abteilungen in denen sich die zu versetzenden Soldaten befinden und ihr Lohn (ihre Anteile an der Annona) mitgeteilt werden, ganz besonders aber der Grund, weshalb sie versetzt werden sollen, damit nach Erhalt der Berichte das Notwendige auf unser Geheiß angeordnet werden kann."[764]

Aus diesem Erlass geht hervor, dass der Kaiser über die Versetzung seiner Truppen eigenhändig entscheiden wollte. Lag ein triftiger Grund vor, konnte dies auch von dem zuständigen Heermeister veranlasst werden. Dieser hatte aber umgehend den Kaiser darüber zu informieren. Außerdem durfte die Versetzung nicht zur finanziellen Benachteiligung des jeweiligen Soldaten führen, daher musste der für die Annona zuständige Prätorianerpräfekt Illyriens in diesen Vorgang involviert werden.

Eine solche Anordnung ließe sich zunächst einmal vor dem Hintergrund des Isaurierkriegs als kurzfristige Maßnahme zur Sicherung des Reiches verstehen, da die Armee auf dem Balkan ausgedünnt war und weitere Versetzungen die Verteidigung unnötig destabilisieren würden. Der hier erkennbare Fokus auf die gerechte Behandlung und Besoldung der Soldaten würde sich außerdem nahtlos zu den übrigen Maßnahmen des Kaisers im ersten Jahrzehnt seiner Herrschaft einreihen. Die Schwierigkeit einer solchen Zuordnung hängt nun einerseits an der Identifikation des *magister militum* Johannes und andererseits an der Datierung des Gesetzes. Die Herausgeber der PLRE schlossen eine Übereinstimmung des hier erwähnten Heermeisters mit den beiden Kommandeuren der isaurischen Expeditionsarmee, Johan-

764 Cod.Iust.1,29,4.

nes Gibbus und Johannes Skythus, kategorisch aus.[765] Stattdessen brachten sie mit Johannes, dem Sohn der Valeriana, einen weiteren hochrangigen Militär und Ehrenkonsul ins Spiel, der von 514–515 n. Chr. womöglich das Amt des *magister militum praesentalis* bekleidete.[766] Jener wurde von Anastasius in der Auseinandersetzung mit dem Rebellen Vitalian als Unterhändler eingesetzt. Christoph Begass hat diese Identifikation unlängst mit dem wichtigen Hinweis bekräftigt, dass Johannes und seine Mutter Valeriana zur Verwandtschaft des Anastasius gehörten. Die Bestellung von Mitgliedern seiner eigenen Familie, wie auch der seiner Frau Ariadne, auf einflussreiche Positionen war ein Merkmal der Personalpolitik des Kaisers. Der besagte Johannes wird zudem in den verfügbaren Quellen stets als General (στρατηλάτης) bezeichnet. Er hätte also nicht zwangsläufig das Amt des *magister militum praesentales* ausführen müssen, um in der Hauptstadt anwesend zu sein. Es wäre daher vorstellbar, dass er als *magister militum per Illyricum* fungierte. Trotz dieser einleuchtenden Verbindung ist die Identifikation des Adressaten des Gesetzes mit Johannes, dem Sohn der Valeriana, nicht zweifelsfrei belegbar. Theoretisch bleibt es somit weiterhin möglich, dass einer der beiden Generäle der nach Isaurien entsandten Armee provisorisch den Titel des illyrischen Heermeisters führte. Ebenso könnte es in Anbetracht der Popularität des Namens Johannes noch einen weiteren, ansonsten unbekannten, Amtsinhaber gegeben haben.

Von größerer Tragweite als die Datierung und Identifikation des Adressaten ist ohnehin die hinter dem Erlass stehende strategische Konzeption. Anastasius erneuerte zwar das römische Militär und stationierte viele Truppenkörper in den Städten und Grenzabschnitten des Reiches, er vergrößerte aber – bis auf die vereinzelte Anwerbung föderierter Einheiten und Bündnissen mit barbarischen Kriegergruppen – das reguläre Heer nicht. Zur Abwehr, der für seine Herrschaftszeit häufig belegten Grenzkonflikte, war Anastasius gezwungen ständig die in den Provinzen stationierten *(pseudo-)comitatenses* zu versetzen. Anastasius befehligte also wortwörtlich eine mobile Armee. Eine Massierung der Truppen an einem Konfliktherd führte unweigerlich zur Ausdünnung an einem anderen Ort. In diesem Umstand lag folglich die Kritik des Johannes von Antiochien begründet. Die parallel dazu verlaufenden Baumaßnahmen der militärischen Infrastruktur und Stadtbefestigungen, wie wir es in der Kyrenaika beobachten konnten, demonstrierten dadurch nicht nur die verstärkte Präsenz der Armee in Grenznähe, sie kompensierten obendrein die temporäre Abwesenheit einzelner Armeeregimenter und erlaubten auch den ausgedünnten (und womöglich auf die *limitanei* reduzierten) Kontingenten der einzelnen Duces eine effektive Verteidigung zu gewährleisten. Die Maxime der kaiserlich bestimm-

765 PLRE II, Ioannes 40.

766 PLRE II, Ioannes 60; Begass 2018, Nr. 114, 160f.

ten Truppenversetzung und -dislokation ist an der oben abgebildeten Bestimmung ablesbar und schlussendlich sicher ein triftiger Grund für dessen Aufnahme in den *Codex Iustinianus* gewesen. Das bedeutet indes nicht, dass dieses spezielle Gesetz unbedingt während des Isaurierkriegs verfügt worden sein muss. Dieser Kontext stellt lediglich den ersten möglichen Abfassungszeitraum dar. Die Auseinandersetzung mit Vitalian im letzten Jahrzehnt liefert ebenso gute Gründe für ein solches Vorgehen. Die regelmäßige Versetzung der Soldaten deute ich allerdings als ein grundlegendes Element der kaiserlichen Verteidigungsstrategie, die schon im ersten Jahrzehnt der Regierung des Anastasius zu erkennen ist. Um die Defensivbemühungen tiefgreifender zu verstehen, bietet es sich nun an, einen Blick auf die einzelnen Grenzregionen des Reiches zu werfen.

5.3 Die Balkanpolitik des Anastasius

In seiner Betrachtung der spätrömischen Verteidigung des Balkanraumes merkte Michael Whitby an, dass dies tatsächlich eine Region des Reichs wäre, für die sich der Begriff „defense in depth" anbieten würde.[767] Vergegenwärtigt man sich die topographische Ausgangslage, leuchtet das strategische Prinzip einer gestaffelten Verteidigung zunächst ein. Denn die Balkanhalbinsel erstreckt sich über eine ausgedehnte von mehreren Gebirgsketten durchzogene Landschaft, die im Norden teilweise dem Verlauf der Donau folgt und westlich von der Adria und dem Ionischen Meer, über die südliche Spitze, die in die Ägäis hineinragt, bis hin zur östlichen Grenze am Marmara- und Schwarzen Meer reicht. Ausgehend von einer ersten Festungslinie entlang der Donau, die als Verkehrs- und Kommunikationsader von besonderer Bedeutung war, konnte die Weitläufigkeit des Areals buchstäblich jeden Vorstoß einer fremden Armee ins Leere laufen lassen. Solange die Städte und größeren Ansiedlungen des Balkans von Mauerringen umschlossen waren und die dort im Hinterland stationierten (Kavallerie-)Truppen die notwendige Mobilität besaßen bzw. den Angreifer stellen konnten, wären die römischen Abwehrmaßnahmen dauerhaft kaum zu bezwingen. Das bedeutet jedoch nicht, dass der Balkan eine weitestgehend demilitarisierte Zone innerhalb des römischen Verteidigungssystems gewesen ist, die absichtlich weite Areale der Provinzen feindlichen Vorstößen Preis gab. Ganz im Gegenteil, wenn wir erneut die von Jones und Treadgold erstellten Hochrechnungen auf der Grundlage der *Notitia Dignitatum* bemühen, gehörte der Balkanraum zu den militärisch gesättigten Regionen des Reiches.[768] Entlang der oströmischen Donaugrenze (Dacia, Moesia I+II, Scythia) waren am Ende des vierten Jahr-

767 Whitby 2007, 135–161, bes. 157.

768 Treadgold 1985, 46–49. Vgl. Sarantis 2019, 334–344.

hunderts ca. 43.500 *limitanei* im Einsatz; hinzu kamen weitere 42.000 *comitatenses.* Mit anderen Worten, jeder vierte römische Soldat (und ein beträchtlicher Teil der Seestreitkräfte) war in die Sicherung der Balkanprovinzen eingebunden.[769] Wie Whitby nun im weiteren Verlauf seiner Überblicksdarstellung selbst ausführte, fügte sich die historische Realität nicht in dieses theoretische Modell. Das begann schon im Bereich administrativer Zuständigkeiten. Die gesamte Region zerfiel, ganz wie Tripolitanien und die Kyrenaika, in zwei Blöcke unterschiedlicher kultureller Prägung. Mit der geografisch und ethnisch ambivalenten Bezeichnung „Illyricum" wurde dabei der westliche, d. h. lateinische Teil der Balkanhalbinsel gefasst. Im fünften und sechsten Jahrhundert meinte dies zuvorderst die gleichnamige Prätorianerpräfektur, die ihrerseits wieder in die Diözesen Dakien und Makedonien zerfiel. Östlich davon schloss sich die thrakische Diözese an, die griechisch geprägt war und der Prätorianerpräfektur des Orients zugerechnet wurde.[770] Dieser Gliederung entsprechend wurden auch die militärischen Aufgaben von zwei Heermeistern übernommen. Zeitweise wurde sogar eine dritte Feldarmee auf dem Balkan stationiert. Diese Konstellation bedingte mitunter eine aufeinander abgestimmte Verteidigungsstrategie beider Reichshälften. Befanden sich die Kaiserhöfe in Konstantinopel und Mailand (ab 402 n. Chr. Ravenna) jedoch im Konflikt, wie das im ausgehenden vierten und über weite Strecken des fünften Jahrhunderts n. Chr. der Fall war, negierte dies von vornherein einen gewichtigen Vorteil gegenüber feindlichen Angreifern. Gleichermaßen konnten wohl informierte Warlords wie Alarich oder Attila nicht nur gewaltsam in das Reichsgebiet eindringen, sondern auch die Partikularinteressen beider Kaiserhöfe zu ihrem eigenen Vorteil nutzen und gegeneinander ausspielen.[771] Der Balkanraum blieb dementsprechend die Spätantike hindurch Schauplatz von Einfällen größerer und kleinerer Barbarengruppen, denen es sogar zeitweise gelang, im Bereich der mittleren Donaugrenze (Pannonien und Teile von Dalmatien) eigene Herrschaftsgebiete auszubilden. Die fortwährenden Unruhen und Krisenherde mit den Großverbänden der terwingischen Goten, Hunnen und zuletzt den Ostgoten verschlangen die finanziellen und militärischen Ressourcen des Reiches und führten periodisch wiederkehrend zu einem Soldatenmangel, der nicht zuletzt durch die Anwerbung und Ansiedlung weiterer „Barbarenkontingente" aufgefangen werden musste.

---

769 Treadgold taxiert die Heeresstärke mit einer halben Million Soldaten, Jones dagegen auf 600.000.

770 Croke 2001, 48–52.

771 Meier 2009, 26–53; Haarer 2006, 73–115; Heather 2007, 177–190; Poulter 2010, 11–52; Sarantis 2016b, 41–67; Halsall 2007, 163–257; Börm 2013, 39–57, 81–94; Schulz 2012, 358–419.

In Anbetracht dieser Gemengelage ist es wenig überraschend, dass die Forschung den römischen Verteidigungsbemühungen auf dem Balkan oft eine durchwachsene Bilanz attestierte.[772] Mitunter ist sogar von kaiserlichem Desinteresse an der gesamten Region die Rede.[773] Betrachtet man die verfügbaren Schriftzeugnisse, scheint sich dies unter Anastasius nahtlos fortzusetzen. Inmitten des Isaurierkriegs, der einen beträchtlichen Teil der militärischen Ressourcen des Anastasius aus dem Balkanraum in das raue Kilikien verlagerte, verzeichnet die Chronik des Marcellinus Comes für das Jahr 493 n. Chr. folgendes:

> „*Iulianus magister militiae nocturno proelio pugnans Scythico ferro in Thracia confossu interiit.*"
>
> „*Der magister militum Julian wurde während eines nächtlichen Gefechts in Thrakien von einem skytischen Schwert durchbohrt und starb.*" [774]

Die Brisanz dieser kurzen Nachricht erschließt sich erst im weiteren Verlauf der Chronik, denn wie die Einträge für die Jahre 499, 502 und 511–518 n. Chr. bezeugen, bildeten sie den Auftakt einer folgenreichen Auseinandersetzung mit den Bulgaren, die Anastasius in verschiedenen Konstellationen über seine gesamte Regierungszeit hindurch begleitete. Das militärische Gleichgewicht verschob sich dabei zunächst zu Gunsten der neuen Widersacher, gegen deren Einfälle die Römer kein Mittel fanden. Auch eine große Armee, die unter dem *Ilyricianae ductor militiae* Aristus mit 15.000 Mann und 520 Lastkarren nach Thrakien aufgebrochen war, wurde am Fluss Tzurta aufgerieben. Dabei starben nicht nur 4000 Soldaten, sondern mit den vier *comites rei militaris* Nicostratus, Innocentius, Tancus und Aquilinius gleich noch ein erheblicher Teil des Kommandostabes.[775] Für Marcellinus ging an der Stelle buch-

---

772 Siehe: Goffart 2006, 38–39; Liebeschuetz 2007, 101–134; Halsall 2007, 177–178; 411–413.

773 So impliziert es etwa Whitby 2007, 139–141, 156–158, indem er die verstärkten Bemühungen illyrischer Kaiser wie Anastasius und Justinian gesondert hervorhebt. Vgl. auch Sullivan 2018, 272–275.

774 Marc.Com.ann.493, mit dem Kommentar von Croke (1995), 108. Eine klare Gleichsetzung dieser Skythen mit den Bulgaren ist in der Forschung mehrfach diskutiert worden. Sarantis (2016a), 58 m. Anm. 210 und Zieman (2007), 44–50 mahnen zur Vorsicht gegenüber der Position von Croke (2001), 69–78, der sich hier eindeutig für die Identifikation mit den Bulgaren ausspricht. Ich halte dies, mit Verweis auf den von Meier (2009), S. 138 vorgebrachten Parallelbericht des Johannes Zonoras, dennoch weiterhin für möglich.

775 Marc.Com.ann.499: „*Aristus Illyriciane ductor militiae cum quindecim milibus armatorum et cum quingentis viginti plaustris armis ad proeliandum necessariis oneratis contra Bulgares Thraciam devastantes profectus est. bellum iuxta Tzurtam fluvium consertum, ubi plus quam quattuor milia nostrorum aut in fuga aut in praecipitio ripae fluminis interempta sunt. Ibique Illyriciana virtus militum periit, Nicostrato, Inncocentio, Tanco et Aquilino comitibus interfectis.*"

stäblich „*die illyrische soldatische Tugend*" am Ufer des Tzurta unter. In der Folge machte der selbst aus dem Illyricum stammende Chronist keinen Hehl aus seiner Abneigung gegenüber der Politik des Anastasius. Selbst ein außerordentliches Geldgeschenk, das der Kaiser im Jahr 500 n. Chr. an die Soldaten ausschütten ließ, erzielte nicht die gewünschte Wirkung.[776] Für das Jahr 502 n. Chr. konstatierte Marcellinus daher trocken, dass mittlerweile gegen die regelmäßigen Bulgareneinfälle kein nennenswerter Widerstand geleistet werde.[777]

Wiewohl der Quellenwert der Chronik und die darin ersichtliche Bedrohung durch die Bulgaren in der Forschung entsprechend gewürdigt worden ist, hat sich erst in den letzten Jahren eine differenzierte Wahrnehmung und größere Skepsis an dem vernichtenden Urteil des Marcellinus durchgesetzt.[778] Gemessen an den militärstrategischen und wirtschaftlichen Möglichkeiten des Imperium Romanum kam Alexander Sarantis sogar jüngst zu einer positiven Bewertung der kaiserlichen Balkanpolitik.[779] Erste Anzeichen lassen sich hierfür der Chronik des Marcellinus selbst entnehmen. Denn allen Einträgen aus dem ersten Jahrzehnt der Herrschaft des Anastasius ist gemein, dass sie den asymmetrischen Charakter des neuen Feindes betonen. Wohingegen Marcellinus präzise Angaben über die Truppenstärke und interne Hierarchie der römischen Truppen liefert, beschränkt sich der Chronist bei den Bulgaren auf das Nötigste. Über deren Herkunft, Motive, Bewaffnung, Anzahl oder Anführer erfahren wir nichts.[780] Diese rhetorische Technik steigert einerseits das Gefahrenpotential jener vermeintlich bislang unbekannten Ethnie, fokussiert andererseits aber auch die Verfehlungen auf römischer Seite und damit die Elemente der Kaiserkritik. Das Schweigen des Chronisten bezüglich eines bulga-

---

Deutsche Übersetzung von Meier 2009, 139: „*Aristus, der Anführer der illyrischen Truppenverbände, brach mit 15000 Bewaffneten und 520 Lastkarren, die mit dem zum Kämpfen notwendigen Waffenmaterial beladen waren, gegen die Bulgaren auf, die Thrakien verwüsteten. Beim Fluss Tzurta (nicht lokalisierbar) kam es zur Schlacht, in der von uns mehr als 4000 Soldaten entweder auf der Flucht oder beim Abrutschen des Flussufers zugrunde gegangen sind. Dort ging die illyrische soldatische Tugend unter: Die comites (rei militaris) Nicostratus, Innocentius, Tancus und Aquilinus wurden getötet.*"

776 Marc.Com.ann.500.

777 Marc.Com.ann.502: „*Consueta gens Bulgarorum depraedatum saepe Thraciam, nullo Romanorum milite resistente, iterum devastata est.*"

778 Meier 2009, 139–141.

779 Sarantis 2016a, 40–51, 124–129, 300–325.

780 Die aus mehreren Manuskripten des 15. und 16. Jahrhunderts bekannte bulgarische Fürstenliste stellt für die Frühgeschichte dieses Volkes, den sog. Protobulgaren, einen Bezug zu den Hunnenkönigen Attila und dessen Sohn Hernac her. Siehe die Diskussion in: Zieman 2007, 24–44, 50–103. Ferner: Kim 2013, 131–156.

rischen Anführers ist dabei besonders vielsagend. Im Gegensatz zu den Hunnen oder Goten hatten die erfolgreichen Beutezüge der Bulgaren anscheinend noch nicht zu einer Verstetigung des Verbandes oder gar Institutionalisierung einer bestimmten Herrschaftsform geführt. Folglich werden diese frühen Verbände gerne als Protobulgaren bezeichnet. Das deckt sich mit den übrigen zeitgenössischen Informationen, die wir zur Verfügung haben. Entgegen der Behauptung des Marcellinus waren bulgarische Gruppen nämlich schon unter Zeno, in den 480ern, mit dem Imperium Romanum in Kontakt getreten und hatten sogar auf dessen Seite im Konflikt mit den Ostgoten gekämpft.[781] Die Beutezüge des ausgehenden fünften Jahrhunderts n. Chr. lassen sich daher auch vor dem Hintergrund des durch den Abzug des Amalerfürsten Theoderich und seiner Goten nach Italien entstandenen Machtvakuums verstehen. Besonders aufschlussreich ist daher eine Notiz aus dem Panegyrus des Ennodius auf eben jenen Theoderich, die abermals von einer bulgarischen Beteiligung auf Seiten der Römer berichtet. Im Jahr 504/505 n. Chr. sollen sie die Armee des *magister militum per Illyricum* Sabianus im Kampf gegen den gepidischen Feldherren Mundo begleitet haben.[782] Dieser Feldzug gegen den Verbündeten Theoderichs scheiterte zwar in einer Schlacht bei *Horreum Magi*, aber die Reintegration von bulgarischen Kriegern in das römische Herr konnte als bleibender diplomatischer Erfolg des Anastasius gewertet werden. Getreu seiner Erzählweise verzeichnete Marcellinus im Übrigen die römische Niederlage in seiner Chronik, verschwieg aber die Beteiligung der Bulgaren.[783] Während der Regierung des Anastasius traten sie nur noch einmal als Gegner Ostroms in Erscheinung und das als Verbündete Vitalians (414–416 n. Chr.).[784] Die Aufnahme und womöglich Ansiedlung bulgari-

---

781 Ioh.Ant.Frg.234,5 (Mariev) = Frg.303 (Roberto).

782 Ennod.Pan.63–70 mit der Erwähnung in §63: „*Quibus ibi ordinationem moderantibus per foederati Mundonis adtrectationem Graecia est professa discordiam, secum Vulgares suos in tutela deducendo, quibus inter Martios conflictus castelli vice usa minitatur.*“
„*Als Pitzia und Herduic dort gerade eine Verwaltung einrichteten, sagte Griechenland Streit an, indem es unseren Föderaten Mundo reizte. Die Griechen ließen gemeinsam mit ihren Truppen zum Schutz auch die mit ihnen Verbündeten Bulgaren ausrücken, die sie im Fall kriegerischer Auseinandersetzungen als Schutzschilde verwendeten und drohten.*“ Entnommen aus: Rohr 1995, 241–243. Ferner: Rota 2002, 383–389.

783 Marc.Com.ann.504.

784 Meier 2009, 295–311; Haarer 2006, 164–167; Sarantis 2016a, 129–135. Vgl. auch Laniado 2015a, 349–369, der nach einer kritischen Lektüre des Berichts des Johannes von Antiochien Herkunft und Rang Vitalians neu bewertet. In Analogie zum späteren Usurpator und Kaiser Phokas (602–610 n. Chr.) könnte es sich bei Vitalian um einen niederen Offizier oder sogar gotischen Föderaten gehandelt haben, der erst 514 n. Chr. durch Anastasius sein erstes hohes Kommando als *magister militum per Thracias* erlangte und

scher Kriegergruppen half somit der Grenzverteidigung des Balkans und unterband die Genese eines Großverbandes. Ganz ähnlich agierte der Kaiser nach dem Sieg über die Isaurier, die er in Thrakien ansiedelte, und einer Gruppe von Herulern, denen er Ländereien in Pannonien und damit an der Grenze zum ostgotischen Regnum im Norden des Illyricums zuwies.[785]

Parallel zu den militärischen und diplomatischen Bemühungen widmete sich Anastasius auch dem Ausbau und der Instandhaltung der militärischen Infrastruktur des Balkanraumes.[786] Dies lässt sich zweifelsfrei durch eine Reihe von Ziegelstempeln und Bauinschriften belegen, die bei Ausgrabungen in Istrien und an der Schwarzmeerküste entdeckt wurden.[787] In Analogie zu den Verteidigungsmaßnahmen der Kyrenaika wurde dabei besonderes Augenmerk auf die Sicherung der Verkehrswege und Bergpässe des Haemus-Gebirges gelegt, die den Zugang zur thrakischen Ebene und damit letztlich nach Konstantinopel kontrollierten.[788] Das hatte außerdem den positiven Nebeneffekt, dass militärlogistische Maßnahmen wie die Entsendung von Baumaterialien, Waffen- und Kriegsgeräten oder Nahrungsmitteln in die entgegengesetzte Richtung, also an die Grenzbezirke, ebenso abgesichert waren. Entsprechend wird in der Forschung auch der Bau neuer Getreidespeicher in den Balkanprovinzen auf die Initiative des Anastasius (und Justinians) zurückgeführt.[789]

Kehren wir abschließend noch einmal zur gestaffelten Verteidigung zurück. Eine grundlegende Überzeugung dieser strategischen Konzeption ist es, dass sich die Energie eines Angriffs schrittweise in der Tiefe des Raumes verliert, bis sich die Kräfteverhältnisse zwischen Angreifern und Verteidigern umkehren. Dies kann auf mehrere Arten geschehen, sei es durch die Konstruktion multipler Verteidigungsringe, bis hin zur zeit- und materialintensiven Stadtbelagerung, deren Überwindung dem Angreifer zusetzt oder der fortwährenden Negation einer offenen Feldschlacht, die eine militärische Entscheidung herbeiführen könnte. Diese Vorstellung bedingt nicht nur eine passive Grunddisposition der Verteidiger, sondern sie

---

nicht schon zuvor als *comes foederatorum* diente.

785 Marc.Com.ann.511; Prok.BV.4,14,28.

786 Dintchev 2007, 479–546; Curčic 2010, 173–184; Crow 2013, 397–432; Rizos 2013, 659–696; Curta 2017, 439–454; Haarer 2006, 104–110. Băjenaru hat zudem auf den hohen Anteil an kleineren Festungsbauwerken (*quadriburgi)* der Verteidigungsinitiativen von Anastasius und Justinian hingewiesen, die im Gegensatz zu den Bauprogrammen aus dem frühen vierten Jahrhundert n. Chr. keine steinernen Innenstrukturen aufweisen. Siehe: Băjenaru 2010, 17–49, 170–179, bes. 178.

787 Meier 2009, 146–148; Sarantis 2016a, 126–129.

788 Dintchev 2012, 495–526.

789 Rizos 2013, 684–688; Sarantis 2019, 344–365.

verlangt den jeweiligen Provinzialen zwangsläufig eine hohe Opferbereitschaft ab, da die Plünderung und Verwüstung strategisch unbedeutender Landstriche billigend in Kauf genommen wird. Die Maßnahmen des Anastasius folgten zwar nicht exakt diesem Schema, aber die Erfahrungen des ersten Herrschaftsjahrzehnts bedingten dennoch eine Veränderung der Verteidigungskonzeption. So sprechen die Entsendung der Armee des Aristus sowie die darauffolgenden diplomatischen Initiativen und die Ansiedlung von Barbarenverbänden (Isaurier, Heruler) auf dem Reichsboden zunächst für eine aktive Wahrnehmung der Verteidigungsaufgaben in den Grenzbereichen. Jedes dieser Elemente für sich allein genommen war nicht ungewöhnlich oder gar innovativ, sondern gehörte zu den bekannten und vielfach erprobten Instrumentarien römischer Grenz- und Außenpolitik.[790] Dies allein hätte in Kombination mit präventiven Feldzügen jenseits der römischen Grenzen eine kurz- oder mittelfristige Befriedung des Balkans bewirken können. Der verstärkte Ausbau der Militärarchitektur im westlichen Illyricum und in Thrakien lässt nun aber vermuten, dass Anastasius diese aktivere Rolle nach den wiederholten Bulgareneinfällen und den sich anbahnenden Spannungen mit den Ostgoten in Italien vorerst aufgab und zu einer defensiveren Politik umschwenkte. Die Fortifikation der Haemus-Pässe schuf so beispielsweise ein Hindernis für die einfallenden Kriegergruppen, das deren Vorstoß auf die thrakische Ebene wenn nicht aufhalten so doch verlangsamen konnte. Inwiefern die Befestigung auf dem Balkan mit einer veränderten Dislozierung der Truppenkörper verbunden war, lässt sich nach dem derzeitigen Stand der Forschung nicht genau bestimmen. Nach dem Vorbild der Maßnahmen des Anastasius in der Kyrenaika gehe ich aber davon aus, dass große Teile des mobilen Feldheeres in den Städten und größeren Festungen im Süden des Balkans stationiert waren.[791] Auf diesem Weg konnte den einfallenden Barbaren nach der Überwindung der Gebirgspässe weiterer Schaden zugefügt werden. In der Forschung wird zudem diskutiert, ob es wie am nordafrikanischen Limes noch zusätzliche lineare Barrieren und Wallanlagen gab, die die Mobilität feindlicher Heere einhegen konnten. Ein Beispiel hierfür wäre etwa die sog. Skythische Mauer, deren archäologische Erforschung allerdings noch nicht abgeschlossen ist.[792] An diesem Punkt gab es also womöglich eine Überschneidung der Bemühungen des Anastasius mit einer gestaffelten Verteidigung. Sinnbild dieser neuen Defensivstrategie waren allerdings die langen Mauern.

790 Haldon 1999, 60–66; Heather 2010, 227–245; Sarantis 2016b, 41–67.

791 Ebenso Sarantis 2019, 334–344.

792 Curčic 2010, 173–174; Crow 2013, 412–421; Sarantis 2016a, 128.

5.3.1 Die langen Mauern

Mischa Meier hat in seiner Anastasiusbiografie die Außen- und Verteidigungspolitik des Kaisers, vor allem im Hinblick auf dessen Bau der langen Mauern mit den Worten „*Das Reich igelt sich ein*“ [793] pointiert umschrieben. Laut Meier korrespondierten die Maßnahmen des Anastasius entlang der Nordwestflanke des Reiches mit der schwerwiegenden Erkenntnis, dass man auf Seiten Ostroms nicht mehr zu einer offensiven Kriegsführung fähig war und sich stattdessen auf die Verteidigung und den Erhalt des Verbliebenen konzentrieren musste. Die langen Mauern, bei denen es sich um ein Wallsystem bestehend aus bis zu 4m hohen Mauern, Wachtürmen und vorgelagerten Gräben handelte, waren die physische Manifestation dieses neuen Sicherheitsbedürfnisses.[794] Begleitet wurde der Bau des riesigen Verteidigungsbollwerks von einer Reorganisation der regionalen Administration.[795] Aus der 26. Novelle Justinians erfahren wir, dass unter Anastasius zwei *vicarii*, jeweils zuständig für militärische und zivile Belange, an den Mauern stationiert wurden. Der militärische *vicarius* war ein Abgesandter des *magister militum praesentalis*, sein ziviles Pendant unterstand dem Prätorianerpräfekten des Orients. Das demonstriert abermals, wie sehr diese neue Defensivstruktur auf die Verteidigung der politischen Zentrale hin ausgerichtet war. Dementsprechend wurden ca. 3–4.000 Soldaten des Heermeisters dorthin abkommandiert oder womöglich sogar neu ausgehoben.[796] Wie Meier mit Verweis auf Edward Gibbon bemerkte, schuf Anastasius durch diese Maßnahme unmittelbar vor den Toren Konstantinopels eine militarisierte Zone als „last frontier“ des Reiches.[797] Die Hauptstadt wurde so zu einer Festung ausgebaut, die zusätzlich zu der Theodosianischen Stadtmauer über ein weiteres Hindernis im Vorfeld, sozusagen einem äußeren „Festungsring“ verfügte, der feindliche Armeen verlangsa-

---

793 Meier 2019, 753–766; 2009, 141–146.

794 Die Mauer wurde rund 65 km vor Konstantinopel errichtet und erstreckte sich mit einer Länge von 56 km von der Schwarzmeerküste bis vor die Stadt Selymbria am Marmarameer. In der Forschung wurde lange diskutiert, ob es sich tatsächlich um einen Neubau handelte oder ob Anastasius nicht lediglich ein weitaus älteres Bauwerk erneuert und erweitert hatte. Die Studien von Croke und vor allem die archäologischen Surveys und Untersuchungen James Crowes und seines Teams lassen an der klaren Zuweisung dieses monumentalen Baus nunmehr keinen Zweifel. Siehe: Croke 1986, 61–71; Crow 2013, 397–423; Capizzi 1969, 202–204. Ein Beispiel für ein älteres Wallsystem wäre die sog. Chersones-Mauer, welche die Gallipoli-Halbinsel im Südwesten Konstantinopels abriegelte. Dazu: Greatrex 1995, 125–129.

795 Nov.Iust.26.

796 Wiewiorowski 2012, 273–286, bes. 282 geht von 3–4.000 Soldaten aus. Crow 1995, 118 beziffert die Besatzung auf 3.850 Soldaten.

797 Meier 2009, 146.

men konnte. Im Nachhinein betrachtet stellte sich Anastasius' Entscheidung als wegweisend heraus, denn bis zum Awareneinfall des Jahres 626 n. Chr. hielten die Mauern stets feindlichen Angriffen stand.[798] Lediglich während der Herrschaft Justinians kam es aufgrund von Erdbebenschäden und Soldatenmangel zu zwei Instanzen (Bulgareneinfall 540 und Kutrigureneinfall 558/559 n. Chr.), an denen die Mauern überwunden werden konnten. Wenig verwunderlich zählte Prokop von Caesarea zu den kritischen Stimmen bezüglich der Effektivität der Anastasiusmauer. In seinen Bauten gab er zwar einen luziden Bericht über die Beweggründe des Kaisers für deren Errichtung, freilich nur um umgehend Anastasius' Verfehlungen zu betonen und die Maßnahmen Justinians hervorzuheben.[799] Die Absicherung der

798 In der Forschung ist man geteilter Meinung bezüglich der Effektivität des Bauwerks. Ich teile die positive Einschätzung Meiers. Kritische Stimmen, wie etwa Pfeilschifter 2013, 220–223, betonen dagegen stärker die mangelnde Besatzung der Mauern.

799 Prok.aed.4,9,4–14: „οἰκοδομοῦνται δὲ καὶ περιστέλλουσιν οἱ ταύτῃ ἄνθρωποι τὰ προάστεια οὐχ ὅσον ἐς χρείαν, ἀλλ' ἐς ὕβριν τε καὶ τρυφὴν ὅρον οὐκ ἔχουσαν, καὶ ὅσα ἄλλα πλούτου ἐξουσία ἐς τοὺς ἀνθρώπους ἰοῦσα ποιεῖ. ἔπιπλά τε κατατίθενται ἐνταῦθα πολλὰ καὶ διαπονήματα ἐν Ἀθηναίοις ἐνδελεχέστατα ἔχουσιν. ἐπειδὰν οὖν καταθεῖν τινας τῶν πολεμίων γῆν τὴν Ῥωμαίων ἐξαπιναίως ξυνενεχθείη, οὐδὲν ὁμοίως τοῖς ἄλλοις χωρίοις προστρίβεσθαι τὴν ζημίαν ἐνταῦθα ξυμβαίνει, ἀλλὰ κακοῖς ἄγαν τοῖς ἀνηκέστοις βαρύνεσθαι τὰ ἐκείνῃ χωρία. ὃ δὴ ἀναστέλλειν Ἀναστάσιος βασιλεὺς διὰ σπουδῆς ἔχων ἐν χώροις οὐχ ἧσσον ἢ σημείοις τεσσαράκοντα τοῦ Βυζαντίου διέχουσι μακρὰ οἰκοδομησάμενος τείχη, ἄμφω τῆς θαλάσσης τὰς ἀκτὰς ἔζευξεν, οὗ δὴ ἀλλήλαιν διεστήκασιν ὁδῷ ἡμέραιν δυοῖν μάλιστα· ταύτῃ τε ἅπαντα ἐν τῷ ἐχυρῷ καθεστάναι τὰ ἐντὸς ᾤετο. ἦν δὲ ἄρα μειζόνων τοῦτο συμφορῶν αἴτιον. οὐδὲ γὰρ οἷόν τε ἦν οἰκοδομίαν τοσαύτην τὸ μέγεθος ἢ ἐς τὸ ἀσφαλὲς ἐξειργάσθαι, ἢ φρουρεῖσθαι ξὺν τῷ ἀκριβεῖ. ἐπειδάν τε μοίρᾳ τινὶ τούτων δὴ τῶν μακρῶν τειχῶν ἐπισκήψαιεν οἱ πολέμιοι, καὶ τοὺς φρουροὺς ἅπαντας ὑποχειρίους ἐποιοῦντο οὐδενὶ πόνῳ, τοῖς τε ἄλλοις ἐπιπίπτοντες ἀπροσδόκητοι κακὰ οὐκ εὐδιήγητα ἐξειργάζοντο. Ἀλλὰ βασιλεὺς τά τε πεπονθότα τούτων δὴ ἀνοικοδομησάμενος τῶν τειχῶν, τά τε σφαλερὰ ἐπὶ τὸ ἐχυρώτατον κρατυνάμενος τῶν φρουρῶν ἕνεκα, προσεπετεχνήσατο τάδε. τὰς μὲν ἐξόδους, αἵπερ ἐκ πύργου ἑκάστου ἐς τοὺς αὐτοῦ ἐχομένους ἐξάγουσιν, ἐφράξατο πάσας. ἄνοδον δὲ καθ' ἕκαστον ἐκ τοῦ ἐδάφους ἔντοσθεν ἐτεκτήνατο μίαν·ἥνπερ ἐπὶ καιροῦ καθειργνύντες οἱ ταύτῃ φρουροὶ τοὺς πολεμίους περιφρονοῦσι τοῦ περιβόλου ἐντὸς γενομένους· ἐπεὶ πύργος ἐς ἀσφάλειαν ἕκαστος αὐτὸς κατὰ μόνας τοῖς φρουροῖς ἀπόχρη. καὶ τούτων δὴ τῶν τειχῶν ἐντὸς τὰ ἐς ἀσφάλειαν ἐνδελεχέστατα διεπράξατο, τά τε ἄλλα πεποιημένος ᾗπερ μοι ἔναγχος εἴρηται καὶ πόλεως Σηλυβρίας ἀνανεωσάμενος ὅσα πεπονθότα τοῦ περιβόλου ἐτύγχανεν. ἐπὶ μὲν οὖν τῶν μακρῶν τειχῶν ταῦτα Ἰουστινιανῷ βασιλεῖ εἴργασται."
„Die Leute dort erbauen und pflegen diese Vororte nicht so sehr aus wirklichem Bedürfnis als vielmehr aus grenzenloser Prunk- und Verschwendungssucht. Hinzu kommt noch all das, was übermächtiger Reichtum schafft, wenn er den Menschen zuteil wird. So bringen sie dort viel Hausrat

wohlhabenden Vororte Konstantinopels (und deren nicht minder einflussreichen Bewohnern), die nicht durch die Stadtmauer vor Überfällen geschützt waren, sei das Hauptmotiv des Anastasius gewesen.[800] Dieses Ziel sei aber deutlich verfehlt worden, und stattdessen hätten die Barbaren die schlecht bewachten und baufälligen Mauern regelmäßig überrennen können. Erst nach den Ausbesserungsarbeiten Justinians und der Beseitigung der bautechnischen Schwachstellen der Wachtürme wäre die Funktionstüchtigkeit des Abwehrriegels sichergestellt gewesen. Dem Reformwillen Justinians war aber damit noch nicht Genüge getan. Aus der bereits erwähnten 26. Novelle geht zudem hervor, dass die Kompetenzen der beiden *vicarii* in die Hände eines *praetor Iustinianus in Thracia* überführt wurden. Im Zuge der ausführlichen Amtsbeschreibung wird auch dessen militärisches Profil umrissen. Erwartungsgemäß zählte dazu die Abwehr feindlicher Invasionen, aber sein Aufgabenspektrum war damit noch nicht erschöpft. Von dem Praetor wurde ebenso erwartet, dass er die ihm unterstellten Soldaten in Alarmbereitschaft hielt und durch fortwährendes Exerzieren verbesserte. Die so gesteigerte Handlungsschnel-

---

unter und haben drinnen stets Kunstwerke um sich. Wenn es nun einmal geschieht, dass einige Feinde plötzlich das römische Gebiet angreifen, so trifft dort die Heimsuchung nicht in gleicher Weise wie an anderen Plätzen, vielmehr haben diese Bereiche unter ganz entsetzlichen Bedrückungen zu leiden. Um diesen Übelstand abzuhelfen, ließ Kaiser Anastasios an Orten, die nicht weniger als vierzig Meilen von Byzanz entfernt sind, lange Mauern errichten und verband so die beiden Meeresküsten, wo sie ungefähr zwei Tagesmärsche voneinander entfernt sind. Dadurch meinte er, das gesamte umschlossene Gebiet gesichert zu haben. Es war jedoch dies nur die Ursache von noch schlimmeren Unglücksfällen; denn man war ja nicht in der Lage, ein so großes Bauwerk sicher anzulegen oder sorgfältig zu bewachen. Und wenn nun die Feinde irgendeinen Abschnitt der langen Mauern angriffen, so überwanden sie mühelos sämtliche Wachmannschaften; die übrigen aber überfielen sie unvermutet und fügten ihnen kaum zu schildernden Schaden zu. Unser Kaiser ließ indessen die verfallenen Teile dieser Mauern wieder aufrichten und die gefährdeten Stellen der Wachen wegen ganz besonders verstärken; außerdem traf er noch folgende Vorkehrungen: Sämtliche Ausgänge, welche aus dem einzelnen Turm zu den anschließenden Türmen herausführen, wurden auf seinen Befehl vermauert. Stattdessen legte er bei jedem Turm auf der Innenseite vom Erdboden aus nur einen einzigen Aufgang an. Diesen konnten im Notfall die dortigen Wachen abschließen und den Feinden, sofern sie auf die Innenseite der Befestigung gekommen waren, Trutz bieten; jeder einzelne Turm genügte ja allein für sich, seine Wachmannschaft zu schützen. Auch innerhalb dieser Mauern traf Justinian unausgesetzt die nötigen Sicherheitsmaßnahmen, indem er, wie eben erwähnt, die anderen Verbesserungen durchführte und alle schadhaften Teile der Ringmauer der Stadt Selymbria erneuerte. Was nun die langen Mauern betrifft, so sind dies Kaiser Justinians Taten." Übersetzung entnommen aus: Veh 1977, 228–229.

800 Viele Mitglieder der Senatsaristokratie, wie etwa der bereits mehrfach erwähnte Hofeunuch Urbicius, besaßen ein Anwesen in der Nähe der Hauptstadt. Hierzu: Begass 2016, 462–482.

ligkeit kam immer dann zum Tragen, wenn den feindlichen Angreifern nachgesetzt werden musste oder gar Feldzüge außerhalb der Mauern unternommen wurden.[801] Das belegt die duale Konzeption der langen Mauern, die nicht nur eine rein defensive Funktion hatte, sondern ebenso als Ausgangsbasis für Offensivaktionen dienen konnte. Die Novelle Justinians stellt diesbezüglich keine weiteren Informationen bereit, lediglich von andauerndem Kompetenzgerangel zwischen den beiden *vicarii* ist dort die Rede, das Justinian durch die Einführung der Praetur zu beenden suchte. Eine Rückkehr zu einer aktiveren Militärpolitik auf dem Balkan können wir aber eventuell schon am Ende der Herrschaft des Anastasius greifen. Basierend auf einer kurzen Notiz in den Romana des Jordanes hat Ern(e)st Stein für das Jahr 517 n. Chr. einen römischen Feldzug gegen die Anten unter der Leitung des Pompeius angenommen.[802] Die Datierung ist nicht unstrittig. Der Neffe des Anastasius, der uns schon als Konsul des Jahres 501 n. Chr. begegnet ist, hätte auch das Amt eines *magister militum per Thracias* um das Jahr 503 n. Chr. herum bekleiden können, wie Alan Cameron vorgeschlagen hat. Zu diesem Zeitpunkt war der Perserkrieg bereits ausgebrochen und ein großes Expeditionsheer, das unter anderem von Flavius Hypatius, einem weiteren Neffen des Anastasius, befehligt wurde, befand sich auf dem Weg in den Orient. Mit der Perserfront, die in ähnlicher Weise wie der Balkan bzw. Thrakien befestigt worden war, steht abschließend noch eine wichtige Grenzregion aus, die uns Auskunft über die Reform des Kaisers liefern kann.

5.4 Die Ostgrenze

Der Limes zwischen dem römischen Imperium und dem Sasanidenreich erstreckte sich mit einer Länge von über 2000 km vom Schwarzen bis zum Roten Meer. Die Grenze der beiden Großreiche durchquerte dabei ganz unterschiedliches geografisches Terrain, von den Ausläufern des südlichen Kaukasus sowie den Gebirgsketten,

---

801 Nov.Iust.26,3: „... *milites quidem semper in bellicis exercitationibus efficere meliores ac proniores, privatos autem coaptare lege, iustos et malignitate universa liberos, et perficere hos quidem ad iustitiam, illos autem ad fortitudinem augere; et si qua opus fuerit belli causa discursio, pro hac facile celebrare officio utroque praesente, alio quidem ministrante quaecumque civile officium decent, exercitu vero inexcusabiliter prohibente hostiles invasiones.*“
Die Maßnahmen Justinians entlang der langen Mauern Thrakiens wird in der Forschung zumeist als Teil der Reorganisation der nordwestlichen Bereiche des oströmischen Reiches gesehen, die in der Einführung des *quaestura exercitus* mündeten. Hierzu ausführlich: Wiewiorowksi 2006, 319–334; Torbatov 1997, 78–87.

802 Jord.Rom.365; Stein 1949, 105–106. Dagegen: Cameron 1974, 314 mit Anm. 10; Begass 2018, Nr. 177, 217.

Tälern und Schluchten Lazikas und Armeniens im Norden bis zu den Steppen- und Wüstengebieten Syriens, Mesopotamiens und Palästinas im Süden. Wie in den anderen Reichsteilen wurde diese weitläufige Grenzregion in Dukate unterteilt. Den Stellenwert der Perserfront bzw. des *limes Orientalis* innerhalb des Verteidigungssystems des Imperiums machen bereits die Angaben der *Notitia Dignitatum* deutlich, denn von den dreizehn verzeichneten Dukaten des *partibus Oriens* waren ganze sieben dort situiert.[803] Sechs davon entfielen auf den südlichen Teil des Grenzverlaufs und das armenische Dukat sicherte den nördlichen Abschnitt. Die Einführung eines weiteren pontischen Dukats unter Leo und vor allem die des armenischen Regionalkommandos unter Justinian glichen somit diese historisch gewachsene Dysbalance aus.[804] Die Zuständigkeitsbereiche der einzelnen Duces schrumpften zwischen dem Ende des vierten bis zur Mitte des sechsten Jahrhunderts n. Chr., dafür wuchs deren Anzahl auf elf während der Regierungszeit Leos und fünfzehn zu Zeiten Justinians an.[805] Der Bedeutung der Verteidigungsbemühungen entsprechend verfügten diese Kommandeure über ein immenses Aufgebot an Truppen – Treadgold geht für das späte vierte Jahrhundert n. Chr. von insgesamt 88.500 *limitanei* und weiteren 20.000 *comitatenses* des in Antiochia stationierten orientalischen Heermeisters aus.[806] In Anbetracht dieser massiven Konzentration von Militäreinheiten entsteht leicht der Eindruck, dass es sich bei der Ostgrenze des Reiches um eine kontinuierliche, hermetisch abgesicherte, Festungslinie handeln würde. Doch diese Ansicht wäre verfehlt, denn wie insbesondere die archäologischen Feldforschungen und luftbildgestützten Surveys der letzten Jahrzehnte bewiesen haben, wurde das römische Territorium durch ein Netzwerk von Wach- und Sichtposten sowie Kastellen unterschiedlicher Größe markiert, die durch eine Straße miteinander verbunden waren.[807] Insbesondere Benjamin Isaac hat sich in mehreren Studien für die Hervorhe-

803 Not.Dign.or.1. Im Einzelnen waren dies die Dukate von: Armeniae (dem pontischen Grenzabschnitt zugordnet); Foenicis; Eufratensis et Syriae; Palaestinae; Osrhoenae; Mesopotamiae und Arabiae.

804 Cod.Iust.12,59(60),5 und 1,29,5. Siehe ferner: Koehn 2018, 13–20. Rom und Persien stritten allerdings des Öfteren um die Kontrolle (Pers-)Armeniens, das im Vertrag von 387 n. Chr. zwischen beiden Großreichen aufgeteilt worden war. Hierzu: Dignas/Winter 2007, 173–188; Blockley 1987, 222–234; Greatrex 2000, 35–48; Greenwood 2017, 199–220.

805 Greatrex 2007a, 90–93.

806 Treadgold 1995, 50–51.

807 Isaac 1990, 214–216; Liebeschuetz 2015, 288–291; Sarantis 2013c, 338–360 mit weiterer Forschungsliteratur. Wie Untersuchungen des Deutschen Archäologischen Instituts in Damaskus zeigen, betrug die Distanz zwischen den einzelnen Kastellen entlang der *via militaris* im Grenzbereich zwischen Euphrat und Rotem Meer 14–17 km. Siehe: Konrad 2008, 433–453, bes. 433.

bung der Militärstraße als eigentliche Grenze stark gemacht.[808] Zu betonen ist allerdings, dass dieses Netzwerk regionalen Unterschieden unterworfen war, und die zumeist unter Diokletian errichtete Militärarchitektur nicht überall gleichmäßig gepflegt und in Stand gehalten wurde.[809] Ergänzt wurde diese Limesorganisation durch eine Reihe befestigter Städte und Siedlungen in relativer Grenznähe. Im Perserkrieg ließ Anastasius auf Anraten seines Heereskommandos eigens die Stadt Dara in Mesopotamien zu einer Festung ausbauen, aber ebenso wichtig waren bis dahin die Amtssitze der Grenzkommandeure in Constantia und Callinicum sowie das armenische Melitene für den nördlichen Sektor.[810]

Im Rahmen dieser Untersuchung ist es nicht notwendig, die Ereignisse an der Ostfront, die unterschiedlichen Motivationen der einzelnen Akteure sowie den Perserkrieg des Anastasius in allen Einzelheiten erneut zu evaluieren. Dies wurde in der Vergangenheit schon mehrfach unternommen.[811] Stattdessen werden im Folgenden gezielt jene Aspekte betrachtet, die uns militärstrategische und diplomatische Rückschlüsse über das Verhalten des oströmischen Reiches am Übergang vom fünften zum sechsten Jahrhundert n. Chr. erlauben. Das betrifft also zunächst die Beziehungen zum Perserreich und vor allem die vielfältigen Kontakte zu den arabischen Gruppen in den südlichen Grenzabschnitten.

5.4.1 Die Perser

Die Herrschaft des Anastasius stellt eine bedeutende Zäsur innerhalb der römisch-sasanidischen Beziehungen der Spätantike dar. Denn obwohl beide Reiche im Wettstreit miteinander standen und zumindest ideologisch eine alleinige Vormachtstellung anstrebten, hatte sich im Laufe des fünften Jahrhunderts n. Chr. der Austragungsort dieses Wettkampfes vom Schlachtfeld auf die diplomatische Arena verlagert. Henning Börm hat mit der wechselseitigen Forderung von Geld- und Gebietsabtretungen einen zentralen Aspekt dieses sich wandelnden politischen Diskurses beleuchtet.[812] Da man im ständigen diplomatischen Kontakt stand, kam es von persischer Seite regelmäßig zu dem Versuch, den römischen Kaiser zur jährlichen Zah-

808 Isaac 1995, 125–157; vgl. ferner Lewin 2007, 243–244.

809 Lewin 2011, 234–236.

810 Ps.-Zach.Rhet.7,6,a; Greatrex 1998, 31–42.

811 Die ausführlichste Studie hat Greatrex 1998 vorgelegt, nun ergänzt durch den Kommentar zum Perserkrieg Prokops, Greatrex 2022, 94–140. Siehe ferner: Haarer 2006, 47–65; Meier 2019, 731–799; 2009, 174–223; Bonner 2020, 151–163; Lenski 2007, 219–237. Eine hilfreiche Übersicht über das Quellenmaterial bieten: Dignas 2007, 97–104 und Greatrex/Lieu 2002, 31–82.

812 Börm 2008, 327–346.

lung einer bestimmten Goldsumme, meistens in der Höhe von 400–500 Pfund Gold (ca. 30.000 Solidi), zu bewegen. Wie Börm überzeugend argumentiert hat, war der monetäre Wert dieser Forderung zu vernachlässigen. Bedenkt man allein die Höhe der Isaurica, die das kaiserliche Budget mit 316.000 Solidi belastete, waren die Jahrgelder der Perser demgegenüber geradezu bescheiden. Es ging dem persischen Großkönig offenkundig vielmehr darum den römischen Kaiser als tributpflichtigen Herrscher darzustellen und so seine eigene Überlegenheit zu demonstrieren. Die Wirtschaft des Sasanidenreiches basierte zudem auf einer Silberwährung, wodurch der ökonomische Nutzen des römischen Goldes noch weiter eingeschränkt wurde.[813] Die Kaiser konterten ihrerseits mit der Rückforderung ehemals römischer Gebiete oder sie suggerierten, wie im Fall das Anastasius, dass die Goldzahlung nicht als Tribut, wohl aber als Leihe erfolgen konnte.[814] Das wiederum machte den Großkönig prompt zum unterlegenen Bittsteller. Wiewohl es nun in diesem fortlaufenden Disput gelegentlich zur Zahlung von Gold und der Rückgabe von Land kommen konnte, sollte dies nicht darüber hinwegtäuschen, dass beide Reiche prinzipiell den *status quo* akzeptierten und sich mit dem bestehenden Grenzverlauf arrangiert hatten. Für knapp 80 Jahre herrschte Frieden. Im Kaukasus und Arabien kann man sogar von einer beiderseitigen Kooperation ausgehen, die diese Regionen langfristig stabilisierten.[815] Wie konnte nun dieses gewachsene und an sich krisenfeste Verhältnis so schlagartig eskalieren?

Aus unseren literarischen Quellen geht fast einhellig hervor, dass die Römer von dem Vorstoß der Perser unter ihrem Großkönig Kavadh I. (488–495/496 und 498/

813 Börm 2008, 335–338. Über die persischen Modalitäten der Armeefinanzierung und Rekrutierung neuer Soldaten sind wir nicht im gleichen Maße informiert wie über das römische Imperium. Es ist daher nicht gänzlich auszuschließen, das mit dem römischen Gold bei Bedarf Söldner zur Verstärkung des sasanidischen Heeres angeworben wurden. Hinter den persischen Goldforderungen zur Zeit des Anastasius standen wohl Verbindlichkeiten gegenüber den Hephthaliten. Diese scheinen allerdings in Silber beglichen worden zu sein, zumindest deutet dies der numismatische Befund an. Siehe hierzu: Rezakhani 2017, 137–140. Eine weitere Möglichkeit hat zuletzt Bonner 2020, 209–212 ins Spiel gebracht, der das römische Gold als Zahlungsmittel für den persischen Indienhandel sieht.

814 Theoph.AM5996; Jos.Styl.9; Prok.BP.1,7.

815 Im Kaukasus überschnitten sich die Verteidigungsinteressen beider Großreiche. Die Abwehr der aus der asiatischen Steppe kommenden Reitervölker (z. B. Alanen, Hephthaliten) wurde teils aufeinander abgestimmt. Das betraf vor allem die Fortifikation und Sicherung der *Porta Caucasiae*. Hierzu: Dignas/Winter 2007, 187–195; Börm 2008, 329–330 mit Anm. 19. Zum wechselhaften Verhältnis Rom und Persiens ferner: Börm 2016, 615–646; Howard-Johnston 1995, 157–226.

499–531 n. Chr.) überrascht gewesen waren. Doch das ist aus mehreren Gründen unwahrscheinlich: Der epigrafische Befund belegt zunächst einmal, dass sich die Restrukturierung des Heeres und der Grenzbereiche durch Anastasius auch auf die orientalische Diözese erstreckte. Wie die Analyse der libyschen Inschriften ergeben hat, bietet sich für die Durchführung dieser Maßnahmen der Zeitraum von 492–502 n. Chr. an. Mit anderen Worten, während die Perser zweimal vergeblich versuchten, Anastasius zur Zahlung von Jahrgeldern zu bewegen (490/491 und 498 n. Chr.), ließ der Kaiser im Hintergrund die Grenzverteidigung reorganisieren. Zudem gab es erste Vorzeichen einer aggressiveren Haltung, da sich um die Jahrhundertwende die Überfälle der arabischen Verbündeten der Perser auf römisches Territorium zu häufen begannen. Diese Raubzüge werden mitunter als Erkundungsmissionen aufgefasst, um die Stärke der römischen Defensive auszuloten.[816] Ein Angriff an sich war demnach nicht überraschend, aber die von den Persern gewählte Route über das westliche Armenien und nördliche Mesopotamien erwischte die Römer sichtlich auf dem falschen Fuß. Den Persern winkte durch dieses Vorgehen reiche Beute und mit der Eroberung Amidas fiel ihnen zudem das geeignete Druckmittel in die Hände, um die Römer zur Sonderzahlung in der Form eines Lösegeldes zu bewegen. 1.100 Pfund Gold (= 79.200 Solidi) sollen es laut der Chronik des Pseudo-Zacharias Rhetor gewesen sein.[817]

Kavadh I. war indes wohl weniger der kalkulierende Aggressor als vielmehr Getriebener seines eigenen Legitimationsbedürfnisses. Denn das Sasanidenreich befand sich seit der Mitte des fünften Jahrhunderts n. Chr. in einer politischen, ökonomischen und sozialen Krise. Eine grundlegende Aufarbeitung der vielfältigen gesellschaftlichen Prozesse und häufig umkämpften Herrscherwechsel dieser Zeit, die in der Forschung vor allem mit der Regierung von Kavadhs Vater Peroz (457/9–484 n. Chr.) verbunden werden, steht allerdings noch aus. Michael Bonner hat daher zuletzt von einer „*cloud of ignorance*" gesprochen, die dessen Regierung umgibt.[818] Aus den verschiedenen Überlieferungssträngen, wie der armenischen und griechi-

---

816 Vgl. Bonner 2020, 152; Greatrex 1998, 76–101.

817 Ps.-Zach.Rhet.7,4 berichtet von der Plünderung Amidas und 5d für die von Celer überbrachte Lösegeldzahlung. Prok.BP.1,9,4) überliefert eine Zahlung von 1.000 Pfund Gold (= 72.000 Solidi). Diese Sonderzahlung bewegte sich in der Größenordnung von zwei typischen Jahrgeldforderungen. Josua Stylites (Jos.Styl.59–62) schildert wie Kavadh in den Verhandlungen mit dem römischen Feldherrn Areobindus zunächst eine Sonderzahlung von 10.000 Pfund Gold (= 72 Millionen Solidi) gefolgt von vertraglich abgesicherten Jahrgeldern forderte.

818 Bonner 2020, 123. Siehe aber die grundsätzlichen Überlegungen von Börm 2019, 99–122, bes. 109–112 und 2007, 318–325.

schen Historiografie oder der über spätere muslimische Autoren tradierten und adaptierten sasanidischen Annalen, lassen sich ganz unterschiedliche Abläufe und Motivationen gewinnen. Die folgenden Ausführungen bleiben daher zwangsläufig holzschnittartig: Ein Punkt, in dem Einigkeit in der Forschung herrscht, ist, dass Peroz mehrere Einfälle der Kidariten und später der Hephthaliten im Osten und Norden seines Herrschaftsgebietes abzuwehren hatte. Hinzu kam eine Reihe von Fehlernten und Hungersnöten, die das Reich wirtschaftlich schwächten und in dessen Folge es auch in den südlichen Grenzregionen zu Überfällen arabischer Gruppen kam.[819] Von besonderer Tragweite scheint das Verhältnis zu den Hephthaliten, die uns auch als sabirische oder weiße Hunnen in den Schriftzeugnissen begegnen, gewesen zu sein.[820] Aus den Berichten Prokops sowie mehrerer fernöstlicher Chroniken sind wir gut über deren hohen militärischen und politischen Organisationsgrad informiert. Hunnische Abgesandte waren im fünften und sechsten Jahrhundert n. Chr. regelmäßig an den Höfen der chinesischen Herrscher der nördlichen Wei-Dynastie sowie der südlichen Qi und später Liang-Dynastie anzutreffen, ebenso wurden teils kriegerische Kontakte zum Guptareich im heutigen Indien und Pakistan unterhalten.[821] Das machte die Hephthaliten nicht nur zur militärischen, sondern auch wirtschaftlichen Bedrohung ersten Ranges für die Sasaniden. Die Kontrolle über die lukrative Seidenstraße stand unter anderem auf dem Spiel. Laut Tabari verdankte Peroz eben jenen Hunnen seinen Thron, da sie ihn im Kampf gegen seinen Bruder unterstützt hatten.[822] Verbucht ist ferner der Versuch, beide Häuser durch Heiratsverbindungen enger aneinanderzubinden. Die guten Beziehungen erodierten jedoch rasch und es kam zu mehreren (mindestens zwei, womöglich auch drei) Kriegszügen.[823] Nach anfänglichen Erfolgen verließ Peroz schnell das Glück, seinen Sohn Kavadh I. musste er etwa nach einer Niederlage als Geisel an den hunnischen Königshof schicken und 484 n. Chr. fand er schließlich im Kampf gegen sie den Schlachtentod. Auf Peroz folgte dessen Bruder Balasch (484–488 n. Chr.), der wiederum von Kavadh abgelöst wurde. Wie sein Vater zuvor erhielt auch er Unterstüt-

819 Al-Tabari spricht diesbezüglich von einer siebenjährigen Dürre. Siehe: Al-Tabari, Geschichte, 873. Entnommen aus: Bosworth 1999, 110. Ferner: Jos.Styl.18–21.

820 Kurbanov 2010, 153–184; Rezakhani 2017, 125–157. Prok.BP.1,3,1–5; hierzu: Börm 2007, 233–243; Sauer et al. 2017, 241–268, bes. 252–262. Die Beziehungen der Sasaniden zu ihren östlichen Nachbarn sind derzeit vor allem im archäologischen Befund ersichtlich. Vgl.: Patterson 2017, 181–199.

821 Rezakhani 2017, 93–103, 134–140; Kurbanov 2010, 176–182.

822 Al-Tabari, Geschichte, 873–874; Jos.Styl.9–11.

823 Jos.Styl.9 berichtet sogar davon, dass die Römer Peroz finanziell unterstützten, damit die Hunnen nicht in das Imperium einfallen würden.

zung durch die Hephthaliten. Das genaue Alter des neuen Großkönigs bei seiner Thronbesteigung ist in der Forschung umstritten.[824] Einiges spricht aber dafür, dass Kavadh zu diesem Zeitpunkt 15 Jahre alt war. Den jungen König plagten folglich Legitimationsschwierigkeiten. Eine nachhaltige Konsolidierung seiner Herrschaft misslang, da er fortwährend mit dem Widerstand einer unterschiedlichen soziopolitischen Gruppe zu kämpfen hatte – von den Adelsfamilien über die zoroastrischen Geistlichen, bis hin zur neuartigen Mazdakitenbewegung, die er zeitweilig unterstützte, und nicht zuletzt einzelnen bedeutenden Persönlichkeiten wie seinem Lehrmeister Sukrā. Hinzu kamen laut der Chronik des Josua Stylites gleich zu Beginn seiner Regierung noch Aufstände in Armenien, der Stadt Nisibis und des iranischen Stammes der Tamuraye.[825] Kavadh wurde daher 495/496 n. Chr. von der persischen Elite zu Gunsten seines Bruders Zamasp abgesetzt.[826] Nach drei Jahren in Gefangenschaft eroberte er jedoch mit hunnischer Hilfe seinen Thron zurück. Die Allianz mit den Hephthaliten sicherte Kavadh mit einem Heiratsabkommen und vermählte sich mit der Tochter des Königs, die gleichzeitig seine eigene Nichte war. Dieses Bündnis schaffte allerdings weder die bestehenden finanziellen Verpflichtungen gegenüber den Hephthaliten aus der Welt noch beseitigte es den Konflikt mit den persischen Würdenträgern. Die mehrfache Verweigerung von Jahrgeldern durch Anastasius, bot somit Kavadh eine gute Gelegenheit, die verschiedenen Interessengruppen in seinem Reich zu bündeln und auf die Römer als gemeinsames Ziel zu lenken.[827] In der Chronik des Pseudo Zacharias-Rhetor wird dies folgendermaßen dargestellt:

> „*Kavadh aber, der nach ihm König (Balasch) wurde, und seine Großen waren voll Grimm gegen die Römer, indem sie sagten, dass jene das Kommen der Hunnen, die Entvölkerung und die Verwüstung ihres Landes bewirkt hätten. Daher sammelte Kavadh ein Heer, zog gegen Theodosiopolis im römischen Armenien und nahm die Stadt ein; mit ihren Bewohnern verfuhr er milde, weil er nicht von ihnen beschimpft worden war, jedoch führte er den Konstantin, den Vorsteher ihrer Stadt, weg.*“[828]

Anastasius hingegen versuchte den Frieden zu wahren. Eine günstige Gelegenheit den Persern Schaden zuzufügen und den Aufstand in Persarmenien auszuweiten

---

824 Bonner 2020, 140–151; Schindel 2013, 136–141.

825 Jos.Styl.21–23.

826 Jos.Styl.23: „*Die Großen der Perser gedachten aber im geheimen, den Kavadh wegen seiner unreinen Sitten und seiner verkehrten Gesetze zu töten. Als ihm das bekannt wurde, verließ er sein Königreich und floh in das Land der Hunnen, zu dem König, bei dem er aufgewachsen war, als er dort Geisel war.*“ Leicht abgewandelte Übersetzung entnommen aus: Luther 1997, 46.

827 Jos.Styl.24.

828 Ps.-Zach.Rhet.7,3,b. Die leicht veränderte Übersetzung basiert auf Mayer 1899, 104. Vgl. Greatrex et al. 2011, 234–235.

ließ er verstreichen.[829] Ein möglicher Grund für die Zurückhaltung des Anastasius lag neben der Kenntnis des überholungsbedürftigen Zustandes der militärischen Infrastruktur entlang der Ostfront in der geminderten Schlagkraft des Heeres. Im Süden des *limes Orientalis* banden die arabischen Raubzüge die Grenzer, hinzu kamen laut Josua Stylites zeitweilig weitere Konflikte gegen Goten und Blemmyer.[830] Die Verhaltenheit des Kaisers sollte allerdings nicht als teilnahmslose Passivität gedeutet werden. Die Römer unterhielten ein weitverzweigtes Netz an diplomatischen Kontakten beiderseits der Persergrenze, auch jenseits der direkt kontrollierten Gebiete im Kaukasus.[831] Prokop überliefert diesbezüglich im Zusammenhang mit der „Kaspischen Pforte" folgendes:

> *„Alexander, der Sohn Philipps, erkannte die Lage und ließ an dem genannten Platze Tore anbringen, außerdem errichtete er eine Befestigung. Unter den vielen Herren nahm sie im Laufe der Zeit auch Ambazukes in Besitz, zwar ein Hunne von Geburt, doch ein Freund der Römer und des Kaisers Anastasios. Als nun dieser Ambazukes hoch in die Jahre gekommen war und mit dem Tode rechnen musste, schickte er eine Gesandtschaft an Anastasios und verlangte von ihm Geld; dafür wollte er die Befestigung und die Kaspische Pforte den Römern überlassen. Doch dem Herrscher war voreiliges Handeln fremd, und er musste sich sagen, dass an einem Ort, der aller Mittel entbehrte und kein den Römern untertäniges Volk zum Untertan hatte, Soldaten zu unterhalten ein Ding der Unmöglichkeit sei. Daher ließ er dem Ambazukes für seine freundliche Haltung vielmals danken, auf die Sache selbst ging er aber mit keinem Worte ein.*"[832]

---

829 Jos.Styl.21: „*Sie (die Armenier) kämpften aber mit ihm (Kavadh's marzban) und vernichteten ihn und sein Heer und sandten Boten zu unserem Kaiser [mit dem Angebot], dass sie sich ihm unterwürfen. Doch er wollte sie nicht empfangen, um nicht den Anschein zu erwecken, als wolle er einen Krieg mit den Persern entfachen. Diejenigen, die ihn dafür tadeln, dass er kein Geld gegeben hatte, sollen jenen tadeln, der sozusagen mit Gewalt das gefordert hat, was nicht sein war. Wenn er [Kavadh] nämlich in Frieden und mit überzeugenden Argumenten [Gold] erbeten hätte, wäre es von ihm gesant worden.*" Leicht abgewandelte Übersetzung entnommen aus: Luther 1997, 45. Ferner: Chronik von Arbela, 18–19; Greatrex 1998, 76–79.

830 Jos.Styl.20; Greatrex 1998, 73–83. Zu den Blemmyern siehe: Dijkstra 2014, 299–331; Reinard 2018, 205–259; Barthel 2014, 1–14.

831 Lee 1993, 106–145; Austin/Rankov 1995, 170–244.

832 Prok.BP.1,10: „Ὅπερ ἐπειδὴ ὁ Φιλίππου Ἀλέξανδρος κατενόησε, πύλας τε ἐω χώρῳ ἐτεκτήνατο τῷ εἰρημένῳ καὶ φυλακτήριον κατεστήσατο. ὃ δὴ ἄλλοι τε πολλοὶ προϊόντος χρόνου ἔσχον καὶ Ἀμβαζούκης, Οὖννος μὲν γένος, Ῥομίοις δὲ καὶ Ἀναστασίῳ βασιλεῖ φίλος. οὗτος Ἀμβαζούκης ἐπειδὴ ἔς τε γῆρας ἀφῖκτο βαθὺ καὶ τελευτᾶν ἔμελλε, πέμψας παρὰ τὸν Ἀναστάσιον, χρήματά οἱ δοθῆναι ᾔτει, ἐφ' ᾧ τό τε φυλακτήριον καὶ πύλας τὰς

Diese Anekdote, bei der wahrscheinlich die Kaspische mit der Kaukasischen Pforte vertauscht wurde, ist Teil der Aufzählung von möglichen Ursachen und Anlässen für den Perserkrieg Justinians.[833] Im direkten Anschluss an die hier zitierte Passage beschreibt Prokop den Bau Daras, der von den Persern als besondere Bedrohung wahrgenommen wurde, sowie die sich verschlechternden politischen Verhältnisse zur Zeit des Justins.[834] Unabhängig von der hier verfolgten narrativen Intention Prokops lässt sich aber mit den freundschaftlichen Beziehungen des Anastasius zu auswärtigen Fürsten wie Ambazukes ein strategisches Kalkül erkennen. Das beweist ebenso eine mit dem Stempel des Anastasius versehene Silberschale, die im heutigen Abchasien entdeckt wurde und wohl ein Geschenk an eine dort ansässige gentile Gruppe war.[835] Diese spezielle Schale soll aus der Festung Khashupsinskaya stammen, die an einem nördlichen Ausläufer der Seidenstraße gelegen war. Über den wachsenden politischen und wirtschaftlichen Einfluss der Hephthaliten entlang dieser wichtigen Handelsroute wird Anastasius daher aufgrund seiner weitverzweigten Kontakte gut informiert gewesen sein. Eine Folge davon war, dass der Indienhandel, der über das Rote Meer abgewickelt wurde, an Bedeutung gewann, was wir an anderer Stelle noch vertiefen werden. Das Abwägen von Bündnisangeboten und Ausschlagen der persischen Jahrgelder entsprach somit nicht nur der achtsamen Finanzpolitik des Kaisers, er schürte damit ebenso den innerpersischen Konflikt, indem er einen Keil zwischen Kavadh und den Adel trieb und gleichzeitig die Abhängigkeit des Großkönigs von den weißen Hunnen bekräftigte. Im Westen agierte Anastasius gegenüber Theoderich dem Großen und den Ostgoten ganz ähnlich, indem er hinter dessen Rücken Bündnisse mit den Franken und Burgundern schmiedete.[836] Das diplomatische Taktieren gegenüber den Persern war indes nicht von Erfolg gekrönt und zwang den Kaiser dazu, über mehrere Jahre hinweg seine gesamten militärischen Kräfte zu mobilisieren und an der Ostfront zu massieren. Die Größenordnung des Expeditionsheeres wird dabei mit 52.000 Mann von Josua Stylites beziffert.[837] Die Armee wurde von drei Feldherren (Areobindus, Patricius

Κασπὶας ἐνδώσει Ῥωμαίος. Βασιλεὺς δὲ Ἀναστάσιος (δρᾶν γὰρ ἀνεπισκέπτως οὐδὲν οὔτε ἠπὶστατο οὔτε εἰώθει) λογιςάμενος ὅτι οἱ στρατιώτας ἐωταῦθα ἐκτρέφειν ἀδύωατα ἦν ἐν χωρίῳ ἐρήμῳ τε ἀγαθῶν ἁπάντων καὶ οὐδαμῇ ἐν γειτόνων ἔχοντι ἔθνος Ῥωμαίοις κατήκοον, χάριν μὲν τῷ ἀνθρώπῳ τῆς ἐς αὐτὸν εὐωοίας πολλὴν ὡμολόγει, τὸ δὲ ἔργον τοῦτο οὐδενὶ λόγῳ προσίετο.“

833 Zu der auch abseits von Prokop häufig auftretenden Verwechslung: Greatrex 2022, 133–134; Börm 2007, 214–215.

834 Vgl. auch Prok.aed.2,1.

835 Pyatnitsky 2006, 113–122.

836 Haarer 2006, 93–100; Meier 2009, 223–238.

837 Jos.Styl.54.

und Hypatius, dem Neffen des Anastasius) angeführt. Der Ägypter Flavius Apion, der mit der Heeresversorgung betraut wurde, und Celer, seines Zeichens *magister officiorum*, komplettierten den Führungsstab. Die Ergänzung des Stabes durch zwei zivile Beamten illustriert nicht nur die gewachsene Bedeutung der Militärlogistik, wie wir es schon anhand der libyschen Inschriften erkennen konnten, sondern ebenso die Vorsicht, mit der Anastasius Führungsaufgaben delegierte. Keiner aus diesem Gremium sollte bei einem erfolgreichen Kriegsverlauf zum direkten Konkurrenten des Kaisers aufsteigen können. In letzter Instanz verblieb die Oberaufsicht über das Heer, ganz wie bei der Versetzung von Truppenkörpern, beim Kaiser in Konstantinopel.

Im Hinblick auf die Bedeutung des Perserkrieges des Anastasius für die Entwicklung der römischen Grenzorganisation sind abschließend zwei miteinander in Beziehung stehende Elemente hervorzuheben. Zum einen hat Geoffrey Greatrex darauf aufmerksam gemacht, dass sich mit der steigenden Anzahl der Duces in den östlichen Grenzprovinzen der Aktionsradius des einzelnen Dux stetig verringerte. Im Grunde genommen war bereits um das Jahr 500 n. Chr. herum ein Dux nicht viel mehr als ein städtischer Garnisionskommandant.[838] Aus dem *dux provinciae*, der wie in der Kyrenaika für eine Vielzahl von Städten und Grenzabschnitten zuständig war, wurde so kurzerhand ein *dux civitatis*. Diese Dynamik präfiguriert laut Greatrex eine grundsätzliche Entwicklung des römischen Militärs im sechsten Jahrhundert n. Chr., deren Abschluss im Strategikon des Mauricius greifbar wird. Dort befehligt ein Dux eine Moira, womit ein Verband aus mehreren taktischen Einheiten gemeint ist, der in seiner Gesamtheit eine Größenordnung von 2.000–3.000 Soldaten erreichen kann.[839] Vergleicht man dies mit den Angaben für die östlichen Dukate aus der *Notitia Dignitatum*, wo ein Dux je nach Einsatzort zwischen 9.000–16.5000 Mann kommandierte, wird der Bedeutungsverlust des Amtes evident. Zum anderen geht mit dieser Entwicklung die Aufwertung der befestigten Stadt als Kommandozentrale und Rückzugsort einher. Sinnbild dieser Transformation war Dara, das von einem Dorf zur vollwertigen Stadt mit ausgeklügelter Wasserversorgung, zwei Bädern, mehreren Kirchen und Getreidespeichern ausgebaut wurde.[840] Zu den imposanten Verteidigungsbauten dieses in unmittelbarer Nähe zum persisch kontrollierten Nisibis errichteten Bollwerks gehörte neben der eigentlichen Stadtmauer eine

---

838 Greatrex 2007, 94–96. Die Überlegungen von Greatrex bauen auf einer These von Zuckerman 2002, 169–175 auf, der für den nordafrikanischen Kontext nach der Wiedereroberung Justinians von derselben Reduktion der Zuständigkeiten des einzelnen Dux ausgeht.

839 Mauricius, Strat.3,5,8.

840 Ioh.Mal.16,10.

Reihe weiterer vorgelagerter Mauern, Rampen, Gräben und Wachtürmen.[841] Die Konsequenz aus den von Greatrex aufgezeigten Elementen liegt geradezu auf der Hand: Mauern, nicht Soldaten bieten letztlich den optimalen (Grenz-)Schutz.

Diese Schlussfolgerung konterkariert augenscheinlich die aus der Untersuchung der Kyrenaika gewonnen Erkenntnisse. Es wäre nun an dieser Stelle ein Leichtes zu argumentieren, dass diese konzeptionellen Veränderungen der Grenzorganisation auf Verfehlungen reagieren, die erst während des Perserkrieges und damit streng genommen außerhalb des für die Untersuchung relevanten ersten Dezenniums der Herrschaft des Anastasius aufgetreten sind. Doch ganz im Gegenteil, diese Neuerungen belegen abermals, wie sich die römische Grenzverteidigung erfolgreich auf stetig veränderte Anforderungen einstellen konnte. Außerdem lassen sie sich die Maßnahmen an der Ostfront als Weiterentwicklung der von Anastasius eingeleiteten Dukastreform, die ja ohnehin spezifische Regelungen für die unterschiedlichen Limesabschnitte enthielt, verstehen. Das bedeutet allerdings nicht, dass ich der von Greatrex (und Zuckerman) aufgezeigten Entwicklungslinie in allen Punkten zustimme. Meiner Meinung nach sollte hierbei noch stärker differenziert werden zwischen dem Aufgabenspektrum eines Dux in Kriegs- und Friedenszeiten. Der für die Militärpolitik des Anastasius richtungsweisende Erlass aus dem Jahr 492 n. Chr. erlaubte es den Duces, fortan sowohl über *comitatenses* als auch *limitanei* zu befehligen. Dadurch wurde der reguläre Handlungsspielraum des einzelnen Dux erweitert, der so schneller auf etwaige Angriffe oder Raubzüge gentiler Gruppen reagieren konnten. Dieses Verfahren – hierin stimme ich mit Greatrex überein – bewährte sich in der Praxis.[842] Die Möglichkeit, für einen regionalen Befehlshaber beide Heeresteile zu kommandieren, ist allerdings keine Innovation des Anastasius. Schon aus der *Notitia Dignitatum* sind mehrere *comites rei militaris* (z. B. Ägypten und Isaurien) bekannt, die eine solche Befehlsgewalt innehatten.[843] Für Regionen, in denen mit vermehrten sozialen Unruhen und bewaffneten Konflikten zu rechnen war, wurde dementsprechend eine spezifische Lösung gesucht und angewandt. Diese wiederum schuf einen Präzedenzfall, auf den man unter den gegebenen Umständen – wie der Kompetenzerweiterung der Duces unter Anastasius – zurückgreifen konnte. Ein analoges Verfahren, das Greatrex an dieser Stelle verschweigt, lässt sich im Bereich

841 Laut Prokop (Prok.aed.2,1–3) wurde ferner die Stadtmauer auf Befehl Justinians auf zwei bis drei Stockwerke ausgebaut und um die äußere Ringmauer ein halbmondförmiger Wassergraben angelegt. Hierzu: Whitby 1986, 737–783. Zu den Bauten im Umland: Kesser-Kayaalp/Erdoğan 2017, 153–175, bes. 161–165, und grundsätzlich zum Bauprogramm an der Ostfront: Haarer 2006, 65–72.

842 Greatrex 2007, 90.

843 Not.Dign.or.38–39.

der Zusammenführung ziviler und militärischer Kompetenzen feststellen.[844] Die Gewaltenteilung war ein Grundpfeiler der diokletianischen Reformen gewesen; im fünften Jahrhundert erprobte man jedoch im Rahmen von *ad hoc* Bestimmungen bereits die Vorteile einer zeitweiligen Aufhebung dieser Trennung. Unter Justinian wurde diese Maxime dann zur neuen Norm. Wie beispielsweise das dreizehnte Edikt des Kaisers belegt, entstand so in der ägyptischen Diözese das Amt des *dux et Augustalis*.[845] Der Dux war dort nun nicht mehr allein für das Militär zuständig, sondern wurde auch in zivilen Angelegenheiten wie der Gerichtsbarkeit zur ersten Anlaufstelle der Provinzialen. Zeitgleich zum fortschreitenden Bedeutungsverlust des Dux an der Perserfront wurde dasselbe Amt andernorts zu einer Art „Militärgouverneur" aufgewertet, der weiterhin für eine gesamte Provinz zuständig war. Daneben gab es auch weiterhin Dukate, die nach dem gewohnten Muster von einem *dux provinciae* mit rein militärischen Kompetenzen beaufsichtigt wurden.[846] Dieser Gegensatz unterstreicht die Vielschichtigkeit des Amtes des Dux. Die von Greatrex geschilderte Evolution der Duces wurde zudem von den militärischen Notwendigkeiten des Perserkrieges beeinflusst. Durch die Anwesenheit dreier Feldherren veränderte sich umgehend die militärische Hierarchie in den Provinzen. Aus den weitestgehend autark agierenden Duces wurden untergeordnete Offiziere des Expeditionsheeres. Dies wird in der Chronik des Josua Stylites besonders deutlich im Fall des Dux Nonnosus (Nonnisus oder Nonius), der der Heeresabteilung des *magister militum* Patricius vor Amida angehörte und auf dessen Befehl den Friedensverhandlungen mit dem persischen *aṣtabed* fernblieb.[847] Darüber hinaus bot sich schon aus versorgungstechnischen Gründen eine Aufteilung des Heeres auf verschiedene Städte im Grenzgebiet an. Das sich dies in Anbetracht der Erhöhung des militärischen Personals als richtungsweisende Maßnahme herausstellte ist, wie Greatrex zu Recht hervorgehoben hat, nur folgerichtig.

844 Carrié 1998, 105–121; Palme 2014, 95–135, bes. 103–111; 2007, 244–270.

845 Einher mit dieser Veränderung ging einerseits eine Reduktion der Officia und andererseits eine effizientere Verwaltungsleistung. Das entlastete den kaiserlichen Haushalt und verkürzte die Distanz der Bevölkerung zum politischen Entscheidungsträger der Zentralgewalt in ihrer Provinz.

846 Siehe z. B. die Anweisungen Justinians (Cod.Iust.1,27,2 und insbesondere §4, 4a–b) für die Einrichtung der Dukate von Tripolitanien, Byzacena, Numidien, Mauretania, Septem und Sardinien. Ausgehend von einem Hauptquartier, bzw. zwei im Fall des Dux der Byzacena, sollte jeweils die gesamte Provinz überwacht werden.

847 Jos.Styl.80. Bei Greatrex nicht erwähnt, da er keiner Stadt bzw. Operationsbasis zuzuordnen ist. In der PLRE (II, Nonius) wird allerdings spekuliert, ob es sich bei ihm nicht um den *dux Mesopotamiae* handeln könnte. Siehe die Diskussion in Luther 1997, 205–206.

Die erneute Auseinandersetzung mit den Persern zwang Anastasius, so lässt sich in einem Zwischenresümee festhalten, zur Rekonfiguration der Verteidigungsbemühungen entlang der östlichen Grenze des Reiches. Dies ging über die von ihm eingeleitete Dukatsreform hinaus und führte kurzfristig zur Verstärkung der defensiven Infrastruktur und in der *moyenne durée* zu einer schrittweisen Erhöhung des militärischen Personals in den nördlichen Grenzabschnitten. Die Anpassungsfähigkeit der römischen Grenzverteidigung tritt dagegen abermals im Umgang mit den arabischen Stammesgruppen hervor, den es nun zu thematisieren gilt.

5.4.2 Arabische Verbündete und Föderaten

Einen guten Einblick in die politisch-militärischen Verflechtungen entlang des orientalischen Limes kurz vor Beginn der Herrschaft des Anastasius gibt ein Brief Barsaumas, des Bischofs von Nisibis, aus dem Jahr 484 n. Chr.[848] Barsauma ersucht darin Acacius, den Catholicus von Ktesiphon, um Nachsicht für seine verspätete Antwort, da er in einen Grenzkonflikt zwischen Römern und Persern verwickelt wurde. Der gestaltete sich wie folgt: Wegen einer anhaltenden Dürre hatten sich die mit den

---

848 Barsauma, epist.2: „*For two successive years we have been afflicted by a shortage of rain and a lack of necessary commodities. The mob of the tribes from the south has assembled, and because of the multitude of people and their animals, they have destroyed the villages of the countryside and of the mountains. They have dared to pillage and capture animals and people, even in the land of the Romans. A large army of Romans assembled and came to the frontier, along with their subject Ṭayyāyē. They demanded satisfication for what the Ṭou'ayē, the subjects of the Persians, had done in their territory. The great and illustrious marzban Qardag Nakōragan [the governor of Nisibis] contained them through his wisdom and benevolence. He made an agreement to assemble the Ṭou'ayē and to take them from the plunder and captives if the Roman Ṭayyāyē would bring the cattle and the people which at various times they had taken from Beth Garmai, Adiabene, and Nineveh, so that the one could be returned to the Romans, the other to the Persians, and they would fix the frontiers by a treaty, so that such evils should not happen again. But God knows when the things that we have talked about will end! Because of this, the King of Kings ordered the king of the Ṭayyāyē, the marzban of Beth Aramaye, to come here [to Nisibis]. The chief of the Romans, and with all of their soldiers and Ṭayyāyē, are on the frontier. We, for the sake of a great deal of peace and as a sign of great friendship, at the beginning of the month of Ab [August], persuaded the [Roman] dux to come to Nisibis, to see the marzban. And he was received by him with great honour. But while they were together to eat, drink, and rejoice, the Ṭou'ayē had the audacity to go out, with four hundred horsemen, and fall upon the lower villages of the Romans. When this we learned, there was great disquiet on both the Roman and Persian sides. The dux and his officers were angry with us, because they believed that this had been done in treachery by making them come into Nisibis, to cause damage to the Romans.*" Entnommen aus: Greatrex/Lieu 2002, 49–50. Vgl. ferner das syrische Original in: Chabot 1902, 526–527. Die Datierung basiert auf der Einschätzung von Gerö 1981, 120–122.

Persern verbündeten Ṭou'ayē versammelt und Raubzüge beiderseits der Grenze durchgeführt. Das rief die Römer auf den Plan, die eine Armee an den Limes schickten und gemeinsam mit ihren Verbündeten, den Ṭayyāyē, auf eine Rückgabe der geraubten Menschen und Nutztiere pochten. Der *marzban* von Nisibis war zwar zu Verhandlungen bereit und stellte sogar die genaue Aufteilung des Grenzgebietes in Aussicht. Dafür forderte er aber im Gegenzug, dass die römischen Verbündeten sich genauso verhalten sollten, da sie ebenfalls Beutezüge auf persischem Gebiet unternommen hätten. Zur Beilegung der Streitigkeiten entsandte der Großkönig den König seiner arabischen Verbündeten und einen weiteren *marzban* nach Nisibis. Barsauma hatte derweil den römischen Dux überzeugt ebenfalls zu weiteren Gesprächen anzureisen. Während die hohen Würdenträger in Nisibis versammelt waren, nutzen die Ṭou'ayē die sich ihnen bietende Gelegenheit und plünderten mit 400 Reitern abermals die grenznahen römischen Dörfer. Der Dux beschuldigte daraufhin Barsauma, ihn unter falschem Vorwand als Ablenkungsmanöver nach Nisibis gelockt zu haben. Zu einer weiteren Verschärfung des Konflikts kam es jedoch nicht, und wie eine andere Epistel des Bischofs belegt, konnten sich letztlich beide Parteien einigen.[849]

Die hier skizzierte Auseinandersetzung ist in mehrerlei Hinsicht bemerkenswert: Erstens treten die Folgen der unkontrollierten grenzüberschreitenden Mobilität arabischer Gruppen deutlich hervor.[850] Zweitens werden die bestehenden Deeskalationsbemühungen zwischen den römischen und persischen Amtsträgern, zu denen auch die Vermittlung durch den christlichen Klerus zählte, anschaulich geschildert. Keines der beiden Großreiche versuchte aktiv einen bewaffneten Konflikt hervorzurufen. Da der römische Kaiser Zeno allerdings im Vorfeld eine Jahrgeldforderung der Sasaniden abgelehnt hatte, wäre es meiner Meinung nach möglich, den Überfall der Araber sowie den Truppenaufmarsch im Grenzgebiet als persische Drohgebärde zu interpretieren.[851] Eine weitere Option vertritt Irfan Shahid, indem er drittens darauf aufmerksam macht, dass für die im Brief erwähnten arabischen Verbündeten mehrere syrische Bezeichnungen verwendet wurden, was in seinen Augen Rückschlüsse über den rechtlichen Status der einzelnen Gruppen zulässt.[852]

---

849 Barsauma, epist.3.

850 Fisher 2015, 214–275. Die „Araber" wurden des Weiteren mit den in der römischen Historio- und Hagiografie geläufigen Palette an Barbarenstereotypen belegt. Das sich die Ausprägung einer eigenen ethnischen Identität ebenso komplex gestaltete wie in den übrigen Grenzregionen des Imperiums liegt auf der Hand. Siehe hierzu die Diskussion in Fisher 2011, 129–172; Whately 2014, 215–234; Klein 2015, 13–41.

851 Vgl. Fowden 1999, 63; Haarer 2006, 52–53.

852 Shahid 1989, 117–118. Vgl. Chabot 1902, 532. Siehe aber die Kritik von Fisher 2011, 76–

Die Ṭou'ayē könnten lediglich mit dem Aufenthaltsrecht im persischen Gebiet ausgestattet gewesen sein, was sie von der Heeresfolge befreit hätte. In dem von Menander Protektor überlieferten römisch-sasanidischen Vertrag von 561 n. Chr. wird ein solches Ansiedlungsrecht mit dem Begriff ὑπήκοοι umschrieben.[853] Viertens demonstriert der Brief in welchem Ausmaß beide Großreiche politische und militärische Aufgaben an ihre arabischen Verbündeten delegierten. Klar zu unterscheiden ist dabei zwischen den Verbündeten (σύμμαχοι und/oder ὑπόσπονδοι) und den in das (römische) Heer integrierten Föderaten, die Anspruch auf Anteile an der Annona hatten.[854] Wie in anderen Reichsteilen ließ sich durch die Abtretung von Verteidigungsaufgaben die finanzielle Belastung des Militärhaushaltes senken. Hugh Elton kalkuliert beispielsweise für den *dux Palestinae*, der in der *Notitia Dignitatum* 20 Kavallerieregimenter und 11 Infanterieeinheiten (15.000 Männer) befehligte, jährliche Unterhaltskosten von 120.000 Solidi (1.600 Pfund Gold) ohne die zusätzlichen Ausgaben für Ausrüstung, Pferde und etwaigen Baumaßnahmen.[855] Neben der militärischen Unterstützung zählte ferner die Einflussnahme und bestenfalls Kontrolle über andere Stammesgruppen im Grenzgebiet zu den Aufgaben der Verbündeten. Das erklärt die gesonderte Erwähnung und Teilnahme des Königs der persischen Ṭayyāyē an den Verhandlungen. Anhand der aufrührerischen Ṭou'ayē zeigt sich wiederum, fünftens, die Vielfalt an Optionen, die sich den arabischen Gruppen in der Einflusssphäre der beiden Reiche boten. In Analogie zu den Mauren Nordafrikas konnten sie sich der einen oder anderen Großmacht anschließen, bei Bedarf zu ihrem eigenen Vorteil die Seite wechseln und/oder sich mit anderen Stammesgruppen aus der arabischen Wüste zu größeren Raubzügen verbünden. Barsaumas eindringliche Beschreibung der Vorgänge in Mesopotamien illustriert daher vor allem die wachsende Unabhängigkeit der arabischen Stammesgruppen, die von den zuständigen Militärs und Magistraten vor Ort kaum oder nur unter höchsten Anstrengungen zu bändigen war.

80, der auf das Fehlen von Vertragstexten und damit klar umrissenen rechtlichen Kategorien hinweist.

853 Men.Prot.Frg.6,1.

854 Vgl. etwa Nov.Theod.24,2, die klar stipuliert, dass es den Duces verboten war, auf die Annona zurückzugreifen, die für die sarazenischen Föderaten bestimmt war. Siehe ferner: Shahid 1989, 121–124; Greatrex 1998, 25–28. Die von Anastasius erlassenen Bestimmungen für den Orient erwähnen im Zusammenhang mit der Heeresversorgung zudem *dromedarii*, was in der Forschung mit arabischen Kontingenten verbunden wird. Siehe Feissel 2014, 33–35; Sartre 1982, 107–110, Nr. 9045–9046.

855 Elton 2014, 245–246.

Die Entwicklung setzte sich unter Anastasius nahtlos fort. Evagrius Scholasticus berichtet von Einfällen der „skenitischen Barbaren" in die Phoenicia Libanensis (ca. 491/492 n. Chr.), die vielleicht sogar bis Emesa vordringen konnten.[856] Er insinuiert dabei, dass diese nicht zu ihrem eigenen Vorteil durchgeführt wurden. Vielmehr animierte sie wohl der persische Šāhanšāh, um die Dringlichkeit seiner Jahrgeldforderungen an den gerade erst zum römischen Kaiser ernannten Anastasius zu untermauern.[857] Die mobilen Räuber unterzogen der römischen Grenzorganisation folglich einem Stresstest. Dabei stellten sich die Überreste der *strata Diocletiana* als ungenügend heraus, denn ungehindert in das römische Territorium einzudringen war zu diesem Zeitpunkt keine Herausforderung mehr. Die erfolgreiche Abwehr der Angreifer lag nun maßgeblich auf den Schultern der Duces. Das wird besonders deutlich bei einem dreigeteilten Angriff, den Theophanes für das Jahr 498 n. Chr. überliefert.[858] Eine Gruppe, die vom nasridischen Phylarchen al-Nu'mān (498–503 n. Chr.) angeführt wurde, drang tief in die Provinz Euphratensia ein.[859] Vor Bithrapsa (wohl Sergiopolis) konnte sie der Dux Eugenius stellen und im Kampf besiegen.[860] Die Dynastie der Nasriden aus dem Stamm der Lakhmiden waren langjährige Verbündete der Sasaniden; dass sie von Kavadh zum Überfall angestiftet wurden, ist durchaus denkbar. Nach seiner Rückkehr auf den Thron erneuerte Kavadh zum einen die Jahrgeldforderungen an Anastasius, zum anderen bot der populäre Schrein des christli-

856 Evag.HE.3,36.; Cyrill.Skyth.Vit.Abr.244.

857 Meier 2009, 190–191; Haarer 2006, 52–54.

858 Theoph.AM5990: „*In this year there was an invasion of the so-called tent-dwelling Arabs into Euphratesia. Eugenios, an earnest man in both word and deed, who commanded the army in those parts, met them at Bithrapsa in the first region of Syria and defeated them in battle. The vanquished [Arabs] who were tributaries of the Persians, were of the tribe of the phylarch Naaman. At that time Romanus was commander of the army in Palestine, an excellent man. Both by good planning and generalship, he captured in battle Ogaros, the son of Arethas (the latter being known as the son of Thalabene), together with a great mass of prisoners. Before the battle Romanus had worsted and put to flight another tent-dweller, Gabalas by name, who had overrun Palestine before Romanus' arrival. At that time also the island of Iotabe, which lies in the gulf of the Red Sea and was subject to the Roman emperor, paying considerable tribute, but which in the meantime had been seized by the tent-dwelling Arabs, was set free by Romanus after fierce battles, and given back to the Roman traders to inhabit under their own laws, to import goods from the Indies and to bring the assessed tax to the emperor.*"

859 Hugh Elton hat darauf hingewiesen, dass die von Theophanes gegebene Schreibweise des Naaman (al-Nu'mān) im Manuskriptbestand nicht einheitlich ist und ebenso Naamalou und Naamatou gegeben wird. Gerade Naamalou ähnele dem von Malchus erwähnten Nomalius, dem Stamm des Amorkesos. Siehe: Elton 2014, 242–244 mit Anm. 42.

860 Die Lesung und Identifizierung von Bithrapsa als Bēth Reṣāpha und damit Resafa/Sergiopolis wurde von Shahid 1989, 123–124 vorgebracht.

chen heiligen Sergius in Bithrapsa ein geeignetes Ziel, um die zoroastrischen Magi von der religiösen Kehrtwende und Abkehr vom Mazdakismus des Großkönigs zu überzeugen.[861] Zwei weitere Gruppen griffen Palästina an und wurden nacheinander vom Dux Romanus zurückgeschlagen. In der Forschung ist man geteilter Meinung, was die Verbindung dieser Überfälle mit dem Vorstoß der Nasriden anbelangt. Einige Forscher sehen in ihnen eher einen Reflex des tribalen Wettstreits um die Vorherrschaft in den Wüstengebieten der arabischen Halbinsel.[862] Diese Option ist attraktiv, weil sich aus der Kombination der genealogischen Angaben des Theophanes mit den Informationen späterer arabischer Autoren Verbindungen zu größeren Stammesfraktionen herstellen lassen. Der Anführer des zweiten Einfalls, Gabala (Jabala), wird so mit der Dynastie der Jafniden aus dem Stamm der Ghassaniden verknüpft, die vor allem im sechsten Jahrhundert n. Chr. zu den wichtigsten Verbündeten Ostroms zählten.[863] Die dritte Gruppe folgte dagegen Ogaros, dem Sohn eines gewissen Arethas (al-Hārith), der wiederum Sohn des Thalabene war und mit dem Stamm der Kinda in Verbindung gebracht wird. So plausibel die jeweilige Herleitung auch erscheinen mag, streng genommen verzichten die griechischen (und syrischen) Schriftsteller auf die genaue Identifikation, Herkunft und Lokalisation der arabischen Gruppen, wie Fergus Millar warnend angemahnt hat.[864] Dieser berechtigte Einwurf hat Konsequenzen für die Deutung der Vorgehensweise des Anastasius. Denn insbesondere Maurice Sartre und Irfan Shahid haben postuliert, dass die Römer im vierten und fünften Jahrhundert n. Chr. mit den Salihiden hauptsächlich eine tribale Gruppe im Grenzvorland gefördert hätten.[865] Die steigende Anzahl an Raubzügen auf römisches Territorium wurde daher als Beleg für deren schwindende Relevanz interpretiert. Der enttäuschte Kaiser hätte daraufhin die Vormachtstellung der Salihiden aufgegeben und stattdessen Bündnisse mit den Jafniden, Kinda und sogar den persischen Nasriden angestrebt.[866] Diese Bemühungen trugen 502/503 n. Chr. erste Früchte, da sich Anastasius und Arethas (al-Hārith) auf einen Bündnisvertrag einigen konnten. Arethas Söhne, Hujr und Ma'dikarib, hatten nur ein Jahr zuvor erfolgreich die Provinzen Phoenicia, Syria und Palestina geplündert. Nun garantierten sie laut Theophanes zuverlässig die Sicherheit eben jener Gebiete.[867] Wiewohl diese Auslegung der Quellen schlüssig ist basiert sie doch auf der

861 Fowden 1999, 60–64.

862 Robin 2014, 33–83.

863 Greatrex 2015, 121–155; Robin 2015, 79–120.

864 Millar 2010, 199–226, bes. 200.

865 Sartre 1982b, 155–166; Shahid 1989, 129–131.

866 Haarer 2006, 29–47; Fisher 2015, 219–225.

867 Theoph.AM5994 und AM5995.

Annahme, dass die Aussagen späterer arabischer Autoren, wie etwa Ibn Habib, die im achten und neunten Jahrhundert n. Chr. eine Vorgeschichte der großen Stammesdynastien Arabiens verfassten, glaubhaft und historisch belastbar sind. Im Hinblick auf die verfügbaren Zeugnisse zur Geschichte der Salihiden ist meiner Meinung nach Skepsis angebracht.[868] Daher würde ich die Initiative des Anastasius weniger als Abwendung von den Salihiden sehen, sofern sie denn die Vormachtposition unter den Verbündeten Roms innehatten, sondern mehr unter dem Gesichtspunkt des intensivierten Klientelmanagements. Die spürbare Verschlechterung der Beziehungen zu den Persern im ersten Jahrzehnt seiner Herrschaft wird Anastasius dazu motiviert haben, grundsätzlich die Anzahl an Alliierten zu vergrößern. Das deckt sich mit den diplomatischen Bemühungen des Kaisers im Kaukasus. Ein probates Mittel, die heterogenen Gruppen an- und außerhalb der Grenzen enger an das Reich zu binden, war des Weiteren die Förderung christlicher Kulte und der damit verbundenen Übernahme religiöser Praktiken bis hin zur vollständigen Konversion zum Christentum.[869] In den Wüstenregionen des *limes orientalis* erfreuten sich die beiden heiligen Sergius und Bacchus großer Beliebtheit. Das Grab des ehemaligen Soldaten Sergius in Resafa entwickelte sich in der Spätantike zu einem Wallfahrtsort und zog eine große Menge an Pilgern an. Anastasius verlieh dem Ort, der günstig an der Kreuzung mehrerer Karawanenrouten gelegen war, das Stadtrecht und stattete ihn mit einer Festung und Mauerring aus.[870] Doch auch andernorts förderte der Kaiser die Errichtung von Sakralgebäuden zu Ehren der beiden Heiligen. In den von Denis Feissel neu entzifferten Passagen der großen Inschrift von Qasr- al Hallabat widmet sich etwa ein Paragraf der Umverteilung von Steuermitteln, die unter anderem explizit nach Pella zur Unterstützung der dortigen Sergiuskirche fließen sollten.[871] Einher mit den römischen Integrationsbemühungen ging der Versuch die (semi-)pastoralen Araber oder zumindest deren Führungselite zu einer saisonalen Sesshaftigkeit an bestimmten Zentralorten zu bewegen.[872] Dies erleichterte die Kommunikation und wurde nachweislich von einigen der Jafniden im sechsten Jahr-

868 Vgl. Fisher 2011, 78–80; Elton 2014, 235–237.

869 Fisher 2011, 35–71; 2015, 276–372. Vgl. ferner Wood 2014, 355–371, der auf die fortschreitende Diversifizierung christlicher Strömungen hinweist. Arabische Phylarchen protegierten im Laufe des sechsten Jahrhunderts ebenso eine Ausbreitung des christlichen Glaubens, wodurch dem römischen Reich alsbald ein wie auch immer geartetes Monopol der Christianisierung abhandenkam.

870 Fowden 1999, 60–101; Konrad 2001, 5–15, 112–114; Fisher 2015, 281–187.

871 Arce/Feissel/Weber-Karyotakis 2018, 680; Feissel 2014, 94.

872 Vgl. Dijkstra 2014, 323–325, der auf die unterschiedliche Vorgehensweise der Römer in Nubien hinweist.

hundert n. Chr. angenommen. Der Integration waren aber auch Grenzen gesetzt. Im Unterschied zu anderen Reichsteilen wurde kein arabischer Verbündeter zum Heermeister ernannt. Das Phylarchat blieb die bevorzugte Eingliederungsform.

Anastasius' Bemühungen um neue Verbündete koinzidierten nicht nur mit militärischen Erfordernissen, sondern sie erfolgten ebenso unter wirtschaftlichen Gesichtspunkten. Im Rahmen der arabischen Überfälle auf die Provinz Palestina schildert Theophanes wie der Dux Romanus kurzerhand die Insel Iotabe eroberte. Jene befand sich im Golf des Roten Meeres und wurde seit der Regierungszeit Leo I. (ca. 473 n. Chr.) von dem Warlord Amorkesos (Imr al-Qays) kontrolliert. Leo hatte ihm den Titel eines Phylarchen verliehen, musste aber im Gegenzug auf die Einnahmen aus dem Indienhandel verzichten.[873] Die Rückeroberung des Eilands ermöglichte einen besseren Zugriff auf den maritimen Handel im Roten Meer und vor allem den Aufbau von Zollstationen. Vor diesem Hintergrund ist auch die Umverteilung von Geldern zur Bezahlung der regionalen Duces sowie die Installation eines *commercarius* in den inschriftlichen Bestimmungen für die Diözese Oriens zu verstehen. Anastasius zielte mit diesen Maßnahmen darauf ab, die (Steuer-)Einnahmen aus dieser Region zu erhöhen.[874] Das vermehrte Interesse am Roten Meer und dem Indienhandel sollte dann unter seinen Nachfolgern Justin I. und vor allem Justinian zu einer stärkeren Beteiligung an den politischen Konflikten des Horns von Afrika und der arabischen Halbinsel führen.

873 Die genaue Lokalisation ist bis heute unbekannt. Siehe aber: Mayerson 1992, 1–16 und 1996, 119–126.

874 Contra Elton 2014, 246, der den wirtschaftlichen Gewinn aus der Kontrolle Iotabes für gering erachtet.

6 Ergebnisse: Igel und Stachelschwein

„*The age of Anastasius was not a glorious one for Roman arms.*"[875] Mit diesen Worten leitete Geoffrey Greatrex die gemeinsam mit Richard Burgess und Hugh Elton verfasste Studie zu den *Epitedeuma* des Urbicius ein. Gemessen an den Eroberungszügen Justinians, die zur Rückgewinnung weiter Teile des westlichen Mittelmeerraums führten, leuchtet diese Einschätzung zunächst ein, sie mindert aber zu Unrecht die Leistungen des Anastasius, dessen Regierungszeit keineswegs arm an militärischen Konflikten war. Neben den beiden mehrjährigen Kriegen gegen Isaurier und Perser sowie dem Aufstand des Vitalian wurde die römische Armee in Kämpfe gegen Araber, Blemmyer, Bulgaren, Hunnen, Maziken und Sabiren verwickelt. Entsprechend charakterisierte Jordanes in seiner *Romana* das Heer des Anastasius aufgrund der zahlreichen Gefechte, die es zu bestehen hatten, sogar als vollkommen erschöpft („*Variis namque sub Anastasio miles prœliis fatigatus* ...").[876] Dass die römische Armee all diese Herausforderungen erfolgreich bewältigen konnte, war in Anbetracht der verlustreichen Feldzüge des fünften Jahrhunderts n. Chr., allen voran der misslungenen Vandalenexpedition, nicht selbstverständlich. Die vorliegende Studie hat sich durch die eingehende Betrachtung einer Reihe von Inschriften aus der Kyrenaika und deren Kontextualisierung mit weiteren inschriftlich verbuchten Anordnungen aus dem östlichen Mittelmeerraum mit den Einzelheiten des hierfür notwendigen Reformprozesses befasst. Dabei kam es zu einer Reihe von Erkenntnissen, die hier kurz zusammengefasst werden sollen:

Der libysche Militärerlass des Anastasius wurde bislang in das Jahr 501 n. Chr. datiert. Dies beruhte allerdings auf einer falschen Lesung der Kaisertitulatur. Im Rahmen der Untersuchung konnte das Jahr 492 n. Chr. als neuer *terminus post quem* bestimmt werden. Aufgrund dieser neuen Datierung war es möglich, die Bestimmungen des Kaisers in der Pentapolis mit der im Protokoll seiner Thronbesteigung überlieferten Forderung der hauptstädtischen Bevölkerung nach einer stärkeren

875 Greatrex/Burgess/Elton 2005, 35 mit Anm. 1, die Greatrex als Verfasser der Einleitung angibt.

876 Jord.Rom.356: „*Variis namque sub Anastasio miles prœliis fatigatus, et nunc in Illyrico cum Sabiniano et Mundone ad Margum, nunc cum Pompejo ad Adrianopolim, nunc cum Aristo ad Zurtam, nunc cum Parthis in Syria — ut omittam intestinas clades et pugnas in foro regiæ civitatis —, ad postremum contra Italiam plus piratico quam publico Marte concertans, frustratus est.*"
„*Erschöpft von den zahlreichen Gefechten unter Anastasius war das Heer frustriert, nun kämpfte es im Illyricum mit Sabinanus und mit Mundo bei Margus, bald mit Pompeius bei Adrianopel, bald mit Aristus beim (Fluss) Tzurta, dann mit den Parthern in Syrien, ganz zu schweigen vom Bürgerkrieg und den Kämpfen auf dem Forum in Konstantinopel (der Königsstadt), und schließlich führte es gegen Italien mehr wie Piraten Krieg anstatt wie eine reguläre Armee.*"

Beachtung der militärischen Belange des Reiches zu verbinden. Anastasius kam dieser Forderung in seiner umfassenden Erneuerung des Militärs nach. Wie nun die libyschen Inschriften detailliert belegen, lässt sich diese Reform in zwei Teile gliedern:

Im ersten Teil wurden vornehmlich reichsweite Standards etabliert, bekräftigt und feinjustiert. Zu diesen Grundpfeilern gehörte die allerorts von der Bevölkerung zu gewährleistende Versorgung des Heeres mit Lebensmitteln und Sold. Neben der Durchführung eines Schuldenschnitts, der Einführung neuer Steuern wie der Chrysoteleia, und der schrittweisen Adaeration des Gehaltes des Soldes, reduzierte er in diesem Zusammenhang den Handlungsspielraum der befehlshabenden Duces, indem er den einfachen Soldaten befahl, schriftlich Rechenschaft über den sachgemäßen Erhalt ihrer Annonabezüge abzulegen. Die Offiziere konnten so (idealiter) nicht mehr die Rationen von freigestellten Soldaten einkassieren oder mehr als das ihnen zustehende Zwölftel der Annona auf einen Schlag einbehalten und nur gegen eine Gebühr an die untergebenen Chargen weiterleiten. Sondervergütungen wie die in der Pentapolis übliche *eumenia* wurden von Anastasius ebenfalls abgeschafft. Den Soldaten blieb so ein größerer Teil ihres Soldes erhalten, ohne dass ihre Bezüge grundsätzlich auf Kosten der Staatskasse hätten erhöht werden müssen. Einher mit der finanziellen Entlastung und sukzessiven Aufwertung des Soldatenstandes ging der rechtliche Schutz vor Korruption des militärischen Personals. Die Einführung des „*ad responsum*"-Büros des obersten Heermeisters in den Provinzen schütze die lokalen Truppen gleichermaßen vor der richterlichen Willkür ihrer Vorgesetzten, gab den Soldaten eine weitere Anlaufstelle für juristische Belange und ersparte den Prozessbeteiligten die Reisekosten zu einem anderen Gerichtshof.

Das administrative Personal der Grenzkommandeure wurde ebenfalls reguliert. Die Auswahl der engsten Mitarbeiter und die Ausarbeitung der Amtsmatrikel standen zwar dem Dux frei, aber die Zentralisierungstendenzen waren auch hier spürbar, da diese Liste von der kaiserlichen Zentrale abgesegnet werden musste. Darüber hinaus achtete Anastasius auf eine klar differenzierte Binnenstruktur der Officia und reduzierte die Anzahl des Mitarbeiterstabes auf 40 Personen. Zudem wurde deren Möglichkeit, nach Belieben Sonderabgaben und Dienstleistungsgebühren zu erheben, durch die Einführung von Obergrenzen eingeschränkt. Die öffentliche Publikation einer detaillierten Gebührenliste für die administrativen Leistungen des Bürostabes machte abschließend den Eingriff des Kaiserhofs in die Angelegenheiten der Bewohner der Kyrenaika sichtbar.

Im zweiten Teil wurden hingegen die speziellen Regelungen für den jeweiligen Geltungsbereich festgelegt. Es sind diese Anordnungen, die die Reform der Dukate ausmachten. Für den libyschen Limesabschnitt ergab sich eine Reihe von Neuerungen, die nicht zuletzt der veränderten geopolitischen Situation der Kyrenaika Rechnung zu tragen hatten. Im Vergleich zur Lebzeit des Synesius, als sich das römische Heer in die Städte zurückgezogen hatte, und die Sicherung des Hinterlandes den Milizen der Bewohner der Pentapolis überließ, war die Kyrenaika im Laufe des fünften Jahrhunderts n. Chr. durch den Verlust weiter Teile Nordafrikas buchstäblich zum äußersten Rand des Reiches geworden. Die Maßnahmen des Anastasius forderten deswegen die Soldaten und Offiziere auf, die Grenzposten zu bemannen, den Zugang zur Kyrenaika zu überwachen und nicht zuletzt Präsenz zu zeigen, sowohl durch regelmäßige Patrouillen als auch die (Pass-)Kontrolle fremder Bevölkerungsteile sowie der „Barbaren“. Erstmals nachweisen lässt sich an dieser Stelle die Präsenz comitatensischer Einheiten in der Pentapolis. Ferner machte die strategische Situation mitunter die Einquartierung von Soldaten innerhalb der Privathäuser der Bevölkerung notwendig, sodass der ordnungsgemäße Ablauf dieses öffentlichen Dienstes ebenfalls geregelt werden, und dabei gleichzeitig die gebührende Behandlung der Soldaten angemahnt werden musste.

Aufbauend auf den in der Kyrenaika gewonnen Beobachtungen wurden dann die übrigen Grenzbereiche des oströmischen Reiches in den Blick genommen. Dabei wurde deutlich, dass ein weiterer wichtiger Baustein der Reformen im Ausbau der militärischen Infrastruktur lag. Da Anastasius nicht gewillt war, das reguläre Heer zu vergrößern, sondern lediglich punktuell durch Föderaten und Alliierte zu erweitern, sollten die Verteidigungsbauten die feindlichen Angreifer gleichermaßen abwehren, abschrecken und in ihrer Mobilität einschränken. Mischa Meier hat dieses Defensivverhalten pointiert als „einigeln” beschrieben.[877] Die so implizierte passive Grunddisposition deckt sich jedoch nicht mit den im Laufe der Untersuchung gewonnen Erkenntnissen. Anhand des libyschen Dukats konnte nämlich gezeigt werden, dass die römische Grenz- und Verteidigungsorganisation neben dem Bestreben bestimmte Abschnitte hermetisch vor äußeren Gefahren abzuriegeln, immer auch ein sehr flexibles und anpassungsfähiges Element enthielt. So konnten etwa lokale Eigenheiten ohne Weiteres in die militärische Infrastruktur eingearbeitet und bei Bedarf umgeformt werden. Im Fall der Kyrenaika ließ sich das anhand der verstärkten Nutzung der Verteidigungsinstallationen nach dem Vorbild des *fossatum Africae* belegen. Die gesamte Region, die zuvor kaum größere militärische Kräfte gebunden hatte und zur Lebzeit des Synesius von Kyrene alle Merkmale eines „provincial backwater“ trug, wurde so nach dem Verlust des westlichen Nordafrikas unter Anastasius zur ersten Abwehrstellung des Reiches. Der Rückzug hinter die eigenen Festungslinien kennzeichnet folglich nur einen Teil des Verteidigungskonzeptes des Anastasius. Analog zu dem von Meier gewählten Bild, gab es meiner Meinung nach

877 Meier 2009, 141–148.

eine aktive und aggressive Komponente im (ost-)römischen Verteidigungssystem, die sich eher mit einem Stachelschwein als einem Igel vergleichen lässt. Denn der Kaiser versetzte fortwährend Einheiten an die jeweiligen Krisenherde, sodass aus einer gesicherten Verteidigungsstellung, wie den Langen Mauern, immer auch ein offensiver Ausbruch in Feindesgebiet oder zur Verfolgung von Angreifern möglich war. Entlang der Wüstengebiete des Reiches in Nordafrika und dem orientalischen Limes konnte es dieser dualen Konzeption entsprechend zu präventiven Feldzügen im Grenzgebiet kommen. Dieser aggressive Verteidigungsstil war bestimmend für die Militärpolitik des Anastasius. Abschließend lässt sich daher festhalten, dass der Kaiser fortan nicht nur als geschickter Finanzverwalter wahrgenommen werden sollte, sondern zu seinen Verdiensten auch die Durchführung umfangreicher Grenz- und Armeereformen gehörten. Anastasius war somit für die nachhaltige Stabilisierung der Reichgrenzen verantwortlich und legte somit auch den Grundstein für die Expansionsbemühungen späterer Kaiser.

7 Appendix

7.1 Die einzelnen Inschriftenfragmente der libyschen Militärkonstitution des Anastasius

7.1.1 Ptolemais

Fragment A[878]

[Αὐτοκ]ράτωρ Καῖσαρ Φλ(άβιος) Ἀναστάσιος, νι<κ>ητῄ[ς, εὐ]σεβῄ[ς εὐτυχής]
τρ[οπ]αιοῦχος, ἀεισέβαστος Αὐγούστος δέδωκε τοὺς κ[αινοὺς]
θεί<ο>υς τύπους ἐπὶ τοῦ περιβλ(έπτου) κόμιτ(ος) καὶ δ[ο]υκὸς Δανιῆλ[ο]ς
ὥστ[ε] τοὺς νῦν καὶ κατὰ καιρὸν δο<υ>κικ<ο>ὺς καὶ τοὺς ταύτην ἀ̣[πο]
πλ[ηρ]ώσα[ντ]ας[ἢ] πληροῦντας τὴν στρατίαν μήτε στρατιωτικὰ κομί[ζε]σθαι
σιτηρέσια μήτε εἰς μάτ<ρ>ικας στρατιωτι[κ]ὰς ἀ<ν>αφέρεσθαι. ὥστε εἶνα[ι] τοὺ{υ}ς
δουκικοὺς αἰεὶ τεσσεράκοντα μόνους, καὶ μόνας τὰς τεσσεράκοντα ἀνώνας
καὶ τὰ τεσσεράκοντα κάπιτα τ̣ὰ̣ ἐ̣κ̣ταττ̣όμενα αὐτοῖς παρὰ {α} τῶν ἐνδοξοτάτων
ἐπάρχων ἐν ταῖς καθ'ἔτος δηλ̣ηγατίοσ̣ιν κομίζεσθαι κα̣ὶ μ̣εταξὺ ἑαυτῶν, ὡς ἂν
βούλοιντο, διανῖμαι, ὀφίλοντας πά̣ντας καὶ προσκαρτε̣ρεῖν τα̣ῖς δικαστ[ι]καῖς καὶ δη-
μοσίαις ὑπηρεσίαις κα̣ὶ τρέφεσθαι ἐκ [τ]ῶν οἰκίων σιτηρεσίων· [ο]ὐδὲ γὰρ γ̣ούμεθα
πλιόνων δεῖσθαι τὸ π̣ρ̣ᾶγμα, τούτων παραμενώντων τῇ ἰ[δ]ίᾳ̣ στρατύᾳ̣.
ὥστε κρατεῖν τὰς μάτρικας τὰς παρὰ Δανιῆλ(ος) [το]ῦ περιβλέ[πτ]ου κόμιτος
καὶ δουκὸς σ̣υ̣ν̣ταγείσας. ὥσται μὴ ἐξεῖν[αι τῷ] ν[ῦν] ἢ κατὰ καιρὸν δου-
κὶ <κ>ομίζεσθαί τι παρὰ τῶν στρατιωτῶν ὑπὲρ τῆς κα̣λ̣ουμένης μὲν εὐμε-
νίας οὔσης δὲ ἐξ ἔθους οὐκ ἀγαθοῦ κακῆς σινηθ[ί]ας. ὥστ[ε] μὴ ἐ[ξ]εῖναι τοῖς
νῦν ἢ κατὰ καιρὸν νουμεραρίοις ἢ πριμισκρινίοις <κ>ομίζεσθαί τι [π]αρὰ τῶν στρατιω-
τῶν τῶν πέντε ἀριθμῶν, λόγῳ χ̣αρτατικῶ[ν]. ὥστε τὴν δωδεκάτην μοῖραν μὴ ἐκ

878 Oliverio 1936, 141–143 (= SEG 9, 356; IRCyr P.116).

τῶν προτέρων διδομένων ἐκ [τοῦ] δημοσί<ο>υ πᾶσαν παρακατέχ̣ε{ι}<σ>θαι, ἀλλ’ αὐτῶν τῶν κατὰ μέρος διδομένων· τ̣ὴν μὲν δοδεκάτην κατ̣ὰ ἀναλογίαν ἔχειν ἕκαστον τῶν προσώπων, οἷ[ς] ἡ τοιαύτη ἀφώριστα{α}ι παραμυθία, τὰ δὲ λοιπὰ μ̣έρη τοὺς γενναιοτάτους κομίζεσθαι στρατιώτα{ι}ς· ὁμοίως ἑκάστους τούτων κατὰ ἀναλογίαν τῶν ἐκ τοῦ δ̣η̣μοσίου δοθέ{ε}ντων καὶ κομιζομένους κ(αὶ) μὴ τοὺς μὲν ἀποπληροῦσθαι τὴν αὐτῶν παρ<α>μυθίαν, τοὺς δὲ στρα||τιώτας χρεωστῖσθαι. ὥστε ἰνσπεσίμου συνοδ̣ι̣ακο̣ῦ μὴ καταζητῖσθαι ὡς ἀσθενεῖς {ι} ἢ ἀ[χ]ρείους τοὺς πρώτους ἑκάστου ἀριθμοῦ καὶ κάστρου, τουτέστιν, εἰ μὲν [ἑ]κατὸν εἶεν ἄνδρες, τοὺς πρώτους πένται, εἰ δὲ διακόσιο[ι τ]οὺ<ς>

Fragment B

{εἰ δ[ὲ δ]ιακόσιοι, τ[οὺς} πρώτου]ς δέκα· τὴν δὲ αὐτὴ[ν ἀ]ναλ[ο]γείαν καὶ ἐ[πὶ τ]οῖ[ς] πλίοσιν καὶ ἐπὶ τοῖς ἐλάττοσιν ἀνδράσιν φυλάττεσθαι. [ὥ]στε ἐ[κ π]άν-των τῶν ἀριθμῶν κα[ὶ] οὐκ ἀφ’ ἑκάστου [τ]ούτων ἀποκεκληρῶσθαι τῷ̣ περιβλ(έπτῳ̣) δουκὶ ἤτοι τοῖς περὶ τῶν τοιούτων ἀποστέλλ[ι]ν αὐτοὺς ὀφίλουσιν εἰς γραμμάτῳ̣[ν ἐπ]ικομι-δὴν καὶ ἄλλας ἀποκρίσεις στρατιώτας δέκα καὶ πέντε, ὀστιαρίους πέντε, καὶ εἰς παρα φυλακὴν τοῦ δημοσίου δεσμωτη<ρ>ίου στ[ρ]ατιώτας ἑ<π>τά· παρέχεσθαι δὲ τούτου[ς] ἐκ τῶν λόγῳ̣ ὑπηρεσίας ἐν ἑ[κά]στῳ̣ ἀ<ρ>ιθ<μ>ῷ̣ ἐαθέντ[ω]ν καὶ οὐκ ἀναγκαίων ἐν καιρῷ̣ πολέ-μου καθεστώτων, ἐκ τῆς σχολῆς δηλονότι τῶν κιρκιτόρων καὶ τῶν μετ’ αὐτοὺς στρατιωτῶν· τοὺς δὲ λοιποὺς πάντα[ς π]ροσκαρτερῖν τοῖς φοσσάτοις. ὥστε τὸν ἐπικείμενόν τις αἰτιαθείη πα[ρ]’ αὐτῷ̣ μέχρει νομισμάτων ἑκατὸν λαμ̣βάνιν ἥμισ[υ] νομίσματος καὶ αὐτ[οῦ] ἐξετάζιν τὴν ὑπόθεσιν· εἰ δὲ μή, πα-ρ̣α̣υ̣τ̣[ὰ τὴ]ν̣ [ὑπ]ό[θεσιν] εἰσά<γ>ιν, κα[ὶ] τὸν α[ἰτι]αθέντα φυλάττεσθαι. ὥστε το[ὺς ἐν] το[ῖς] κάστροις ἰδιώτας διδόναι προτέρους τὰ μιτάτα,

{δ}δίχα δια[τροφῆς], ἕκαστον πρὸς τὴν τῶν οἰ[κ]ημάτων ὧν κέκτητα̣[ι]
δύνα[μ]ιν· εἰ δὲ [μὴ ἀρκο]ῦσι τὰ ἐκίνων οἰ[κ]ήματα, καὶ αὐτοὺς τοὺς στρα-
τιώτας ἐφ' ὕσ[τερον εἰς τὰ] ἴδια κομίζ[ει]ν κάστρα ὡς παρέχειν μη-
τάτ̣α̣, κ̣α̣ὶ μὴ ἐνυ[βρι]σαμέ̣νους, [το]ὺς ἰδιώτας, προφάσε[ι] μη-
τάτων, [ἕκασ]το̣ν̣ δίχα τῶν αὐτῷ διαφ{φ}ερόντων
οἰκημάτων. ὣ[σ]τε τοὺς καστρ<η>σιανοὺς μετὰ πά<σ>ης ἐπιμελίας
παρα[φ]υλάττιν, καὶ μὴ σ[υνω]νῆς χάριν τινὰ παρειέναι ἐπὶ τ[ο]ὺς
βαρβάρους μήτε τ[ὰ] ἀλλάγματα πρὸς αὐτοὺς τιθ[έν]αι·ἀλλὰ φολάττιν
αὐτοὺς
καὶ τὰς ὁδοὺς ἐπὶ τῷ μήτε Ῥωμαίους μήτε Αἰγυπτίο[υς μ]ήτε ἕτερόν
τ<ι>να δίχα [πρ]οστάγ
ματος τὴν πάροδον ἐπὶ τοὺς βαρβάρους [π]οιεῖ<ν>· [το]ὺς δὲ ἐκ τοῦ
ἔθνου[ς τ]ῶν
Μακῶν διὰ γραμμάτων τοῦ λ̣α̣(μπροτάτου) πραιφέκτου συγχωρῖσθαι ἐπὶ
τὰ χωρία [Πε]ντα-
πόλεως παραγίνεσθαι. ὣστε π̣αρὰ τοῖς γενναιοτάτοις στρ[ατ]ιώταις
δίχα τινὸς παρὰ τὸ δίκαιον ἐπισαγ[ο]μένης ἐπηρί[ας] παρέχεσθαι. ὣστε
τὸν παρα-
β<αί>νοντά τι τῶν τυπωθέντων π[ε]ντήκοντα χρυσίο λίτρας λόγῳ̣ προσ-
τίμου μεθοδεύεσθαι, καὶ ταύτας περὶ τὴν τῶν ὅρων ἐπιμέ[λ]ιαν δαπα-
νᾶσθαι. γνῶσις τῶν μετὰ τὰ ἐ<π>έ[τε]ια [ε]ἰς μίωσιν τῶν συνηθιῶν τυ
πωθέντων· καθ' ἕκαστον ἔτο[ς παρέχονται παρ]ὰ [τῶν] γε[νν]αιωτάτων
στρατιωτῶν
ἐκ πάντων τῶν ἀριθμῶν καὶ οὐκ ἀφ' ἑκάστου τούτων διαφόρ[ο]ις

Fragment C

κατὰ τὴν χώραν προσώποις, ὧν
οὐδὲν πλέον αὐτοὺς ἐπινοεῖσ[θ]-
αι χρή, οὕτως· συγκαθέδρῳ τοῦ περ-
ιβλέπτου δουκός νο(μίσματα) ρνδ´·δομε-
στικῷ τοῦ αὐτοῦ νο(μίσματα) ρκς´· κανκ<ε>-
λλ[α]ρίῳ τοῦ αὐτοῦ νο(μίσματα) κδ´· τῶι
δεκανῷ καὶ σο[υβσκριβε]νδαρίῳ̣
καὶ σπαθαρίῳ̣ καὶ βουκινάτορι καὶ ἀν-
θρώποις τοῦ δουκός, τοῖς πᾶσιν τού-
τοις νο(μίσματα) ρπ´·
τῇ τάξει λόγῳ καλανδαρικῶν
νο(μίσματα) ρ{α}ξα´· τῷ

νουμεραρίῳ καὶ πριμισκριν[ί]ῳ ὑπὲ<ρ>
ἀννώνας προστιθεμένης καὶ παρα-
πομπῆς νό(μισμα) α΄· τοῖς αὐ-
τοῖς ὑπὲρ καπίτου ὁμοίως προστι-
θεμέν{ικ}ου νό(μισμα) α΄· τοῖς α-
ὐτοῖς ὑπὲρ προκοπῆς βαθμ<ο>ῦ νό(μισμα) α΄ {ς}· τοῖς α-
ὐτοῖς ὑπὲρ στρατευσίμου καὶ τῆς καλ-
ουμ[έ]νης προβατωρίας νό(μισμα) α΄· τοῖς αὐ-
τοῖς λόγῳ χαρτατικῶν {ΝΑ} ἀπὸ ἑκ-
άστου κάστρου τῶν κ{α}αστρη-
σιανῶν νο(μίσματα) ς΄
τοῖς αὐτοῖς λόγῳ τετραμηνιακ
ῶν ὁμοίως νο(μίσματα) δ΄.

7.1.2 Taucheira/Tokra

Der Stein ist von größeren Löchern durchzogen, sodass hier zur Ergänzung die Fragmente aus Ptolemais herangezogen wurden. Die Zeilenzählung folgt Gaspare Oliverio. Die diplomatische Fassung ist nun auch als T.219 in der Datenbank *Inscriptions of Roman Cyrenaica* einsehbar.

- - | δίχα [π<ροσ>]τάγμα[τος τὴν πάρ]οδ[ον ἐ]πὶ ṭοὺς βαρ[βάρους ποιεῖν·
τοὺς δὲ ἐκ τοῦ ἔθνους τῶν] Μακῶν διὰ γραμμάτων τοῦ λ̣α̣(μπροτάτου) πραιφέκτου
συγχωρῖσθαι ἐπὶ τὰ χωρία Πενταπόλεως παραγίνεσθαι. — Ὥστε παρὰ τοῖς [γενναιοτάτοις] |
στρατιώταις δίχα τινὸς παρὰ τὸ δίκ[αιον ἐπισαγομένης ἐπηρίας
παρέχεσθαι. — Ὥστε τὸν παραβαίνοντά τι τῶν τυπωθέντων πεντήκοντα] |
χρυσίου λίτρας λόγῳ προστίμου μεθο[δεύεσθαι καὶ ταύτας περὶ τὴν τῶν ὅρων ἐπιμέλιαν
δαπανᾶσθαι. — Γνῶσις τῶν μετὰ τὰ ἐπέτεια εἰς] |
μιώσεις τῶν συνηθειῶν τυπωθέντων. Καθ' ἕκασ[τον ἔτος παρέχονται παρὰ τῶν γενναιωτάτων
στρατιωτῶν ἐκ πάντων τῶν ἀριθμῶν καὶ οὐκ ἀφ' ἑκάστου τούτων] ||
διαφόροις κατὰ τὴν χώραν προσώποις, ὧν οὐδὲ π[λέον αὐτοὺς
ἐπινοεῖσθαι χρή, οὕτως· συγκαθέδρῳ τοῦ περιβλέπτου δουκὸς

νο(μίσματα) ρνδ΄· δομεστικῷ τοῦ αὐτοῦ νο(μίσματα) ρκς΄]· |
κανκελλαρίου τοῦ αὐτοῦ νο(μίσματα) κδ΄· δεκανῷ καὶ
σουπ<σκ>ρ[ιβενδαρίῳ καὶ σπαθαρίῳ καὶ βουκινάτορι καὶ
ἀνθρώποις τοῦ δουκός, τοῖς πᾶσιν
τούτοις νο(μίσματα) ρπ΄]· |
τῇ τάξει, λόγῳ καλανδαρικῶν νο(μίσματα) ρξα΄· νουμεραρίῳ κα[ὶ
πριμισκρινίῳ ὑπὲρ ἀννώνας προστιθεμένης καὶ παραπομπῆς
νό(μισμα) α΄·
τοῖς αὐτοῖς ὑπὲρ καπίτου ὁμοίως προστιθεμένου νό(μισμα) α΄· τοῖς
αὐτοῖς ὑπὲρ] |
προκοπῆς βαθμοῦ νό(μισμα) α΄· τοῖς αὐτοῖς ὑπὲρ στρατευσίμου [καὶ τῆς
καλουμένης προβατωρίας νό(μισμα) α΄· τοῖς αὐτοῖς λόγῳ χαρτατικῶν ἀπὸ
ἑκάστου κάστρου
τῶν καστρη]|-
σιανῶν νο(μίσματα) ϛ΄· το[ῖς] αὐτοῖς λόγῳ τετραμηνιακῶν [ὁμοίως νο
(μίσματα) δ΄].

7.1.3 Apollonia

Die Fragmente aus Apollonia erlaubten Joyce Reynolds und François Chamoux, die Lesung der bereits bekannten Inschrift aus Ptolemais zu verbessern, sodass hier der gesamte rekonstruierte Text gegeben wird:[879]

[Αὐτοκράτωρ Καῖσαρ Φλ(άβιος) Ἀναστάσιος νικητής εὐσεβής εὐτυχής]
[τροπαιοῦχος ἀεισέβαστος Αὐγούστος δέδωκε τοὺς καινοὺς]
[θείους τύπους ἐπὶ τοῦ περιβλ(έπτου) κόμιτ(ος) καὶ δουκὸς Δανιῆλος]
[ὥστε τοὺς νῦν καὶ κατὰ καιρὸν δουκικοὺς καὶ τοὺς ταύτην]
[ἀποτιληρώσαντας ἤ πληροῦντας τ]ὴν [στρατίαν μήτε στρατιω τικὰ]
[κομίζεσθαι σιτηρέσια μήτε εἰς μ]άτρικα̣[ς στρατιωτικὰς ἀναφέρεσθαι]
[ὥστε εἶναι τοὺς δουκικοὺς αἰεὶ τεσσε]ράκοντα̣ [μόνους καὶ μόνος τὰς]
[τεσσεράκοντα ἀνώνας καὶ τὰ τεσσερά]κοντα [κάπιτα τὰ]
[ἐκταττόμενα αὐτοῖς παρὰ τῶν ἐνδοξοτ]άτων [ἐπάρχων ἐν]
[ταῖς καθ΄ ἔτος δηληγατίοσιν κομίζεσ]θα̣[ι καὶ μεταξὺ]
[ἑαυτῶν ὡς ἄν βούλοιντο διανῖμαι ὀφίλοντας πάντας]
[καὶ προσκαρτερεῖν ταῖς δικαστικαῖς καὶ δημοσίαι]ς
[ὑπηρεσίαις καὶ τρέφεσθαι ἐκ τῶν οἰκίων σιτ]ηρ(εσίων)
[οὐδὲ γὰρ ἡγούμεθα πλιόνων δεῖσθαι τὸ πρᾶγμα τ]ού-
[των παραμενόντων τῇ ἰδίᾳ στρατίᾳ vac.] vac.

879 Reynolds 1976, 309–312 (= SEG 27, 1139; IRCyr A.30).

[ὥστε κρατεῖν τὰς μάτρικας τὰς παρὰ Δανιῆλος το]ῦ περ̣[ι]βλ(έπτου)
[κόμιτος καὶ δουκὸς συνταγείσας vac.] vac.
[ὥστε μὴ ἐξεῖναι τῷ νῦν ἤ κατὰ καιρὸν δουκὶ κομίζεσθαί τι] π̣αρὰ τ̣[ῶν]
[στρατιωτῶν ὑπὲρ τῆς καλουμένης μὲν εὐμενίας οὔσ]ης [δὲ ἐξ]
[ἔθους οὐκ ἀγαθοῦ κακῆς συν]η̣[θίας vac.] v. [vac]
[ὥστε μὴ ἐξεῖναι τοῖς νῦν ἤ κατὰ κ]α̣ιρὸ̣ν [νουμεραρίοις ἤ]
[πριμισκρινίοις κομίζεσθαί τι π]αρὰ τ[ῶν στρατιωτῶν]
[τῶν πέντε ἀριθμῶν λόγῳ χαρτ]ατικῶ̣ν [vac.]
[ὥστε τὴν δωδεκάτην μοῖραν μὴ ἐκ τῶν προτέρων διδο]-
[μένων ἐκ τοῦ δημοσίου πᾶσαν παρακατέχεσθαι ἀλλὰ]
[αὐτων τῶν κατὰ μέρος διδομένων τὴν μὲν δωδεκάτην]
[κατὰ ἀναλογίαν ἔχειν ἕκαστον τῶν προσώπων οἷς ἡ]
[τοιαύτη ἀφώριστα]ι πα[ραμυθία τὰ δὲ λοιπὰ μέρη τοὺ γενναιο]-
[τάτους κομίζεοθ]αι σ[τρατιώτας ὁμοίως ἑκάστους]
[τούτων κατὰ ἀναλ]ογί̣α[ν τῶν ἐκ τοῦ δημοσίου δοθέντων]
[καὶ κομιζομέν]ο̣υ(ς) καί̣[μὴ τοὺς μὲν ἀποπλ]ηρο̣ῦ̣-
[σθαι τὴν αὐτῶν παρα]μ̣υθίαν [τοὺς δὲ στρατιώτ]ας v.
[χρεωστῖσθαι vac.] vac. [vac.] vac.
[ὥ]σ[τε ἰνσπέκτου γε]ν̣ομένου [μὴ καταζητῖ]σθαι
ὡς ἀ[σθενεῖς τ]οὺς πρώτο[υς ἑκάστου ἀρι]θμοῦ
καὶ κ̣ά[στρου τουτέσ]τι[ν ε]ἰ μὲ[ν ἕκατον εἶεν ἄν]δρ(ες)
τοὺς π[ρώτους πέν]τ̣ε εἰ δὲ κα[ὶ διακόσιοι τοὺς πρώτους]
δέκα τὴ̣ν [δὲ αὐτ]ὴ̣ν ἀναλ̣[ογίαν καὶ ἐπὶ τοῖς]
πλίωσιν κα[ὶ ἐπὶ τοῖ]ς ἐλάτ[τοσιν ἀνδράσιν]
φυλάττεσθα[ι vac.]
ὥστε ἐκ πάντων τ̣[ῶν] ἀρίθμων [καὶ οὐκ ἀφ᾽ ἑκάστου]
τούτων ἀπσκεκληρῶσθαι τ[ῷ περιβλ(έπτῳ) δουκὶ]
ἤτοι τοῖς περὶ τῶν τοιούτω[ν ἀποστέλλειν]
αὐτοὺς ὀφίλουσιν [εἰ]ς γρ̣α̣μ̣[μάτων ἐπικο]-
[μ]ιδὴν καὶ [μ]ιδὴν καὶ ἄ_ος ἀπ̣οκρ[ίσεις στρατιώτας δε]-
καπέντε ὀστιαρίους πέν̣[τε καὶ εἰς παραφυλα]-
κὴν τοῦ δημοσίου δεσμωτηρ[ίου] σ̣τ̣ρ̣α̣τ̣ι̣ [ώτας ἔπτα]
[π]αρέχεσθαι δὲ τούτους ἐκ τῶ[ν λ]όγῳ ὑπη[ρεσίας ἐν ἑ]-
[κ]άστῳ ἀρίθμῳ ἐαθέντων κα̣[ὶ ο]ὐκ ἀνα[γκαίων ἐν και]-
[ρ]ῷ πολέμου καθεστώ[των ἐκ τ]ῆς σχολ̣[ῆς δηλον]-
[ότι τ]ῶν κιρκιτόρων καὶ τ[ῶν μετ᾽] αὐτο[ὺς στρατιωτῶν]
[τοὺς δὲ] λοιποὺς πάντας π̣[ροσκαρτερεῖν τοῖς φοσσάτοις]
[ὥστε τὸν] ἐπικίμενσν εἴ τις α̣[ἰτιαθείη παρ᾽ αὐτῷ μέχρι νο]-

[μισμάτων] ἑκατὼν λαμβ̣[άνειν ἥμισυ νομίσματος καὶ]
[αὐτοῦ ἐξετ]ά̣ζειν τὴν ὑ[πόθεσιν εἰ δὲ μὴ παροχθείη]
[ἡ ὑποθέσις ἀζ]ήμιον τὸ[ν αἰτιαθέντα φυλάττεσ]-
[θαι vac.] vac. [vac.]
[ὥστε τοὺς ἐν κάστροις ἰδι]ώτας διδ[όναι προτέρους τὰ]
[μητάτα δίχα διατραφῆς] ἕκαστον [πρὸς τὴν τῶν οἰκημάτων]
ὧν κέκτηται δύναμιν εἰ] δ̣ὲ μὴ ἐξα[ρκεῖ τὰ ἐκείνων οἰκὴ]-
[ματα καὶ αὐτοὺς τοὺς στρ]ατιώτα[ς ἐφ' ὕστερον ? εἰς τὰ]
[ἰδία . . c. 14 . .]ως παρ[έχειν μητάτα καὶ]
[μὴ ἐνυβρισαμένους] τοὺς ἰδ[ιώτας προφάσει μη]-
[τάτων . .c. 12 . .]ΟΤΗΠ̣[. .c. 5. . τῶν αὐτῷ̣ δια]-
[φερόντων οἰκημάτων] vac. [vac.]

8 Bibliografie

8.1 Abbildungen

Abb. 1: London Illustrated News, Supplement der Ausgabe vom 14. Dezember 1957.

Abb. 2: Roman Egypt and Surrounding Provinces. Map by Tom Elliott for the Ancient World Mapping Center, University of North Carolina. URL: http://awmc.unc.edu/wordpress/free-maps/egypt-maps/, abgerufen am 17.5.2022.

Abb. 3: Selbst hergestellt, basierend auf: Goodchild, Richard (1953): The Roman and Byzantine Limes in Cyrenaica, Journal of Roman Studies 43, 66, Fig. 15.

Abb. 4: Ward-Perkins, John Bryan / Goodchild, Richard G. Edited by Reynolds, Joyce (2003): Christian Monuments of Cyrenaica, London, 294, Ill. 235. Open Access URL: https://societyforlibyanstudies.org/open-access-e-books/, abgerufen am 17.5.2022.

Abb. 5: Oliverio, Gaspare (1936): Il decreto di Anastasio I su l'ordinamento politico-militare della Cirenaica, Bergamo, Tav. LIII–LVI, Fig. 1.abc.

Abb. 6: Abb. 6a und b: Fotografien der Fragmente A und B aus Ptolemais, die im Rahmen der *Inscriptions of the Roman Cyrenaica* verwendet wurden. Mit freundlicher Genehmigung durch Charlotte Roueché. URL: https://ircyr2020.inslib.kcl.ac.uk/en/inscriptions/P.116.html, abgerufen am 17.5.2022.

Abb. 6c: Fragment C der Inschrift aus Ptolemais. Bereitgestellt vom Bildarchiv des Louvre, Paris.

Abb. 7: IRCyr A.30 mit freundlicher Genehmigung durch Charlotte Roueché.

Abb. 8: Die Abbildungen der Fragmente aus Apollonia wurden mit freundlicher Genehmigung durch Charlotte Rouché (linke Seite) und Erwin Ruprechtsberger (rechte Seite) bereitgestellt.

Abb. 9: Ward-Perkins, John Bryan / Goodchild, Richard G. Edited by Reynolds, Joyce (2003): Christian Monuments of Cyrenaica, London, 448, Ill. 377.

Abb. 10–11: Kenrick, Philip (2013): Cyrenaica, London, 66–67, Fig. 41–42. Nutzung aller digitalen Kopien aus diesem Buch mit freundlicher Genehmigung von Philip Kenrick.

Abb. 12: Zelazowski, Jerzy / Bogacki, Miron (2011): Ptolemais. A Lost City in Libya, Warschau, 24; Kenrick, Philip (2013): Cyrenaica, London, 81 Fig. 52.

Abb. 13: Kenrick, Philip (2013): Cyrenaica, London, 50, Fig. 30.

Abb. 14: Kenrick, Philip (2013): Cyrenaica, London, 256–257; Fig. 173.

Abb. 15: Kenrick, Philip (2013): Cyrenaica, London, 270, Fig. 180.

Abb. 16: Kenrick, Philip (2013): Cyrenaica, London, 266, Fig. 179.

Abb. 17–19: Trousset, Pol. (1998): Fossatum in: Camps, Gabriel (Hg.), Encyclopédie berbère. Vol. 19, Aix-en-Provence, 2911–2918.

Abb. 20–21: Google Earth Satellite Imagery.

8.2 Quellen

Abinnaeus Archiv: Bell, Harold Idris et al. (Hg.) (1962): The Abinnaeus Archive. Papers of a Roman Officer in the Reign of Constantius II, Oxford.

Al-Tabari: Bosworth, Clifford Edmond (Übers.) (1999): The History of al-Tabari. Vol. V: The Sasanids, the Byzantines, the Lakhmids, and Yemen, Albany.

Ammianus Marcellinus: Seyfarth, Wolfgang (Hg.) (1968–1971): Ammianus Marcellinus. Römische Geschichte, I–IV, Berlin.

Anastasius I. Erlass „de rebus Libycis": Johnson, Allan Chester / Coleman-Norton, Paul Robinson / Bourne, Frank Card (Hg.) ([3]2003): Ancient Roman Statutes. A Translation with Introduction, Commentary, Glossary, and Index, Austin.

— Oliverio, Gaspare (1936): Il decreto di Anastasio I su l'ordinamento politico-militare della Cirenaica, Bergamo.

— Chastagnol, André (1976): La fin du monde antique. De Stilicon à Justinien (Ve siècle et début V[ie]), Paris.

Anthologia Graeca: Beckby, Herrman (Hg.) ([2]1965): Anthologia Graeca, München.

— Cameron, Alan (Hg.) (1993): The Greek Anthology. From Meleager to Planudes, Oxford.

— Ebener, Dietrich (Hg.) (1991): Die griechische Anthologie in drei Bänden, Berlin.

Anthologia Latina: Fels, Wolfgang (Übers.) (2014): Anthologia Latina mit den Vergil-Centonen. Eingeleitet, übersetzt und kommentiert, Stuttgart.

Apa Mena: Drescher, Johannes (Hg.) (1946): Apa Mena. A Selection of Coptic Texts relating to Apa Mena, Kairo.

Augustinus: Goldbacher, Alois (Hg.) (1961): S. Aureli Augustini Hipponiensis Episcopi Epistulae. Pars IV: Ep. CLXXXV–CCLXX, New York / London.

— Baxter, James Houston (Hg.) (1930): St. Augustine. Select Letters, Cambridge.

Barsauma von Nisibis: Gerö, Stephen (1981): Barsauma of Nisibis and Persian Christianity in the Fifth Century, Louvain.

— Greatrex, Geoffrey / Lieu, Samuel N. C. (Hg.) (2002): The Roman Eastern Frontier and the Persian Wars, Part II: AD 363–630. A Narrative Sourcebook, London.

Cassius Dio: Veh, Otto (2007): Cassius Dio. Römische Geschichte, Bd. I–V, Düsseldorf.

Cassiodorus (Chronica): Mommsen, Theodor (Hg.) (1894): Auctores antiquissimi 11. Chronica minora saec. IV. V. VI. VII. (II), Berlin, 120–161.

Chartae Latinae Antiquiores (ChLA): Bruckner, Albert / Marichal, Robert (Hg.) (1967): Chartae Latinae Antiquiores (ChLA). Facsimile-Edition of the Latin Charters prior to the Ninth Century. Bd. IV, Olten.

Chronicon Paschale: Whitby, Mary und Whitby, Michael (Hg.) (1989): Chronicon Paschale 284–628, Liverpool.

Chronik von Arbela: Kawerau, Peter (Hg.) (1985): Die Chronik von Arbela. Bd. I–II, Leiden.

Chronik bis zum Jahr 724: Chabot, Jean-Baptiste (Hg.) (1955): Chronicon miscellaneum ad annum Domini 724 pertinens, Leuven, 63–119.

Chronik des Hippolytus: Bauer, Adolf (Hg.) (^{2}1955): Hippolytus Romanus. Die Chronik, Berlin.

Codex Iustinianus: Frier, Bruce W. (Hg.) (2016): The Codex of Justinian. A New Annotated Translation, With Parallel Latin and Greek Text. 3. Vols., Cambridge.

— Mommsen, Theodor / Krüger, Paul (Hg.) (1889): Corpus Iuris Civilis, Hildesheim.

— Otto, Carl Eduard / Schilling, Bruno / Sintenis, Carl Friedrich Ferdinand (Hg.) (1830): Das Corpus Juris Civilis. Bd. I–VII, Leipzig.

Codex Theodosianus: Mommsen, Theodor / Krüger, Paul / Meyer, Paul M. (Hg.) (1909): Theodosiani libri XVI cum constitutionibus Sirmondianis et leges novellae ad Theodosianum pertinentes, Berlin.

— Pharr, Clyde (Hg.) (1969): The Theodosian Code. And Novels. And the Sirmondian Constitutions. A Translation with Commentary, Glossary, and Bibliography, Greenwood Reprint, New York.

Collectio Avellana: Günther, Otto (Hg.) (1895): Epistulae Imperatorum Pontificum Aliorum inde ab a. CCCLXVII usque ad a. DLIII datae Avellana quae dicitur Collectio. Pars 2: Epistulae CV–CCXXXXIIII, Prag.

Corpus Inscriptionum Graecarum (CIG): Franz, Johannes (Hg.) (1977): Corpus Inscriptionum Graecarum III, Nachdruck der Ausg. Berlin 1853, Hildesheim.

Corpus Inscriptionum Iudaeae/Palaestinae (CIIP): Ameling, Walter / Eck, Werner et al. (Hg.) (2011): Corpus Inscriptionum Iudaeae/Palaestinae (CIIP). Vol. II: Caesarea and the Middle Coast, 1121–2160, Berlin.

Corpus Legum: Haenel, Gustav Friedrich (Hg.) (1965): Corpus legum ab imperatoribus Romanis ante Iustinianum latarum, quae extra constitutionum codices supersunt. Accedunt res ab imperatoribus gestae, quibus Romani iuris historia et imperii status illustratur. Bd. II, Neudruck der Ausg. Leipzig 1857, Aalen.

De Ceremoniis: Dagron, Gilbert / Flusin, Bernard (Hg.) (2020), Constantin VII Porphyrogénète. Le livre des cérémonies, Tome 1–5, Paris.

– Moffatt, Ann / Tall, Maxeme (2012): Constantine Porphyrgenitos. The Book of Ceremonies. Vols. I–II, Canberra.

Dracontius Satisfactio: Vollmer, Friedrich (Hg.) (1905): Auctores antiquissimi 14: Fl. Merobaudis reliquiae. Blossii Aemilii Dracontii Carmina. Eugenii Toletani episcopi Carmina et epistulae, Berlin, 114–131.

Vita Daniel Stylites: Delehaye, Hippolyte (1923): Les saints stylites, Brüssel.

– Dawes, Elisabeth A. S. (1948): Three Byzantine Saints. Contemporary Biographies, Oxford.

Ennodius: Rohr, Christian (1995): Das Theoderich-Panegyrus des Ennodius, Hannover.

– Rota, Simona (2002): Magno Felice Ennodio. Panegirico del clementissimo re Teodorico, Rom.

Eusebius von Caesarea, Kirchengeschichte: Schwartz, Eduard / Mommsen, Theodor / Winkelmann, Friedhelm (Hg.) ([2]1999): Eusebius von Caesarea. Bd. 2: Die Kirchengeschichte, Berlin.

– Häuser, Philipp (Übers.) (1932): Eusebius von Caesarea: Kirchengeschichte, München.

Expositio totius mundi et gentium: Drexhage, Hans Joachim (1983): Die „Expositio totius mundi et gentium“. Eine Handelsgeographie aus dem 4. Jahrhundert n. Chr. eingeleitet, übersetzt und mit einführender Literatur (Kap. XXII–LXVII) versehen, in: Münstersche Beitrage zur Handelsgeschichte II.1, 3–43.

– Rougé, Jean (Hg.) (1966): Expositio totius mundi et gentium. Introd., texte critique, trad., notes et commentaire, Paris.

Georg von Zypern: Honigmann, Ernst (1939): Le Synekdèmos d'Hiéroklès et l'Opuscule Géographique de Georges de Chypre, Brüssel.

– Gelzer, Heinrich (Hg.) (1890): Georgii Cyprii. Descriptio orbis romanii, Leipzig.

Herodot: Haussig, Hans Wilhelm (Hg.) (1971): Herodot. Historien, Stuttgart.

Heidelberger Gesamtverzeichnis der griechischen Papyrusurkunden Ägyptens: http://www.rzuser.uni-heidelberg.de/~gv0/, abgerufen am 3.4.2021.

Höchstpreisedikt Diokletians: Lauffer, Siegfried (Hg.) (1971): Diokletians Preisedikt, Berlin.

Inschriften von Ephesos: Wankel, Hermann (Hg.) (1979): Die Inschriften von Ephesos. Teil Ia: Nr. 1–47 (Texte), Bonn.

Inscriptions Grecques Du Louvre: Fröhner, Wilhelm (Hg.) (1865): Les inscriptions grecques [du Louvre], Paris.

Inscriptiones Greques et Latines de la Syrie (IGLS): Bader, Nabil (Hg.) (2009): Inscriptiones Greques et Latines de la Syrie XXI, Incriptions de la Jordanie. Tome 5: La Jordanie du Nord-Est, Beirut.

– Sartre, Maurice (Hg.) (1982): Inscriptiones Greques et Latines de la Syrie XIII, Fasc. 1, Bostra, Paris.

Johannes von Antiochien: Mariev, Sergei (Hg.) (2008): Ioannis Antiocheni Fragmenta quae supersunt ominia, Berlin.

– Roberto, Umberto (Hg.) (2005): Ioannis Antiocheni Fragmenta ex Historia Chronica. Introduzione, edizione critica e traduzione, Berlin.

Johannes von Biclaro: Mommsen, Theodor (Hg.) (1894): Auctores antiquissimi 11. Chronica minora saec. IV. V. VI. VII. (II), Berlin.

– Wolf, Kenneth Baxter (^{3}2011): Conquerors and Chroniclers of Early Medieval Spain, Liverpool.

Johannes Lydus: Bandy, Anastasius C. (Hg.) (1983): Ioannes Lydus on Powers, or: The Magistracies of the Roman State. Introduction, Critical Text, Translation, Commentary, and Indices, Philadelphia.

– Dubuisson, Michel / Schamp, Jacques (Hg.) (2006): Jean le Lydien: Des magistratures de l'état romain, Paris.

Johannes Malalas: Thurn, Hans (Hg.) (2000): Ioannis Malalae Chronographia, Berlin

– Thurn, Hans / Meier, Mischa (Hg.) (2009): Johannes Malalas: Weltchronik, Übersetzt von Hans Thurn und Mischa Meier. Mit einer Einleitung von Claudia Drosihn, Mischa Meier und Stefan Priwitzer und Erläuterungen von Claudia Drosihn, Katharina Enderle, Mischa Meier und Stefan Priwitzer, Stuttgart.

Johannes von Nikiu: Charles, Robert Henry (Hg.) (1916): The Chronicle of John (c. 690 A.D.) Coptic Bishop of Nikiu. Being a History of Egypt before and during the Arab Conquest, with an Introduction, Critical and Linguistic Notes, and an Index of Names, London.

Jordanes: Mommsen, Theodor (Hg.) (1982): Iordanis Romana et Getica. Unveränd. Nachdr. der Ausg. Berlin, Weidmann, 1882, München.

– Nuffelen, Peter van / Hoff, Lieve van (2020): "Romana" and "Getica", Liverpool.

Josua Stylites: Luther, Andreas (Hg.) (1997): Die syrische Chronik des Josua Stylites, Berlin.

Malchus: Blockley, Roger C. (Hg.) (1983): The Fragmentary Classicising Historians of the Later Roman Empire. Eunapius, Olympiodorus, Priscus and Malchus. Vol. II: Text, Translation and Notes, Liverpool.

Marcellinus Comes: Croke, Brian (Hg.) (1995): The Chronicle of Marcellinus. A Translation and Commentary (with a Reproduction of Mommsen's Edition of the Text), Sydney.

– Mommsen, Theodor (Hg.) (1894): Chronica Minora II, Paris.

Menander Protektor: Blockley, Roger C. (Übers.) (1985): The History of Menander the Guardsman. Introductory Essay, Text, Translation, and Historiographical Notes, Liverpool.

Maurikios Strategikon: Dennis, George T. (1984): Maurice's Strategikon. Handbook of Byzantine Military Strategy, Philadelphia.

— Dennis, George T. / Gamschilleg, Ernst (Hg.) (1981): Das Strategikon des Maurikios, Wien.

Monumenta Asiae Minoris Antiqua (MAMA): Keil, Josef (Hg.) (1931): Monumenta Asiae Minoris Antiqua III: Denkmäler aus dem Rauhen Kilikien, Manchester.

Nessana Papyri: Kraemer Jr., Gasper J. (Hg.) (1958): Excavations at Nessana. Vol. 3: Non-Literary Papyri, Princeton.

Notitia Dignitatum: Seek, Otto (Hg.) (1876; ND 1962): Notitia Dignitatum. Accedunt notitia urbis Constantinopolitanae et Latercula provinciarum, Berlin (ND Frankfurt am Main).

Orakel von Baalbek: Alexander, Paul J. (1967): The Oracle of Baalbek. The Tiburtine Sibyl in Greek Dress, Washington D. C.

Orosius: Arnaud-Lindet, Marie-Pierre (Hg.) (1990–1991), Orose: Histoires contre les païens, Paris.

— Lippold, Adolf (Hg.) (1985–1986): Orosius. Die antike Weltgeschichte in christlicher Sicht. 2. Bd., Zürich.

Plinius, Naturalis Historia: König, Roderich et al. (Hg.) (1990–2004): C. Plinius Secundus d. Ä.: Naturkunde. 37 Bände, Zürich.

Pomponius Mela: Brodersen, Kai (Hg.) (1994): Pomponius Mela. Kreuzfahrt durch die alte Welt, Darmstadt.

Priscian von Caesarea: Coyne, Patricia (Hg.) (1991): Priscian of Caesarea's de laude Anastasii imperatoris, Lewiston.

— Chauvot, Alain (Übers.) (1986): Procope de Gaza, Priscien de Césarée: panégyriques de l'empereur Anastase Ier: texte trad. et commentés, Bonn.

Priscus von Panium: Blockley, Roger C. (Hg.) (1983): The Fragmentary Classicising Historians of the Later Roman Empire. Eunapius, Olympiodorus, Priscus and Malchus. Vols. I–II, Liverpool.

— Carolla, Pia (2008): Priscus Panita. Excerpta et Fragmenta, Berlin.

Prokop von Caesarea, De Aedificiis: Roques, Denis (Hg.) (2011): Construction de Justinien Ier – Περὶ κτισμάτων / De aedificiis, Alessandria.

— Dewing, Henry B. (Hg.) (1940): The Buildings of Procopius, Cambridge.

— Veh, Otto (Hg.) (1961–77): Prokopios von Caesarea. Werke, München.

Prokop von Caesarea, Historia Arcana: Meier, Meier / Leppin, Hartmut (Hg.) (2004): Prokop, Geheimgeschichte des Kaiserhofs von Byzanz, Düsseldorf.

– Veh, Otto (Hg.) (1961–1977): Prokopios von Caesarea. Werke, München.

Prokop von Caesarea, Bella: Dewing, Henry B. (Hg.) (1916): Procopius. History of the Wars, II–III, Cambridge.

– Kaldellis, Anthony (Hg.) (2014): Prokopios. The Wars of Justinian, Indianapolis.

– Veh, Otto (Hg.) (1961–1977): Prokopios von Caesarea. Werke, München.

Prokop von Gaza: Amato, Eugenio / Maréchaux, Pierre et al. (Hg.) (2014): Procope de Gaza. Discours et Fragments, Paris.

– Amato, Eugenio (Hg.) (2010): Rose di Gaza, Gli scritti retorico-sofistici e le Epistole di Procopio di Gaza, Alessandria.

– Chauvot, Alain (Übers.) (1986): Procope de Gaza, Priscien de Césarée: panégyriques de l'empereur Anastase Ier: texte trad. et commentés, Bonn.

Pseudo-Zachariah Rhetor: Greatrex, Geoffrey / Phenix, Robert R. / Horn, Cornelia B. (Hg.) (2011): The Chronicle of Pseudo-Zachariah Rhetor. Church and War in Late Antiquity, Liverpool.

– Ahrens, Karl Wilhelm Christian (Hg.) (1899): Die sogenannte Kirchengeschichte des Zacharias Rhetor, Leipzig.

Regesten der oströmischen Kaiserurkunden: Lounghis, Telemachos C. / Blysidu, Basilike / Lampakes, Stelios (Hg.) (2005): Regesten der Kaiserurkunden des oströmischen Reiches von 476 bis 565, Nikosia.

Roman Imperial Coinage: Mattingly, Harold / Sydenham, Edward Allan (Hg.) (1936): Roman Imperial Coinage. Vol. IV/1: Pertinax to Geta, London.

Strabon: Radt, Stefan (Hg.) (2005): Strabons Geographika mit Übersetzung und Kommentar. Bd. IV: Buch XIV–XVII: Text und Übersetzung, Göttingen.

Suda On Line (SOL): URL: http://www.stoa.org/sol/, abgerufen am 17.5.2022.

Synecdemus von Hierokles: Honigmann, Ernst (Hg.) (1939): Le Synekdèmos d'Hiéroklès et l'Opuscule Géographique de Georges de Chypre, Brüssel.

Synesius von Kyrene: Garyza, Antonio / Roques, Denis (Hg.) ([2]2003): Correspondance. Tome 2–3: Lettres I–CLVI, Paris.

– Lamoureux, Jacques / Aujoulat, Noël (Hg.) (2004–08): Opuscules I–III, Paris.

– Vogt, Johannes (1985): Begegnung mit Synesios, dem Philosophen, Priester und Feldherrn. Gesammelte Beiträge, Darmstadt.

– Fitzgerald, Augustine (Übers.) (1926): The Letters of Synesius of Cyrene. Translated into English with Introduction and Notes, Oxford.

Das Syrisch-Römische Rechtsbuch: Selb, Walter / Kaufhold, Hubert (Hg.) (2002): Das Syrisch-Römische Rechtsbuch. Bd. II: Texte und Übersetzungen, Wien.

Tabula Peutingeriana: Miller, Konrad (1964): Itineraria Romana. Römische Reisewege an der Hand der Tabula Peutingeriana, Nachdruck der Ausg. Stuttgart 1916, Rom.

Theophanes Confessor: de Boor, Carl (Hg.) (1883–85): Theophanis chronographia. I–II, Leipzig.

— Mango, Cyril A. / Scott, Roger (Hg.) (1997): The Chronicle of Theophanes Confessor. Byzantine and Near Eastern History AD 284–813, Oxford.

Timotheus von Gaza: Bodenheimer, Friedrich Simon / Rabinowitz, Alexander (Hg.) (1949): Timotheus of Gaza. On Animals ΠΕΡΙ ΖΩΩΝ. Fragments of a Byzantine Paraphrase of an Animal-Book of the 5th Century A.D., Paris / Leiden.

Trismegistos-Personen-Datenbank: http://www.trismegistos.org/ref/index.php, abgerufen am 3.4.2022.

Urbicius Epitedeuma: Greatrex, Geoffrey / Elton, Hugh / Burgess, Richard (2005): Urbicius' Epitedeuma: An Edition, Translation and Commentary, in: Byzantinische Zeitschrift 98.1, 35–74.

Vegetius: Müller, Friedhelm L. (Übers.) (1997): Publius Flavius Vegetius Renatus, Abriss des Militärwesens, Stuttgart.

— Milner, Nicholas P. (Übers.) (²1996): Vegetius. Epitome of Military Science. Translated with Notes and Introduction, Liverpool.

Victor von Vita: Vössing, Konrad (Hg.) (2011): Victor von Vita: Kirchenkampf und Verfolgung unter den Vandalen in Africa. Historia persecutionis Africanae provinciae temporum Geiserici et Hunerici regum Wandalorum, Darmstadt.

8.3 Sekundärliteratur

Adamik, Béla (2003): Zur Problematik der lateinischsprachigen Bevölkerung in Konstantinopel. Das Zeugnis der lateinischen Texte in dem Werk De Cerimoniis aulae Byzantinae des Kaisers Konstantin VII. Porphyrogennetos, in: Solin, Heikki et al. (Hg.), Latin vulgaire – latin tardif VI. Actes du VIe Colloque International sur le Latin Vulgaire et Tardif, Helsinki, 29 août – 2 septembre 2000, Hildesheim, 201–218.

Adeleye, Gabriel (1993): The Effect of Geographical Environment on Cyrenaeca, in: The Ancient World 24.2, 143–148.

Akab, Saleh Alhasi (2010): Olive Presses on the Territory near Cyrene, in: Luni, Mario (Hg.), Cirene "Atene d'Africa". III. Cirene e la Crenaica nell'antichità, Rom, 25–37.

Allen, Pauline / Bronwen, Neil (2013): Crisis Management in Late Antiquity (410–590 CE). A Survey of the Evidence from Episcopal Letters, Leiden.

Amico, Antonella (2010): La missione archeologica italiana in Cirenaica nella corrispondenza tra Gaetano de Sanctis e Gaspare Oliverio, in: Antolini, Simona / Arnaldi, Adelina / Lanzillotta, Eugenio (Hg.), Giornata di studi per Lidio Gasperini, Roma, 5 giugno 2008, Tivoli, 101–122.

Amigues, Suzanne (2004): Le silphium. Etat de la question, in: Journal des savants, 191–226.

Ando, Clifford (2015): Three Revolutions in Government, in: Procházka, Stefan / Reinfandt, Lucian / Tost, Sven (Hg.), Official Epistolography and the Language(s) of Power. Proceedings of the First International Conference of the Research Network Imperium and Officium, Wien, 163–172.

— (2011): Law, Language and Empire in the Roman Tradition, Philadelphia.

Antolini, Suzanna / Paci, Gianfranco (2008): Le ricerche sull'epigrafica greca e romana della Cirenaica nell'ultimo venticinquennio e nuova edizione del decreto di Philoxenos figlio di Philiskos, in: González, Julián Fernández et al. (Hg.), L'Africa Romana XVII.4, Rom, 2403–2472.

Arce, Ignacio (2018): The Anastasius Edict Project: A Preliminary Report. Part 2 – The Archaeological, Architectural and Historical Context, in: Sommer, C. Sebastian / Matešić, Szuana (Hg.), Limes XXIII. Proceedings of the 23rd International Congress of Roman Frontier Studies Ingolstadt 2015, Mainz, 682–690.

— (2009): Qasr al-Hallabat (Jordan): Transformation of a Limes Arabicus Fort into a Monastic and Palatine Complex, in: Morillo, Ángel Cerdán / Hanel, Norbert / Manso Martín, Esperanso (Hg.), Limes XX. XX congreso internacional de estudios sobre la frontera romana = XXth International Congress of Roman Frontier Studies, Madrid, 155–180.

Arce, Ignacio / Feissel, Denis / Weber-Karyotakis, Thomas Maria (2018): The Anastasius Edict Project. A Preliminary Report. Part 1: The Epigraphic Evidence, in: Sommer, C. Sebastian / Matešić, Suzana (Hg.), Limes XXIII. Proceedings of the 23rd International Congress of Roman Frontier Studies Ingolstadt 2015, Mainz, 673–681.

Arnaud, Pascal (2005): Les routes de la navigation antique. Itinéraires en Méditerranée, Paris.

Arthur, Chris (1974–1975): The Aqueduct of Ptolemais, in: Libya Antiqua 11, 243–249.

— (1973–74): The Ptolemais Aqueduct. A Description of its Present Condition and its Course, in: Libyan Studies 5, 24–29.

Asciutti, Valentina (2008): The Silphium Plant. New Evidence in Latin Literature, in: SOMA 2005. Proceedings of the 9th Symposium on Mediterranean Archaeology, Chieti (Italy), 24–26 February 2005, Oxford, 171–176.

Attanasio, Donato / Brilli, Mauro / Rocchi, Paolo (2008): The Marbles of Two Early Christian Churches at Latrun (Cyrenaica, Libya), in: Journal of Archaeological Science 35, 1040–1048.

Austin, Norman J. E. / Rankov, Boris (1995): Exploratio. Military and Political Intelligence in the Roman World from the Second Punic War to the Battle of Adrianople, London.

Avner, Raban et al. (Hg.) (2009): The Harbour of Sebastos (Caesarea Maritima) in its Roman Mediterranean Context, Oxford.

Ayoub, M. S. (1962): Excavations at Germa the Capital of the Garamants, Tripolis.

Bachmann-Medick, Doris (2016): Cultural Turns. New Orientations in the Study of Culture, Berlin.

Bagnall, Roger S. (2013): Eine Wüstenstadt. Leben und Kultur in einer ägyptischen Oase im 4. Jahrhundert n. Chr., Stuttgart.

— (2012): Dakhla and the West in Late Antiquity. Framing the Problem, in: Guédon, Stephanie (Hg.), Entre Afrique et Égypte: relations et échanges entre les espaces au sud de la Méditerranée à l'èpoque romaine, Paris, 39–44.

Bagnall, Roger S. / Worp, Klaas A. ([2]2004): The Chronological Systems of Byzantine Egypt, Leiden.

— (1979): Regnal Formulas in Byzantine Egypt, Missoula.

Balice, Matteo (2010): Libia. Gli scavi italiani. 1922–1937: restauro, ricostruzione o propaganda?, Rom.

Ballaira, Guglielmo (2005): I titoli trionfali dell'imperatore Anastasio I., in: Forner, Fabio / Monti, Carla Maria / Schmidt, Paul Gerhard (Hg.), Margarita amicorum. Studi di cultura europea per Agostino Sottili. Vol. I, Mailand, 63–81.

— (1994): Osservazioni sulla praefatio del De Laude Anastasii Imperatoris di Prisciano di Cesarea, in: Voce di molte acque. Miscellenea di studi offerti a Eugenio Corsini, Turin, 277–292.

Banaji, Jarius (2006): Precious metal coinages and monetary expansion in Late Antiquity, in: De Romanis, Federico / Sorda Sara (Hg.), Dal denarius al dinar. L'oriente e la moneta Romana. Atti dell'incontro di studio Roma 16–18 settembre 2004, Rom, 265–303.

— (2001): Agrarian Change in Late Antiquity. Gold, Labour and Aristocratic Dominance, Oxford.

Baradez, Jean (1967): Compléments inédits au Fossatum Africae, in: Studien zu den Militärgrenzen Roms. Vorträge des 6. Internationalen Limeskongresses in Süddeutschland, Köln, 200–210.

— (1949): Vue-aérienne de l'organisation romaine dans le sud-algerien Fossatum Africae, Paris.

Barker, Graeme et al. (1996): Farming the Desert. The UNESCO Libyan Valleys Archaeological Survey. Vol. 1: Synthesis, London.

Barnett, Tertia / Mattingly, David J. (2003): The Engraved Heritage. Rock-Art and Inscriptions, in: Mattingly, David J. (Hg.), The Archaeology of Fazzān. Vol. 1: Synthesis, London, 279–327.

Barthel, Christian (2014): Eine *Origo Gentis Blemmyorum* in den Dionysiaka des Nonnos von Panopolis, in: Tyche 29, 1–14.

Begass, Christoph (2018): Die Senatsaristokratie des oströmischen Reiches, ca. 457–518. Prosopographische und sozialgeschichtliche Untersuchungen, München.

— (2017): Kaiserkritik in Konstantinopel. Ein Spottepigramm auf Kaiser Anastasius bei Johannes Lydus und in der Anthologia Palatina, in: Millennium 14, 103–150.

— (2016): Power and Property of the Senatorial Aristocracy of the Eastern Roman Empire in the Fifth and Sixth Centuries, in: Journal of Late Antiquity 9, 462–482.

Belmonte, Juan Antonio / Esteban, César / Betancort, Maria Antonia Perera / Marrero, Rita (2002), Archaeoastronomy in the Sahara. The Tombs of the Garamantes at Wadi el Agial, Fezzan, Libya, in: Archaeoastronomy 27, 1–21.

Beltrame, Carlo (2012): New Evidence for the Submerged Ancient Harbour Structures at Tolmetha and Leptis Magna, Libya, in: The International Journal of Nautical Archaeology 41.2, 315–326.

Benaissa, Amin (2016): A Recruit's Enrolment in a Military Unit and a New Dux Thebaidis, in: Fournet, Jean-Luc / Papaconstantinou, Arietta (Hg.), Mélanges Jean Gascou. Textes et études papyrologiques (P.Gascou), Paris, 55–64.

— (2009): Receipt for a Gratuity to a Cancellarius, in: Archiv für Papyrusforschung 59.1, 56–62.

Bennett, Paul / Bauzaian, Ahmed / al-Muzeini, Abdelgader / Abdulkareem, Faraj / Khalifa, Fathalla / al-Touati, Mohammed (2008): Four qsur between the Wadis Islan and Samalus, Cyrenaica, in: Libyan Studies 39, 117–130.

Bennett, Paul / Wilson, Andrew / Buzaian, Ahmed M. (2004): The Effects of the Recent Storms on the Exposed Coastline of Tocra, in: Libyan Studies 35, 113–122.

Bentaher, Fuaad / Buzaian, Ahmed M (2010): Roman Wine Production Cyrenaica. New Evidence from Balagrae (Al-Beida), in: Luni, Mario (Hg.), Cirene "Atene d'Africa". III. Cirene e la Cirenaica nell'Antichità, Rom, 25–37.

— (2010): The Fort of Al-Motanib, in: Luni, Mario (Hg.), Cirene e la Cirenaica nell' Antichità II, Rom, 229–235.

Berndt, Guido M. (2011): Beute, Schutzgeld und Subsidien. Formen der Aneignung materieller Güter in gotischen Kriegergruppen, in: Carl, Horst / Bömelburg, Hans-Jürgen (Hg.), Lohn der Gewalt. Beutepraktiken von der Antike bis zur Neuzeit, Paderborn, 121–148.

— (2008): Gallia – Hispania – Africa: Zu den Migrationen der Vandalen auf ihrem Weg nach Nordafrika in: Berndt, Guido / Steinacher, Roland (Hg.), Das Reich der Vandalen und seine Vorgeschichte(n), Wien, 131–150.

— (2007): Konflikt und Anpassung. Studien zu Migration und Ethnogenese der Vandalen, Husum.

Beresford, James (2012): The Ancient Sailing Season, Leiden.

Bernstein, Frank (2004): Konflikt und Migration. Studien zu griechischen Fluchtbewegungen im Zeitalter der sogenannten Großen Kolonisation, St. Katharinen.

Biacchelli, Lidiano (1995), A Cyrenaica Earthquake post 364 A.D. Written Sources and Archaeological Evidences, in: Annali di geofisica 38, 977–982.

Biagetti, Stefano / Kaci, Ali Ait / Mori, Lucia / Lernia, Savino di (2012): Writing the Desert. The 'Tifinagh' Rock Inscriptions of the Tadrart Acacus (Southwestern Libya), in: Azania: Archaeological Research in Africa 47.2, 153–174.

Bichler, Reinhold (2007): Herodots Historien unter dem Aspekt der Raumerfassung in: Rathmann, Michael (Hg.), Wahrnehmung und Erfassung geographischer Räume in der Antike, Mainz, 67–81.

— (2004): Herodotus' Ethnography. Examples and Principles in: Karageorghis, Vassos / Taifacos, Ioannes G. (Hg.), The World of Herodotus. Proceedings of an International Conference held at the Foundation Anastasios G. Leventis, Nicosia, September 18–21, Nicosia 2003, 91–113.

Blackhurst, Andy (2004): The House of Nubel. Rebels or Players?, in: Merrills, Andrew H. (Hg.), Vandals, Romans and Berbers. New Perspectives on Late Antique North Africa, Cambridge, 59–76.

Blackman, David J. / Rankov, Boris / Baika, Kalliopi / Gerding, Henrik / Pakkanen, Jari (Hg.) (2013): Shipsheds of the Ancient Mediterranean, Cambridge.

Blázquez Martínez, José Maria (2010): Criadores de caballos en los mosaicos de Hispania y del Norte de África en el Bajo Imperio, in: L'Africa Romana XVIII 1, Rom, 461–484.

Bleckmann, Bruno (2011): Einige Vergleiche zwischen Ammian und Philostorg: Gallus, die imitatio Alexandri Julians und die Usurpation Prokops, in: Mayer, Doris (Hg.), Philostorge et l'historiographie de l'Antiquité tardive / Philostorg im Kontext der spätantiken Geschichtsschreibung, Stuttgart, 79–92.

— (2010): Historische Bemerkungen zu den Briefen an und über Johannes, in: Luchner, Karen (Hg.), Synesios von Kyrene. Polis – Freundschaft – Jenseitsstrafen. Briefe an und über Johannes, Tübingen, 207–229.

— (2007): Vom Tsunami 365 zum Mimas-Orakel. Ammianus Marcellinus als Zeithistoriker und die spätgriechische Tradition, in: Boeft, Jan den et al. (Hg.), Ammia-

nus after Julian. The Reign of Valentinian and Valens in Books 26–31 of the Res Gestae, Leiden, 7–33

Blockley, Roger C. (1992): East Roman Foreign Policy. Formation and Conduct from Diocletian to Anastasius, Leeds.

— (1987): The Division of Armenia between the Romans and the Persians at the End of the Fourth Century AD, in: Historia 36, 222–234

Boeft, Jan den / Drijvers, Jan Willem / Hengst, Daniël den / Teitler, Hans Carel (Hg.) (2006): Philological and Historical Commentary on Ammianus Marcellinus XXVI, Leiden.

Bolle, Katharina / Machado, Carlos / Witschel, Christian (2017): Introduction. Defining the Field – The Epigraphic Cultures of Late Antiquity, in: Dies. (Hg.), The Epigraphic Cultures of Late Antiquity, Stuttgart, 15–30.

Bond, Sarah E. (2014): Altering Infamy. Status, Violence and Civic Exclusion in Late Antiquity, in: Classical Antiquity 33.1, 1–30.

Bonner, Michael Richard Jackson (2020): The Last Empire of Iran, Piscataway.

Booth, Phil (2011): Shades of Blues and Greens in the Chronicle of John of Nikiou, in: Byzantinische Zeitschrift 104.2, 555–601.

Boozer, Anna Lucile (2020): The Urbanisation of Egypt's Western Desert under Roman Rule, in: Sterry, Martin / Mattingly, David J. (Hg.), Urbanisation and State Formation in the Ancient Sahara and Beyond, Cambridge, 147–186.

Borg, Barbara / Witschel, Christian (2001): Veränderungen im Re-präsentationsverhalten der römischen Eliten während des 3. Jhs. n. Chr., in: Alföldy, Géza / Panciera, Silvio (Hg.), Inschriftliche Denkmäler als Medien der Selbstdarstellung in der römischen Welt, Stuttgart, 47–121.

Börm, Henning (2019): Die Grenzen des Großkönigs? Überlegungen zur arsakidisch-sasanidischen Politik gegenüber Rom, in: Schleicher, Frank / Stickler, Timo / Hartmann, Udo (Hg.), Iberien zwischen Rom und Iran. Beiträge zur Geschichte und Kultur Transkaukasiens in der Antike, Stuttgart, 99–122.

— (2016): A Threat or a Blessing? The Sasanians and the Roman Empire, in: Binder, Carsten / Börm, Henning / Luther, Andreas (Hg.), Diwan. Untersuchungen zu Geschichte und Kultur des Nahen Ostens und des östlichen Mittelmeerraums im Altertum. Festschrift für Josef Wiesehöfer zum 65. Geburtstag, Duisburg, 615–646.

— (2013): Westrom. Von Honorius bis Justinian, Stuttgart.

— (2008): „Es war allerdings nicht so, dass sie es im Sinne eines Tributes erhielten, wie viele meinten ...". Anlässe und Funktionen der persischen Geldforderungen an die Römer (3.–6. Jh.), in: Historia 57.3, 327–346.

– (2007): Prokop und die Perser. Untersuchungen zu den römisch-sasanidischen Kontakten in der ausgehenden Spätantike, Stuttgart.

Bowersock, Glen W. (2013): The Throne of Adulis. Red Sea Wars on the Eve of Islam, Oxford.

Brand, Clarence Eugene (1968): Roman Military Law, Austin.

Brandes, Wolfram (2014): Der Nika-Aufstand, Senatorienfamilien und Justinians Bauprogramm, in: Meier, Meier / Patzold, Steffen (Hg.), Chlodwigs Welt. Organisation von Herrschaft um 500, Stuttgart, 239–265.

– (2002): Finanzverwaltung in Krisenzeiten. Untersuchung zur byzantinischen Administration im 6.–9. Jahrhundert, Frankfurt am Main.

– (2000) (gem. mit Haldon, John): Towns, Tax and Transformation. State, Cities and their Hinterlands in the East Roman World 500–800, in: Brogolio, Gian Pietro / Gauthier, Nancy / Christie, Neil J. (Hg.), Towns and their Territories between Late Antiquity and the Early Middle Ages, Leiden, 141–173.

– (1997): Anastasios ὁ δίκορος. Endzeiterwartung und Kaiserkritik in Byzanz um 500 n. Chr., in: Byzantinische Zeitschrift 90, 24–63.

– (1993): Familienbande? Odoaker, Basiliskos und Harmatios, in: Klio 75, 407–437.

Brandt, Hartwin (2006): "All the King's Horses ...". Imperial Legislation concerning the Collatio Equorum in Late Antiquity, in: Bulletin of the Institute of Classical Studies 49, 221–230.

– (1988): Zeitkritik in der Spätantike. Untersuchungen zu den Reform-vorschlägen des Anonymus De rebus bellicis, München.

Braund, David (1984): Rome and the Friendly King. The Character of the Client Kingship, New York.

Brennan, Peter (1996): The Notitia Dignitatum, in: Gros, Pierre / Nicolet, Claude (Hg.), Les littératures techniques dans l'Antiquité romaine. Statut, public et destination, tradition, Genf, 147–178.

Brennecke, Hans Christof (2014): Deconstruction of the So-called Germanic Arianism in: Berndt, Guido / Steinacher, Roland (Hg.), Arianism: Roman Heresy and Barbarian Creed, Farnham, 117–131.

Brodka, Dariusz (2014): Priskos und der Feldzug des Basiliskos gegen Geiserich (468), in: Bleckmann, Bruno / Stickler, Timo (Hg.), Griechische Profanhistoriker des fünften nachchristlichen Jahrhunderts, Stuttgart, 103–121.

Broekart, Wim / Vanacker, Wouter (2016): Raiders to Traders? Economics of Integration among Nomadic Communities in North Africa, in: Slootjes, Danielle / Peachin, Michael (Hg.), Rome and the Worlds beyond its Frontiers, Leiden, 96–122.

Brogan, Olwen / Smith, D. J. (1984): Ghirza. A Libyan Settlement in the Roman Period, Tripolis.

Bruce, James (1790): Travels to discover the Sources of Nile in the Years 1768, 1769, 1770, 1771, 1772 & 1773. Vol. 1, Edinburgh.

Brüggemann, Thomas (2007): Römische Verwaltung im nomadischen Umfeld. Ethnarchen, Phylarchen und Strategen in der Provinz Arabia vom 1.–3. Jh., in: Franz, Kurt (Hg.), Verwaltete Nomaden - Mobile Viehzüchter und Dienstleister zwischen Autonomie und staatlicher Anbindung, Halle, 45–77.

— (2005): Roman Order or Latin Culture? Forms of Nomadic Assimilation in the Late Antiquity of Northern Africa (3rd–5th Centuries), in: Leder, Stefan / Streck, Bernhard (Hg.), Shifts and Drifts in Nomad-Sedentary Relations, Wiesbaden, 241–270.

— (2004): Nundinae als Bindeglied zwischen römischer Administration und indigenen Gesellschaften im antiken Nordafrika, in: Streck, Berngard (Hg.), Segmentation und Komplementarität. Organisatorische, ökonomische und kulturelle Aspekte der Interaktion von Nomaden und Sesshaften, Halle, 156–187.

Buzaian, Ahmed M. (2000): Excavationa at Tocra, 1985–92, in: Libyan Studies 31, 59–102.

Cabanes, Pierre (2001): Griechenland und die Kyrenaika, in: Lepelley, Claude (Hg.), Rom und das Reich in der Hohen Kaiserzeit. Bd. II: Die Regionen des Reichs, Berlin, 309–339.

Cameron, Alan (1987): Earthquake 400, in: Chiron 17, 343–360.

— (1978): The House of Anastasius, in: Greek, Roman, and Byzantine Studies 19, 259–276.

Camps, Gabriel (1986): Ammon, in: Camps, Gabriel (Hg.), Encyclopédie berbère IV. Alger-Amzwar, Aix-en-Provence, 596–599.

— (1980): Berbères. Aux marges de l'Histoire, Paris.

Capizzi, Carmelo (1969): L'imperatore Anastasio I (491–518). Studio sulla sua vita, la sua opera e la sua personilità, Rom.

Caputo, Giacomo / Goodchild, Richard G. (1955): Diocletian's Price-Edict at Ptolemais (Cyrenaica), in: Journal of Roman Studies 45, 106–115.

Carlà, Filipo (2009): L'oro nella tarda antichità: aspetti economici e sociali, Turin.

Carlà-Uhink, Filipo (2016): Borders, Frontiers and Spatial Concepts of Roman Rule between Republic and Empire, in: Schmidt-Hofner, Sebastian / Ambos, Claus / Eich, Peter (Hg.), Raum-Ordnung. Raum und soziopolitische Ordnungen im Altertum, Heidelberg, 215–251.

Carra Bonacasa, Rosa Maria / Morfino, Debora (2003/2004): Il cristianesimo a Sabratha alla luce delle più recenti indagini, in: Rendiconti. Atti della Pontificia Academia di Archeologia LXXVI, 3–77.

Carrié, Jean-Michel (2004): Portarenses (douaniers), soldats et annones dans les archives de Douch, Oasis Major, in: Balmelle, Catherine / Chevalier, Pascale / Ripoll, Gisela (Hg.), Mélanges d'Antiquité tardive. Studiola in honorem Natalis Duval, Turnhout, 261–274.

— (1998), Séparation ou cumul? Pouvoir civil et autorité militaire dans les provinces d'Egypte de Gallien à la conquête arabe, in: Antiquité Tardive – Late Antiquity – Spätantike – Tarda Antichità. Revue Internationale d'Histoire et d'Archéologie (IVe–VIIe siècle) 6, 105–121.

Carrié, Jean-Michel / Janniard, Sylvian (2001): L'armée romaine tardive dans quelques travaux récents, 2e partie: strategies et techniques militaires, in: Antiquité Tardive – Late Antiquity – Spätantike – Tarda Antichità. Revue Internationale d'Histoire et d'Archéologie (IVe–VIIe siècle) 8, 321–341.

Castelli, Roberto / Gatto, Maria Carmela / Cremaschi, Mauro / Liverani, Mario / Mori, Lucia (2005): A Preliminary Report of Excavations in Fewet, Libyan Sahara, in: Journal of African Archaeology 3.1, 69–102.

Castritius, Helmut (2007): Die Vandalen. Etappen einer Spurensache, Stuttgart.

Catani, Enzo (2007), Il torculario e le celle vinarie della fattoria paleobizantina di Siret el Giamel nella «chora» cirenea, in: Gasperini, Lidio / Marengo, Silvia Maria (Hg.), Cirene e la Cirenaica nell'Antichità. Atti del convegno internazionale di studi Roma-Frascati, 18–21 Dicembre 1996, Rom, 125–157.

Chamoux, François (2001): Cinquante ans de recherches archéologiques françaises sur la Libye grecque, in: Comptes rendus des séances de l'Académie des Inscriptions et Belles-Lettres 145.2, 1081–1111.

— (1985): Du silphion, in: Barker, Graeme / Lloyd, John / Reynolds, Joyce (Hg.), Cyrenaica in Antiquity, Oxford, 165–173.

— (1968): Sur quelques inscriptions greques trouvées a Apollonia de Cyrénaique, in: Gadallah, Fawzi F. et al. (Hg.): Libya in History, University of Libya – Faculty of Arts, Historical Conference 16–23 March 1968, 45–47.

— (1955): Une nouvelle copie de l'edit d'Anastase Ier sur la Cyrénaique, in: Comptes rendus des séances de l'Académie des Inscriptions et Belles-Lettres 99.3, 333–334.

— (1953): Cyrène sous la monarchie des Battiades, Paris.

Charlesworth, Marin Percival (1943): Pietas and Victoria. The Emperor and the Citizen, in: Journal of Roman Studies 33, 1–10.

Chastagnol, André (1978): L'album de Timgad, Bonn.

— (1976): La fin du monde antique. De Stilicon à Justinien (Ve siècle et début VIe), Paris.

Chauvot, Alain (1995): Remarques sur l'emploi de «semibarbarus», in: Rousselle, Aline (Hg.), Frontières terrestres, frontières célestes dans l'antiquité, Paris, 255–271.

Cherry, David (1995): Re-figuring the Roman Epigraphic Habit, in: The Ancient History Bulletin 9, 143–156.

Chevrollier, François (2015): Conscience gentilice et processus d'aristocratization chez les notables de Cyrénaïque à l'époque impériale, in: Vincent, Michel (Hg.), De Leptis Magna à Derna, de la Tripolitaine à la Cyrénaïque: traveaux récents sur la Libye antique, Paris, 39–67.

Choda̧, Kamil Cyprian / Sterk de Leeuw, Maurits / Schulz, Fabian (Hg.) (2020): Gaining and Losing Imperial Favour in Late Antiquity. Representation and Reality, Leiden.

Christides, Vassilios (2000): Byzantine Libya and the March of the Arabs towards the West of North Africa, Oxford.

Classen, Peter (1977): Kaiserreskript und Königsurkunde. Diplomatische Studien zum Problem der Kontinuität zwischen Altertum und Mittelalter, Thessalonike.

Claude, Dietrich (1969): Die byzantinische Stadt im 6. Jahrhundert, München.

Clauss, Manfred (1980): Der magister officiorum in der Spätantike (4.–6. Jahrhundert). Das Amt und sein Einfluss auf die kaiserliche Politik, München.

Clover, Frank M. (1999), A Game of Bluff: The Fate of Sicily after A.D. 476, in: Historia 48.2, 235–244.

Colombo, Maurizio (2008): Constantinus rerum nouator: dal comitatus dioclezianeo ai palatini di Valentiniano I., in: Klio 90, 124–161.

Conant, Jonathan P. (2012): Staying Roman. Conquest and Identity in Africa and the Mediterranean, 439–700, Cambridge.

Corcoran, Simon (2014): State Correspondance in the Roman Empire: Imperial Communication from Augustus to Justinian, in: Radner, Karen (Hg.), State Correspondence in the Ancient World. From New Kingdom Egypt to the Roman Empire, Oxford, 172–209.

Cordovana, Orietta Dora (2012): Historical Ecosystems. Roman Frontiers and Economic Hinterlands in North Africa, in: Historia 61.4, 458–494.

Cotton, Hannah M. (2007), Private International Law or Conflict of Laws. Reflections on Roman Provincial Jurisdiction, in: Haensch, Rudolf (Hg.), Herrschen und Verwalten. Der Alltag der römischen Administration in der Hohen Kaiserzeit, Köln, 234–256.

Courtois, Christian (1955): Les Vandales et l'Afrique, Paris.

Cowell, Norman D. (2014): Cyrenaican Church Floor Mosaics of the Justinianic Period: Decoration or Meaning?, in: Libyan Studies 45, 85–96.

Croke, Brian (2007): Poetry and Propaganda: Anastasius I as Pompey, in: Greek, Roman, and Byzantine Studies 48, 447–466.

— (2005): Dynasty and Ethnicity. Emperor Leo I and the Eclipse of Aspar, in: Chiron 35, 147–203.

— (2001): Count Marcellinus and his Chronicle, Oxford.

— (1982): The Date of the "Anastasian Long Wall" in Thrace, in: Greek, Roman, and Byzantine Studies 20, 59–78.

Cromwell, Jennifer (2017): Recording Village Life. A Coptic Scribe in Early Islamic Egypt, Ann Arbor.

Crow, James (2013), Fortifications and the Late Roman East. From Urban Walls to Long Walls, in: Sarantis, Alexander / Christie, Neil (Hg.), War and Warfare in Late Antiquity, Leiden, 397–423.

— (2005): The Anastasian Wall and the Lower Danube Frontier before Justinian, in: Vagalinski, Ljudmil F. (Hg.), The Lower Danube in Antiquity, Sofia, 397–410.

Cummings, Duncan (1969): James Bruce in Libya, in: Libyan Studies 1, 12–18.

Curčic, Slobodan (2010): Architecture in the Balkans. From Diocletian to Süleyman the Magnificent, New Haven.

Dagron, Gilbert / Feissel, Denis / Flusin, Bernard (2020): Constantin VII Porphyrogénète. Le livre des cérémonies. Tome IV, 1re section : Commentaire du livre I, Paris.

D'Andrea, Claudia Tavolieri (2008): Origine militare e fiscale dell'hospitalitas. L'esempio dell'Epistula 62 (19) inviata da Ambrogio a Vigilio di Trento, in: Zeitschrift für Antikes Christentum 12, 504–543.

Daniels, Charles M. (1989): Excavation and Fieldwork amongst the Garamantes, in: Libyan Studies 20, 45–61.

— (1977): Garamantian excavations (Germa) 1977, in: Libyan Studies 8, 5–7.

Dazert, Heinrich (1985): Ergänzungsabgaben und außerordentliche Lasten im römischen Reich im 4. und frühen 5. Jahrhundert nach Christus, Freiburg.

Decker, Michael J. (2006): Towers, Refuges, and Fortified Farms in the Late Roman East, in: Liber Annuus 56, 499–520.

Delmaire, Roland (1989): Largesses Sacrées et Res Privata, L'aerarium impérial et son administration du IVe au VIe siècle, Rom.

Desanges, Johan (1990): Austoriani / Austur, in: Encyclopédie berbère 8, La Calade, 1170.

Di Paola, Lucietta (1999): Viaggi, trasporti e instituzioni: Studi sul cursus publicus, Messina.

Di Segni, Leah (2004): The Beersheba Tax Edict Reconsidered in the Light of a Newly Discovered Fragment, in: Scripta Classica Israelica 23, 131–158.

Di Segni, Leah / Patrich, Joseph / Holum, Kenneth G. (2003): A Schedule of Fees (Sportulae) for Official Services from Caesarea Maritima, Israel, in: Zeitschrift für Papyrologie und Epigraphik 145, 273–300.

Di Vita, Antonio (2004): Una clausura a Sabratha, in: Khanoussi, Moustapha (Hg.), L'Africa romana. Ai confini dell'Impero: contatti, scambi conflitti. Atti del XV convegno di studio. Tozeur, 11–15 dicembre 2002. Vol. III., Rom, 1771–1788.

Diefenbach, Steffen (1996): Frömmigkeit und Kaiserakzeptanz im frühen Byzanz, in: Saeculum 47, 35–66.

Dignas, Beate / Winter, Engelbert (2007), Rome and Persia in Late Antiquity. Neighbours and Rivals, Cambridge.

Dijkstra. Jitse H. F. (2014): "I, Silko, came to Talmis and Talphis". Interactions between the Peoples beyond the Egyptian Frontier and Rome in Late Antiquity, in: Dijkstra, Jitse / Fisher, Greg (Hg.), Inside and Out. Interactions between Rome and the Peoples on the Arabian and Egyptian Frontiers in Late Antiquity, Leuven, 299–331.

Dijkstra, Jitse H. F. / Greatrex, Geoffrey (2009): Patriarchs and Politics in Constantinople in the Reign of Anastasius (with a Reedition of "O.Mon.Epiph." 59), in: Millennium 6, 233–264.

Dimitrov, Dimitar Y. (2008): Synesius of Cyrene and the Christian Neoplatonism, Patterns of Religious and Cultural Symbiosis, in: El-Abbadi, Mostafa / Fathallah, Omnia / Serageldin, Ismail (Hg.), What Happened to the Ancient Library of Alexandria?, Leiden, 149–170.

Dintchev, Ventzislav N. (2012): The East-Balkan Barrier Wall and the "Gates of Haemus" Complex, in: Vagalinski, Ljudmil F. et al. (Hg.), The Lower Danube Roman Limes (1st–6th C. AD), Sofia, 495–526.

— (2007), The Fortresses of Thrace and Dacia in the Early Byzantine Period, in: Poulter, Andrew G. (Hg.), The Transition to Late Antiquity. On the Danube and Beyond, Oxford, 479–546.

Dossey, Lesley (2010): Peasant and Empire in Christian North Africa, Berkeley.

Drecoll, Carsten (1997): Die Liturgien im Römischen Kaiserreich des 3. und 4. Jh. n. Chr. Untersuchung über Zugang, Inhalt und wirtschaftliche Bedeutung der öffentlichen Zwangsdienste in Ägypten und anderen Provinzen, Stuttgart.

Drijvers, Jan Willem (2007): Ammianus on the Revolt of Firmus, in: Boeft, Jan den / Drijvers, Jan Willem / Hengst, Daniël den / Teitler, Hans C. (Hg.), Ammianus after Julian. The Reign of Valentinian and Valens in Books 26–31 of the Res Gestae, Leiden, 122–155.

Duncan-Jones, Richard P. (1978): Aqueduct Capacity and City Population, in: Libyan Studies 9, 51.

Durliat, Jean (1990): Les finances publiques de Diocletien aux Carolingiens (284–889), Sigmaringen.

— (1979): Magister Militum – Στρατηλατης dans l'Empire Byzantin (VIe–VIIe siecles), in: Byzantinische Zeitschrift 72, 306–320.

Duval, Noël (1989): Les monuments d'epoque chrétienne en Cyrénaique, in: Actes du XIe Congrès International d'Archéologique Chrétienne. Lyon, Vienne, Grenoble, Genève et Aoste (21.–28. Septembre 1986) III, Rom, 2743–2796.

Eck, Werner (2009): Öffentlichkeit, Politik und Administration. Epigraphische Dokumente von Kaisern, Senat und Amtsträgern in Rom, in: Haensch, Rudolf (Hg.), Selbstdarstellung und Kommunikation. Die Veröffentlichung staatlicher Urkunden auf Stein und Bronze in der Römischen Welt. Internationales Kolloquium an der Kommission für Alte Geschichte und Epigraphik in München (1. bis 3. Juli 2006), München, 75–97.

Edwards, David N. (2004): The Nubian Past. An Archaeology of Sudan, London.

Ehmig, Ulrike (2012): Auf unsicherem Boden. Zur epigraphischen Evidenz von Erdbeben, in: Klio 94.2, 291–299.

Ehret, Christopher (2018): Berber Peoples in the Sahara and North Africa. Linguistic Historical Proposals, in: Gatto, Maria Carmela / Mattingly, David J. / Ray, Nick / Sterry, Martin (Hg.), Burials, Migration in the Ancient Sahara and Beyond, Cambridge 464–494.

Eich, Armin (2009b): Der Wechsel zu einer neuen grand strategy unter Augustus und seine langfristigen Folgen, in: Historische Zeitschrift 288.3, 561–611.

— (2009a): Das Verhältnis von Originalvorlage und epigraphischer Publikation von römischen Staatsurkunden, in: Haensch, Rudolf (Hg.), Selbstdarstellung und Kommunikation. Die Veröffentlichung staatlicher Urkunden auf Stein und Bronze in der Römischen Welt. Internationales Kolloquium an der Kommission für Alte Geschichte und Epigraphik in München (1. bis 3. Juli 2006), München, 265–299.

Eich, Armin u. Peter (2004): Thesen zur Genese des Verlautbarungsstils der spätantiken kaiserlichen Zentrale, in: Tyche 19, 1–30.

Elagina, Daria (2018): The Textual Tradition of the Chronicle of John of Nikiu. Towards the Critical Edition of the Ethiopic Version, Dissertation, Hamburg.

Ellis, Simon (2007): Shedding Light on Late Roman Housing, in: Lavan, Luke (Hg.), Housing in Late Antiquity. From Palaces to Shops, Leiden, 283–305.

— (1985): The "Palace of the Dux" at Apollonia, and Related Houses, in: Barker, Graeme / Lloyd, John / Reynolds, Joyce (Hg.) Cyrenaica in Antiquity, Oxford, 15–27.

Elton, Hugh (2020): Fighting for Chalcedon. Vitalian's Rebellion against Anastasius, in: Dijkstra, Jitse H. F. / Raschle, Christian R. (Hg.), Religious Violence in the Ancient World. From Classical Athens to Late Antiquity, Cambridge, 367–388.

— (2014): Writing the Histories of Romans and Arabs in the Fifth-Century Roman East, in: Dijkstra, Jitse H. F. / Fisher, Greg (Hg.), Inside and Out. Interactions between Rome and the Peoples on the Arabian and Egyptian Frontiers in Late Antiquity, Leuven, 235–247.

— (1996): Warfare in Roman Europe, AD 350–425, Oxford.

Enderle, Katharina (2016), Der Perserkrieg unter Anastasios (502–506 n. Chr.) als Endzeitereignis, in: Brandes, Wolfram / Schmieder, Felicitas / Voß, Rebekka (Hg.), Peoples of the Apocalypse. Eschatological Beliefs and Political Scenarios, Berlin, 51–62.

— (2012): Die Vita des Daniel Stylites im Kontext der Endzeiterwartungen um 500 n. Chr., in: Wieser, Veronika et al. (Hg.), Abendländische Apokalyptik: Kompendium zur Genealogie der Endzeit, Berlin, 549–562.

Ensoli, Serenella (Hg.) (2012): For the Preservation of the Cultural Heritage in Libya. A Dialogue among Institutions. Proceedings of Conference, 1–2 July 2011, Monumental Complex of Belvedere, San Leucio, Caserta, Faculty for Political Studies and for European and Mediterranean High Education "Jean Monnet", Pisa.

Enßlin, Wilhelm (1954): Praefectus praetorio, RE 22.2, 2391–2502.

Esders, Stefan (2019): Procopius of Caesarea, the lex tricennalis, and the "Time of the Vandals". Historiography, Law, and Political Debate in Mid-Sixth-Century Constantinople, in: Early Medieval Europe 27, 95–225.

— (2014): Nordwestgallien um 500. Von der militarisierten spätrömischen Provinzgesellschaft zur erweiterten Militäradministration des merowingischen Königtums, in: Meier, Mischa / Patzold, Steffen (Hg.), Chlodwigs Welt. Organisation von Herrschaft um 500, Stuttgart, 339–361.

— (2014a): Landvermessung, Grundsteuerveranlagung und Gemeindezeugnis. Zur Bedeutung der kurialen iuratores für die Umsetzung der diokletianischen Steuerreform in Ägypten, in: Knobloch, Eberhard / Möller, Cosima (Hg.), In den Gefilden der römischen Feldmesser. Juristische, wissenschaftsgeschichtliche, historische und sprachliche Aspekte, Berlin, 171–197.

— (2013): Zur Entwicklung der politischen Raumgliederung im Übergang von der Antike zum Mittelalter. Das Beispiel des pagus, in: Dally, Ortwin / Fless, Friederike / Haensch, Rudolf / Pirson, Felix / Sievers, Susanne (Hg.), Politische Räume in vormodernen Gesellschaften. Gestaltung – Wahrnehmung – Funktion, Berlin, 195–211.

– (2013a): Die Integration der Barbaren im Lichte der römischrechtlichen Abtretung (cessio) fiskalischer Forderungen. Ein Beitrag zur Entstehung des nachrömischen Privilegienzeitalters, in: Rivière, Yann (Hg.), Expropriations et confiscations dans les royaumes barbares: Une approche régionale, Rom, 29–47.
– (2012): Spätantike und frühmittelalterliche Dukate. Überlegungen zum Problem historischer Kontinuität und Diskontinuität, in: Fehr, Hubert / Heitmeier, Irmtraud (Hg.), Die Anfänge Bayerns. Von Raetien und Noricum zur frühmittelalterlichen Baiovaria, St. Ottilien, 425–462.
– (2008): Grenzen und Grenzüberschreitungen. Religion, Ethnizität und politische Integration am Rande des oströmischen Imperium (4.–7. Jh.), in: Rexroth, Frank / Huschner, Wolfgang (Hg.), Gestiftete Zukunft im mittelalterlichen Europa. Festschrift für Michael Borgolte zu seinem 60. Geburtstag, Berlin, 3–28.
– (1997). Römische Rechtstradition und merowingisches Königtum. Zum Rechtscharakter politischer Herrschaft in Burgund im 6. und 7. Jahrhundert, Göttingen.
Evans-Grubbs, Judith (1989): Abduction Marriage in Antiquity. A Law of Constantine (CTh IX. 24. I) and its Social Context, in: Journal of Roman Studies 79, 59–83.
Fagerlie, Joan M. (1967): The First Gold Issue of Anastasius, in: Museum Notes 13, 119–121.
Fanning, Steven (2011): Reguli in the Roman Empire, Late Antiquity, and the Early Medieval Germanic Kingdoms, in: Mathisen, Ralph W. / Shanzer, Danuta (Hg.), Romans, Barbarians, and the Transformation of the Roman World. Cultural Interaction and the Creation of Identity in Late Antiquity, Aldershot, 43–55.
Färber, Roland (2014): Römische Gerichtsorte. Zur räumlichen Manifestation von Rechtsprechung im Imperium Romanum (1. Jh. v. Chr. – 6. Jh. n. Chr.), München.
Feissel, Denis (2014): The Reconstructed Text. A Unique Document on Military Administration in the Late Roman East, in: Arce, Ignacio / Feissel, Denis / Weber, Thomas Maria (Hg.), The Edict of Emperor Anastasios I. (491–518 AD). An Interim Report, Amman, 33–35.
– (2012): Inscriptions of Early Byzantium and the Continutity of Ancient Onomastics, in: Davies, John / Wilkes, John (Hg.), Epigraphy and the Historical Sciences, New York, 1–14.
– (2010): Un fragment palestinien de la constitution d'Anastase sur l'administration militaire du diocèse d'Orient, in: Zeitschrift für Papyrologie und Epigraphik 173, 125–129.
– (2009): Les actes de l'Etat impériale dans l'épigraphie tardive (324–619): prolégomènes à und inventaire, in: Haensch, Rudolf (Hg.), Selbstdarstellung und Kommunikation. Die Veröffentlichung staatlicher Urkunden auf Stein und Bronze in

der Römischen Welt. Internationales Kolloquium an der Kommission für Alte Geschichte und Epigraphik in München (1. bis 3. Juli 2006), München, 97–131.
– (2008): Écrire grec en alphabet latin: le cas des documents protobyzantins, in: Biville, Frédérique / Decourt, Jean-Claude / Rougement, Georges (Hg.), Bilinguisme Gréco-Latin et Épigraphie, Lyon, 213–230.
– (2004b): Pétitions aux empereurs et formes du rescrit dans les sources documentaires du IV au VI siècle, in: Feissel, Denis / Gascou, Jean (Hg.), La pétition à Byzance. XXe Congrès International des Études Byzantines, 19–25 août 2001, Table Ronde la Pétition à Byzance, Paris 2004, 33–52.
– (2004a): Un rescrit de Justinien découvert à Didymes (1er avril 533), in: Chiron 34, 285–365.
– (2000): Les édifices de Justinien au témoignage de Procope et de l'épigraphie, in: Antiquité Tardive - Late Antiquity - Spätantike - Tarda Antichità. Revue Internationale d'Histoire et d'Archéologie (IVe–VIIe siècle) 8, 81–104.
– (1999): Epigraphie administrative et topographie urbaine: l'emplacement des actes inscrite dans l'Éphèse protobyzantine (IVe–Ve s.), in: Pillinger, Renate / Kresten, Otto / Krinzinger, Friedrich / Russo, Eugenio (Hg.), Efeso paleocristiana e bizantina, Wien, 121–132.
– (1995): Épigraphie et constitutions impériales: aspects de la publication du droit à Byzance, in: Cavallo, Guglielmo / Mango, Cyril (Hg.), Epigrafia medievale greca e latina, ideologia e funzione. Atti del seminario di Erice (12–18 settembre 1991), Spoleto, 67–98.
– (1992): Une constitution d'Anastase Ier (491–518) sur l'administration militaire des duchés d'Orient: l'exemplaire de Qasr el-Hallabat, in: Bulletin de la société nationale des antiquaires de France, 213–215.
– (1991): Praefatio chartarum pubicarum. L'intitulé des actes de la préfecture du prétoire du IVe au VIe siècle, in: Travaux et Mémoires du Centre de Recherche d'Histoire et Civilisation de Byzance 11, 437–461.
Feld, Karl (2005): Barbarische Bürger. Die Isaurier und das Römische Reich, Berlin.
Fenn, Thomas R. / Killick, David J. / Chesley, John / Magnavita, Sonja / Ruiz, Joaquin (2009): Contacts Between West Africa and Roman North Africa. Archaeometallurgical Results from Kissi, Northeastern Burkina Faso, in: Magnavita, Sonja et al. (Hg.), Crossroads / Carrefour Sahel. Cultural and Technological Developments in First Millennium BC/AD West Africa, Frankfurt am Main, 119–146.
Fentress, Elisabeth (2018): The Archaeological and Genetic Correlates of Amazigh Linguistics, in: Gatto, Maria Carmela / Mattingly, David J. / Ray, Nick / Sterry, Martin (Hg.): Burials, Migration in the Ancient Sahara and Beyond, Cambridge, 495–524.

— (2011): Slavers on Chariots, in: Dowler, Amelia / Galvin, Elizabeth R. (Hg.), Money, Trade and Trade Routes in Pre-Islamic North Africa, London, 65–71.

— (2007): Where Were North African Nundinae Held?, in: Gosden, Chris / Hamerow, Helena / Jersey, Philip de / Lock, Gary (Hg.), Communities and Connections. Essays in Honour of Barry Cunliffe, Oxford, 125–141.

Fentress, Elisabeth / Wilson, Andrew (2016): The Saharan Berber Diaspora and the Southern Frontiers of Byzantine North Africa, in: Stevens, Susan T. / Conant, Jonathan P. (Hg.), North Africa under Byzantium and Early Islam, Washington D.C., 41–63.

Fisher, Greg (2015): Arabs and Empire before Islam, Oxford.

— (2011): Between Empires. Arabs, Romans and Sasanians in Late Antiquity, Oxford.

Flaig, Egon ([2]2019): Den Kaiser herausfordern. Die Usurpation im Römischen Reich, Frankfurt am Main.

Fleming, Nicholas C. (2013): Versunkene Städte und verlorene Schiffswracks an der libyschen Küste, in: Reinfeld, Michaela (Hg.), Archäologie im Mittelmeer. Auf der Suche nach verlorenen Schiffswracks und vergessenen Häfen, Mainz, 139–147.

Förster, Frank (2015): Der Abu-Ballas-Weg. Eine pharaonische Karawanenroute durch die Libysche Wüste, Köln.

Fossataro, Domenico (2009): GIS of the gsur in Cyrenaica. Typologies and Examples, in: Oniz, Hakan (Hg.), SOMA 2008. Proceedings of the XII Symposium on Mediterranean Archaeology, Eastern Mediterranean University, Famagusta, North Cyprus, 5–8 March 2008, London, 35–43.

Fournet, Jean-Luc (2016): Un reçu pour la synétheia du tribun d'Antaioupolis provenant des archives de Dioscore d'Aphrodité (VIe siècle), in: Freu, Christel / Janniard, Sylvain / Ripoll, Arthur (Hg.), Libera curiositas. Mélanges d'histoire romaine et d'antiquité tardive offerts à Jean-Michel Carrié, Turnhout, 91–95.

Francisco Heredero, Ana de (2015): El ejército privado de Sinesio de Cirene, in: Ruggeri, Paolo (Hg.), L'Africa romana. Momenti di continuità e rottura: bilancio di trent'anni di convegni L'Africa romana. Atti del XX Convegno Internazionale di studi Alghero – Porto Conte Ricerche, 26–29 settembre 2013, Sassari, 1279–1291.

— (2014): Synesios and the Defence of Cyrenaica, in: Francisco Heredero, Ana de / Hernández de la Fuente, David / Torres Prieto, Susana (Hg.), New Perspectives on Late Antiquity in the Eastern Roman Empire, Cambridge, 163–190.

— (2014a): Fortificaciones de la Cirenaica Tardía, in: Catalán Ramos, Raúl / Fuentes Melgar, Patricia / Sastre Blanco, José Carlos (Hg.), Fortificaciones en la Tardoantigüedad. Élites y articulación del territorio (Siglos V–VIII d. C.), Madrid, 369–383.

Fraser, Peter M. / Matthews, Elaine (Hg.) (1987): A Lexicon of Greek Personal Names. Vol. 1: The Aegean Islands, Cyprus, Cyrenaica, Oxford.

Freedman, Lawrence (2021): Grand Strategy: The History of a Concept, in: Balzacq, Thierry / Krebs, Roland R. (Hg.), The Oxford Handbook of Grand Strategy, Oxford, 25–41.

Frend, William H. C. (1979): The Fall of Macedonius in 511 – a Suggestion, in: Ritter, Adolf Martin (Hg.), Kerygma und Logos. Beiträge zu den geistesgeschichtlichen Beziehungen zwischen Antike und Christentum. Festschrift für Carl Andresen zum 70. Geburtstag, Göttingen, 183–195.

Frend, William H. C. (Hg.) (2002): Orthodoxy, Paganism and Dissent in the Early Christian Centuries, Aldershot.

Fröhner, Wilhelm (1865): Les inscriptions grecques [du Louvre], Paris.

Fulford, Michael G. (1989): To East and West. The Mediterranean Trade of Cyrenaica and Tripolitania in Antiquity, in: Libyan Studies 20, 169–191.

Gaballa, Omran (2015): L'armée romaine de Cyrénaïque à l'époque imperial, in: Vincent, Michel (Hg.), De Leptis Magna à Derna, de la Tripolitaine à la Cyrénaïque: traveaux récents sur la Libye antique, Paris, 67–81.

Garnsey, Peter (1970): Social Status and Legal Privilege in the Roman Empire, Oxford.

Garrard, Timothy F. (1982): Myth and Metrology. The Early Trans-Saharan Gold Trade, in: Journal of African History 23.4, 443–461.

Gasparini, Eleonora (2021): Ancient and New Models in Byzantine Cyrenaica. The Case of the Palace of the Dux at Apollonia, in: Ruppiené, Vilma (Hg.), Stone and Splendor. Interior Decorations in Late-Antique Palaces and Villas. Proceedings of a Workshop, Trier, 25–26 April 2019, Wiesbaden, 205–221.

Gatto, Maria Carmela (2012), The Garamantes of the Fezzan and the Trans-Saharan Trade in Roman Times, in: Guèdon, Stéphanie (Hg.), Entre Afrique et Égypte. Relations et échanges entre les espaces au sud de la Méditerranée à l'époque romaine, Pessac, 221–235.

Gatto, Maria Carmela / Mattingly, David J. / Ray, Nick / Sterry, Martin (Hg.) (2018): Burials, Migration in the Ancient Sahara and Beyond, Cambridge.

Gatto, Maria Carmela / Mori, Lucia / Zerboni, Andrea (2018): Identity Markers in South-West Fezzan. Were the People of the Wadi Tanzufft / Tadrart Akakus Region Garamantes?, in: Gatto, Maria Carmela et al. (Hg.), Burials, Migration in the Ancient Sahara and Beyond, Cambridge, 108–134.

Gilbertson, David D. / Hunt, Chris O. (1996): Romano-Libyan Agriculture: Walls and Flood Water Farming, in: Barker, Graeme et al. (Hg.), Farming the Desert: The

UNESCO Libyan Valleys Archaeological Survey. Vol. 1: Synthesis, London, 191–227.

Glušanin, Evgenij Pavlovič (1991): Der Militäradel des frühen Byzanz, Barnaoul.

Goddard, Farley Brewer (1884): Researches in the Cyrenaica. With Some Account of its History since the Decline of the Empire, in: The American Journal of Philology V.1, 31–53.

Goffart, Walter (2006): Barbarian Tides. The Migration Age and the later Roman Empire, Philadelphia.

— (1974): Caput and Colonate. Towards a History of Late Roman Taxation, Toronto.

Golinski, Peter (2017): Kollektive Identitäten in der antiken Kyrenaika, Göttingen.

Goodchild, Richard G. (1976a): The Forum of Ptolemais (Cyrenaica), in: Reynolds, Joyce (Hg.), Libyan Studies. Select Papers of the Late R. G. Goodchild, London, 210–216.

— (1976b): Byzantines, Berbers and Arabs in Seventh-Century Libya, in: Reynolds Joyce (Hg.), Libyan Studies. Select Papers of the Late R. G. Goodchild, London, 255–269.

— (1976c), A Hole in the Heavens, in: Reynolds, Joyce (Hg.), Libyan Studies. Select Papers of the Late R. G. Goodchild, London, 269–341.

— (1976d), The "Palace of the Dux", in: Goodchild, Richard G. / Pedley, John G. / White, Donald (Hg.), Apollonia. The Port of Cyrene Excavations by the University of Michigan 1965–67, Tripoli.

— (1971): Kyrene und Apollonia, Zürich.

— (1968): The Roman Roads of Libya and their Milestones, in: Gadallah, Fawzi F. et al. (Hg.), Libya in History, University of Libya. Faculty of Arts, Historical Conference 16–23 March 1968, Tripolis, 155–171.

— (1966/67): A Coin Hoard from Balagrae (El-Beida) and the Earthquake from A.D. 365, in: Libya Antiqua 3, 203–211.

— (1966): Fortificazioni e Palazzi bizantini in Tripolitania e Cirenaica, in: Bettini, Sergio (Hg.), Corsi di cultura sull'arte ravennate e bizantina. Ravenna, 20 Marzo - 1 Aprile 1966, Ravenna, 225–250.

— (1961): The Decline of Cyrene and Rise of Ptolemais. Two New Inscriptions, in: Quaderni di archeologia della Libya 4, 83–95.

— (1960): A Byzantine Palace at Apollonia (Cyrenaica), in: Antiquity 34, 246–259.

— (1953): The Roman and Byzantine Limes in Cyrenaica, in: Journal of Roman Studies 43, 65–76.

— (1951a): Libyan Forts in South-west Cyrenaica, in: Antiquity 25, 131–144.

— (1951b): Boreum of Cyrenaica, in: Journal of Roman Studies 41, 11–16.

— (1950): Roman Milestones in Cyrenaica, in: Papers of the British School at Rome 18, 83–91.

Goodchild, Richard G. / Pedley, John G. / White, Donald (Hg.) (1976): Apollonia. The Port of Cyrene Excavations by the University of Michigan 1965–67, Tripoli.

Goria, Fausto (1995): La giustizia nell'impero romano d'Oriente: organizzazione giudizaria, in: La giustizia nell'alto medioevo (secoli V–VIII) I, Spoleto, 259–331.

Graf, Fritz (2010): Earthquakes and the Gods: Reflections on Graeco-Roman Responses to Catastrophic Events, in: Dijkstra, Jitse H. F. / Kroesen, Justin / Kuiper, Yme (Hg.), Myths, Martyrs, and Modernity. Studies in the History of Religions in honour of Jan N. Bremmer, Leiden, 95–113.

Graham, Mark W. (2006), News and Frontier Consciousness in the Late Roman Empire, Ann Arbor.

Greatrex, Geoffrey (2022): Procopius of Caesarea. The Persian Wars. A Historical Commentary, Cambridge.

— (2015): Les Jafnides et la défense de l'empire au VIe siècle, in: Genequand, Denis / Robin, Julien (Hg.), Les Jafnides. Des rois arabes au service de Byzance (VIe siècle de l'ère chrétienne). Actes du colloque de Paris, 24–25 novembre 2008, Paris, 121–154.

— (2014): Perceptions of Procopius in Recent Scholarship, in: Histos 8, 76–121.

— (2010): The Fall of Macedonius Reconsidered, in: Studia Patristica 44, 125–129.

— (2007): Roman Frontiers and Foreign Policy in the East, in: Alston, Richard / Lieu, Samuel N. C. (Hg.), Aspects of the Roman East. Papers in Honour of Professor Fergus Millar FBA, Turnhout, 103–173.

— (2007a): Dukes of the Eastern Frontier, in: Drinkwater, John F. / Salway, Benet (Hg.), Wolf Liebeschuetz Reflected. Essays Presented by Colleagues, Friends, & Pupils, London, 87–98.

— (2001): Lawyers and Historians in Late Antiquity, in: Mathisen, Ralph W. (Hg.), Law, Society and Authority in Late Antiquity, Oxford, 148–161.

— (2000): The Background and Aftermath of the Partition of Armenia in A.D. 387, in: Ancient History Bulletin 14.1–2, 35–48.

— (1998): Rome and Persia at War, 502–532, Leeds.

— (1996): Flavius Hypatius. Quem vidit validum senitque timendum. An Investigation of his Career, in: Byzantion 66, 120–142.

— (1995): Procopius and Agathias on the Defences of the Thracian Chersonese in: Mango, Cyril / Dagron, Gilbert (Hg.), Constantinople and its Hinterland. Papers from the Twenty-Seventh Spring Symposium of Byzantine Studies, Oxford, April 1993, Oxford, 125–129.

Greenwood, Tim (2017): A Contested Jurisdiction: Armenia in Late Antiquity, in: Sauer, Eberhard W. (Hg.), Sassanian Persia. Between Rome and the Steppes of Eurasia, Cambridge, 199–220.

Gregory, Timothy E. (1992): Kastro and Diateichisma as Responses to Early Byzantine Frontier Collapse, in: Byzantion 62, 235–253.

Grey, Cam (2011): Constructing Communities in the Late Roman Countryside, Cambridge.

— (2007): Revisiting the "Problem" of the *agri deserti* in the Late Roman Empire, in: Journal of Roman Archaeology 20, 362–376.

Grieb, Volker (2012): Vom *mare nostrum* zum *mare barbaricum*. Piraterie und Herrschaftsetablierung in der mediterranen Welt zwischen Antike und Mittelalter, in: Grieb, Volker / Todt, Sabine (Hg.), Piraterie von der Antike bis zur Gegenwart, Stuttgart, 75–93.

Grosse, Robert (1920): Römische Militärgeschichte von Gallienus bis zum Beginn der byzantinischen Themenverfassung, Berlin.

Grossmann, Peter (2007): Die frühchristlich-koptische Pilgerstätte Abu Mina, in: Dreyer, Günther / Polz, Daniel (Hg.), Begegnung mit der Vergangenheit. 100 Jahre in Ägypten. Deutsches Archäologisches Institut Kairo 1907–2007, Mainz, 45–52.

— (2005): Zu dem spätrömischen Militärlager im Tempelareal von Taposiris Magna, in: Bulletin de la Société d'archéologie copte 44, 11–27.

— (2000): Prokopios zu Taposiris Magna. Eine Verwechslung mit Abu Mina?, in: Antiquité Tardive – Late Antiquity – Spätantike – Tarda Antichità. Revue Internationale d'Histoire et d'Archéologie (IVe–VIIe siècle) 8, 165–168.

Grossmann, Peter / Kosciuk, Jacek (2007): Excavations at Bahig. Zawiyat al-'Asayla, in: Bulletin de la Société d'Archéologie Copte 47, 9–29.

Guédon, Stéphanie (2012): Voie de mer, voie de terre: les itinéraires de voyage entre l'Afrique Proconsulaire et l'Égypte romaine à travers les sources écrites, in: Guédon, Stéphanie (Hg.), Entre Afrique et Égypte: relations et échanges entre les espaces au sud de la Méditerranée à l'èpoque romaine, Paris, 45–70.

— (2010): Le voyage dans l'Afrique romaine, Paris.

Guidoboni, Emanueala / Commastri, Alberto / Traina, Guisto (Hg.) (1994), Catalogue of Ancient Earthquakes in the Mediterranean Area up to the 10th Century, Rom.

Günther, Sven (2021): Steuern, in: Reallexikon für Antike und Christentum 31, Lieferung 242/243, 114–166.

Gyözö, Vörös (2001–2004): Taposiris Magna I–II, Budapest.

Haaland, Randi (2014): The Merotic Empire. Trade and Cultural Influences in an Indian Ocean Context, in: African Archaeological Review 31.4, 649–673.

Haarer, Fiona K. (2018): Anonymous Textual Survivals from Late Antiquity, in: Shawcross, Teresa / Toth, Ida (Hg.), Reading in the Bzyantine Empire and Beyond, Cambridge, 519–547.

— (2006): Anastasius I. Politics and Empire in the Late Roman World, Cambridge.

Haas, Christopher (2008): Mountain Constantines. The Christianization of Aksum and Iberia, in: Journal of Late Antiquity 1, 101–126.

Haase, Richard (1994): Untersuchungen zur Verwaltung des spätrömischen Reiches unter Justinian I. (527 bis 565), Wiesbaden.

Hächler, Nikolas / Näf, Beat / Schwarz, Peter-Andrew (2020): Mauern gegen Migration? Spätrömische Strategie, der Hochrhein-Limes und die Fortifikationen der Provinz Maxima Sequanorum – eine Auswertung der Quellenzeugnisse, Regensburg.

Haensch, Rudolf (2015): From Free to Fee?, in: Kehoe, Dennis P. / Ratzan, David M. / Yiftach, Uri (Hg.), Law and Transaction Costs in the Ancient Economy, Ann Arbor, 253–273.

— (2013): Die Statthalterarchive der Spätantike, in: Faraguna, Michele (Hg.), Archives and Archival Documents in Ancient Societies. Trieste 30 September – 1 October 2011. Legal Documents in Ancient Societies IV, Trieste, 333–349.

— (2011), Omnibus pariter corruptis – Korruption und Amtsmissbrauch in den Stäben der kaiserzeitlichen römischen Provinzverwaltung, in: Reuter, Marcus / Schiavone, Romina (Hg.), Gefährliches Pflaster. Kriminalität im Römischen Reich, Mainz, 129–133.

— (2010): Kontrolle und Verantwortlichkeit von officiales in Prinzipat und Spätantike, in: Eich, Armin (Hg.), Die Verwaltung der kaiserzeitlichen römischen Armee, Stuttgart, 177–186.

— (Hg.) (2009): Selbstdarstellung und Kommunikation. Die Veröffentlichung staatlicher Urkunden auf Stein und Bronze in der Römischen Welt, Internationales Kolloquium an der Kommission für Alte Geschichte und Epigraphik in München (1. bis 3. Juli 2006), München.

— (2008): Die Provinz Aegyptus: Kontinuitäten und Brüche zum ptolemäischen Ägypten. Das Beispiel des administrativen Personals, in: Piso, Ioan (Hg.), Die römischen Provinzen: Begriff und Gründung (Colloquium Cluj-Napoca, 28. September – 1. Oktober 2006), Cluj-Napoca, 81–105.

— (2004): La christianisation de l'armée romaine, in: Le Bohec, Yann / Wolff, Catherine (Hg.), L'armée romaine de Dioclétien à Valentinien Ier. Actes du Congrès de Lyon (12–14 septembre 2002), Lyon, 525–531.

— (1997): Capita Provinciarum. Statthaltersitze und Provinzialverwaltung in der römischen Kaiserzeit, Mainz.

Hahn, Wolfgang (1973): Moneta Imperii Byzantini. Rekonstruktion des Prägeaufbaues auf synoptisch-tabellarischer Grundlage. Bd. 1: Von Anastasius I. bis Justinianus I. (491–565) einschließlich der ostgotischen und vandalischen Prägungen, Wien.

Haldon, John (2015): Late Roman, Byzantium and the Early Medieval Western Europe, in: Monson, Andrew / Scheidel, Walter (Hg.), Fiscal Regimes and the Political Economy of Premodern States, Cambridge, 345–389.

— (1999): Warfare, State and Society in the Byzantine World. 565–1204, London.

— (1994): Synônê: Re-considering a Problematic Term of Middle Byzantine Fiscal Administration, in: Byzantine and Modern Greek Studies 18, 116–153.

— (1993): Military Service, Military Lands, and the Status of Soldiers. Current Problems and Interpretations, in: Dumbarton Oaks Papers 47, 1–67.

Halsall, Guy (2007): Barbarian Migrations and the Roman West, 376–568, Cambridge.

Harries, Jill (1999): Law and Empire in Late Antiquity, Cambridge.

Heather, Peter J. (2010): Holding the Line. Frontier Defense and the Later Roman Empire, in: Hanson, Victor D. (Hg.), Makers of Ancient Strategy. From the Persian Wars to the Fall of Rome, Princeton, 227–246.

— (2007): Goths in the Roman Balkans c.350–500, in: Poulter, Andrew G. (Hg.), The Transition to Late Antiquity, on the Danube and Beyond, Oxford 163–192.

— (2001): The Late Roman Art of Client Management. Imperial Defence in the Fourth Century West, in: Pohl, Walter / Wood, Ian / Reimitz, Helmut (Hg.), The Transformation of Frontiers. From Late Antiquity to the Carolingians, Leiden, 15–68.

Hekster, Olivier J. (2010): Trophy Kings and Roman Power. A Roman Perspective on Client Kingdoms, in: Kaizer, Ted / Facella, Margherita (Hg.), Kingdoms and Principalities in the Roman Near East, Stuttgart, 45–57.

Hendy, Michael F. (1985): Studies in the Byzantine Monetary Economy c. 300–1450, Cambridge.

Henning, Dirk (1999): Periclitans res publica. Kaisertum und Eliten in der Krise des Weströmischen Reiches 454/5–493 n. Chr., Stuttgart.

Hesberg, Henner von (2009): Archäologische Charakteristika der Inschriftenträger staatlicher Urkunden – einige Beispiele, in: Haensch, Rudolf (Hg.), Selbstdarstellung und Kommunikation. Die Veröffentlichung staatlicher Urkunden auf Stein und Bronze in der Römischen Welt. Internationales Kolloquium an der Kommission für Alte Geschichte und Epigraphik in München (1. bis 3. Juli 2006), München, 19–56.

Hilali, Arbia (2011): Recherche sur les frontières de l'afrique romaine: espaces mobiles et representations, in: Hekster, Olivier J. / Kaizer, Ted (Hg.), Frontiers in the

Roman World. Proceedings of the Ninth Workshop of the International Network Impact of Empire (Durham, 16–19 April 2009), Leiden, 97–113.

Hitchner, R. Bruce (2019): Rezension von: Mattingly, David J. / Leitch, Victoria / Duckworth, Chloë N. / Cuénod, Aurélie / Sterry, Martin / Cole, Franca (Hg.), Trade in the Ancient Sahara and Beyond, Cambridge 2018, in: Libyan Studies 49, 210.

— (1989): The Organization of Rural Settlement in the Cillicum-Thelepte Region (Kasserine, Central Tunesia), in: L'Africa Romana. Atti del VII Convegno di studio, Sassari, 387–402.

— (1988): The University of Virginia-INAA Kasserine Archaeological Survey 1982–1986, in: Antiquités africaines 24, 7–41.

Hitchner, R. Bruce / Ellis, Simon / Graham, Alan / Mattingly, David J. / Neuru, Lucinda (1990): The Kasserine Archeological Survey 1987, in: Antiquités africaines 26, 231–260.

Hitzig, Hermann Ferdinand (1893): Die Assessoren der römischen Magistrate und Richter. Eine rechtshistorische Untersuchung, München.

Hoffmann, Dietrich (1969–1970): Das spätrömische Bewegungsheer und die Notitia Dignitatum. Bd. I–II, Düsseldorf.

Hoffmann, Lars M. (2012): Die Lebenswelt des Synesios von Kyrene – ein historischer Überblick, in: Seng, Helmut / Hoffmann, Lars M. (Hg.), Synesios von Kyrene. Politik – Literatur – Philosophie, Turnhout, 36–65.

Hoffmann-Salz, Julia (2014): Roms „arabische" Grenze. Herrschaftsorganisation an der Ostgrenze des Reiches, in: Meier, Mischa / Patzold, Stefan (Hg.), Chlodwigs Welt. Organisation von Herrschaft um 500, Stuttgart, 269–291.

Hohlfelder, Robert L. (2000): Anastasius I, Mud, and Foraminifera. Conflicting Views of Caesarea Maritima's Harbor in Late Antiquity, in: Bulletin of the American Schools of Oriental Research 317, 41–62.

Horden, Peregrine / Purcell, Nicholas (2001): The Corrupting Sea. A Study of Mediterranean History, Oxford.

Hose, Martin (2003): Synesios und seine Briefe. Versuch der Analyse eines literarischen Entwurfs, in: Würzburger Jahrbücher für die Altertumswissenschaft 27, 125–141.

Howard-Johnston, James D. (2010), Witnesses to a World Crisis. Historians and Histories of the Middle East in the Seventh Century, Oxford.

Howe, Tankred (2007): Vandalen, Barbaren und Arianer bei Victor von Vita, Berlin.

Hübner, Heinz (1952): Der Praefectus Aegypti von Diokletian bis zum Ende der römischen Herrschaft, München.

Humfress, Caroline (2013): Thinking through Legal Pluralism. "Forum Shopping" in the Later Roman Empire, in: Duindam, Jeroen / Harries, Jill D. / Humfress, Caroline / Hurvitz, Nimrod (Hg.), Law and Empire. Ideas, Practices, Actors, Leiden, 225–250.

Isaac, Benjamin (1998): The Meaning of Limes and Limitanei in Ancient Sources, in: Isaac, Benjamin (Hg.), The Near East under Roman Rule. Selected Papers, Leiden, 345–387.

— (1995): The Army in the Late Roman East. The Persian Wars and the Defence of the Byzantine Provinces, in: Cameron, Averil (Hg.), The Byzantine and Early Islamic Near East. Vol. III: States, Resources and Armies, Princeton, 125–157.

— (1990): The Limits of Empire. The Roman Army in the East. Revised Edition, Oxford.

Izdebski, Adam (2021): Ein vormoderner Staat als sozio-ökologisches System. Das oströmische Reich 300–1300 n. Chr., Dresden.

— (2011): Why did Agriculture flourish in the Late Antique East? The Role of Climate Fluctuations in the Development and Contraction of Agriculture in Asia Minor and the Middle East from the 4th till the 7th c. AD, in: Millennium 8, 291–312.

Janniard, Sylvain (2016): Les adaptations de l'armée romaine aux modes de combat des peuples des steppes (fin IVe – début VIe siècle apr. J.-C.), in: Roberto, Umberto / Mecella, Laura (Hg.), Governare e riformare l'impero al momento della sua divisione: Oriente, Occidente, Illirico, Rom, 247–289.

Jaques, François / Bousquet, Bernard (1984): Le raz de marée du 21 juillet 365. Du cataclysme local à la catastrophe cosmique, in: Mélanges de l'école française de Rome 96.1, 423–461.

Jarry, Jacques (1966): Une prétendue invasion perse en Égypte sous Anastase, in: Bulletin de l'Institut Francais d'Archeologie orientale 64, 197–201.

Jesse, Friederike (2019): Fending off the Desert Dwellers. The Gala Abu Ahmed Fortress and Other Fortified Places in the South Libyan Desert, in: Raue, Dietrich (Hg.), Handbook of Ancient Nubia, Berlin, 1069–1093.

Jimenez, Jesus Lorenzo (2016): Arabic Toponymy in the Territory of al-Bayḍāʾ / al-Qubba (Cyrenaica, Libya), in: Libyan Studies 47, 167–180.

Johnson, Allan Chester / West, Louis Caulton (1967): Byzantine Egypt. Economic Studies, Amsterdam.

— (1967a): Currency in Roman and Byzantine Egypt, Amsterdam.

Jones, Arnold Hugh Martin (^{2}1971): The Cities of the Eastern Roman Provinces, Oxford.

— (1968): Frontier Defence in Byzantine Libya, in: Gadallah, Fawzi F. et al. (Hg.): Libya in History, University of Libya – Faculty of Arts, Historical Conference 16–23 March 1968, 289–297.

— (1964): The Later Roman Empire: 284–602. A Social, Economic and Administrative Survey, Oxford.

— (1957): Capitatio and Iugatio, in: Journal of Roman Studies 47, 88–94.

Jones, Christopher P. (2009): Procopius of Gaza and the Water of the Holy City, in: Greek, Roman, and Byzantine Studies 47, 455–467.

Jones, G. D. Barri (1985): Beginnings and Endings in Cyrenaican Cities, in: Barker, Graeme / Lloyd, John / Reynolds, Joyce (Hg.), Cyrenaica in Antiquity, Oxford, 27–41.

Jones, G. D. Barri / Little, J. H. (1971): Coastal Settlement in Cyrenaica, in: Journal of Roman Studies 61, 64–79.

Jördens, Andrea (2016): Römische Richter und einheimisches Recht, in: Strangas, Johannes et al. (Hg.), Kollision, Feindschaft und Recht. Akten der Griechischen Gesellschaft für Rechtsphilosophische und Rechtshistorische Forschung 7b, Athen, 799–834.

— (2009): Statthalterliche Verwaltung in der römischen Kaiserzeit. Studien zum praefectus Aegypti, Stuttgart.

Kaegi, Walter Emil (2010): Muslim Expansion and Byzantine Collapse in North Africa, Cambridge.

— (1984): Byzantium and the Trans-Saharan Gold Trade. A Cautionary Note, in: Graeco-Arabica 3, 95–100.

Kagan, Kimberly (2006): Redefining Roman Grand Strategy, in: Journal of Military History 70.2, 333–362.

Kaiser, Anna Maria (2015): Egyptian Units and the Reliability of the Notitia Dignitatum, Pars Oriens, in: Historia 64.2, 243–261.

— (2012): Rekrutierungspraxis im spätantiken Ägypten, in: Wolff, Catherine (Hg.), Le métier de soldat dans le monde romain. Actes du cinquième Congres de Lyon (23–25 septembre 2010), Paris, 99–120.

— (2012a): Die Fahndung nach Deserteuren im spätantiken Ägypten, in: Schubert, Paul (Hg.), Actes du 26e Congrès International de Papyrologie: Genève, 16–21 août 2010, Genf, 381–390.

— (2010): „Dienstvergehen“ von Soldaten in der römischen Kaiserzeit, in: Diomedes 5, 37–53.

Karayannopulos, Johannes (1959): Die Entstehung der byzantinischen Themenordnung, München.

— (1958): Das Finanzwesen des frühbyzantinischen Staates, München.

— (1956): Die Chrysoteleia der Iuga, in: Byzantinische Zeitschrift 49, 72–84.

Karberg, Tim / Lohwasser, Angelika (2018): The Wadi Abu Dom Itinerary (W.A.D.I.) Survey Project in: Lohwasser, Angelika / Karberg, Tim / Auenmüller, Johannes (Hg.), Bayuda Studies. Proceedings of the First International Conference on the Archaeology of the Bayuda Desert in Sudan, Wiesbaden, 3–121.

Kazhdan, Alexander (1991): Decanus, in: Kazhdan, Alexander (Hg.), The Oxford Dictionnary of Byzantium, Oxford, 601.

Keenan, James G. (1990): Evidence for the Byzantine Army in the Syene Papyri, in: The Bulletin of the American Society of Papyrologists 27.1, 139–150.

Kehoe, Dennis P. (1984): Private and Imperial Management of Roman Estates in North Africa, in: Law and History Review 2.2, 241–263.

Kelletat, Dieter (1998): Geologische Belege katastrophaler Erdkrustenbewegungen 365 AD im Raum von Kreta, in: Olshausen, Eckart / Sonnabend, Holger (Hg.), Naturkatastrophen in der antiken Welt. Stuttgarter Kolloquium zur historischen Geographie des Altertums 6, 156–161.

Kelly, Christopher (2004): Ruling the Later Roman Empire, Cambridge.

Kelly, Gavin (2004): Ammanius and the Great Tsunami, in: Journal of Roman Studies 94, 141–167.

Kennell, Nigel M. (2006): Ephebeiea. A Register of Greek Cities with Citizen Training Systems in the Hellenistic and Roman Periods, Hildesheim.

Kenrick, Philip (2013): Cyrenaica, London.

— (2013a): Ancient Sites in Rural Cyrenaica. A Partial Update, in: Libyan Studies 44, 57–72.

Keser-Kayaalp, Elif / Erdoğan, Nihat (2017): Recent Research on Dara / Anastasiopolis, in: Rizos, Efthymios (Hg.), New Cities in Late Antiquity. Documents and Archaeology, Turnhout, 153–175.

Kiel-Freytag, Ariane (2010): Betrachtungen zur Usurpation des Illus und des Leontius (484–488 n. Chr.), in: Zeitschrift für Papyrologie und Epigraphik 174, 291–301.

Kim, Hyun Jim (2013): The Huns, Rome, and the Birth of Europe, Cambridge.

Kislinger, Ewald (2014): Sizilien zwischen Vandalen und Römischem Reich im 5. Jahrhundert: Eine Insel in zentraler Randlage, in: Millennium 11, 237–260.

Kitchen, Andrew / Ehret, Christopher / Assefa, Shiferaw / Mulligan, Connie J. (2009): Bayesian Phylogenetic Analysis of Semitic Languages identifies an Early Bronze Age Origin of Semitic in the Near East, in: Proceedings of the Royal Society B: Biological Sciences 276, 2703–2710.

Klär, Timo (2021): Seeraub im Mittelmeer. Piraterie als Phänomen der antiken Staatengeschichte von der hellenistischen Zeit bis in die Spätantike, in: Marburger Beiträge zur Antiken Handels-, Wirtschafts- und Sozialgeschichte 39, 109–147.

Klein, Konstantin (2015): Marauders, Daredevils, and Noble Savages. Perceptions of Arab Nomads in Late Antique Hagiography, in: Der Islam 92, 13–41.

Koehn, Clemens (2018): Justinian und die Armee des frühen Byzanz, Berlin.

Kokkina, Christina (2009): The Role of Individuals in Inscribing Roman State Documents. Governor's Letters and Edicts, in: Haensch, Rudolf (Hg.), Selbstdarstellung und Kommunikation. Die Veröffentlichung staatlicher Urkunden auf Stein und Bronze in der Römischen Welt. Internationales Kolloquium an der Kommission für Alte Geschichte und Epigraphik in München (1. bis 3. Juli 2006), München, 191–209.

Kolb, Anne (2000): Transport und Nachrichtentransfer im Römischen Reich, Berlin.

Kolb, Frank (1982): Die Adäration als Korruptionsproblem in der Spätantike, in: Schuller, Wolfgang (Hg.), Korruption im Altertum. Konstanzer Sympsosium Oktober 1979, München, 163–173.

Kolias, Taxiarchis G. (1993): Tradition und Erneuerung im frühbyzantinischen Reich am Beispiel der militärischen Sprache und Terminologie, in: Vallet, Françoise / Kazanski, Michel (Hg.), L'armée romaine et les barbares du IIIe au VIIe siècle. Actes du colloque international, Saint-Germain-en-Laye 24–28 février 1990, Rouen, 39–44.

Konrad, Michaela (2008): Roman Military Fortifications along the Eastern Desert Frontier: Settlement Continuity and Change in North Syria, 4th–8th Century A.D., in: Bartl, Karin / Al-Razzaq Moaz, Abd (Hg.), Residences, Castles, Settlements. Transformation Processes from Late Antiquity to Early Islam in Bilad al-Sham. Proceedings of the International Conference Held at Damascus, 5–9 November 2006, Rahden/Westf., 433–455.

Kosiński, Rafal (2010): The Emperor Zeno. Religion and Politics, Krakau.

Köpp-Junk, Heidi / Riemer, Heiko / Förster, Frank (2017): Mobility in Ancient Egypt. Roads and Travel in the Nile Valley and Adjacent Deserts, in: Scharl, Silviane / Gehlen, Birgit (Hg.), Mobility in Prehistoric Sedentary Societies, Rahden, 277–300.

Kötter, Jan-Markus (2013): Zwischen Kaisern und Aposteln. Das Akakianische Schisma (484–519) als kirchlicher Ordnungskonflikt der Spätantike, Stuttgart.

Kraeling, Carl H. (1962): Ptolemais. City of the Libyan Pentapolis, Chicago.

Kraft, Ulrich (2008): Eine Reitermatrikel der Tetrachenzeit aus Ägypten (P. Strasb. L.8), in: Archiv für Papyrusforschung 54.1, 17–78.

Kramer, Johannes (2011): Von der Papyrologie zur Romanistik, Berlin.

— (1996): fossatum im Lateinischen, Griechischen und Romanischen, in: Wiener Studien 109, 231–242.

Krause, Jens-Uwe (2014): Gewalt und Kriminalität in der Spätantike, München.

— (2004): Kriminalgeschichte der Antike, München.

Krause, Jens-Uwe / Witschel, Christian (Hg.) (2006): Die Stadt in der Spätantike – Niedergang oder Wandel?. Akten des internationalen Kolloquiums in München am 30. und 31. Mai 2003, Stuttgart.

Kreikenbom, Detlev (2012): Kyrene und Ptolemais zur Zeit des Synesios, in: Seng, Helmut / Hoffmann, Lars M. (Hg.), Synesios von Kyrene. Politik – Literatur – Philosophie, Turnhout, 1–35.

— (2007): Leptis Magna vor der arabischen Eroberung in: Kreikenbom, Detlev / Muth, Franz-Christoph / Thielemann, Jörn (Hg.), Arabische Christen – Christen in Arabien, Frankfurt am Main, 35–55.

Kritzinger, Peter (2015): Das römische Zollsystem bis in das 3. Jh. n. Chr., in: Kritzinger, Peter / Schleicher, Frank / Stickler, Timo (Hg.), Studien zum römischen Zollwesen, Duisburg, 11–57.

Kroppenberg, Inge (2008): Wirtschaftshistorische Aspekte des plagium von der späten Republik bis Konstantin, in: Heinen, Heinz (Hg.), Menschenraub, Menschenhandel und Sklaverei in antiker und moderner Perspektive. Ergebnisse des Mitarbeitertreffens des Akademievorhabens Forschungen zur antiken Sklaverei (Mainz, 10. Oktober 2006), Stuttgart, 131–157.

Krüger, Paul (1867): Kritik des justinianischen Codex, Berlin.

Kuhhoff, Wolfgang (2012): Das spätrömische Afrika und seine Militärbefehlshaber, in: L'Africa Romana 19.1, Rom, 541–564.

Kuhlmann, Klaus P. (1998), Roman and Byzantine Siwa. Developing a Latent Picture, in: Kaper, Olaf E. (Hg.), Life on the Fringe. Living in the Southern Egyptian Deserts during the Roman and Early Byzantine Periods; Proceedings of a Colloquium Held on the Occasion of the 25th Anniversary of the Nederlands Institute for Archaeology and Arabic Studies in Cairo 1996, Leiden, 159–180.

Kulikowski, Michael (2000): The Notitia Dignitatum as a Historical Source, in: Historia 49.3, 358–377.

Kussmaul, Peter (1981): Pragmaticum und Lex. Formen spätrömischer Gesetzgebung 408–457, Göttingen.

Kutula, Tadeusz (1970): Firmus, fils de Nubel, était-il ursurpateur ou roi des Maures?, in: Acta antiqua Academiae Scientiarum Hungaricae 18, 137–146.

Kyriakides, Savvas (2018): Army Structure: Roman Continuity and Byzantine Change, in: Stouraitis, Yannis (Hg.), A Companion to the Byzantine Culture of War, 300–1204, Leiden, 229–259.

Labory, Nadine (2003): À propos de la signification du mot «clausura» utilisé en architecture militaire, in: Latomus 62.4, 898–901.

Laniado, Avshalom (2015a): Jean d'Antioche et les débuts de la révolte de Vitalien, in: Blaudeau, Philippe / Nuffelen, Peter van (Hg.), L'historiographie tardo-antique et la transmission des savoirs, Berlin.

— (2015): Ethnos et droit dans le monde protobyzantin, V^e–VIe siècle. Fédérés, paysans et provinciaux à la lumière d'une scholie juridique de l'époque de Justinien, Genf.

— (2002): Recherches sur les notables municipaux dans l'Empire protobyzantin, Paris.

— (1996): Syntelestès: Notes sur un terme fiscal surinterprété, in: The Journal of Juristic Papyrology 26, 23–51.

Laporte, Jean-Pierre (2012): Nubel, Sammac, Firmus et les autres. Une famille berbère dans l'Empire romain, in: L'Africa Romana 19.1, Rom, 979–1002.

Laronde, André (2011): L'Evolution de la Cyrenaique durant l'Antiquité Tardive, in: Zbornik u čast Emilija Marina za 60. Rođendan, Split, 351–362.

— (2010): Construction des églises et christianisation de la Cyrénaïque, in: Kreikenbom, Detlev / Mahler, Karl-Uwe / Schollmeyer, Patrick / Weber, Thomas Maria (Hg.), Krise und Kult. Vorderer Orient und Nordafrika von Aurelian bis Justinian, Berlin, 255–278.

— (2009): L'armee romaine en Cyrenaique, in: Groslambert, Agnès (Hg.), Urbanisme et urbanisation en Numidie militaire. Actes du colloque organisé les 7 et 8 mars 2008 par l'Université Jean Moulin Lyon 3, Paris, 13–20.

— (1992): Les ports de Ptolémaïs et d'Apollonia, in: Les Dossier de l'Archèologie 167, 54–63.

— (1990): Aspects méconnus du voyage de Granger en Cyrénaique au XVIIIe siécle, in: Bulletin de la Société des Antiquaires de France, 185–199.

— (1990): Recherches sous-marines dans le port d'Apollonia de Cyrénaique: apercu préliminiare, in: Atti dei convegni Lincei. Giornata Lincea sulla Archeologia Cirenaica (Roma, 3 Novembre 1987), Rom, 75–83.

— (1985): Apollonia de Cyrénaique et son histoire, neuf ans de recherches de la Mission Archéologiques Francaise en Libye, in: Comptes rendus des séances de l'Académie des Inscriptions et Belles-Lettres 129.1, 93–116.

Lavan, Luke (2001): The praetoria of Civil Governors in Late Antiquity, in: Lavan, Luke / Bowden, William (Hg.), Recent Research in Late-Antique Urbanism, Portsmouth, 39–56.

— (1999): Late Antique Governors' Palaces: A Gazeteer, in: Antiquité Tardive – Late Antiquity – Spätantike – Tarda Antichità. Revue Internationale d'Histoire et d'Archéologie (IVe–VIIe siècle) 7, 135–164.

Le Bas, Philippe / Waddington, William Henry (1870): Voyage archéologique en Grèce et en Asie Mineure. Teil III: Inscriptions grecques et latines recueillies en Grèce et en Asie Mineure. 2 Bände, Paris (ND: Hildesheim / New York 1972).

Le Bohec, Yann (2018): La conquête de l'Afrique romaine par les Vandales (429–439 après J.-C.), in: Gerión 36.1, 109–140.

— (2012): La «petite strategié» de Rome en Gaule au temps du César Julien (355–361), in: Rivista di Studi Militari 1, 47–67.

Lee, A. Doug (1993): Information and Frontiers. Roman Foreign Relations in Late Antiquity, Cambridge.

Leneis, Anna Theresa (2020): Anspruch und Wirklichkeit. Probleme spätantiker Richteraktivität im Spiegel des Codex Theodosianus, Berlin.

Lengrand, Denis (1995): Le limes interne de Maurétanie Césarienne au IVe siècle, et la famille de Nubel, in: Rouselle, Aline (Hg.), Frontières terrestres, frontières célestes dans l'antiquité, Paris, 143–161.

Lenski, Noel (2017): Peasant and Slave in Late Antique North Africa, c. 100–600 CE, in: Testa, Rita Lizzi (Hg.), Late Antiquity in Contemporary Debate, Cambridge, 113–155.

— (2013): Harnessing Violence. Armed Force as Manpower in the Late Roman Countryside, in: Journal of Late Antiquity 6.2, 233–250.

— (2011): Captivity and Slavery among the Saracens in Late Antiquity (ca. 250–630), in: Antiquité Tardive – Late Antiquity – Spätantike – Tarda Antichità. Revue Internationale d'Histoire et d'Archéologie (IVe–VIIe siècle) 19, 237–266.

— (2009): Schiavi armati e formazione di eserciti privati nel mondo tardoantico, in: Urso, Gianpaolo (Hg.), Ordine e sovversione nel mondo greco e romano, Cividale del Friuli, 25–27 settembre 2008, Pisa, 145–175.

— (2007): Two Sieges of Amida (AD 359 and 502–503) and the Experience of Combat in the Late Roman East, in: Lewin, Ariel S. / Pellegrini, Pietrina (Hg.), The Late Roman Army in the Near East from Diocletian to the Arab Conquest. Proceedings of a Colloquium Held at Potenza, Acerenza and Matera, Italy (May 2005), Oxford, 219–237.

— (2003): Failure of Empire. Valens and the Roman State in the Fourth Century A.D., Berkeley.

Leone, Anna (2007), Changing Townscapes in North Africa from Late Antiquity to the Arab Conquest, Bari.

Leppin, Hartmut (2014): Zwei Reiche. Prokopios von Gaza und Priscian von Caesarea zu Anastasius, in: Meier, Mischa / Patzold, Steffen (Hg.), Chlodwigs Welt. Organisation von Herrschaft um 500, Stuttgart, 93–109.

— (2011): Justinian. Das christliche Experiment, Stuttgart.

— (2010): Truppenergänzungen in einer außergewöhnlichen Situation. Theodosius der Große und die Rekrutierungen nach Adrianopel, in: Eich, Armin (Hg.), Die Verwaltung der kaiserzeitlichen römischen Armee, Stuttgart, 187–201.

Leszka, Miroslaw J. (2017), Portrayal of Anastasius I (491–518) in the Church History by Theodore Lector. A Few Remarks, Res Gestae, in: Czasopismo Historyczne 5, 73–82.

Lewin, Ariel S. (2015): Did the Roman Empire have a Military Strategy and were the Jafnids part of it?, in: Genequand, Denis / Robin, Julien (Hg.), Les Jafnides. Des rois arabes au service de Byzance (VIe siècle de l'ère chrétienne). Actes du colloque de Paris, 24–25 novembre 2008, Paris, 155–192.

— (2011): The New Frontiers of Late Antiquity in the Near East. From Diocletian to Justinian, in: Hekster, Olivier / Kaizer, Ted (Hg.), Frontiers in the Roman World. Proceedings of the Ninth Workshop of the International Network Impact of Empire (Durham, 16–19 April 2009), Leiden, 233–265.

— (2007): ʻAmr Ibn ʻAdi, Mavia, the Phylarchs and the Late Roman Army: Peace and War in the Near East, in Lewin, Ariel S. / Pellegrini, Pietrina (Hg.), The Late Roman Army in the Near East from Diocletian to the Arab Conquest. Proceedings of a Colloquium Held at Potenza, Acerenza and Matera, Italy (May 2005), Oxford, 243–263.

— (1989): La difesa del deserto: osservazione preliminari per uno studio comparato delle frontier, in: Mastino, Attilio (Hg.), L'Africa romana: Atti del 6. Convegno di studio, 16–18 dicembre 1988, Sassari, 197–209.

Liebeschuetz, John Hugo Wolfgang Gideon (2015): Arab Tribesmen and Desert Frontiers in Late Antique Syria, in: Liebeschuetz, John Hugo Wolfgang Gideon, East and West in Late Antiquity. Invasion, Settlement, Ethnogenesis and Conflicts of Religion, Leiden, 288–322.

— (2007): The Lower Danube Region under Pressure: from Valens to Heraclius, in: Poulter, Andrew G. (Hg.), The Transition to Late Antiquity, on the Danube and Beyond, Oxford, 101–134.

— (2006): Nomads, Phylarchs and Settlement in Syria and Palestine, in: Lewin, Ariel S. / Pellegrini, Pietrina (Hg.), Settlements and Demography in the Near East in Late Antiquity, Pisa, 13–28.

— (2001): Decline and Fall of the Roman City, Oxford.

– (1997): Cities, Taxes and the Accommodation of the Barbarians. The Theories of Durliat and Goffart, in: Pohl, Walter (Hg.), Kingdoms of Empire. The Integration of Barbarians in Late Antiquity, Leiden, 135–151.

– (1973): The Origin of the Office of the Pagarch, in: Byzantinische Zeitschrift 36, 38–46.

Liebs, Detlev (2006): Reichskummerkasten. Die Arbeit der kaiserlichen Libellkanzlei, in: Kolb, Anne (Hg.) Herrschaftsstrukturen und Herrschaftspraxis: Konzepte, Prinzipien und Strategien im römischen Kaiserreich. Akten der Tagung an der Universität Zürich 18.–20.10.2004, Berlin, 137–152.

– (1992): Das Gesetz im spätrömischen Recht, in: Seller, Wolfgang (Hg.), Das Gesetz in Spätantike und frühem Mittelalter, Göttingen, 11–27.

Lilie, Ralph-Johannes (1995): Die Krönung des Kaisers Anastasios I. (491), in: Byzantinoslavica 56, 3–12.

Lionello, Piero (Hg.), The Climate of the Mediterranean Region. From the Past to the Future, London 2012.

Lippold, Adolf (1972): Zenon Nr. 17, in: RE, X A, 149–213.

Little, J. H. (1985): Urban Change at Ptolemais, in: Barker, Graeme / Lloyd, John / Reynolds, Joyce (Hg.), Cyrenaica in Antiquity, Oxford, 43–49.

Liverani, Mario (2007): Cronologia e periodazzione dei Garamanti. Aquisizioni e prospettive, in: Athenaeum 95.1, 633–662.

– (2000): The Garamantes. A Fresh Approach, in: Libyan Studies 31, 17–28.

– (2000a): The Libyan Caravan Road in Herodotus IV.181–185, in: Journal of the Economic and Social History of the Orient 43.4, 496–520.

Lloyd, Allan B. (1990): Herodotus on Egyptians and Libyans, in: Nenci, Guiseppe (Hg.), Hérodote et les peuples non grecs, Genève, 215–245.

Lloyd, John A. / Lewis, P. R. (1976–77), Water Supply and Urban Population in Roman Cyrenaica, in: Libyan Studies 8, 35–40.

Lohwasser, Angelika (2014): Kush and her Neighbors Beyond the Nile Valley, in: Andersen, Julie R. / Welsby, Derek (Hg.), The Fourth Cataract and Beyond, Leuven, 125–134.

Luchner, Katharina (2010): Einführung, in: Luchner, Katharina (Hg.): Synesios von Kyrene. Polis – Freundschaft – Jenseitsstrafen. Briefe an und über Johannes. Eingeleitet, übers. und mit interpretierenden Essays versehen, Tübingen, 3–35.

– (2005): ‚Gott' und Selbstrepräsentation in den Briefen des Synesius von Kyrene, in: Millennium 2, 33–62.

Luttwak, Edward N. (2011): The Byzantine Empire: From Attila to the 4th Crusade, in: Olson, John Andreas / Gray, Colin S. (Hg.), The Practice of Strategy. From Alexander the Great to the Present, Oxford, 57–82.

— (2009): The Grand Strategy of the Byzantine Empire, Cambridge.
— (1979): The Grand Strategy of the Roman Empire. From the First Century A.D. to the Third, Baltimore.
Maas, Michael / Ruths, Derek (2012): Road Connectivity and the Structure of Ancient Empires: A Case Study from Late Antiquity, in: Alcock, Susan E. / Bodel, John / Talbert, Richard J. A. (Hg.), Highways, Byways and Road Systems in the Pre-Modern World, Oxford, 255–263.
MacDonald, Kevin C. (2020): Architecture and Settlement Growth on the Southern Edge of the Sahara. Timing and Possible Implications for Interactions with the North, in: Sterry, Martin / Mattingly, David J. (Hg.), Urbanisation and State Formation in the Ancient Sahara and Beyond, Cambridge, 498–520.
MacEvoy, Meaghan (2013): Child Emperor Rule in the Late Roman West, AD 367–455, Oxford.
Mackensen, Michael (2016): Survey and Excavation of the German Archaeological Mission at the Roman Fort of Myd(- - -) / Gheriat el-Garbia and its Vicinity, 2009/2010, in: Libya Antiqua VI (2011–2012), 83–103.
— (2015): Zur spätrömischen Nutzung des Kleinkastells Vezereos am *limes Tripolitanus* (Südtunesien), in: Henrich, Peter / Miks, Christian / Obmann, Jürgen / Wieland, Martin (Hg.), NON SOLUM ... SED ETIAM. Festschrift für Thomas Fischer zum 65. Geburtstag, Rahden, 259–270.
— (2013): The Late Roman Fort at Nag al-Hagar near Kom Ombo (Upper Egypt). Report on the Fourth Season of the Egyptian-Swiss Joint Mission, in: Raue, Dietrich / Seidlmayer, Stephan J. / Speiser, Philipp (Hg.), The First Cataract of the Nile: One Region – Diverse Perspectives, Berlin, 111–121.
— (2006), The Late Roman Fort at Nag el-Hagar near Kom Ombo in the Province of Thebaïs (Upper Egypt). Report of the First Season of the Egyptian-Swiss Joint Mission, in: Mitteilungen des Deutschen Archäologischen Instituts, Abteilung Kairo, 62, 161–195.
MacMullen, Ramsay (2006): Soldiers in Cities of the Roman Empire, in: Revue des études militaires anciennes 3, 123–131.
— (1988): Corruption and the Decline of Rome, New Haven.
— (1982): The Epigraphic Habit in the Roman Empire, in: American Journal of Philology 103, 233–246.
Magliaro, Lorenzo (2013): Arianna. La garante della porpora, Mailand.
Magnavita, Sonja (2009): Sahelian Crossroads. Some Aspects on the Iron Age Sites of Kissi, Burkina Faso, in: Magnavita, Sonja (Hg.), Crossroads / Carrefour Sahel. Cultural and Technological Developments in First Millennium BC/AD West Africa, Frankfurt am Main, 78–104.

Mahler, Karl-Uwe (2010), Christentum in Leptis Magna. Die archäologischen Zeugnisse, in: Kreikenbom, Detlev / Mahler, Karl-Uwe / Schollmeyer, Patrick / Weber, Thomas Maria (Hg.), Krise und Kult. Vorderer Orient und Nordafrika von Aurelian bis Justinian, Berlin, 317–361.

Maresch, Klaus (1994): Nomisma und Nomismata. Beiträge zur Geldgeschichte Ägyptens im 6. Jahrhundert n. Chr., Opladen.

Marichal, Robert (1979): Les ostraca de Bu Njem, in: Comptes rendus des séances de l'Académie des Inscriptions et Belles-Lettres 123, 436–452.

Mariev, Sergei (2006): Neues zur „Johanneischen Frage", in: Byzantinische Zeitschrift 99, 535–550.

Martin, Archer (1989): Praetoria as Provincial Governors' Oalaces, in: Piérat, Marcel / Curty, Olivier (Hg.), Historia testis. Mélanges d'épigraphie, d'histoire ancienne et de philologie offerts à Tadeusz Zawadzki, Fribourg, 229–240.

Martindale, John Robert / Morris, John / Jones, Arnold Hugh Martin (Hg.) (1971–1992): The Prosopography of the Later Roman Empire. Vols. I–III, Cambridge.

Maspero, Jean (1912 / ND 1974), L'organisation militaire de l'Egypte byzantine, Nachdruck der Ausgabe Paris, Hildesheim.

Mathisen, Ralph W. (2011), Catalogues of Barbarians in Late Antiquity, in: Mathisen, Ralph W. / Shanzer, Danuta R. (Hg.), Romans, Barbarians, and the Transformation of the Roman World. Cultural Interaction and the Creation of Identity in Late Antiquity, Farnham, 17–32.

— (2006): Peregrini, Barbari, and Cives Romani: Concepts of Citizenship and the Legal Identity of Barbarians in the Later Roman Empire, in: American Historical Review 111/4:1, 1011–1040.

— (2004): Adnotatio and Petitio: The Emperor's Favor and Special Exceptions in the Early Byzantine Empire, in: Feissel, Denis / Gascou, Jean (Hg.), La pétition à Byzance: XXe Congrès International des Études Byzantines, 19–25 août 2001, Table Ronde la Pétition à Byzance, Paris, 25–34.

— (1999): Sigisvult the Patrician, Maximinus the Arian, and the Political Strategems in the Western Roman Empire c. 425–40, in: Early Medieval Europe 8, 173–196.

Mattingly, David J. (2017): The Garamantes and the Origins of Saharan Trade. State of the Field and Future Agendas, in: Mattingly, David J. et al. (Hg.), Trade in the Ancient Sahara and Beyond, Cambridge, 1–52.

— (2016): Who Shaped Africa? The Origins of Urbanism and Agriculture in Maghreb and Sahara, in: Mugnai, Niccolò / Nikolaus, Julia / Ray, Nick (Hg.), De Africa Romaque. Merging Cultures Across North Africa. Proceedings of the International Conference Held at the University of Leicester (26–27 October 2013), Havertown, 11–27.

— (2013): To South and North: Saharan Trade in Antiquity, in: Eckhardt, Hella / Rippon, Stephen (Hg.), Living and Working in the Roman World. Essays in Honour of Michael Fulford on his 65th Birthday, Portsmouth, 169–190.

— (2003): Historical Summary, in: Mattingly, David J. (Hg.), The Archaeology of Fazzan. Vol. 1: Synthesis, London, 75–106.

— (2002): Impacts beyond Empire: Rome and the Garamantes of the Sahara, in: Blois, Lukas de / Rich, John (Hrsg.), The Transformation of Economic Life under the Roman Empire. Proceedings of the Second Workshop of the International Network Impact of Empire (Roman Empire, c. 200 B.C. – A.D. 476), Nottingham, July 4–7, 2001, Amsterdam, 184–203.

— (2001): Farming the Desert. Two Contrasting Libyan Case-Studies, in: Higham, Nick J. (Hg.), Archaeology of the Roman Empire. A Tribute to the Life and Works of Professor Barri Jones, Oxford, 245–256.

— (1995): Tripolitania, London.

— (1988): The Olive Boom. Oil Surpluses, Wealth and Power in Roman Tripolitania, in: Libyan Studies 19, 21–41.

— (1987): Libyans and the "limes". Culture and Society in Roman Tripolitania, in: Antiquités africaines 23, 71–94.

— (1985): Olive Oil Production in Roman Tripolitania, in: Buck, David J. / Mattingly, David J. (Hg.), Town and Country in Roman Tripolitania. Papers in Honour of Olwen Beckett, Oxford, 27–46.

— (1983): The Laguatan. A Libyan Tribal Confederation in the Late Roman Empire, in: Libyan Studies 14, 96–108.

Mattingly, David J. (Hg.) (2003–2014), The Archaeology of Fazzān. Vol. 1–4, London.

Mattingly, David J. et al. (2013), Fortified farms and defended villages of Late Roman and Late Antique Africa, in: Antiquité Tardive – Late Antiquity – Spätantike – Tarda Antichità. Revue Internationale d'Histoire et d'Archéologie (IVe–VIIe siècle) 21, 167–188.

Mattingly, David J. / Daniels, Charles M. / Sterry, Martin J. / Edwards, David N. (2015), The Walls of Medieval Zuwila, in: Libyan Studies 46, 35–56.

Mattingly, David J. / Edwards, David (2003): Religious and Funerary Structures, in: Mattingly, David J. (Hg.), The Archaeology of Fazzān. Vol. 1: Synthesis, London, 177–235.

Mattingly, David J. / Jones, G. D. Barri (1986), A New Clausura in Western Tripolitania: Wadi Skiffa South, in: Libyan Studies 17, 87–96.

Mattingly, David J. / Leitch, Victoria / Duckworth, Chloë N. / Cuénod, Aurélie / Sterry, Martin / Cole, Franca (Hg.) (2017): Trade in the Ancient Sahara and Beyond, Cambridge.

Mattingly, David J. / Merlo, Stefania / Mori, Lucia / Sterry, Martin (2020): Garamantian Oasis Settlements in Fazzan, in: Sterry, Martin / Mattingly, David J. (Hg.), Urbanisation and State Formation in the Ancient Sahara and Beyond, Cambridge, 53–111.

Mattingly, David. J. / Reynolds, Tim / Dore, John (2003): Synthesis of Human Activities in Fazzān, in: Mattingly, David J. (Hg.), The Archaeology of Fazzān. Vol. 1, Synthesis, London, 327–375.

Mattingly, David J / Rushworth, Alan / Sterry, Martin J. / Leitch, Victoria (Hg.) (2013), Frontiers of the Roman Empire. The African Frontiers, London.

Mattingly, David J. / Sterry, Martin J. / Ray, Nick (2018): Dying to be Garamantian: Burial, Migration, and Identity in Fazzan, in: Gatto, Maria Carmela et al. (Hg.), Burials, Migration and Identity in the Ancient Sahara and Beyond, Cambridge, 53–107.

Maxfield, Valerie A. (2009): Where did they put the Men? An Enquiry into the Accomodation of Soldiers in Roman Egypt, in: Hanson, William S. (Hg.), The Army and Frontiers of Rome. Papers Offered to David J. Breeze on the Occasion of his Sixty-fifth Birthday and his Retirement from Historic Scotland, Portsmouth, 63–83.

— (2003): Ostraca and the Roman Army in the Eastern Desert, in: Wilkes, J. J. (Hg.), Documenting the Roman Army. Essays in Honour of Margaret Roxan, London, 153–173.

Mayerson, Philip (1996): The Port of Clysma (Suez) in Transition from Roman to Arab Rule, in: Journal of Near Eastern Studies 55, 119–126.

— (1992): The Island of Iotabê in the Byzantine Sources. A Reprise, in: Bulletin of the American Schools of Oriental Research 287, 1–4.

— (1991): The Use of the Term Phylarchos in the Roman-Byzantine East, in: Zeitschrift für Papyrologie und Epigraphik 88, 291–195.

— (1988): Justinian's Novel 103 and the Reorganization of Palestine, in: Bulletin of the American Schools of Oriental Research 269, 65–71.

— (1986): The Beersheba Edict, in: Zeitschrift für Papyrologie und Epigraphik 64, 141–148.

McAndrew, Duncan (2015): The *milites* Hypothesis. The 'Lost' Naval Commands of the Late Roman Army, in: Acta Archaeologica 86.2, 13–45.

McCormick, Michael et al. (2012): Climate Change during and after the Roman Empire. Reconstructing the Past from Scientific and Historical Evidence, in: Journal of Interdisciplinary History 43.2, 169–220.

— (2011): History's Changing Climate. Climate Science, Genomics, and the Emerging Consilient Approach to Interdisciplinary History, in: Journal of Interdisciplinary History 42.2, 251–273.

— (1986): Eternal Victory. Triumphal Rulership in Late Antiquity, Byzantium and the Early Medieval West, Cambridge.

Meier, Mischa (2019): Geschichte der Völkerwanderung. Europa, Asien und Afrika vom 3. bis zum 8. Jahrhundert n. Chr., München.

— (2016): Der Völkerwanderung ins Auge blicken. Individuelle Handlungsspielräume im 5. Jahrhundert n. Chr., Heidelberg.

— (2014): Flavios Hypatios: der Mann, der Kaiser sein wollte, in: Patzold, Steffen / Ubl, Karl (Hg.), Verwandtschaft, Name und soziale Ordnung (300–1000), Berlin, 73–96.

— (2014a), Candidus: Um die Geschichte der Isaurier, in: Bleckmann, Bruno / Stickler, Timo (Hg.), Griechische Profanhistoriker des fünften nachchristlichen Jahrhunderts, Stuttgart, 171–195.

— (2012): Anastasios und die „Geschichte" der Isaurier, in: Pohl, Walter / Gantner, Clemens / Payne, Richard (Hg.), Visions of Community in the Post-Roman World. The West, Byzantium and the Islamic World, 300–1100, Farnham, 281–301.

— (2010): Ariadne – der „Rote Faden" des Kaisertums, in: Kolb, Anne (Hg.), Augustae. Machtbewusste Frauen am römischen Kaiserhof? Herrschaftsstrukturen und Herrschaftspraxis II. Akten der Tagung in Zürich, 18.–20.9.2008, Berlin, 277–291.

— (2009): Anastasios I. Die Entstehung des Byzantinischen Reiches, Stuttgart.

— (2007): Staurotheis di'hemas. Der Aufstand gegen Anastasios im Jahr 512, in Millennium 4, 157–237.

— (2007a): Zur Terminologie der (Natur-)Katastrophe in der griechischen Historiographie – einige einleitende Bemerkungen, in: Historical Social Research 32. 3, 44–56.

— (2007b): Die erste Prätorianerpräfektur des Marinos von Apameia, in: Zeitschrift für Papyrologie und Epigraphik 162, 293–296.

— (2003): Zur Wahrnehmung und Deutung von Naturkatastrophen im 6. Jahrhundert n. Chr., in: Groh, Dieter / Kempe, Michael / Mauelshagen, Franz (Hg.), Naturkatastrophen. Beiträge zu ihrer Deutung, Wahrnehmung und Darstellung in Text und Bild von der Antike bis ins 20. Jahrhundert, Tübingen, 45–64.

Merlo, Stefania / Hakenbeck, Susanne / Balbo, Andrea Luca (2013): Desert Migrations Project XVIII: The Archaeology of the Northern Fazzan. A Preliminary Report, in: Libyan Studies 44, 141–161.

Merrills, Andy (2019): Corippus' Triumphal Ethnography: Another Look at Iohannis II.28–161, in: Libyan Studies 50, 153–163.

— (2016): African Geography in the Triumph of Cornelius Balbus, in: Mugnai, Niccolò / Nikolaus, Julia / Ray, Nick (Hg.), De Africa Romaque. Merging Cultures

Across North Africa. Proceedings of the International Conference Held at the University of Leicester (26–27 October 2013), Havertown, 121–131.

Merrills, Andy / Miles, Richard (2010): The Vandals, Chichester.

Metcalf, David Michael (1969): The Origins of the Anastasian Currency Reform, Amsterdam.

Milevski, Lukas (2021): Liddell Hart's Impact on the Study of Grand Strategy, in: Balzacq, Thierry / Krebs, Roland R. (Hg.), The Oxford Handbook of Grand Strategy, Oxford, 73–88.

Millar, Fergus (2010): Rome's >Arab< Allies in Late Antiquity. Conception and Representations from within the Frontiers of the Empire, in: Börm, Henning / Wiesehöfer, Josef (Hg.), Commutatio et Contentio. Studies in Late Roman, Sasanian and Early Islamic Near East. In Memory of Zeev Rubin, Düsseldorf, 199–227.

— (2006): A Greek Roman Empire. Power and Belief under Theodosius II (408–450), Berkeley.

— (1982): Emperors, Frontiers and Foreign Relations, 31 B.C. to A.D. 378, in: Britannia 13, 1–23.

— (1977): The Emperor in the Roman World. 31 BC – 337 AD, London.

Misiewicz, Kryzstof / Malkowski, Wieslaw / Muszynska, Monika (2010), The Topography of Ptolemais. Results of the Non-destructive Survey Campaigns (2002–2005), in: Luni, Mario (Hg.), Cirene e la Cirenaica nell'Antichità. Vol. II, Rom, 197–205.

Mitthof, Fritz (2007), Griechische Papyrusurkunden kleineren Formats Neuedition. SPP III^{2} 119–238 Schuldscheine und Quittungen, Wien.

— (2004): Neue Papyrusurkunden zur annona militaris, in: Tyche 19, 111–130.

— (2001): Annona Militaris. Die Heeresversorgung im spätantiken Ägypten. Ein Beitrag zur Verwaltungs- und Heeresgeschichte des Römischen Reiches im 3. bis 6. Jh. n. Chr., Bd. I–II, Florenz.

Modéran, Yves (2010): Mazices, Mazaces, in: Encyclopédie berbère 31, Paris, 4799–4810.

— (2004), L'etablissement de barbares sur le territoire romain, in: Moatti, Claudia (Hg.), La mobilité des personnes en méditerranée de l'antiquité à l'époque moderne, Rom, 337–397.

— (2003): Les Maures et l'Afrique romaine (IVe–VIIe siècle), Rome.

— (2003a): Une guerre de religion: les deux Églises d'Afrique à l'époque vandale, in: Antiquité Tardive – Late Antiquity – Spätantike – Tarda Antichità. Revue Internationale d'Histoire et d'Archéologie (IVe–VIIe siècle) 11, 21–44.

Moreschini Tommasi, Chiara Ombretta (2002): Persistenze pagane nell' Africa del VI secolo. La Iohannis corippea e la questione dei dii mauri, in: Marin, Marcello /

Moreschini, Claudio (Hg.), Africa cristiana. Storia, religione, letteratura, Brescia, 269–301.

Mori, Lucia (2018): Urbanisation in the Central Sahara in Garamantian Times. A Look from the South, in: Frangipane, Marcella / Manzanilla, Linda (Hg.), Origini – XLII Preistoria e Protostoria delle Civiltà Antiche. Thematic Issue: Rethinking Urbanization and its Living Landscapes from the Inspiring Perspective of a Great "Maestro", Rom, 193–211.

— (2013): Fortified Citadels and Castles in Garamantian Times. The Evidence from Southern Fazzan (Libyan Sahara), in: Jesse, Friederike / Vogel, Carola (Hg.), The Power of Walls-Fortifications in Ancient Northeastern Africa, Köln, 195–217.

— (2012): Between the Sahara and the Mediterranean Coast. The Archaeological Research in the Oasis of Fewet (Fazzan, Libyan Sahara) and the Rediscovery of the Garamantes, in: Bollettino di Archeologia on line I 2010 / Volume speciale A/A10/2, 17–30.

Mori, Lucia / Gatto, Maria Carmela / Ricci, Francesca / Zerboni, Andrea (2013), Life and Death at Fewet, in: Mori, Lucia (Hg.), Life and Death of a Rural Village in Garamantian Times. Archaeological Investigations in the Oasis of Fewet (Libyan Sahara), Florenz, 375–387.

Morkot, Robert G. (2016): Before Greeks and Romans: Eastern Libya and the Oases, a Brief Review of Interconnections in the Eastern Sahara, in: Mugnai, Niccolò / Nikolaus, Julia / Ray, Nick (Hg.), De Africa Romaque. Merging Cultures Across North Africa. Proceedings of the International Conference Held at the University of Leicester (26–27 October 2013), Havertown, 27–39.

Morrisson, Cécile (2012): Weighing, Measuring, Paying. Exchanges in the Market and the Marketplace, in: Morrisson, Cécile (Hg.), Trade and Markets in Byzantium, Washington D. C., 379–399.

— (1989): Monnaie et prix à Byzance du Ve au VIIe siècle, in: Hommes et richesses dans l'Empire byzantin I, Paris, 239–260.

Motta, Daniela (2003): L'imperatore Anastasio. Tra storiografia ed agiografia, in: Mediterraneo Antico 6, 195–234.

Mugnai, Niccolò / Nikolaus, Julia / Mattingly, David J. / Walker, Susan (2017), Libyan Antiquities at Risk. Protecting Portable Cultural Heritage, in: Libyan Studies 48, 1–11.

Munzi, Massimiliano / Schirru, Giancarlo / Tantillo, Ignazio (2014), Centenarium, in: Libyan Studies 45, 49–65.

Nappo, Dario (2015): Jotabe and Leuke Kome. Customs Gates from Byzantine to Roman Time, in: Incidenza dell'Antico. Dialoghi di storia greca 13, 163–181.

— (2011): On the Fringe: Trade and Taxation in the Egyptian Eastern Desert, in: O. Hekster, Olivier J. / Kaizer, Ted (Hg.), Frontiers in the Roman World. Proceedings of the Ninth Workshop of the International Network Impact of Empire (Durham, 16–19 April 2009), Leiden, 61–77.

— (2009): Roman Policy in the Red Sea between Anastasius and Justinian, in: Blue, Lucy K. / Cooper, John / Whitewright, Julian / Thomas, Ross (Hg.), Connected Hinterlands. Proceedings of the Red Sea Project IV Held at the University of Southampton, September 2008, Oxford, 71–77.

— (2006): Anastasio I, i duces e i commercarii, in: Mediterraneo Antico 9.1, 329–352.

Nasgowitz, David (1980): Ptolemais, Cyrenaica, Chicago.

Nechaeva, Ekaterina (2014): Embassies – Negotiations – Gifts. Systems of East Roman Diplomacy in Late Antiquity, Stuttgart.

Nicks, Fiona (2000): Literary Culture in the Reign of Anastasius I., in: Mitchell, Stephen / Greatrex, Geoffrey (Hg.), Ethnicity and Culture in Late Antiquity, London, 183–203.

Nicols, John (2011): The Practice of Hospitium on the Roman Frontier, in: Hekster, Olivier J. / Kaizer, Ted (Hg.), Frontiers in the Roman World. Proceedings of the Ninth Workshop of the International Network Impact of Empire (Durham, 16–19 April 2009), Leiden, 321–333.

Nikita, Efthymia / Lahr, Marta Mirazon / Mattingly, David J. (2011): Evidence of Trephinations among the Garamantes, a Late Holocene Saharan Population, in: International Journal of Osteoarchaeology 23.3, 1–8.

Nixon, Sam (2017): Trans-Saharan Gold Trade in Pre-Modern Times. Available Evidence and Research Agendas, in: Mattingly, David J. et al. (Hg.), Trade in the Ancient Sahara and Beyond, Cambridge, 156–189.

Noethlichs, Karl Leo (1998): Strukturen und Funktionen des spätantiken Kaiserhofes, in: Winterling, Aloys (Hg.), Comitatus. Beiträge zur Erforschung des spätantiken Kaiserhofes, Berlin, 13–51.

— (1985): Spätantike Wirtschaftspolitik und Adaeratio, in: Historia 34, 102–116.

— (1981): Beamtentum und Dienstvergehen. Zur Staatsverwaltung in der Spätantike, Wiesbaden.

Nuffelen, Peter van (2012): John of Antioch, Inflated and Deflated, Or: How (Not) to Collect Fragments of Early Byzantine Historians, in: Byzantion 82, 437–450.

Obluski, Artur (2014): The Rise of Nobadia. Social Changes in Northern Nubia in Late Antiquity, Warschau.

Oliverio, Gaspare (1936): Il decreto di Anastasio I su l'ordinamento politico-militare della Cirenaica, Bergamo.

— (1927): La Stele di Augusto rinvenuta nell'agorà di Cirene, in: Notiziario Archeologico. Ministero delle Colonie, 4, 13–67.

Onur, Fatih (2017): The Anastasian Military Decree from Perge in Pamphylia: Revised 2nd edition, in: Gephyra 14, 133–212.

— (2014): Monumentum Pergense. Anastasios'un Ordu Fermanı, Istanbul.

— (2012): The Military Edict of Anastasius from Perge: A Preliminary Report, in: Wolff, Catherine (Hg.), Le metiér de soldat dans le monde romain, Lyon, 21–38.

Pacho, Jean-Raimond (1827), Relation d'un voyage dans la Marmarique, la Cyrénaïque, et les oasis d'Audjehah et de Maradeh. Accompagnée de cartes géographiques et topographiques et de planches représentant les monuments de ces contrées par M. Jean-Raimond Pacho, Paris.

Palme, Bernhard (2016): Eingaben an Militärs im spätantiken Ägypten, in: Haensch, Rudolf (Hg.), Recht haben und Recht bekommen im Imperium Romanum. Das Gerichtswesen der römischen Kaiserzeit und seine dokumentarische Evidenz. Ausgewählte Beiträge einer Serie von drei Konferenzen an der Villa Vigoni in den Jahren 2010 bis 2012, Warschau, 457–482.

— (2014): Staat und Gesellschaft des spätantiken Ägypten im Spiegel der Papyri, in: Derda, Tomasz / Lajtar, Adam / Urbanik, Jakub (Hg.), Papyrology AD 2013. 27th International Congress of Papyrology, in: The Journal of Juristic Papyrology XLIII, 95–134.

— (2012): Die Organisation der Statthalterbüros im spätantiken Ägypten, in: Rollinger, Robert (Hg.), Altertum und Gegenwart. 125 Jahre Alte Geschichte in Innsbruck. Vorträge der Ringvorlesung 2010, Innsbruck, 207–236.

— (2011a): Die Wacht am Nil: Die Soldaten des Kaisers in Ägypten, in: Palme, Bernhard (Hg.), Die Legionäre des Kaisers. Soldatenleben im römischen Ägypten, Wien, 11–27.

— (2011): Die Armee der römischen Kaiserzeit in ihrer historischen Entwicklung vom 1.–7. Jh. n. Chr., in: Palme, Bernhard (Hg.), Die Legionäre des Kaisers. Soldatenleben im römischen Ägypten, Wien, 1–11.

— (2010): Militärs in der administrativen Kontrolle der Bevölkerung im römischen Ägypten, in: Eich, Armin (Hg.), Die Verwaltung der kaiserzeitlichen römischen Armee, Stuttgart, 149–165.

— (2008): Militärs in der Rechtsprechung des römischen Ägypten, in: Harris, Edward M. / Thür, Gerhard (Hg.), Symposion 2007. Vorträge zur griechischen und hellenistischen Rechtsgeschichte (Durham, 2.–6. Sept. 2007), Wien, 279–294.

— (2007): Feldarmee und Grenzheer. Das römische Militär in der Spätantike, in: Mandl, Gerfried / Steffelbauer, Ilja (Hg.), Krieg in der antiken Welt, Essen, 85–113.

— (2007a): The Imperial Presence: Government and Army in: Bagnall, Roger S. (Hg.), Egypt in the Byzantine World, Cambridge, 244–271.

— (2007b), Antwort auf Urbanik, Jakub: Compromesso o processo? Alternativa risoluzione dei conflitti e tutela dei diritti nella prassi della Tarda Antichità, in: Cantarella, Eva / Modrzejewski, Joseph Mélèze / Thür, Gerhard (Hg.), Symposion 2005. Vorträge zur griechischen und hellenistischen Rechtsgeschichte, Wien, 401–410.

— (2006), Spätrömische Militärgerichtsbarkeit in den Papyri, in: Rupprecht, Hans Albert (Hg.), Symposion 2003. Vorträge zur griechischen und hellenistischen Rechtsgeschichte, Wien, 375–408.

— (2004): Die römische Armee von Diokletian bis Valentinian I. Die papyrologische Evidenz, in: Le Bohec, Yann / Wolff, Catherine (Hg.), L'armée romaine de Dioclétien à Valentinien Ier. Actes du Congrès de Lyon (12–14 septembre 2002), Lyon, 101–115.

— (1999): Die Officia der Statthalter in der Spätantike, in: Antiquité Tardive – Late Antiquity – Spätantike – Tarda Antichità. Revue Internationale d'Histoire et d'Archéologie (IVe–VIIe siècle) 7, 85–133.

Papadopoulos, Gerassimos A. (2011): A Seismic History of Crete. The Hellenic Arc and Trench. Earthquakes and Tsunamis 2000 BC – 2011 AD, Athen.

Park, Douglas Post (2010): Prehistoric Timbuktu and its Hinterland, in: Antiquity 84, 1–13.

Patterson, Lee E. (2017): Minority Religions in the Sasanian Empire: Suppression, Integration and Relations with Rome, in: Sauer, Eberhard W. (Hg.), Sasanian Persia. Between Rome and the Steppes of Eurasia, Edinburgh, 181–199.

Pesce, Gennaro (1950): Il "palazzo delle colonne" in Tolemaide di Cirenaica, Rom.

Pfeilschifter, Rene (2013): Der Kaiser und Konstantinopel. Kommunikation und Konfliktaustrag in einer spätantiken Metropole, Berlin.

Pirazzoli, Paolo P. A. / Laborel, Jacques / Stiros, Stathis C. (1996): Earthquake Clustering in the Eastern Mediterranean during Historical Times, in: Journal of Geophysical Research 101, 6083–6097.

Pohl, Walter (2004): Identität und Widerspruch: Gedanken zu einer Sinngeschichte des Frühmittelalters, in: Pohl, Walter (Hg.), Die Suche nach den Ursprüngen. Von der Bedeutung des Frühen Mittelalters, Wien, 23–37.

Pohl, Walter (Hg.) (2010): Archaeology of Identity = Archäologie der Identität, Wien.

Pohl, Walter / Gantner, Clemens / Payne, Richard (Hg.) (2012): Visions of Community in the Post-Roman World. The West, Byzantium and the Islamic World, 300–1100, Farnham.

Pohl, Walter / Reimitz, Helmut (Hg.) (1998): Strategies of Distinction. The Construction of the Ethnic Communities, 300–800, Leiden.

Pons Pujol, Lluís (2008), The annona militaris in the Tingitana. Observations on the Organization and Provisioning of Roman Troops, in: Ferrari, Pedro Paulo A. / Garraffoni, Renata S. / Letalien, Bethany (Hg.), New Perspectives on the Ancient World. Modern Perceptions, Ancient Representations, Oxford, 145–153.

Poulter, Andrew G. (2010): The Lower Danubian Frontier in Late Antiquity: Evolution and Dramatic Change in the Frontier Zone. c. 296–600, in: Herz, Peter / Schmid, Peter / Stoll, Oliver (Hg.), Zwischen Region und Reich. Das Gebiet der oberen Donau im Imperium Romanum, Berlin, 11–42.

— (2007): The Transition to Late Antiquity, in: Poulter, Andrew P. (Hg.), The Transition to Late Antiquity, on the Danube and Beyond, Oxford, 1–50.

Power, Ronika K. / Nikita, Efthymia / Mattingly, David J. / Lahr, Marta Mirazón / O'Connell, Tamsin C. (2018): Human Mobility and Identity. Variation, Diet and Migration in Relation to the Garamantes of Fazzan, in: Gatto, Maria Carmela et al. (Hg.), Burials, Migration and Identity in the Ancient Sahara and Beyond, Cambridge, 134–162.

Power, Timothy (2012): The Red Sea from Byzantium to the Caliphate AD 500–1000, New York.

Pringle, Denys (2002): Two Fortified Sites in Byzantine Africa. Aïn Djelloula and Henchir Sguidan, in: Antiquité Tardive – Late Antiquity – Spätantike – Tarda Antichità. Revue Internationale d'Histoire et d'Archéologie (IVe–VIIe siècle) 10, 269–290.

— (^{2}2001): The Defence of Byzantine Africa from Justinian to the Arab Conquest. An Account of the Military History and Archaeology of the African Provinces in the 6th and 7th Centuries, Oxford.

Prostko-Prostynski, Jan (2000): Basiliskos. Ein in Rom anerkannter Usurpator, in: Zeitschrift für Papyrologie und Epigraphik 133, 259–265.

— (1998): A Note on the Sacrae Litterae and Litterae Caelestes of Byzantine Emperors, in: Ceran, Waldemar (Hg.), Mélanges d'histoire Byzantine offerts à Oktawiusz Jurewicz à l'occasion de son soixante-dixième anniversaire, Łódź, 189–200.

Purcaro Pagano, Valeria (1976): Le rotte antiche tra la Grecia e la Cirenaica e gli itinerari marittimi e terrestri lungo le coste cirenaiche e della Grande Sirte, in: Quaderni di Archeologia della in Libia 8, 285–352.

Pyatnitsky, Yuri (2006): New Evidence for Byzantine Activity in the Caucasus during the Reign of the Emperor Anastasius I, in: American Journal of Numismatics 18, 113–122.

Rahe, Paul Anthony (2017): The Grand Strategy of Classical Sparta. The Persian Challenge, New Haven.

Rance, Philip (2018): The Army in Peace Time. The Social Status and Function of Soldiers, in: Stouraitis, Yannis (Hg.), A Companion to the Byzantine Culture of War, ca. 300–1204, Leiden, 394–440.

— (2014): An Unnoticed Regimental *Diaconus* in the Correspondence of Theodoret of Cyrrhus, in: Historia 63.1, 117–128.

— (2011): Review of Luttwak, Edward N., The Grand Strategy of the Byzantine Empire, Cambridge, MA / London 2009, in: Byzantinische Zeitschrift 103.2, 829–833.

— (2007c): Battle in the Late Roman Empire, in: Sabin, Philip / Wees, Hans van / Whitby, Michael (Hg.), The Cambridge History of Greek and Roman Warfare. Vol. 2: Rome from the Late Republic to the Late Empire, Cambridge, 342–378.

— (2007b): The *Etymologicum Magnum* and the "Fragment of Urbicius", in: Greek, Roman, and Byzantine Studies 47, 193–224.

— (2007a): Campidoctores, vicarii vel tribuni: The Senior Regimental Officers in the Late Roman Army and the Rise of the Campidoctor, in: Lewin, Ariel S. / Pellegrini, Pietrina (Hg.), The Late Roman Army in the Near East from Diocletian to the Arab Conquest, Oxford, 395–409.

Rankov, Boris (2017): The Frontier Fleets. What were they and what did they do?, in: Hodgson, Nick / Bidwell, Paul / Schachtmann, Judith (Hg.), Roman Frontier Studies 2009. Proceedings of the XXI International Congress of Roman Frontier Studies (Limes Congress) Held at Newcastle-upon-Tyne in August 2009, Oxford, 687–690.

Rathbone, Dominic (2009): Earnings and Costs. Living Standards and the Roman Economy, in: Bowman, Alan / Wilson, Andrew (Hg.), Quantifying the Roman Economy: Methods and Problems, Oxford, 299–327.

Ravegnani, Giorgio (1994): Soldati di Bisanzo in età giustinianea, Rom.

Rebenich, Stefan / Wienand, Johannes (2017): Monarchische Herrschaft im Altertum. Zugänge und Perspektiven, in: Rebenich, Stefan (Hg.), Monarchische Herrschaft im Altertum, München, 1–43.

Rebuffat, René (2006): Notes d'onomastique ethnique. Les Maces, in: Khanoussi, Moustapha (Hg.), L'Africa Romana XVI, Mobilità delle personne e dell e popoli, dinamiche migratorie, emigrazioni ed immigrazioni nelle province occident ali dell'Impero romano, Rabat, 15–19 décembre 2004, Sassari, 403–444.

— (1988): Les fermiers du desert, in: Mastino, Attilio (Hg.), L'Africa romana. Atti del V convegno di studio, Sassari, 11–13 dicembre 1987, Sassari, 33–68.

Reddé, Michel (2004), L'armee et ses fortifications pendant l'Antiquité tardive. La difficile interprétation des sources archéologiques, in: Le Bohec, Yann / Wolff,

Catherine (Hg.), L'armée romaine de Dioclétien à Valentinien Ier. Actes du Congrès de Lyon (12–14 septembre 2002), Lyon, 157–167.

Redies, Michael (1997): Die Usurpation des Basiliskos (475–476) im Kontext der aufsteigenden monophysitischen Kirche, in: Antiquité Tardive – Late Antiquity – Spätantike – Tarda Antichità. Revue Internationale d'Histoire et d'Archéologie (IVe–VIIe siècle) 5, 211–221.

Reinard, Patrick (2018): Konfrontation und Kooperation jenseits des Niltals. Rom und die Wüstenstämme von Baratit, dem Hypotyrannos der Barbaren, bis zu Diokletian, in: Ruffing, Kai / Droß-Krüpe, Kerstin (Hg.), Emas non quod opus est, sed quod necesse est. Beiträge zur Wirtschafts, Sozial-, Rezeptions- und Wissenschaftsgeschichte der Antike. FS für Hans-Joachim Drexhage. Wiesbaden, 205–259.

Reinard, Patrick / Rollinger, Christian (2020): „Meine Seele ist vom Sturm getrieben ...". Die Debatte um antike Kriegstraumata und posttraumatische Belastungsstörungen im Lichte eines spätantiken Briefes (P.Oxy. 16/1873), in: Millennium 17.1, 163–202.

Rekowska, Monika (2016): In Pursuit of Ancient Cyrenaica ... Two Hundred Years of Exploration Set against the History of Archaeology in Europe (1706–1911), Oxford.

Rekowska-Ruszkowska, Monika (2009): Ptolemais in Early European Research and Topography of the City in Travellers' Accounts, in: Jastrzęboska, Elzbieta / Niewójt, Monika (Hg.), Archeologia a Tolemaide: giornate di studio in occasione del primo anniversario della morte di Tomasz Mikocki, 27–28 maggio 2008, Rom, 1–34.

— (2008): Ptolemais 200 Years after the Beechey Brothers, or on the Value of Travellers' Relations for Today's Archeology, Meander. Vol. I–IV, 213–238.

Reynolds, Joyce (2008): The Inscriptions of Roman Tripolitania and the Inscriptions of Roman Cyrenaica, in: González, Julian et al. (Hg.), L'Africa Romana, Le ricchezze dell'Africa. Risorse, produzioni, scambi. Atti del XVII convegno di studio Sevilla, 14–17 dicembre 2006. Vol. III, Rom, 1943–1947.

— (2000): Byzantine buildings, Justinian and Procopius in Libya Inferior and Libya Superior, in: Antiquité Tardive – Late Antiquity – Spätantike – Tarda Antichità. Revue Internationale d'Histoire et d'Archéologie (IVe–VIIe siècle) 8, 169–176.

— (1988): Inscriptions from the Cyrenaican Limes, in: Mastino, Attilio (Hg.), L'Africa romana. Atti del 5. Convegno di studio, 11–13 dicembre 1987, Sassari, 167–172.

— (1976): The Inscriptions of Apollonia, in: Goodchild, Richard G. / Pedley John / White, Donald (Hg.), Apollonia, The Port of Cyrene Excavations by the University of Michigan 1965–67, Tripoli, 309–312.

Rezakhani, Khodadad (2017): Re-Orienting the Sasanians. East Iran in Late Antiquity, Edinburgh.

Riedlberger, Peter (2020): Prolegomena zu den spätantiken Konstitutionen. Nebst einer Analyse der erbrechtlichen und verwandten Sanktionen gegen Heterodoxe, Stuttgart.

— (2015): Again on the Name 'Corippus' – State of the Question – New Evidence – Rebuttal of Counterarguments – The Case of the Suda, in: Goldlust, Benjamin (Hg.), Corippe. Un poète latin entre deux mondes, Lyon, 243–271.

— (2010): Philologischer, historischer und liturgischer Kommentar zum 8. Buch der Johannis des Goripp nebst kritischer Edition und Übersetzung, Groningen.

Rieger, Anna-Katharina (2009): Archäologie eines ariden Raumes – die Strukturierung einer ressourcenarmen Landschaft durch den Menschen am Beispiel der antiken Marmarica (Nordwestägypten), in: Kath, Roxana / Rieger, Anna-Katharina (Hg.), Raum – Landschaft – Territorium. Zur Konstruktion physischer Räume als nomadischer und sesshafter Lebensraum, Wiesbaden, 71–99.

Rieger, Anna-Katharina / Möller, Heike / Valtin, Stephanie / Vetter, Thomas (with contributions by Asensi, Victoria / Thanheiser, Ursula / Pöllath, Nadja / Noeske, Hans-Christoph) (2012): On the Route to Siwa. A Late Roman Roadhouse at the Cistern Site Abar el-Kanayis on the Marmarica-Plateau, in: Mitteilungen des Deutschen Archäologischen Instituts, Abteilung Kairo 68, 135–174.

Riemer, Heiko / Förster, Frank (2013): Ancient Desert Roads. Towards Establishing a New Field of Archaeological Research, in: Förster, Frank / Riemer, Heiko (Hg.), Desert Road Archaeology in Ancient Egypt and Beyond, Köln, 19–61.

Rieß, Werner (2011): The Roman Bandit (Latro) as Criminal and Outsider, in: Peachin, Michael (Hg.), The Oxford Handbook of Social Relations in the Roman World, Oxford, 693–714.

Rilinger, Rolf (1997): Domus und res publica. Die politisch-soziale Bedeutung des aristokratischen „Hauses" in der späten römischen Republik, in: Winterling, Aloys (Hg.), Zwischen „Haus" und „Staat". Antike Höfe im Vergleich, in: Historische Zeitschrift Beihefte 23, München, 73–90.

— (1988): Humiliores–Honestiores. Zu einer sozialen Dichotomie im Strafrecht der römischen Kaiserzeit, München.

Ritter, Max (2022): Justinianus Eponymus. Überlegungen zur Glanzzeit kaiserlicher Namensverleihungen an Städte, in: Byzantinische Zeitschrift 115.1, 287–340.

Robert, Jeanne & Louis (1951): Bulletin Épigraphique, in: Revue des Études Grecques 64, 126.

Roberto, Umberto (2010): Research Prospects on John of Antioch, Notes on the Edition by Sergei Mariev, in: Jahrbuch der österreichischen Byzantinistik 60, 115–128.

Röder, Josef (1974/75): Fossatum Magnum. Der Kanal Karls des Großen, in: Jahresbericht der bayerischen Bodendenkmalpflege 15/16, 121–130.

Rodolfi, Alessandra (2008): Procopius and the Vandals. How the Byzantine Propaganda Constructs and Changes African Identity, in: Berndt, Guido / Steinacher, Roland (Hg.), Das Reich der Vandalen und seine (Vor-)Geschichten, Wien, 233–242.

Romanelli, Pietro (1971): La Cirenaica Romana (96 a.C. - 642 d.C.), Rom (Nachdruck der Orginalausgabe 1943).

Roques, Denis (2012): Lecteurs de Synésios, de Byzance à nos jours (VIe–XXIe s.), in: Seng, Helmut / Hoffmann, Lars M. (Hg.), Synesios von Kyrene. Politik - Literatur - Philosophie, Turnhout, 276–387.

— (2009): Les lettres de Synésios de Cyrène. Problèmes et méthodes, in: Delmaire, Roland / Desmulliez, Janine / Gatier, Pierre-Louis (Hg.), Correspondances. Documents pour l'histoire de l'antiquité tardive. Actes du colloque international Université Charles-de-Gaulle-Lille 3, 20–22 novembre 2003, Lyon, 515–552.

— (2008–2013): Synésios de Cyrène et la mer, in: Karthago 28, 97–141.

— (2004): Capitale millénaire, capitales temporaires, capitale éphémère: le cas de la Cyrénaïque antique (631 av. J.-C. - 642 ap. J.-C.), in: Ferdière, Alain (Hg.), Capitales éphémères des capitales de cités perdent leur statut dans l'antiquité tardive. Actes du Colloque organisé par le Laboratoire Archéologie et Territoires (UMR CITERES), tours, 6–8 mars 2003. Atlas des capitales éphémères, Tours, 297–309.

— (1999): Ports et campagnes de Cyrène d'Apollonia à Phycous, in: Karthago 24, 187–195.

— (1987): Synésios de Cyrène et la Cyrénaïque du Bas-Empire, Paris.

— (1985): L'économie de la Cyrénaïque au Bas-Empire, in: Barker, Graeme / Lloyd, John A. / Reynolds, Joyce (Hrsg.), Cyrenaica in Antiquity, Oxford, 387–394.

Rösch, Gerhard (1978): ΟΝΟΜΑ ΒΑΣΙΛΕΙΑΣ. Studien zum offiziellen Gebrauch der Kaisertitel in spätantiker und frühbyzantinischer Zeit, Wien.

Rosen, Klaus (1990): Iudex und Officium, in: Ancient Society 21, 273–292.

Rossi, Corinna (2013): Controlling the Borders of the Empire: The Distribution of Late-Roman Forts in the Kharga Oasis, in: Bagnall, Roger S. / Davoli, Paola / Hope, Colin A. (Hg.), The Oasis Papers 6. Proceedings of the Sixth International Conference of the Dakhleh Oasis Project, Oxford, 331–337.

Roueché, Charlotte (2014): Using Civic Space. Identifying the Evidence, in: Eck, Werner / Funke, Peter (Hg.), Öffentlichkeit – Monument – Text. XIV Congressus Internationalis Epigraphae Graecae et Latinae 27.–31. Augusti MMXII, Berlin, 135–158.

— (1989): Aphrodisias in Late Antiquity, London.

Ruffing, Kai (2020): Economic Life on the Fringes of the Roman Empire, in: Journal of Ancient Civilizations 35/2, 199–241.

— (2017): Landschaft und die Grenzen der Welt, in: Kasper, Michael / Korenjak, Martin / Rollinger, Robert / Rudiger, Andreas (Hg.), Entdeckungen der Landschaft. Raum und Kultur in Geschichte und Gegenwart, Wien, 107–118.

— (2006): Wirtschaftliche Prosperität im 3. Jahrhundert. Die Städte Ägyptens als Paradigma?, in: Johne, Klaus-Peter (Hg.), Deleto paene imperio Romano. Transformationsprozesse des Römischen Reiches im 3. Jahrhundert und ihre Rezeption in der Neuzeit, Stuttgart, 223–243.

Rummel, Philipp von (2011): Settlement and Taxes. The Vandals in North Africa, in: Díaz, Pablo C. / Viso, Iñaki Martín (Hg.), Between Taxation and Rent. Fiscal Problems from Late Antiquity to Early Middle Ages, Bari, 23–37.

— (2010): The Frexes. Late Roman Barbarians in the Shadow of the Vandal Kingdom, in: Curta, Florin (Hg.), Neglected Barbarians, Turnhout, 571–603.

— (2007): Habitus barbarus. Kleidung und Repräsentation spätantiker Eliten im 4. und 5. Jahrhundert, Berlin.

Ruprechtsberger, Erwin Maria (2021): Die Garamanten – ein Wüstenvolk in der Sahara (Forschungen 2000–2020), in: Orbis Terrarum 19, 143–218.

— (2012): Die Kyrenaika als römische Provinz, Linz.

— (2006): Zuila (Zawila) und die Festungsarchitektur im Fezzan (Libyen), in: Rollinger, Robert / Truschnegg, Birgitte (Hg.), Altertum und Mittelmeerraum. Die antike Welt diesseits und jenseits der Levante. Festschrift für Peter W. Haider zum 60. Geburtstag, Stuttgart, 623–638.

— (2005): Tobruk / Antipyrgos (Libyen) – ein Beitrag zur Archäologie und Topographie der Stadt, Linz.

— (1997): Die Garamanten. Geschichte und Kultur eines libyschen Volkes in der Sahara, Mainz.

— (1993): Die römische Limeszone in Tripolitanien und der Kyrenaika Tunesien-Libyen. Eine Verteidigungslinie zwischen Rhein und Donau, Stuttgart.

— (1989): Die Garamanten, Jona.

Rushworth, Alan (2017): Soldier or Tribesman: Who guarded the Frontiers of Late Roman Africa?, in: Hodgson, Nick / Bidwell, Paul T. / Schachtmann, Judith (Hg.), Roman Frontier Studies 2009. Proceedings of the XXI International Congress of

Roman Frontier Studies (Limes Congress) Held at Newcastle upon Tyne in August 2009, Oxford, 151–159.
— (2015): Castra or centenaria? Interpreting the Later Forts of the North African Frontier, in: Collins, Rob / Symonds, Matthew / Weber, Meike (Hg.), Roman Military Architecture on the Frontiers. Armies and their Architecture in Late Antiquity, Oxford, 123–139.
— (2000): From Periphery to Core in Late Antique Mauretania, in: Fincham, Garrick / Harrison, Geoff / Holland, Rene Rodgers / Revell, Louise (Hg.), TRAC 99. Proceedings of the Ninth Annual Theoretical Roman Archaeology Conference which took place at The University of Durham April 1999, Oxford, 90–103.
— (1996): North African Deserts and Mountains. Comparison and Insights, in: Kennedy, David L. / Braund, David (Hg.), The Roman Army in the East, Ann Arbor, 297–316.
Saad, A. Abdalrahim Sheriff / Hati, S. Farag Abdel / Antonelli, Sonia / Menozzi, Oliva / Petraccia, Veronica / Somma, Maria Carla (2016): GIS of the Chora of Cyrene: Fortifications and Christian buildings in Late Antiquity, in: Libyan Studies 47, 31–66.
Salama, Pierre / Desanges, Johan / Duval, Noël / Lepelley, Claude / Saint-Amans, Sophie (Hg.) (2010): Carte des routes et des cités de l'est de l'‹Africa› à la fin de l'Antiquité. Nouvelle édition des «Voies romaines de l'Afrique du Nord» conçue en 1949, d'après les tracés de Pierre Salama, Turnhout.
Sander, Erich (1960): Das römische Militärstrafrecht, in: Rheinisches Museum für Philologie103, 289–319.
Sänger, Patrick (2010): Kommunikation zwischen Prätorianerpräfekt und Statthalter. Eine Zweitschrift von IvE Ia 44, in: Chiron 40, 89–101.
Sarantis, Alexander (2019): Military Provisioning in the Sixth-Century Balkans, in: Journal of Late Antiquity 12.2, 329–379.
— (2016b): Eastern Roman Management of Barbarian States in the Lower-Middle Danube Frontier Zones AD 332–610, in: Bugarski, Ivan / Heinrich-Tamáska, Orsolya / Ivanisevíc, Vujadin / Syrbe, Daniel (Hg.), GrenzÜbergänge. Spätrömisch, frühchristlich, frühbyzantinisch als Kategorien der historisch-archäologischen Forschung an der mittleren Donau, Remshalden, 41–67.
— (2016a): Justinian's Balkan Wars. Campaigning, Diplomacy and Development in Illyricum, Thrace and the Northern World A.D. 527–565, Shrewsbury.
— (2013c): Fortifications in the East: A Bibliographic Essay in: Sarantis, Alexander / Christie, Neil (Hg.), War and Warfare in Late Antiquity. Vol. I, Leiden, 317–370.
— (2013b): Fortifications in Africa. A Bibliographic Essay in: Sarantis, Alexander / Christie, Neil (Hg.), War and Warfare in Late Antiquity. Vol. 1, Leiden, 297–316.

— (2013a): Military Encounters and Diplomatic Affairs in the North Balkans during the Reign of Anastasius and Justinian, in: Sarantis, Alexander / Christie, Neil (Hg.), War and Warfare in Late Antiquity. Vol. 2, Leiden, 759–808.

Sarris, Peter (2006): Economy and Society in the Age of Justinian, Cambridge.

Sauer, Eberhard W. / Nokandeh, Jebrael / Pitskhelauri, Konstantin / Rekavandi, Hamid Omrani (2017): Innovation and Stagnation: Military Infrastructure and the Shifting Balance of Power Between Rome and Persia, in: Sauer, Eberhard W. (Hg.), Sasanian Persia. Between Rome and the Steppes of Eurasia, Edinburgh, 241–267.

Scharf, Ralf (2005): Der Dux Mogontiacensis und die Notitia Dignitatum. Eine Studie zur spätantiken Grenzverteidigung, Berlin.

— (2001): Foederati. Von der völkerrechtlichen Kategorie zur byzantinischen Truppengattung, Wien.

— (1994): Comites und comitiva primi ordinis, Stuttgart, 24–38.

Schindler, Nikolaus (2013): Kawād I, in: Encyclopedia Iranica XVI.2, 136–141.

Schipp, Oliver (2008): Der Raub freier Menschen in der Spätantike, in: Heinen, Heinz (Hg.), Menschenraub, Menschenhandel und Sklaverei in antiker und moderner Perspektive. Ergebnisse des Mitarbeitertreffens des Akademievorhabens Forschungen zur antiken Sklaverei (Mainz, 10. Oktober 2006), Stuttgart, 157–183.

Schleicher, Frank (2015): Der römische Zoll in der Spätantike, in: Kritzinger, Peter / Schleicher, Frank / Stickler, Timo (Hg.), Studien zum römischen Zollwesen, Duisburg, 57–89.

Schlinkert, Dirk (1998): Dem Kaiser folgen. Kaiser, Senatsadel und höfische Funktionselite (comites consistoriani) von der „Tetrarchie“ Diokletians bis zum Ende der konstantinischen Dynastie, in: Winterling, Aloys (Hg.), Comitatus. Beiträge zur Erforschung des spätantiken Kaiserhofes, Berlin, 133–161.

— (1996): Ordo senatorius und nobilitas. Die Konstitution des Senatsadels in der Spätantike. Mit einem Appendix über den praepositus sacri cubiculi, den „allmächtigen“ Eunuchen am kaiserlichen Hof, Stuttgart.

Schmidt-Heidenreich, Christophe (2012): Les soldats bâtisseurs dans les camps sous le Haut-Empire, in: Wolff, Catherine (Hg.), Le métier des soldat dans le monde romain, Paris, 327–344.

Schmidt-Hofner, Sebastian (2017): Barbarian Migrations and Socio-Economic Challenges to the Roman Landholding Elite in the Fourth Century CE, in: Journal of Late Antiquity 10.2, 372–404.

— (2014): Der defensor civitatis und die Entstehung des Notabelnregiments, in: Meier, Mischa / Patzold, Steffen (Hg.), Chlodwigs Welt. Organisation von Herrschaft um 500, Stuttgart, 487–522.

— (2011): Staatswerdung von unten. Justiznutzung und Strukturgenese im Gerichtswesen der römischen Kaiserzeit (1.–6. Jh. n. Chr.), in: Eich, Peter / Schmidt-Hofner, Sebastian / Wieland, Christian (Hg.), Der wiederkehrende Leviathan. Staatlichkeit und Staatswerdung in Spätantike und Früher Neuzeit, Heidelberg, 139–181.

— (2010): Ehrensachen, Ranggesetzgebung, Elitenkonkurrenz und die Funktion des Rechts in der Spätantike, in: Chiron 40, 209–243.

— (2008): Reagieren und Gestalten. Der Regierungsstil des spätrömischen Kaisers am Beispiel der Gesetzgebung Valentinians I., München.

Schmidt-Hofner, Sebastian / Ambos, Claus / Eich, Peter (Hg.) (2016), Raum-Ordnung. Raum und soziopolitische Ordnungen im Altertum, Heidelberg.

Schmitt, Oliver (2005): Kriegsführung und tribale Gesellschaften, in: Meißner, Burkhard / Schmitt, Oliver / Sommer, Michael (Hg.), Krieg - Gesellschaft - Institutionen. Beiträge zu einer vergleichenden Kriegsgeschichte, Berlin, 417–455.

— (1994): Die Bucellarii. Eine Studie zum militärischen Gefolgschaftswesen in der Spätantike, in: Tyche 9, 147–174.

Schmitt, Tassilo (2007): Synesios und die Nomaden, in: Weiß, Alexander (Hg.), Der imaginierte Nomade. Formel und Realitätsbezug bei antiken, mittelalterlichen und arabischen Autoren, Wiesbaden, 121–135.

— (2002): Römisches Militär in städtischer Hand - das Beispiel Termessos, in: Antikowedenie i mediewistika 4, 56–79.

— (2001): Die Bekehrung des Synesios von Kyrene. Politik und Philosophie, Hof und Provinz als Handlungsräume eines Aristokraten bis zu seiner Wahl zum Metropoliten von Ptolemais, München.

— (1998): Ein Wundertier und eine merkwürdige Sklavenaffäre bei Synesios. Methodische Überlegungen zur Interpretation von Briefen der christlichen Kaiserzeit, in: Klio 80, 277–298.

Schramm, Gottfried (1994): Anfänge des albanischen Christentums. Die frühe Bekehrung der Bessen und ihre langen Folgen, Freiburg.

Schuller, Wolfgang (1982): Prinzipien des spätantiken Beamtentums, in: Schuller, Wolfgang (Hg.), Korruption im Altertum. Konstanzer Sympsosium Oktober 1979, München, 201–208.

Schulz, Raimund (2012): Feldherren, Krieger und Strategen. Krieg in der Antike von Achill bis Attila, Stuttgart.

— (1993): Die Entwicklung des römischen Völkerrechts im vierten und fünften Jahrhundert n. Chr., Stuttgart.

Schwarzmeier, Lisa / Bittner, Norbert (Hg.) (2012), Ägypten, Nubien und die Cyrenaika. Die imaginäre Reise des Norbert Bittner (1786–1851), Ruhpolding und Mainz.

Scott, Michael (2013): Space and Society in Greek and Roman Worlds, Princeton.

Sears, Gareth (2007): Late Roman African Urbanism. Continuity and Transformation in the City, Oxford.

Sears, Gareth / Gaffney, Vince / Gaffney, Christopher F. / Cuttler, Richard / Goodchild, Helen / Kane, Susan (2012): Deciphering "Lost" Urban Landscapes at Cyrene, in: Christie, Neil J. / Augenti, Andrea (Hg.), Urbes Extinctae. Archaeologies of Abandoned Classical Towns, Farnham, 177–205.

Seeck, Otto (1901): Delegatio 2, in: RE IV.2, 2429–2432.

— (1900): Comites, in : RE IV.1, 622–679.

Serres–Jacquart, Thibaut (2001): Joseph Vattier de Bourville (1812–1854). Notes sur un explorateur de la Cyrénaïque, in: Journal des Savants 2, 393–429.

Shahid, Irfan (2002): Byzantium and the Arabs in the Sixth Century. Part 1,1, Washington D. C.

— (1989): Byzantium and the Arabs in the Fifth Century, Washington D. C.

Shaw, Brent D. (2015): Augustine and Men of Imperial Power, in: Journal of Late Antiquity 8.1, 32–61.

— (2011): Sacred Violence. African Christians and Sectarian Hatred in the Age of Augustine, Cambridge.

— (2006): Bad Boys. Circumcellions and Fictive Violence, in: Drake, Harold A. et al. (Hg.), Violence in Late Antiquity. Perceptions and Practices, Aldershot, 179–197.

— (1995): The Camel in Roman North Africa and the Sahara: History, Biology, and Human Economy, Bulletin de l'Institut Fondamental d'Afrique Noire 41, Ser. B., N. 4., Dakar 1979, wieder abgedruckt, in: Shaw, Brent D. (Hg.), Environment and Society in Roman North Africa, Aldershot, 663–721.

— (1990): Bandit Highlands and Lowland Peace. The Mountains of Isauria-Cilicia, Part I+II, in: Journal of the Economic and Social History of the Orient 33, 199–233 (Part I), 237–270 (Part II).

— (1984): Bandits in the Roman Empire, in: Past & Present 105, 3–52.

Sidebotham, Steven E. / Zych, Iwona / Hense, Martin / Ast, Rodney / Kaper, Olaf E. / Bergmann, Marianne / Osypińska, Marta / Carannante, Alfredo (2019): Results of the Winter 2018 Excavation Season at Berenike (Red Sea Coast), Egypt. The Belzoni Bicentennial Report, in: Thetis. Mannheimer Beiträge zur Archäologie und Geschichte antiker Mittelmeerkulturen 24, 7–19 und 28 Tafeln.

Siebigs, Gereon (2010): Kaiser Leo I. Das oströmische Reich in den ersten drei Jahren seiner Regierung (457–460 n. Chr.), Berlin.

Simpson, Christopher J. (1988), Laeti in the Notitia Dignitatum. "Regular" Soldiers vs. "Soldier-Farmers", in: Revue belge de philologie et d'histoire 66.1, 80–85.

Sirks, Adriaan Johan Boudewijn (2013): The episcopalis audientia in Late Antiquity, in: Droit et Cultures 65, Les justice alternative et leurs avatars, 79–88.

Slootjes, Danielle (2006): The Governor and his Subjects in the Later Roman Empire, Leiden.

Smith, David / Crow, James (1998): The Hellenistic and Byzantine Defences of Tocra (Taucheira), in: Libyan Studies, 29, 35–82.

Sode, Claudia (2011): Sammeln und Exzerpieren in der Zeit Konstantins VII. Porphyrogennetos. Zu den Fragmenten des Petros Patrikios im sogenannten Zeremonienbuch, in: Deun, Peter van / Macé, Caroline (Hg.), Encyclopedic Trends in Byzantium? Proceedings of the International Conference held in Leuven, 6–8 May 2009, Leuven, 161–176.

Somma, Maria Carla (2013): Mura e città nella Cirenaica bizantina, in: Scienze dell'antichità. Storia archeologia antropologia 19.2/3, Rom, 613–635.

Sonnabend, Holger (2013): Katastrophen in der Antike, Darmstadt.

Speidel, Michael Alexander (2014): Roman Army Pay Scales Revisited: Responses and Answers, in: Reddé, Michel (Hg.), De l'or pour les braves! Soldes, armées et circulation monétaire dans lemonde romain. Actes de la table ronde organisée par l'UMR 8210 (AnHiMa) à l'Institut national d'histoire de l'art (12–13 septembre 2013), Bordeaux, 53–62.

— (2011): Römische Soldaten auf Abwegen – Amtsmissbrauch, Korruption und Fahnenflucht, in: Reuter, Marcus / Schiavone, Romina (Hg.), Gefährliches Pflaster. Kriminalität im Römischen Reich, Mainz, 213–221.

— (2006): Militia. Zu Sprachgebrauch und Militarisierung in der kaiserzeitlichen Verwaltung, in: Kolb, Anne (Hg.), Herrschaftsstrukturen und Herrschaftspraxis. Konzepte, Prinzipien und Strategien im römischen Kaiserreich. Akten der Tagung an der Universität Zürich 18.–20.10.2004, Berlin, 263–268.

Speidel, Michael Paul (1988): Outpost Duty in the Desert. Building the Fort at Gholaia (Bu Njem, Libya), in: Antiquités africaines 24, 99–102.

Squatriti, Paolo (2002): Digging Ditches in Early Medieval Europe, in: Past & Present 176, 11–65.

Stein, Ernst (1962): Untersuchungen über das Officium der Prätorianerpräfektur seit Diokletian Wien 1922 (ND Amsterdam 1962).

— (1949): Histoire du Bas-Empire. Tome 2, Paris.

Steinacher, Roland (2019): Armeestruktur oder Ansiedlung? Die *sortes Vandalorum* im Nordafrika des 5. und 6. Jahrhunderts, in: Haensch, Rudolf / Rummel, Philipp von (Hg.), Himmelwärts und erdverbunden? Religiöse und wirtschaftliche Aspekte spätantiker Lebensrealität, Rahden/Westf., 205–223.

— (2016): Die Vandalen. Aufstieg und Fall eines Barbarenreiches, Stuttgart.

— (2015): Krieg und Frieden im Mittelmeerraum des 5. und 6. Jahrhunderts. Ostrom und die afrikanischen Vandalen, in: Gastgeber, Christian / Daim, Falko (Hg.), Byzantium as Bridge between West and East. Proceedings of the International Conference, Vienna, 3rd–5th May 2012, Wien, 75–98.

Sterry, Martin / Mattingly, David J. (2013): Desert Migrations Project XVII. Further AMS Dates for Historic Settlements from Fazzan, South-West Libya, in: Libyan Studies 44, 127–140.

Stevens, Susan T. (1988): The Circus Poems in the Latin Anthology in: Humphrey, John H. (Hg.), The Circus and a Byzantine Cemetery at Carthage. Vol. 1, Ann Arbor, 153–179.

Stewart, Michael E. (2022): Protectors and Assassins. Armed Eunuch-cubicularii and -spatharii, 400–532 CE, in: Hebblewhite, Mark / Whately, Conor (Hg.), Brill's Companion to Bodyguards in the Ancient Mediterranean, Leiden, 272–292.

Stiros, Stathis C. (2001): The AD 365 Crete Earthquake and Possible Seismic Clustering during the Fourth to Sixth Centuries AD in the Eastern Mediterranean. A Review of Historical and Archaeological Data, in: Journal of Structural Geology 23, 545–562.

Strobel, Karl (2012): Der römische Soldat in der Spätantike. Kontinuität oder Innovation?, in: Wolff, Catherine (Hg.), Le métier des soldat dans le monde romain, Paris, 187–201.

— (2007): Strategy and Army Structure between Septimius Severus and Constantine the Great, in: Erdkamp, Paul (Hg.) A Companion to the Roman Army, Malden, 267–286.

Stucchi, Sandro (1975): Architectura Cirenaica, Rom.

Sullivan, Denis (2018): Byzantine Fronts and Strategies 300–1200, in: Stouraitis, Yannis (Hg.), A Companion to the Byzantine Culture of War, ca. 300–1204, Leiden, 259–308.

Sullivan, William P. (2016): Consent in Roman Choice of Law, in: Critical Analysis of Law 3.1, 157–174.

Syvänne, Ikka (2004): The Age of Hippotaxatoi. Art of War in Roman Military Revival and Disaster (491–636), Tampere.

Szidat, Joachim (1995): Terrae laeticae (Cod. Theod. 13, 11, 10), in: Weinman-Walser, Marlis (Hg.), Historische Interpretationen. Gerold Walser zum 75. Geburtstag dargebracht von Freunden, Kollegen und Schülern, Stuttgart, 151–159.

— (1985): Zum Sklavenhandel in der Spätantike, in: Historia 34, 360–371.

Talbert, Richard J. A. / Bagnall, Roger S. (Hg.) (2000): Barrington Atlas of the Greek and Roman World. With a Digital Version of the Atlas Gazetteer, Princeton, 529–571.

Tanaseanu-Döbler, Ilinca (2008): Konversion zur Philosophie in der Spätantike. Kaiser Julian und Synesius von Kyrene, Stuttgart.

Tantillo, Ignazio (2017): La trasformazione del paesaggio epigrafico nelle città dell' Africa romana, in: Bolle, Katharina / Machado, Carlos / Witschel, Christian (Hg.), The Epigraphic Cultures of Late Antiquity, Stuttgart, 213–270.

— (2012): Comites et Praesides. Modalità del cumolo dei poteri nel IV secolo d. C., in: Bérenger, Agnès / Lachaud, Frédérique (Hg.), Hiérarchie des pouvoirs, délégation de pouvoir et responsabilité des administrateurs de l'Antiquité et au Moyen Age, Metz, 79–105.

Tantillo, Ignazio / Bigi, Francesca (Hg.) (2010): Leptis Magna. Una città e le sue iscrizioni in epoca tardoromana, Cassino.

Tedesco, Paolo (2012): Sortes Vandalorum: forme di insediamento nell'Africa post-romana in: Rivière, Yann / Porena, Pierfrancesco (Hg.), Expropriations et confiscations dans l'Empire tardif et les Royaumes Barbares, Rom, 157–224.

Then-Obłuska, Joanna / Wagner, Barbara (2019), Glass Bead Trade in Northeast Africa. The Evidence from Meroitic and Post-Meroitic Nubia, Warschau.

Thiel, Wolfgang M. (2006): Die „Pompeius- Säule" in Alexandria und die Vier-Säulen-Monumente Ägyptens. Überlegungen zur tetrarchischen Repräsentationskultur in Nordafrika, in: Boschung, Dietrich / Eck, Werner (Hg.), Die Tetrarchie. Ein neues Regierungssystem und seine mediale Präsentation, Wiesbaden, 249–318.

Thomas, Ross I. (2012): Port Communities and the Erythraean Sea Trade, in: British Museum Studies in Ancient Egypt and Sudan 18, 169–199.

Thorn, James Copland (2010), The Beechey Brothers. Their Life and Times, in: Luni, Mario (Hg.), Cirene e la Cirenaica nell'antichità, Rom, 235–247.

Torbatov, Sergey (1997): Quaestura Exercitus. Moesia Secunda and Scythia under Justinian, Archaelogica Bulgarica 1.3, 78–87.

Török, Lazlo (2009): Between Two Worlds. The Frontier Region between Ancient Nubia and Egypt 3700 BC – AD 500, Leiden.

Traina, Guisto (2013): Mapping the World under Theodosius II, in: Kelly, Christopher (Hg.), Theodosius II. Rethinking the Roman Empire in Late Antiquity, Cambridge, 155–171.

— (2009): 428 AD. An Ordinary Year at the End of the Roman Empire, Princeton.

Trampedach, Kai (2013): Daniel Stylites and Leo I. An Uneasy Relationship Between Saint and Emperor, in: Dignas, Beate / Parker, Robert / Stroumsa, Guy G. (Hg.), Priests and Prophets among Pagans, Jews and Christians, Leuven, 185–207.

Treadgold, Warren (2014): Paying the Army in the Theodosian Period, in: Jacobs, Ine (Hg.), Prosperity and Production in the Theodosian Period, Leiden, 303–319.

— (2007): The Early Byzantine Historians, Basingstoke.

— (2005): Standardized Numbers in the Byzantine Army, in: War in History 12.1, 1–25.

— (1995): Byzantium and its Army 284–1081, Stanford.

Trisciuglio, Andrea (2016): La disciplina sulle sportulae processuali fra Occidenti goto e Oriente romano (secoli V–VII), in: Sommariva, Gisella Bassanelli / Tarozzi, Simona (Hg.), Ravenna Capitale. Uno sguardo ad Occidenti romani e goti – Isidoro di Siviglia, Santarcangelo di Romagna, 161–179.

Trousset, Pol (2004): Pénétration romaine et organisation de la zone frontière dans le prédésert tunisien, in: Khanoussi, Moustapha (Hg.), L'Africa romana. Ai confini dell'Impero: contatti, scambi conflitti. Atti del XV convegno di studio. Tozeur, 11–15 dicembre 2002. Vol. I, Rom, 59–88.

— (1998): Fossatum, in: Encyclopédie berbère 19, 2911–2918.

— (1980): Les milliaires de Chebika (Sud tunisien), in: Antiquités africaines 15, 135–154.

Uhalde, Kevin (2011): Barbarian Traffic, Demon Oaths, and Christian Scruples (Aug. Ep. 46–47), in: Mathisen, Ralph W. / Shanzer, Danuta R. (Hg.), Romans, Barbarians, and the Transformation of the Roman World. Cultural Interaction and the Creation of Identity in Late Antiquity, Aldershot, 253–262.

Ulrich, Theodor (1930): Pietas (pius) als politischer Begriff im römischen Staate bis zum Tode des Kaisers Commodus, Wroclaw / Breslau.

Urbanik, Jakub (2007): Compromesso o processo? Alternativa risoluzione dei conflitti e tutela dei diritti nella prassi della tarda antichità, in: Cantarella, Eva / Mélèze-Modrzejewski, Joseph / Thür, Gerhard (Hg.), Symposion 2005. Vorträge zur griechischen und hellenistischen Rechtsgeschichte, Wien, 377–400.

Van der Veen, Mareijke / Grant, A. / Barker, Graeme (1996): Romano–Libyan Agriculture: Crops and Animals, in: Barker, Graeme et al. (Hg.): Farming the Desert: The UNESCO Libyan Valleys Archaeological Survey. Vol. 1: Synthesis, London, 227–263.

Van der Wal, Nicolaas (1981), Edictum und lex edictalis. Form und Inhalt der Kaisergesetze im spätrömischen Reich, in: Revue internationale des droits de l'antiquité 28, 277–313.

Vaelske, Veit (2017), Ein Widder für Ammon. Ein früher Beleg für griechische Votivpraxis in der libyschen Oase Siwa, in: Archäologischer Anzeiger 101.2, 31–47.

Ventrella, Gianluca (2010): Procopio panegirista: struttura e topoi del Panegirico per l'imperatore Anastasio, in: Amato, Eugenio (Hg.), Rose di Gaza, Gli scritti retorico-sofistici e le Epistole di Procopio di Gaza, 94–106.

Vetter, Thomas (2006): Beiträge der Physischen Geographie zur Erforschung mobiler und sesshafter, antiker und moderner Ressourcennutzung an einem Beispiel aus der Marmarica (Ägypten), in: Hauser, Stefan R. (Hg.), Die Sichtbarkeit von Nomaden und saisonaler Besiedlung in der Archäologie. Multidisziplinäre Annäherungen an ein methodisches Problem, Halle, 127–143.

Vetter, Thomas / Rieger, Anna-Katharina / Nicolay, Alexander (2009): Ancient Rainwater Harvesting Systems in the North-eastern Marmarica (North-western Egypt), in: Libyan Studies 40, 9–25.

Vössing, Konrad (2014): Das Königreich der Vandalen, Darmstadt.

Waldherr, Gerhard H. (2006): Lagua(n)tan und Austur – Invasion aus dem Osten oder Ethnogenese „vor Ort", in: Olshausen, Eckart / Sonnabend, Holger (Hg.), „Troianer sind wir gewesen" – Migrationen in der antiken Welt, in: Stuttgarter Kolloquium zur Historischen Geographie des Altertums 8, 2002, Stuttgart, 158–167.

— (2004): „Turba Maurorum". Byzantiner und Mauren in Nordafrika, in: Heftner, Herbert / Tomaschitz, Kurt (Hg.), Ad fontes! Festschrift für Gerhard Dobesch zum fünfundsechzigsten Geburtstag am 15. September 2004, Wien, 829–839.

— (1997): Die Geburt der „kosmischen Katastrophe". Das seismische Grossereignis am 21. Juli 365 n. Chr., in: Orbis Terrarum 3, 169–201.

Ward-Perkins, Bryan (1999): Re-using the Architectural Legacy of the Past, entre idéologie et pragmatism, in: Brogolio, Gian Pietro / Ward-Perkins, Bryan (Hg.), The Idea and Ideal of the Town between Late Antiquity and the Early Middle Ages, Leiden, 225–245.

— (1996): Urban Continuity?, in: Christie, Neil / Loseby, Simon T. (Hg.), Towns in Transition. Urban Evolution in Late Antiquity, Aldershot, 4–18.

Ward-Perkins, John Bryan / Goodchild, Richard G. (2003): Christian Monuments of Cyrenaica. Edited by Reynolds, Joyce, London.

Ward-Perkins, John Bryan (1949): The Shrine of St. Menas in the Maryût, in: Papers of the British School at Rome 17, 26–71.

Weiß, Alexander (2006): Das Amt des praefectus gentis in den kaiserzeitlichen Nordafrikanischen Provinzen, in: Antiquités Africaines 42, 101–116.

Werner, Robert (1993): Zum Afrikabild der Antike, in: Dietz, Karlheinz / Henning, Dieter / Kaletsch, Hans (Hg.), Klassisches Altertum, Spätantike und frühes Christentum: Adolf Lippold zum 65. Geburtstag gewidmet, Würzburg, 1–36.

Whately, Conor (2021): Procopius on Soldiers and Military Institutions in the Sixth-Century Roman Empire, Leiden.

– (2014): Arabs, Outsiders, and Stereotypes from Ammianus Marcellinus to Theophylact Simocatta, in: Dijkstra, Jitse H. F. / Fisher, Greg (Hg.), Inside and Out. Interactions between Rome and the Peoples on the Arabian and Egyptian Frontiers in Late Antiquity, Leuven, 215–234.
– (2013c): El-Lejjun: Logistics and Localisation on Rome's Eastern Frontier in the 6th c. A.D., in: Sarantis, Alexander / Christie, Neil (Hg.), War and Warfare in Late Antiquity 2, Leiden, 893–926.
– (2013b): Strategy, Diplomacy and Frontiers. A Bibliographic Essay, in: Sarantis, Alexander / Christie, Neil (Hg.), War and Warfare in Late Antiquity 2, Leiden, 239–254.
– (2013a): Organisation and Life in the Late Roman Military. A Bibliographic Essay in: Sarantis, Alexander / Christie, Neil (Hg.), War and Warfare in Late Antiquity 2, Leiden, 209–239.
Wheeler, Everett L. (1993b): Methodological Limits and the Mirage of Roman Strategy: Part 2, in: Journal of Military History 57.2, 215–240.
– (1993a): Methodological Limits and the Mirage of Roman Strategy: Part 1, in: Journal of Military History 57.1, 7–41.
Whelan, Robin (2017): Being Christian in Vandal Africa. The Politics of Orthodoxy in the Post-Imperial West, Berkeley.
– (2014): Arianism in Africa in: Berndt, Guido / Steinacher, Roland (Hg.), Arianism: Roman Heresy and Barbarian Creed, Ashgate, 239–257.
Whitby, Michael (2007b): The Late Roman Army and the Defence of the Balkan, in: Poulter, Andrew G. (Hg.), The Transition to Late Antiquity, on the Danube and Beyond, Oxford. 135–162.
– (2007a): Army and Society in the Late Roman World: A Context for Decline?, in: Erdkamp, Paul (Hg.), A Companion to the Roman Army, Malden, 515–532.
– (1986): Procopius' Description of Dara ("Buildings" II 1–3), in: Freeman, Philip / Kennedy, David L. (Hg.), The Defence of the Roman and Byzantine East. Proceedings of a Colloquium Held at the University of Sheffield in April 1986. Vol. 1, Oxford, 737–783.
White, Donald (1998): Static versus Reactive Defense. An In-Progress Case Study of the Apollonia and Cyrene Fortifications, in: Catani, Enzo / Marengo, Silvia Maria (Hg.), La Cirenaica in Età Antica, Pisa, 579–612.
– (1976), The City Defenses of Apollonia, in: Goodchild, Richard G. / Pedley, John G. / White, Donald (Hg.), Apollonia, The Port of Cyrene Excavations by the University of Michigan 1965–67, Tripoli, 85–157.

Whittaker, Charles Richard (2004): Grand Strategy, or just a Grand Debate?, in: Whittaker, Charles Richard (Hg.), Rome and its Frontiers. The Dynamics of Empire, London, 28–50.

— (1999): Fossatum, in: Bowersock, Glen W. / Brown, Peter / Grabar, Oleg (Hg.), Late Antiquity. A Guide to the Postclassical World, Cambridge, 457–458.

Whittow, Mark (2015): Rethinking the Jafnids. New Approaches to Rome's Arab Allies, in: Genequand, Denis / Robin, Julien (Hg.), Les Jafnides. Des rois arabes au service de Byzance (VIe siècle de l'ère chrétienne). Actes du colloque de Paris, 24–25 novembre 2008, Paris, 11–36.

Widrig, Walter (1978): Two Churches at Latrun in Cyrenaica, in: Papers of the British School at Rome 46, 94–125.

Wiemer, Hans-Ulrich (2018): Theoderich der Große. König der Goten, Herrscher der Römer, München.

— (2014): Malchos von Philadelpheia, die Vandalen und das Ende des Kaisertums im Westen, in: Bleckmann, Bruno / Stickler, Timo (Hg.), Griechische Profanhistoriker des fünften nachchristlichen Jahrhunderts, Stuttgart, 121–161.

— (2011): Von der Bürgerschule zum aristokratischen Club? Die athenische Ephebie in der römischen Kaiserzeit, in: Chiron 41, 487–537.

— (2006): Staatlichkeit und politisches Handeln in der römischen Kaiserzeit Einleitende Bemerkungen, in: Wiemer, Hans-Ulrich (Hg.), Staatlichkeit und politisches Handeln in der römischen Kaiserzeit, Berlin, 1–39.

— (2006a): Kaiser und Katastrophe. Zur Bewältigung von Versorgungskrisen im spätrömischen Reich, in: Wiemer, Hans-Ulrich (Hg.), Staatlichkeit und politisches Handeln in der römischen Kaiserzeit, Berlin, 249–281.

Wienand, Johannes (2012): Der Kaiser als Sieger. Metamorphosen triumphaler Herrschaft unter Constantin I., Berlin.

Wiewiorowski, Jacek (2012): The Defence of the Long Walls of Thrace (ΜΑΚΡΑ ΤΕΙΧΗ ΤΗΣ ΘΡΑΚΗΣ) under Justinian the Great (527–565 A.D.), in: Bulgaria Mediaevalis 3, 273–286.

— (2006): Quaestor Iustinianus Exercitus – A Late Roman Military Commander?, in: Eos 43, 319–342.

Wijnendaele, Jeroen W. P. (2019): Late Roman Civil War and the African Grain Supply, in: Journal of Late Antiquity 12.2, 298–328.

— (2017): The Manufacture of Heraclianus' Usurpation (413 CE), in: Phoenix 71, 138–156.

— (2016): "Warlordism" and the Disintegration of the Western Roman Army, in: Armstrong, Jeremy (Hg.), Circum Mare. Themes in Ancient Warfare, Leiden, 185–204.

— (2016a): The Career and 'Revolt' of Gildo, *comes et magister utriusque militiae per Africam* (c. 385–398 CE), in: Latomus 75, 1–18.

— (2015): The Last of the Romans: Bonifatius – Warlord and comes Africae, London.

Wilson, Andrew (2013), Approaches to Quantifying Roman Trade, in: Bowman, Alan K. / Wilson, Andrew (Hg.), Quantifying the Roman Economy. Methods and Problems, Oxford, 213–250.

— (2012): Roman Ports and Mediterranean Connectivity, in: Keay, Simon J. (Hg.), Rome, Portus and the Mediterranean, London, 367–391.

— (2012a): Saharan Trade in the Roman Period. Short-, Medium- and Long-Distance Trade Networks, in: Azania: Archaeological Research in Africa 47.4, 409–449.

— (2012b): Saharan Exports to the Roman World, in: Mattingly, David et al. (Hg.), Trade in the Ancient Sahara and Beyond, Cambridge, 189–208.

— (2009): Foggaras in Ancient North Africa. Or How to Marry a Berber Princess, in: Contrôle et distribution de l'eau dans le Maghreb antique et médiéval, Tunis 2009, in: Collection de l'École Française de Rome 426, Rom, 19–39.

— (2005): Foggara Irrigation and Early State Formation in the Libyan Sahara. The Garamantes of Fazzan, in: Schriftenreihe der Frontinus-Gesellschaft 26, 223–234.

— (2004): Cyrenaica and the Late Antique Economy, in: Ancient West and East 3.1, 143–154.

Wilson, Andrew / Mattingly, David J. (2003): Irrigation Technologies: Foggaras, Wells, and Field Systems., in: Mattingly, David J. (Hg.), The Archaeology of Fazzan. Vol. 1. Synthesis, London, 235–278.

Wipszycka, Ewa (2012): Marea and Philoxenite. Where to Locate Them?, in: Études et Travaux 25, 418–432.

— (2011): Le lettere di Sinesio come fonte per la storia del patriarcato alessandrino in: Buzi, Paola / Camplani, Alberto (Hg.), Christianity in Egypt: Literary Production and Intellectual Trends. Studies in Honor of Tito Orlandi, Rom, 611–620.

— (2009): Le incursioni dei Mazikos in Cirenaica viste in una prospettiva egiziana, in: Jastrzęboska, Elzbieta / Niewójt, Monika (Hg.), Archeologia a Tolemaide. Giornate di studio in occasione del primo anniversario della morte di Tomasz Mikocki 27–28 maggio 2008, Rom, 206–210.

Wirth, Gerhard (1990): Anastasius, Christen und Perser. Zu den Problemen des Verhältnisses zwischen Staat und Kirche um die Wende zum 6. Jh., in: Jahrbuch für Antike und Christentum 33, 81–139.

Witschel, Christian (2014): Epigraphische Monumente und städtische Öffentlichkeit im Westen des Imperium Romanum, in: Eck, Werner et al. (Hg.), Öffentlichkeit – Monument – Text. XIV Congressus Internationalis Epigraphae Graecae et Latinae 27.–31. Augusti MMXII, Berlin, 105–129.

— (2006): Der epigraphic habit in der Spätantike: Das Beispiel der Provinz Venetia et Histria, in: Krause, Jens-Uwe / Witschel, Christian (Hg.), Die Stadt in der Spätantike - Niedergang oder Wandel? Akten des internationalen Kolloquiums in München am 30. und 31. Mai 2003, Stuttgart, 359–411.

— (1999): Krise - Rezession - Stagnation? Der Westen des römischen Reiches im 3. Jahrhundert n. Chr., Frankfurt am Main.

Wolfram, Herwig (2005): Gotische Studien. Volk und Herrschaft im frühen Mittelalter, München.

— (1990): Einleitung oder Überlegungen zur Origo Gentis, in: Wolfram, Herwig / Pohl, Walter / Friesinger, Helmut / Daim, Falko (Hg.), Typen der Ethnogenese unter besonderer Berücksichtigung der Bayern. Berichte des Symposions der Kommission für Frühmittelalterforschung, 27. bis 30. Oktober 1986, Stift Zwettl, Niederösterreich. Vol. 1, Wien, 19–33.

Wood, Philip (2011): Being Roman in Procopius' Vandal Wars, in: Byzantion 81, 424–447.

Worp, Klaas A. (2005): Two Further Chronological Notes on Byzantine Documents, in: Zeitschrift für Papyrologie und Epigraphik 151, 153–158.

— (1987): Indictions and Dating Formulas in Byzantine Egypt, in: Archiv für Papyrusforschung 33, 91–96.

— (1982): Imperial Titulature in the Greek Documentary Papyri. The Oath Formulas, in: Zeitschrift für Papyrologie und Epigraphik 45, 199–223.

Wright, George R. H. (2007): Contrasted Building in the Roman Provinces of Cyrenaica and Cyprus, in: Gasperini, Lido / Marengo, Silvia Maria (Hg.), Cirene e la Cirenaica nell'Antichità. Atti del convegno internazionale di studi Roma-Frascati, 18–21 Dicembre 1996, Rom, 769–803.

Wulf-Rheidt, Ulrike / Weber, Thomas Maria (2009): Ptolemais 2009. A Report on the 2009 Campaign of the Joint Archaeological Mission by the German Archaeological Institute, Berlin, the Technical University of Brandenburg Cottbus, and the Johannes Gutenberg-University, Mayence, at Tolmeitha / Cyrenaica, Libya abrufbar unter: https://docplayer.org/36992494-Die-porta-taucheira-und-die-west nekropole-von-ptolemais-in-der-kyrenaika.html, abgerufen am 11.4.2024.

Zachariae von Lingenthal, Karl Eduard (1879): Die vom Kaiser Anastasius für die Libya Pentapolis erlassenen Formae, Monatsberichte der Königlich Preußischen Akademie der Wissenschaften zu Berlin, Berlin, 134–158.

Zarini, Vincent (1997): Berbères ou barbares? Recherches sur le livre second de la *Johannide* de Corippe, Paris.

Zelazowski, Jerzy / Bogacki, Miron (2011): Ptolemais. A Lost City in Libya, Warschau.

Ziche, Hartmut (2011): Barbarian Raiders and Barbarian Peasants. Models of Ideological and Economic Integration, in: Mathisen, Ralph W. / Shanzer, Danuta R. (Hg.), Romans, Barbarians, and the Transformation of the Roman World. Cultural Interaction and the Creation of Identity in Late Antiquity, Aldershot, 199–219.

Ziemann, Daniel (2007): Vom Wandervolk zur Großmacht. Die Entstehung Bulgariens im frühen Mittelalter (7.–9. Jahrhundert), Köln.

Zimmermann, Klaus (1999): Libyen. Das Land südlich des Mittelmeers im Weltbild der Griechen, München.

Zocchi, Andrea (2018): The Periphery of Lepcis Magna. New Data Related to the Ancient Road Network and Land Partition, Libyan Studies 49, 51–79

Zuckerman, Constantin (2004a): L'Armée, in: Morrisson, Cécile (Hrsg.), Le Monde Byzantin, Bd. 1, Paris, 143–183.

— (2004): Du village à l'Empire. Autour du registre fiscal d'Aphrodito (525/526), Paris.

— (2002): La haute hierarchie militaire en Afrique byzantine, in: Antiquité Tardive – Late Antiquity – Spätantike – Tarda Antichità. Revue Internationale d'Histoire et d'Archéologie (IVe–VIIe siècle) 10, 168–175

— (1998): Comtes et ducs en Egypte autour de l'an 400 et la date de la «Notitia dignitatum Orientis», in: Antiquité Tardive – Late Antiquity – Spätantike – Tarda Antichità. Revue Internationale d'Histoire et d'Archéologie (IVe–VIIe siècle) 6, 137–147.

— (1998a): Two Reforms of the 370s. Recruiting Soldiers and Senators in the Divided Empire, Revue des études byzantines 56, 79–139.

9 Register

9.1 Personen, Orte, Sachen

9.2 Gesetzestexte